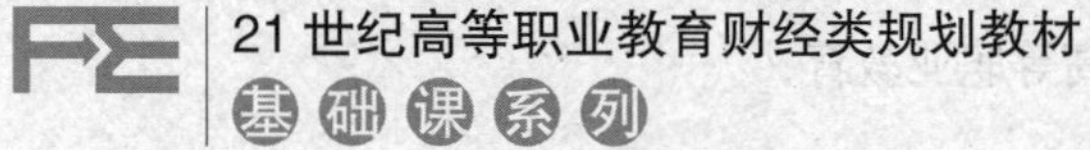

21世纪高等职业教育财经类规划教材

基础课系列

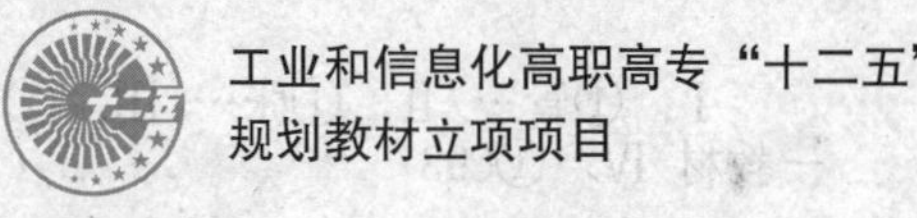

工业和信息化高职高专"十二五"规划教材立项项目

管理学基础（第2版）

Fundamentals of Management (2nd Edition)

◎ 张金成 主编 ◎ 胡永红 副主编 ◎ 林小浩 魏永建 张海燕 陈迎雪 靳伟 参编

人民邮电出版社

北京

图书在版编目（CIP）数据

管理学基础 / 张金成主编. -- 2版. -- 北京 : 人民邮电出版社, 2015.8(2019.6重印)
21世纪高等职业教育财经类规划教材基础课系列
ISBN 978-7-115-39235-0

Ⅰ. ①管… Ⅱ. ①张… Ⅲ. ①管理学－高等职业教育－教材 Ⅳ. ①C93

中国版本图书馆CIP数据核字(2015)第138319号

内 容 提 要

本书共 10 章，主要内容包括管理导论、管理思想的发展历程、计划、决策、组织、领导、激励与沟通、控制、创新及管理的基本原理和方法。各章作为相对独立的教学单元，均包括学习目标、开篇故事、互动游戏、学习内容、案例思考、管理者价值点分享、推荐阅读、练习与应用、管理实务研讨 9 个不同的教学模块。

本书不仅可以作为高职高专管理类和经济类专业的教材，也适用于各类企事业单位管理人员的培训，还可作为企业领导和管理人员的参考资料和自学读本。

◆ 主　　编　张金成
副 主 编　胡永红
责任编辑　刘　琦
责任印制　杨林杰

◆ 人民邮电出版社出版发行　　北京市丰台区成寿寺路 11 号
邮编　100164　　电子邮件　315@ptpress.com.cn
网址　http://www.ptpress.com.cn
北京市艺辉印刷有限公司印刷

◆ 开本：787×1092　1/16
印张：18.5　　　2015 年 8 月第 2 版
字数：459 千字　　　2019 年 6 月北京第 7 次印刷

定价：39.80 元

读者服务热线：(010)81055256　印装质量热线：(010)81055316
反盗版热线：(010)81055315
广告经营许可证：京东工商广登字 20170147 号

第2版前言

《管理学基础》自2011年出版以来，受到了全国很多兄弟院校同行以及企业界朋友的广泛好评。许多高校选择本书作为“管理学”课程的教材，不少邮政企业和专业培训机构也在管理人员培训中选用本书作为培训教材。

读者朋友们在充分肯定教材的内容、体系、形式和质量的同时，也向我们反馈了不少修改意见：一是有些内容阐述还不够精练；二是教材内容多，有时会受到课时限制从而难以完成教学任务；三是案例以及配套的教学资源（如课件和习题等）有待补充和更新。一本教材受到社会各界如此高度的关注，作者深感责任和压力，唯恐书中存在疏漏和错误。在汇集广大读者和同行们有益建议的基础上，我们编写了《管理学基础（第2版）》，并仍由石家庄邮电职业技术学院副教授张金成担任主编并统稿，河北师范大学副教授胡永红担任副主编，参与本书（第2版）修订工作的还有石家庄邮电职业技术学院讲师林小浩、魏永建、张海燕、陈迎雪和靳伟。我们主要在以下几个方面进行了修订和完善。

一是精简了叙述，删除了“可有可无的正确的废话”，适当压缩了篇幅。

二是精简了教学内容，提供了教学建议，以便教师根据课时有针对性地选取教学内容。

三是补充和更新了案例以及配套的教学资源，更便于教学使用。

四是强化了管理工具类、方法类的教学内容（如计划方法与工具、决策方法等），并增加了习题与训练。

五是新增了管理实务研讨的教学模块，以强化对管理类专业学生思辨能力的培养。

本书在编写和修订过程中，参考了大量专家、学者的著作以及同行们编写的优秀教材，在此谨向管理学界的各位专家学者以及国内外同行们致以诚挚的感谢。由于作者水平有限，加之管理科学的不断发展，书中难免有不妥和疏漏之处，敬请广大读者批评赐教。

编 者

2015年5月

第 1 版前言

“管理学基础”作为管理类专业和经济类专业的一门重要的专业基础课程，其研究重点是管理过程的普遍规律、基本原理和一般方法。作为一门综合性的应用学科，管理学涉及经济学、哲学、社会学、心理学、人类学、组织行为学、数学、系统论、运筹学及工程技术和计算机科学，具有自然和社会双重属性。

管理教育的目的就是让学生掌握管理中的普遍规律及处理管理问题的一般方法，达到“育道德”“建观点”“传知识”和“培技能”的教学目标。要想很好地达到这样的目标，需要教师有意识地把管理教学变为一种基于体验的反思，把传统的“单向课堂讲授”变为“亲验式互动教学”。本教材的编写，增加了大量互动与体验式内容，就是致力于促进这种新型管理教学方式的应用。需要说明的是，我们并不主张排斥或取消传统的结构式讲授，只是主张应更加重视和较多推广“亲验式互动教学”，把管理教学真正变成一种基于体验的反思。

管理学教材作为实现专业人才培养的媒体，是教学不可或缺的重要组成部分，是教与学的主要工具，也是深化教育教学改革、全面推进素质教育、培养创新人才的重要保证。目前，国内的管理学基础教材主要分为两大类：一类是直接引进的国外教材，一类是国内学者自己编写的教材。国外教材内容新、系统性强、理论水平较高，然而，由于是外国学者编写，多以西方经济和社会文化为背景，在管理环境上与中国实际情况相差较大，很多内容未必适合国内企业，甚至容易形成误导。从层次上看，这类引进教材多是为 MBA 学生编写的，并不适合本专科学生。而国内编写的部分教材偏重理论，实操性和互动性不足。

本书可以作为管理类和经济类专业的教材使用，其内容可供 30～70 学时的“管理学”课程选用，也可作为企业领导和管理人员的参考资料和自学读本。全书共分 10 章，力求结构层次清楚、内容通俗易懂，涉及的主要内容有管理导论、管理思想的发展历程、计划、决策、组织、领导、激励与沟通、控制、创新及管理的基本原理和方法。各章作为相对独立的教学单元，均包括学习目标、开篇故事、互动游戏、学习内容、案例思考、管理者价值点分享、推荐阅读、练习与应用等 8 个不同的教学模块。

本书由多年从事管理学教学、科研和培训的教师们合作编写，全书由石家庄邮电职业技术学院张金成担任主编并统稿，河北师范大学胡永红担任副主编，参编人员包括林小浩、靳伟和魏永建，具体分工是：张金成编写第 1～5 章，胡永红编写第 9 章和第 10 章，林小浩编写第 6 章，靳伟编写第 7 章，魏永建编写第 8 章。

本书在编写过程中，得到了邮电院校的大力支持和帮助。此外，我们还参考了大量专家、学者的著作以及同行们编写的优秀教材，在此一并表示感谢。

限于编者的水平和经验，加之时间仓促，本书不妥之处在所难免，敬请读者批评指正。

编　者

2011 年 5 月

目 录

目 录

目 录

第1章 管理导论

学习目标

知识目标：掌握组织与管理的基本概念与特征，了解管理系统的构成。
素质目标：理解管理的性质与职能。
技能目标：熟悉管理者角色和管理技能，熟悉管理环境的构成。
能力目标：能够运用所学管理概念和原理，观察、分析现实中的管理问题。

开篇故事

管理寓言：袋鼠与笼子

有一天，动物园的管理员们发现袋鼠从笼子里跑出来了，于是开会讨论，一致认为是笼子的高度不够。所以他们决定将笼子的高度由原来的一公尺加高到两公尺。结果第二天他们发现袋鼠还是在笼子的外面出现了，所以他们又决定再将高度加高到三公尺。没想到隔天居然又看到袋鼠全部跑到外面，于是管理员们大为紧张，决定一不做二不休，将笼子的高度直接加高到五公尺。一天，长颈鹿和几只袋鼠们在闲聊。长颈鹿问："你们看，这些人会不会再继续加高你们的笼子？"袋鼠说："很难说。——如果他们依然没有发现笼子的门一直是开着的话！"

《大学》中有云："物有本末，事有终始，知所先后，则近道矣。"可见，任何事都有"本末""轻重""缓急"之分，本故事中"关笼门"是"本"，"增加笼子高度"是"末"，舍本而逐末，自然不得要领。管理是什么？管理就是抓事情的"本末""轻重""缓急"，切忌舍本逐末。另外，忽视自身的错误，一味考虑外部环境的问题，在错误的决策下所做的一切防范措施都是无效的。企业在处理管理问题时既要分析外部环境，同时也要分析内部环境。

互动游戏

迷失丛林

形式：全体学生先以个人形式，之后再以5人为一小组的形式完成
时间：30分钟
材料："迷失丛林"工作表及专家意见表
场地：教室

活动目标

通过参与具体活动和分享亲身体验来说明：团队智慧高于个人智慧的平均组合；只要学会运用团队工作方法，就可以做到1+1＞2，可以让工作达到更好的效果。

操作程序

（1）老师把"迷失丛林"工作表发给每一位学生，然后告诉大家：你们都是飞行员，但你们驾驶的飞机在飞越非洲丛林上空时突然失事，这时你们必须跳伞。与你们一起落在非洲丛林中的有14种物品，这时大家必须为生存做出一些决定。

（2）每个人都按自己认为的重要程度对这14种物品依次排序，并把答案写在第一栏。

（3）当大家都完成之后，老师将全班同学按照5～6人为一组分组，各组开始组织讨论并设法达成一致，最后以小组形式把14种物品重新按重要次序排列，把研讨答案写在工作表的第二栏。

（4）当小组完成之后，老师把专家意见公布给每个小组，小组成员将把专家意见填在第三栏。

（5）老师公布每种物品的分值，计算各栏得分，用第三栏得分减去第一栏得分，取绝对值填入第四栏，用第三栏得分减去第二栏得分取绝对值填入第五栏，把第四栏累加起来得出个人得分，第五栏累加起来得出小组得分。

（6）老师把每个小组的得分情况记录在黑板上，给出分数表征的含义，团队成员分享收获。

学习内容

1.1 管理与管理学

1.1.1 管理的基本概念及性质

一、组织的含义与特征

组织是管理的载体，任何管理者都是在组织中开展管理工作的。因此，我们在明确谁是管理者以及什么是管理之前，搞清楚组织的含义是非常重要的。例如，政府、企业、学校、医院、军队等都是组织，还有同学间的大学联谊会、学生会、老乡会等也都是组织。这些之所以被称为组织是因为它们都具有组织的三个共同特征。

第一，每个组织都有一个明确的目的，这个目的通常是由一个或一组目标来表示的，组织目标能够凝聚组织成员。

例如，企业组织大多是以营利为目的的，即以尽量少的投入获得尽量多的产出。政府、学校

这一类组织虽然是非营利性的，但同样也有投入（人力资源的投入、国家对这些组织的经费调拨），也有它们的使命和目标，这些组织的目的与企业组织其实也有共同性，那就是以最少的投入提供更多、更好的服务。

第二，每个组织都是由两个及两个以上的人组成的。这是显而易见的，没有一个组织是没有人的，最起码具有两个及两个以上的组织成员。

第三，每个组织都发育出一种系统性的结构，用于规范和限制成员的行为。例如，建立规则和规章制度，选出某些成员作为“头儿”，给予其管理他人的职权，编写职务说明书，使组织成员知道他们应该做什么。

通过以上对组织特性的分析，我们按照组成要件、目标要件和结构要件的学理思路，可以把组织定义为：组织是指一种由两个及两个以上的人组成的，具有明确目的和系统性结构的实体。

二、管理的含义及性质

1. 管理的定义

管理之于组织，恰如爱情之于文学，都是永恒的主题；而事实上，在整个人类历史中，管理作为一种最为古老和最为基本的技能长期以来为人们所实践和应用，管理渗透到一切领域，小至个人、家庭、企业，大至国家、社会、世界，都与管理息息相关，人人参与管理，人人被管理。然而，迄今为止，人们对管理的概念也还很难达成一个普遍而统一的认识。这不仅是因为管理的渊源太深，很大程度上还是因为管理的内涵太丰富、涉及面太广。人们通常总是倾向于按自己某种实践的需要，从某种特定的角度或特定的学科领域来解释管理。于是，不同的管理学派对管理一词就有了不同的解释，最终如同盲人摸象般从不同角度、不同层次形成了众说纷纭、莫衷一是的管理定义。

科学管理学派认为“管理就是确切地知道你要别人去干什么，并使他用最好的方法去干”。他们认为管理就是效率，就是指挥他人用最好的、最高效的工作方法去工作。

管理过程学派认为“管理就是实行计划、组织、指挥、协调和控制”。

行为科学学派认为“管理就是对人的研究和对人性的探求”。

决策理论学派认为“决策贯穿管理的全过程，管理就是决策”。

管理科学学派认为“管理就是用数学模型与程序来表示计划、组织、决策、控制等合乎逻辑的程序，求出最优的解答，以达到组织的目标”。

有人认为，管理从字义上理解就是“管辖”和“处理”的意思，管辖侧重于权限，处理是在权限内行使职能，亦即管人和理事。

有人认为，管理是经由他人的努力以完成工作目标的活动，倘若依靠自己的力量即可完成某一目标，这种活动只能称为操作，不能称为管理。

有人说，管理就是经济效益，有人说管理是人的实践活动，还有人数学化地描述说“管理是微分决策的积分”。

上述种种说法各不相同，既反映了人们研究立场、方法、角度的不同，也反映了人们对管理认识的逐步深入，更说明了管理是一个随着实践的深入而不断发展的动态概念。尽管结论各有不同，但无疑都揭示了管理概念的不同侧面，也启迪我们对管理的内涵做更全面的认识。从学理的角度看，要回答什么是管理，至少要明确回答出管理的对象（what）、管理的手段（how）和管理的目的（why）。

综上所述，我们按照管什么（what）、如何（how）管和为何（why）管的学理思路给出管理的概念如下：所谓管理，就是对一个组织所拥有的资源进行有效地计划、组织、领导和控制，以实现组织目标的过程。

即问即答 1-1

是否凡是有集体劳动和共同劳动的地方就需要管理？

2. 管理的性质

管理的性质是指管理的二重性，即管理的自然属性和社会属性。任何社会的生产都是在一定的生产方式和一定的生产关系下进行的。由于生产关系具有两重性，即既是物质资料的再生产，又是生产关系的再生产，因此，对生产过程的管理也就存在两重性：一方面，它具有与生产力、社会化大生产相联系的自然属性；另一方面，它又具有与生产关系、社会制度相联系的社会属性。

管理的自然属性，也称为生产力属性，主要指在生产过程中处理人和自然的关系，合理组织生产力的属性，表现为管理的一般职能。凡是社会化大生产的劳动过程都需要管理，这是社会劳动过程的一般要求，是集体劳动过程的普遍形态。管理的自然属性是由共同劳动的社会化性质所决定的，是进行社会化大生产的一般要求和组织劳动协作过程的必要条件。共同劳动的规模越大，劳动的社会化程度越高，管理也就越重要。管理的自然属性体现了在任何社会制度中管理的共性，因为与生产力相联系的生产力配置、生产力诸要素的结合形式、手段、方法，在任何社会制度下都没有本质的区别。它同生产力发展一样，具有连续性，不分国界。它决定于生产力发展水平和劳动社会化程度，不取决于生产关系的性质。

管理的社会属性，也称为生产关系属性，主要指它在管理过程中要处理人与人之间的关系，维护一定社会的生产关系的属性，表现为管理的特殊职能。管理实际上是通过别人把事情做成的行为，所以管理过程必然涉及人与人之间的关系，因而不能不涉及经济利益的调节，所以管理体现着阶级、社会集团、劳动者之间的经济利益关系，与生产关系的性质相联系。管理或多或少是为了实现生产资料所有者的特殊利益而进行的，生产关系性质不同，管理的社会性质和目的也就不同，它表现为劳动过程的特殊历史形态。不同的社会制度、不同的历史阶段、不同的文化背景都会使管理呈现出一定的差别，使管理具有特殊属性，在不同的社会生产关系条件下表现出管理的个性。

管理的二重性是由生产过程的二重性所决定的。企业的生产过程是生产力和生产关系的统一体，它一方面是物质资料的再生产过程，另一方面又是生产关系的再生产过程。在管理实践中，管理二重性总是结合在一起发挥作用的，学习管理二重性理论，可以让我们懂得对古今中外的一切管理成就，都应该有科学的借鉴态度。也就是说，凡是那些可以为我所用的科学的管理理论和方法，只要能够极大提高合理组织生产的能力和水平，我们都应大胆地拿来、借鉴和吸收，并学会在借鉴中创新，使其适应我国的情况，成为我国管理科学体系的有机组成部分。当然，由于管理总是在一定生产关系下进行的，体现着一定的统治阶级的意志，不同社会、不同时代的管理本身又具有社会属性的差异，因此，我们要科学地鉴别管理的社会属性，要有鉴别、有选择地取我所用，走适合自己的道路。

即问即答 1-2

管理的二重性理论是否适用于今天的企业管理？

三、管理的内容及特征

1. 管理的内容

具体地讲，管理包括以下五个方面。

第一，管理的主体是管理者。在一个组织中，管理者是“首脑”，组织的运行效率及效果，很大程度上取决于管理者的素质、能力、经营理念与管理风格。

第二，管理的客体是组织资源。组织资源实际上是以人为中心的各种生产要素，人作为管理的核心要素，既是管理的重点，也是管理的难点，管人理事的重心是人，核心是处理好人际关系。管理就是要最大限度地调动人的积极性和激发人的潜能，并通过有效的管理把组织资源有效地配置起来，提高资源的利用率和产出效果。

第三，管理总是在特定的环境下进行的。管理环境是指存在于组织内外影响组织绩效的各种条件、因素和力量的总和。任何组织的活动都不能脱离特定的环境来进行，管理者必须及时洞察环境的变化，分析环境变化给组织带来的是机遇还是威胁，以便抓住经营机会，避开或减轻环境变化对组织带来的威胁。

第四，管理的手段是管理所应有的职能活动。管理职能是在一定技术经济条件下，在管理过程中反复出现的带有共性的管理活动的理论抽象。一般认为，计划、组织、领导、控制是管理的 4 个最基本的职能，管理目标的实现必须以这些职能作为手段。管理活动是一个动态过程，应将这些职能有机地整合与协调起来，使其贯穿于整个管理过程的始终。这些职能要得以有效地实现，必须在组织内部形成合理的管理机制，采取恰当的管理方法。

第五，管理的目的是有效实现组织的目标。管理是有目的的行为，任何有序的组织行为都是为了实现特定的目标而开展活动的。没有目标，组织的管理活动就失去了努力的动力与方向。一个组织的一切管理活动，都是为实现组织目标服务的。确定一个先进的、切合实际的组织目标，并使一个组织的所有活动都围绕目标的实现而有效运行，才能使组织各项职能管理活动既有效率（Efficiency）又有效果（Effectiveness）。

2. 管理的特征

（1）普遍性。管理的普遍性表现为管理活动是协作活动，涉及人类每一个社会角落，它与人们的社会活动、家庭活动以及各种组织活动都是息息相关的。从人类为了生存而进行集体活动的分工和协作开始，管理便随之产生。管理的普遍性决定它所涉及的范围。

（2）科学性。管理的科学性表现在管理活动的过程可以通过管理活动的结果来衡量，同时它具有行之有效的研究方法和研究步骤来分析问题、解决问题。管理是一门科学，它是人类长期以来从事社会生产实践活动规律的总结。作为一门科学，管理规律要求应有系统化的理论知识。管理科学是把管理的规律性揭示出来，形成原则、程序和方法，对管理者管理活动予以普遍性指导，使管理成为理论指导下的规范化的理性行为。承认管理的科学性，就是要求人们在管理活动中不断发现与摸索管理的规律性，按照管理的规律来办事，在科学的管理理论与原则的指导下，搞好管理，提高管理效率。

（3）艺术性。管理的艺术性是指管理理论的应用要结合具体的管理环境，因地制宜、因人而异、灵活运用。管理的实践是一门艺术，管理的艺术性就是强调其实践性，管理者在管理实践中要具有较大的技巧性、灵活性和创造性。由于管理活动都是在一定的环境条件下开展的，管理学本身也是一门不精确的科学，尤其是管理要以人为中心，而人的心理素质和行为方式各不相同，无论是管理者还是被管理者都具有不同的个性风格，所以为了进行有效的管理，必须要既考虑具体环境的特点，又考虑管理中人的个性特点，因地制宜地将管理理论与具体管理活动相结合，发挥个人的智慧、知识和经验。只有承认管理的艺术性，才能有的放矢地利用管理理论，避免机械地生搬硬套管理理论，才能发挥管理者在管理实践中的创造性。

（4）动态性。管理的动态性首先表现在管理要素的动态性，即从早期的人、财、物到今天的观念、目标、组织、人员、资金、信息、技术、物资、时间和环境等要素。其次表现在管理理论的动态性，即从泰罗的科学管理理论到今天流派纷呈的各种管理学派。最后表现在参考信息的动态性，组织所面临的内外环境在变化，面对来自国内和国际市场的竞争压力，面对瞬息万变的信息和技术革新、纷繁复杂的市场需求，我国多数企业在管理上、经营上、观念上都有应变和适应上的滞后现象。随着企业管理水平的全面提高，管理工作的静态化特征已经越来越不能适应现代化企业发展的需要。尤其是随着企业规模的不断扩大、各类事务的增多，企业在发展初级阶段可以暂时将其忽略的很多问题，在这时都必须顺次地被提上企业的工作日程上来，管理无形中会被赋予很多新的职能，如建设企业文化、人力资源管理、成本核算等。为了适应企业发展阶段性转变的需要，组织必须慎重审视自己的新增职能，并在具体的管理活动中逐步走出静态化管理的樊篱，逐步向动态化管理的方向转化。

（5）不确定性。管理的不确定性就是不可预见性与不可控制性。不确定性可以分为主观原因与客观原因造成的不确定性。主观原因指由于个人知识、结构、信息等决定的认识的有限性。客观原因指环境的变化等。管理者的职责之一就是力图将环境的不确定性降至最低限度，环境对企业的管理决策有重大的影响，而且由于环境的不断变化，决策者要依据环境因素做出正确的决策就会更加困难。在稳定的、简单的，即不确定性低的环境中，管理者可以较为正确地、简便地判断出应对的策略，而相反，在动态的、复杂的，即不确定性高的环境中，管理者在某一时间对环境做出的正确的、科学的决策和判断，可能因为环境的快速变化而成为无效的甚至错误的决策和判断。因此，管理者在企业的管理过程中，力图将环境的不确定性降至最低，以确保所做出的决策利于企业的发展。

四、管理的地位

在现实社会中，人们都是生活在各种不同组织之中的，如工厂、学校、医院、军队、公司等，人们依赖组织，组织是人类存在和活动的基本形式。没有组织，仅凭人们个体的力量是无法征服自然的，也不可能有所成就；没有组织，也就没有人类社会今天的发展与繁荣。组织是人类征服自然的力量的源泉，是人类获得一切成就的主要因素。然而，仅仅有了组织也还是不够的，因为人类社会中存在组织就必然有人群的活动，有人群的活动就有管理，有了管理，组织才能进行正常有效的活动。简而言之，管理是保证组织有效地运行所必不可少的条件。组织的作用依赖于管理，管理是组织中协调各部分的活动，并使之与环境相适应的主要力量。所有的管理活动都是在组织中进行的，有组织就有管理，即使一个小的家庭也需要管理；从另一个方面来说，有了管理，组织才能进行正常的活动，组织与管理都是现实世界普遍存在的现象。

不过，当组织规模还比较小的时候，管理对组织的影响还不大。组织中的管理活动还比较简单，并未形成独立的管理职能，因而也就无法凸显出管理的重要性。如对于小生产企业来说，其可以凭借经验维持自身的发展。但随着人类的进步和组织的发展，管理所起的作用越来越大。

20 世纪以来，尤其是第二次世界大战以后，全世界掀起了管理发展的热潮。今天管理已成为一门科学，管理队伍已成为一支大军。国际上公认管理、科学和技术是现代社会的三大支柱。有人说："19 世纪是工业世纪，20 世纪则作为管理世纪载入史册。"美国在第二次世界大战后一举成为世界第一经济强国的秘诀是三分靠技术、七分靠管理。日本也不甘落后，他们在20世纪50年代末期总结经验的基础上，结合自己国情，在全国迅速掀起了学习科学管理的热潮。20世纪60年代，日本终于靠管理和科学两个车轮，实现了经济腾飞。日本企业家自己总结经验说："管理与设备相比，管理更重要。管理出效率，管理出质量，管理可以提高经济效益，管理为采用更先进的技术准备条件。"

在我国，管理是制约经济腾飞的瓶颈。诸多国外学者认为："中国工业急需解决的问题，第一是管理，第二是管理，第三还是管理。"

关于管理的地位，马克思曾明确指出："劳动的社会生产力表现为资本固有的属性，既包括科学的力量，又包括生产过程中的社会力量的结合，最后还包括从直接劳动转移到机器，即死的生产力上的技巧。"马克思在这里不仅告诉我们科学技术属于生产力，还指明作为生产过程的结合——管理，也属于生产力。

因此，管理同劳动力、劳动工具、劳动对象、科学技术一样都是生产力要素。这里，我们给出生产力的新模型：

生产力=（劳动力+劳动工具+劳动对象+科学技术）×科学管理

这个公式表明管理在生产力中起着乘数的作用，它可以放大生产力的功效。

五、管理的作用

管理的作用体现在以下几个方面。

（1）通过管理可以使潜在生产力变为现实生产力，产生巨大的结构组合效益。这是因为不相干的生产要素不能形成真实的生产力，只有通过管理，使之结合在一起，才会形成现实的生产力系统；而且，人类共同劳动的不同分工协作，通过管理定会产生巨大的结构组合效益。在组织活动中，需要考虑到多种要素，如人员、物资、资金、环境等，它们都是组织活动不可缺少的要素，每一要素能否发挥其潜能，发挥到什么程度，对管理活动都会产生不同的影响。有效的管理，正在于寻求各组织要素、各环节、各项管理措施、各项政策以及各种手段的最佳组合。通过这种合理组合，产生一种新的效能，充分发挥这些要素的最大潜能，使之人尽其才，物尽其用。例如，对于人力资源来说，每个人都具有一定的能力，但是却有很大的弹性。如能积极开发人力资源，采取有效管理措施，使每个人的聪明才智得到充分的发挥，就会产生一种巨大的力量，从而有助于实现组织的目标。

（2）管理是当代人类社会加速进步的杠杆，通过管理会使集体劳动能力总和大于单个劳动能力的简单加总，起到放大生产力的作用。组织是有目标的，组织只有通过管理，才能有效地实现组织的目标。在现实生活中，我们常常可以看到这种情况，有的亏损企业仅仅由于换了一个精明强干、善于管理的厂长，很快扭亏为盈；有些企业尽管拥有较为先进的设备和技术，却没有发挥其应有的作用；而有些企业尽管物质技术条件较差，却能够凭借科学的管理，充分发挥其潜力，反而更胜一筹，从而在激烈的社会竞争中取得优势。通过有效的管理，可以放大组织系统的整体功能，因为有效的管理会使组织系统的整体功能大于组织因素各自功能的简单相加之和，起到放大组织系统的整体功能的作用。在相同的物质条件和技术条件下，由于管理水平的不同会产生效益、效率或速度的差别，这就是管理所产生的作用。

（3）管理可以协调组织各部分的活动，并使组织与环境相适应。管理是一切组织正常发挥作用的前提，任何一个有组织的集体活动，不论其性质如何，都只有在管理者对它加以管理的条件下，才能按照所要求的方向进行。组织是由组织的要素组成的，组织的要素互相作用产生组织的整体功能。然而，仅仅有了组织要素还是不够的，这是因为各自独立的组织要素不会自动完成组织的目标，只有通过管理，使之有机地结合在一起，组织才能正常地运行与活动。组织要素的作用依赖于管理。管理在组织中协调各部分的活动，并使组织与环境相适应。一个独奏的提琴手是自己指挥自己，一个乐队就需要一个乐队指挥，没有指挥就没有乐队。在乐队里，一个不准确的音调会破坏整个乐队的和谐性，影响整个演奏的效果。同样，在一个组织中，没有管理就无法彼此协作进行工作，就无法达到既定的目的，甚至连这个组织的存在都是不可能的。集体活动发挥作用的效果大多取决于组织的管理水平。

（4）管理能使组织劳动分工和协作细化，组织规模扩大，生产的社会化程度提高。组织对管理的要求和对管理的依赖性与组织的规模是密切相关的，共同劳动的规模越大，劳动分工和协作越精细、复杂，管理工作也就越重要。一般来说，在工业企业里，要进行共同劳动，有一定的分工协作，管理就成为进行生产所不可缺少的条件。但是，如果手工业企业的生产规模较小，生产技术和劳动分工也比较简单，管理工作也就比较简单。现代化大工业生产，不仅生产技术复杂，而且分工协作严密，专业化水平和社会化程度都高，社会联系更加广泛，需要的管理水平就更高。工业如此，农业同样亦如此，一个规模大、部门多、分工复杂、物质技术装备先进、社会化专业化商品化水平高的农场，较之规模小、部门单一、分工简单、以手工畜力劳动为主、自给或半自给的农业生产单位，需要有更高水平、更高效率的管理。总而言之，生产社会化程度越高，劳动分工和协作越细，就越要有严密的、科学的管理。组织系统越庞大，管理问题也就越复杂。庞大的现代化生产系统要求有相当高度的管理水平，否则就无法正常运转。

（5）管理制约着生产力总体能力的发挥。这是由于劳动者、劳动工具、劳动对象、科学技术和管理这五个生产力要素并非简单的相加，它们是以劳动者为主体，通过管理把诸要素有机地组合在一起，形成一个动态系统来运行的。因此，管理水平的高低，就会产生不同的生产力总体能力。所以，有的专家认为："各国在现有的技术和设备条件下，倘若切实改进管理，均可提高生产力水平三分之一以上。"

（6）管理会使科学技术这个最先进的生产力得到最充分的发挥，所以才有"管理与科技是现代社会进步的两大车轮"之喻。

相关链接 1-1

随着人类的进步和经济的发展，管理所起的作用越来越大。当今世界，各国经济水平的高低很大程度上取决于其管理水平的高低。国外一些学者的调查统计证实了这一点。第二次世界大战后，一些英国专家小组去美国学习工业方面的经验。他们很快就发现，英国在工艺和技术方面并不比美国落后很多。然而，英国的生产率水平同美国相比为什么相差得如此悬殊呢？进一步调查后发现，英国工业在生产率水平方面比较低的主要原因在于英国的组织管理水平远远落后于美国。而美国经济发展速度比英国快，其最主要的原因就是依靠较高的管理水平。美国前国防部长麦克纳马拉说过，美国经济的领先地位三分靠技术，七分靠管理。美国经济上的强大竞争力与美国在管理科学上的突飞猛进显然具有内在联系。

美国的邓恩和布兹特里斯信用分析公司在研究管理的作用方面也做了大量工作。多年来，他们对破产企业进行了大量调查。结果表明，在破产企业中，几乎有90%是管理不善所致。我国的国有企业面临许多困难。调查显示，80%以上的亏损企业是管理不善所致。我国国有企业的改革和发展，没有轻松的道路可走，只有老老实实地研究改善经营管理、建立一套现代企业管理制度才行。没有现代财务、成本、质量管理和科学决策制度，没有扎扎实实的管理基础工作，就不可能搞好现代市场经济。

六、管理的要素及分类

1. 管理的要素

管理要素是指构成管理活动的必要因素。广义上的管理要素可以包括观念（价值观念、经营观念、人性观念、法治观念等）、目标、组织、人员、资金、信息、技术、物资、时间和环境十大要素。狭义的管理要素主要指管理对象的要素，管理对象是管理者为实现管理目标，通过管理行为作用其上的客体，主要包括管理观念、人员、资金、物资设备、时间和信息等，在本书后文中的管理对象部分会有更详细的探讨。

即问即答 1-3

在管理的要素中你认为哪个要素最重要？

2. 管理的分类

管理的分类可以多种多样。按历史的发展阶段，可以分为早期管理、古典管理、现代管理和当代管理；按精确程度，可以分为定性管理和定量管理；按决策者的地位，可以分为专制管理和民主管理；按信息传递的特点与控制方式，可以分为单向管理和双向管理，或分为开环管理和闭环管理；按管理领域范围，可以分为微观管理和宏观管理。

即问即答 1-4

你认为企业管理属于微观管理还是宏观管理？

1.1.2 管理职能

一、管理的职能

管理作为一个过程，管理者在其中要发挥的作用就是管理者的职能，即管理职能。如同管理的定义一样，在管理学的发展历史上，专家学者们对管理的基本职能也做出了各种不同的描述。

20 世纪初，管理过程学派的创始人法国工业家法约尔最早系统地提出了管理的职能，他认为所有的管理者都履行五种管理职能：计划、组织、指挥、协调和控制。继法约尔之后，许多管理学者对管理职能做了进一步的探讨，提出了不同的主张，其中比较有影响和代表性的是美国管理学家，加州大学洛杉矶分校的两位教授——孔茨和奥唐内尔，他们于 20 世纪 50 年代中期提出的“将管理人的职能划分为五种：计划、组织、人事、领导、控制”，并以此划分方法作为他们的管理学教科书《管理学原理》的框架，该书一问世即成为销售量最大的管理学教科书并持续了 20 年。当今国内外流行的大多数教科书仍是按照管理的职能来组织和编排的，只不过一般将上述五个职能简化和归结为四个：计划、组织、领导和控制，称为管理的四大基本职能。本书的基本框架也是按照这四大职能来构建的，只不过根据重要性程度，对原有四大职能的某些方面进行了强调，把计划职能中的决策、领导职能中的激励以及管理创新分离出来独立成章。

1. 决策

所谓决策，简言之，即对管理中的重大问题判断选择、决定政策。具体来讲，即根据企业内部条件和外部环境，从多个发展目标中，确定本企业未来的发展目标；或从多个实现目标的行动方案中选择其一；或从多个技术上都可行而经济效益不同的方案中选择其一的分析判断过程。

对重大问题，如企业的发展方向、产品种类或产品结构的变化、体制改革、设备技术引进和人才开发等，决策正确与否，决定着本企业的兴衰甚至存亡。对一般问题的决策如何，也关系到企业经济效益的高低。决策贯穿于管理过程的始终，决策也是上下各级管理人员的重要工作。因而，一些管理学者认为“管理就是决策”、“管理的关键在于决策”，可见其在管理中的地位是何等重要。

2. 计划

所谓计划，就是对未来活动如何进行的预先筹划。古人讲“凡事预则立，不预则废”。人们在开展任何一项活动之前都要制订计划，任何组织的管理活动也都首先从计划开始，所以计划职能是管理的首要职能。计划职能就是指管理者对组织在未来一定时期内所要实现的目标和应采取的行动方案做出选择和具体安排。这种选择和安排首先要分析、预测组织所处的外部环境及所具备的内部条件，据此确定组织在未来一定时期内的行动目标和实现目标的途径（即行动方案），这种方案是对组织中人力、物力、财力等资源的一种组合及运用方式，包括战略方案及具体行动方案，它对组织的各个部门和环节在未来各个时期的工作提出了具体要求。

3. 组织

所谓组织，就是指管理者以既定计划为依据，对组织活动中的各种要素和人们的相互关系进行合理安排。这种安排首先要对实现组织目标所需完成的工作或活动进行分类组合，据此将组织中的各种要素以人为中心划分部门和管理层次，并授予各层次、各部门的主管人员必需的职权，规定上下左右的协调关系，并且规定任务由谁去完成、谁向谁报告，为执行计划形成并维持合理的分工协作关系及信息沟通方式。组织职能的主要工作是设计组织结构及配备相应人员。

组织实质就是管理的整分合原则，即对各方面的人和事进行有效的组合，使职工都为完成总体目标努力。整分合原则认为系统是一个有机的整体，系统内部的各个要素都有不同的功能和作用。因此，在保持系统整体性的前提下，必须有明确的分工，以有效地发挥不同要素的不同功能，但只有分工没有协作就会影响系统整体功能的发挥，因而，还要在分工的基础上进行结合。整分合原则就是在整体规划下明确分工，同时又在分工的基础上进行有效的结合。在企业组织管理中就是这样，企业的组织结构分为若干层次和专业部门，这些层次和部门都有明确的职责和不同的分工，但它们都必须接受企业最高层的指令，服从最高层的指挥，这样才能保持和企业的总目标相一致，才能产生管理者所期望的结构功能效应。

4. 领导

组织工作的结果形成不同的部门及岗位，并将适当的人员安置在适当部门的适当岗位上。而如何促使每个成员以高昂的士气、饱满的热情投身到组织活动中去，这便是领导工作的任务。领导职能就是指管理者利用组织赋予的职权和自身的威信去带领和引导下属为实现组织目标而努力工作的艺术过程。领导的本质是一种影响力，是对组织为确立目标和实现目标所进行的活动施加影响的过程，包括管理者针对个人和组织行为的特征激励下属，指导他们的活动，选择最有效的沟通渠道，解决组织成员之间的冲突和化解矛盾等，从而维持和提高组织成员的工作热情和积极性。

相关链接 1-2

可以用一个简单的比喻来帮助理解领导的作用。当电磁铁不处在电场之中的时候，对外并不表现出磁性来，但是即使没有表现出磁性，电磁铁内部仍然具有无数的小磁极。拥有这么多小磁极，为什么没有磁性呢？因为不处于电场中的时候，这些小磁极是杂乱无章地排列着的，磁性彼此都被抵消了；一旦这块电磁铁放在一个电场当中，所有的磁极就会指向同一个方向，电磁铁便表现出强大的磁性。工业中有很多起重设备是按照电磁铁的原理设计的。组织就好比是这块电磁铁，假如没有有效的领导，组织的成员也许都在努力的工作，但是大家的能量可能会彼此抵消；只有当营造起一种有效的电场，即一种氛围的时候，组织成员的努力才能指向同一个方向，人们才能表现出巨大的合力来。这就是我们重视管理的领导职能的意义之所在。

5. 激励

所谓激励，是指创造满足员工特定需要的条件，激发和鼓励职工的积极性，使之产生实现组织目标的特定行为的过程。激励能够挖掘员工的潜能。对员工而言，需要引发动机，动机引起行为，行为指向结果。当目标达到之后，又反馈回去，强化刺激，又开始另一个激励过程，使人们向着更高的目标前进。在激励的过程中要加以引导和教育，教育人们把个人、集体和国家三者利益正确结合起来，为本组织的兴旺发达贡献力量。

激励教育的因素很多，包括政治思想的因素、物质利益的因素、需要的因素、期望的因素、环境的因素等。激励教育的内容和方式有：正确处理职工与企业之间、企业内上下之间、职工之间的关系；领导以身作则，树立榜样；培养集体荣誉感；激发职工的进取心；制定奋斗目标；工作扩大化和丰富化；赏罚严明；等等。

6. 控制

所谓控制，是指按计划办事的过程中，对计划执行情况进行监督和检查，及时发现问题，并采取干预措施，纠正偏差，确保原定目标和计划按预期要求实现。

要进行控制，需要有3个条件和相应的步骤，即确定标准、衡量绩效和纠正偏差。首先，事前要有明确的数量和质量要求的标准，如规章制度、计划产量、质量以及各种定额等。其次，在执行过程中，要及时通过各种渠道和手段，收集有关情况和数据，做好信息反馈，同原计划衡量对比，并查明发生偏差的具体原因。最后，在查明偏差大小、分析产生原因的基础上，采取切实措施加以纠正以保证原目标和计划顺利实现。

目前，在企业管理中，控制已有了许多专门的科学方法，在生产控制、库存控制、质量控制、成本控制等方面得到了广泛的运用。

7. 创新

上述各职能均是保证组织目标的实现所必不可少的，然而，从某种角度看，它们都属于管理的“维持”职能，其任务均是保证系统按预定的方向和规则进行。而管理本身又是一个动态变化的过程，光“维持”是不够的，还必须有“创新”，有效的管理在于“适度的维持”与“适度的创新”的组合。

关于什么是创新，管理学家彼得·德鲁克认为：创新是有系统地抛弃昨天，有系统地寻求创新机会，在市场的薄弱之处寻找机会，在新知识的萌芽期寻找机会，在市场的需求和短缺中寻找机会。经济学家熊比特认为，所谓创新就是建立一种新的生产函数，把一种从来没有过的关于生产要素和生产条件的新组合引入生产体系。对企业而言，就是企业家对生产要素进行全新的组合，例如，引入一种新产品，采用一种新的生产方式，开辟一个新市场，获得一种新原料或半成品的新来源，实行一种新的企业组织形式等。

创新是一个企业生命力的源泉，一个企业想要长远发展，就必须高度重视创新管理。创新管理的主体是企业，它统领着其他各项管理。创新管理做得好，可以有效地提高企业的竞争力。创新管理本身就是种战略。创新可以包括人力资源创新、营销创新、工艺创新、技术创新、观念创新等。只有各种创新有效适当结合并协同发挥作用，才能使企业的整体发展达到一个新的水平，才能使企业可持续发展、长盛不衰。恩格斯说："地球上最美的花朵是思维着的精神。"人类的创新思维便是创新之树上最美的花朵。没有创新，人类不可能登上月球，不可能发明飞机、汽车、电话、计算机、互联网等。

小资料：创新的特点

（1）新颖性，即同原有事物相比更具有新鲜感和新意，使人感到耳目一新。前所未有的新思维、新发现、新观点、新产品、新科技、新形象等，在一定范围内新出现的东西也视为具有新颖性。例如，成都电子机械高等专科学校将校办工厂改建为工程素质训练中心就是运用了创造性思维的结果。

（2）求异性，主要表现为对普遍的现象、已有的权威性和经验性的东西持怀疑的、分析的、批判的态度而不是盲从和轻信，喜欢另辟蹊径，与众不同，坚持实事求是，不唯上、不唯书，正确的理论要坚持，不正确、过时的理论要勇于突破、敢于创新。

（3）敏锐性，就是通常所说的思维上的灵感性。灵感作为一种综合性、突发的心理现象，是人脑以最优越的功能，加上处理信息的最佳心理状态；灵感能突破关键，使兴奋的选择性泛化得到加强，产生神经联系的突然性接通。而这种突然性接通是建立在对某一问题长时间思考、知识和经验积累的基础上的，并非突发奇想。

（4）多向性，即从不同的角度来考虑问题，如运用发散性思维举一反三，提出更多、更新的方案，打开思路；换位思维，如企业站在消费者的角度来开发研制产品，教师站在学生的角度来备课和教学，医生站在患者的角度来实施医疗服务，政府站在人民群众的角度来制定路线、方针和政策等；转向思维，工作受阻后马上转向，开拓思路，不墨守成规，在困难中逼出新思路。

（5）洞察性。在观察事物的过程中，不断将观察到的事物与已有的知识或假设联系起来思考，把事物之间的相似性、特异性、重复观察进行比较，发现事物之间的必然联系，做出新的发现和发明。例如，通过蛛丝马迹看到未来的先兆，面对事物的各种变化，能高瞻远瞩，提纲挈领，化繁为简，抓住事物的要害，透过表面现象，看到问题的本质。

上述各项管理职能，并无严格的次序和界限，各职能之间是密切联系、互相交叉、互相渗透的。一般来说，管理总是先要做决策，然后再制订计划、组织实施和协调控制的整个过程。在进行决策时，必须同时考虑计划、组织、领导和控制的问题，而制订计划，不仅要考虑如何实现决策目标，还必须研究组织、领导、控制和激励的可能性。在组织实施过程中，也包含有科学决策、合理计划和如何协调控制以及管理创新的问题。

即问即答 1-5

在以上七个管理的职能中你认为哪个职能最重要？

二、经营与管理

1. 经营的概念

"经营"一词在我国春秋战国时期的书籍中就已出现了，如《诗经》上说"经始灵台，经之营之，庶民攻之，不日成之"。这里"经营"的意思是经度营造，即筹划、谋略、开拓之意。

经营作为企业活动中的特定概念，随着我国企业经营活动的产生和发展，大致分为 3 个阶段：

（1）把经营理解为销售；

（2）将经营理解为生产前的决策和生产后的产品销售；

（3）认为经营应包括企业的全部经济活动，是企业的综合性职能。

因此，从系统及现代市场经济的观念来看，经营是指企业根据外部条件和内部优势确定企业的经营目标、生产方向和实现这目标所进行的经济活动及全部过程。

企业经营是市场经济的范畴，它是在商品生产日益发展、科学技术不断进步、市场不断扩大的条件下形成的，是市场经济赋予企业的职能。

即问即答 1-6

经营与管理相比较哪个历史更长？

2. 经营与管理的关系

经营与管理是两个既有区别又有联系的不同概念，人们将两者统称为经营管理，是因为经营与管理密不可分，不能截然分开，二者相互渗透，各有侧重，它们是各有侧重的统一体，二者的区别如表 1-1 所示。

表 1-1　经营与管理的区别

经营的侧重	管理的侧重
对外经济联系	企业内部经济协调
确定经营目标	组织生产服务活动
预测与决策	指挥、控制、实施
提高经济效益	提高生产工作效率

从概念上来说，二者的区别主要表现在如下几个方面。

（1）定义不同。经营是筹划、谋略的意思，企业经营是指根据企业外部环境和内部条件，确定生产方向，经营总目标和实现目标的经济活动过程；管理是指对系统的处理、保管、治理和管辖，企业的管理是指为了有效实现经营总目标而对企业各要素及其组成的系统进行计划、组织、领导和控制的综合性活动。

（2）来源不同。经营是由市场经济的产生和发展而引起的一种调节和适应社会的职能，并随着市场经济的发展而发展；管理则是由人们共同劳动所引起的一种组织、协调的职能，随着社会化大生产、人们的共同劳动和分工协作的发展而发展。

（3）性质不同。经营主要解决企业生产方向、方针和重大问题，一般属于战略性和决策性活动；管理主要解决如何组织要素实现战略目标，属于战术性和执行性活动。

（4）范围不同。经营要将企业作为一个整体看待，用系统的观点分析处理企业管理问题，追求企业的综合、总体、系统效果；管理侧重内部各要素、各环节的合理组合、使用，以促进其有序、高效完成生产经营任务。

（5）对象不同。经营主要是针对企业的方向、目标，解决企业内部条件与外部环境相适应的问题；而管理则主要通过计划、组织、领导和控制等职能体现出来，如财务管理、销售管理、物资管理、生产管理、质量管理、劳动管理和目标管理等。

（6）目的不同。经营关系企业生产经营的方向、出发点、市场，解决如何在市场竞争中取胜的战略性问题，追求的是企业的经济效益；而管理是为实现经营目标，解决如何充分合理组织企业内部的人、财、物等要素，更好地进行供、产、销活动，从而提高劳动生产率，提高工作效率的问题。

即问即答 1-7

经营比管理是否高一个层次？

经营和管理是辩证的统一体，从它们的联系看，二者是密不可分的，具体表现为经营促进管理，管理保证经营。二者关系可用下列关系式表示：

经营管理效果=目标方向×工作效率

这个关系式说明两个问题：只讲经营，不讲管理，企业经营管理效果就成了空中楼阁；只讲管理，不讲经营，管理就成了无的放矢。也就是说，上式右边任何一项不能为 0 或负数，目标方向是企业经营要解决的问题，工作效率是管理追求的目的。经营是企业经济活动的中心，是管理效果产生和发展的基础，管理从经营中产生、发展后，又成为控制、调节经营过程，决定经营命运的重要手段。

即问即答 1-8

经营管理的关键在决策吗？

经营与管理之间是目的与手段的关系，管理适应经营的需要而产生，企业有了经营才会有管理；经营借助管理而实现，离开了经营活动就会发生紊乱甚至中断。一个企业只有在优良经营的前提下，加上科学的管理，才能取得良好的效果。如果经营不善或决策失误，管理再好也无济于事。因此，只有将经营管理综合在一起，才能发挥更大的作用。

随着社会化大生产、专业化分工协作程度的提高，随着企业生产经营活动的发展，人们对经营和管理的内涵认识越来越深入、具体。企业管理中经营的地位日趋重要和突出，企业要在优胜劣汰的市场竞争中生存、发展，首要问题就是经营规模和营销市场的决策，可以说经营失误的后果严重程度远远大于管理失误，它可能会直接导致企业全军覆没。

1.1.3 管理学

一、管理学的形成

管理学作为一个独立的知识体系，大约只有 100 年的历史。在此之前，管理主要凭借经验。19 世纪 20 年代泰罗科学管理的出现，标志着管理形成了一门独立的科学。第二次世界大战以前，只有少数管理人员及教授对管理学感兴趣。第二次世界大战以后，世界范围内掀起了学习管理的热潮，管理学开始蓬勃发展起来。

管理学的形成离不开三个要素：管理实践、管理经验、管理理论。一般来说，先有管理实践，在实践的基础上产生管理经验，接着对管理经验进行研究，升华为系统性的知识，即管理理论，也就是我们所说的“管理学”；然后，人们再运用管理理论指导管理实践，并在管理实践中验证、完善和发展管理理论。

管理学的发展趋势必然使它在科学体系中的地位进一步提高，内容上也更加突出以人为本的特色，越来越体现出管理学多样性或综合性的特征，管理理论与实践的结合也将更加紧密。

二、管理学的研究对象与内容

既然管理学是一门系统研究管理实践的客观规律、基本原理和一般方法的学科，那么，管理实践活动及其过程就是管理学研究的对象。管理学研究的内容非常广泛，概括起来，主要有以下六个方面。

1. 管理的主体

管理的主体是管理者。能否实施有效的管理，管理者起着关键作用。所以，管理者的知识和技能、管理者的群体结构以及它们之间的关系和联系，历来都是管理学研究的课题。

2. 管理的环境

环境是组织生存的土壤，它既为组织活动提供条件，同时也必然对组织的活动起制约作用。一个组织要想维持生存、谋求发展，就必须正确处理组织与环境的关系，必须了解与认识环境、分析与评估环境，在对环境科学评估、正确分类的基础上能动地适应环境，使内部条件适应外部环境的变化。因此，认真研究组织环境就成为管理学研究的首要内容。

3. 管理的对象

管理的对象是组织资源，它是组织实现目标必不可少的条件。管理的主要任务除了实现组织与环境相适应外，还必须实现人、财、物等要素的优化配置与组织，既要使组织的有限资源与组织的发展目标相一致，又要使组织内的各种资源实现合理配置，这样才能有效发挥其作用，实现组织的目标。所以，如何正确地优化配置资源也是管理学研究的一个非常重要的内容。

4. 管理的机制

机制问题是组织的动力问题。一个组织具有好的机制，就必然有动力，进而就会有活力。要解决好机制问题，就必须正确处理好组织内部及其与外部各方面的权、责、利关系，如企业与政府、顾客、出资人的关系，企业内部上下左右职位之间的关系等。只有把这些关系协调好，才能调动各方面的积极性和创造性，为实现组织目标服务。

5. 管理的职能

尽管人们对管理职能的看法各不相同，有的认为管理具有四大职能、五大职能，也有的认为管理具有六大职能、七大职能，但管理的基本职能如计划、组织、领导、控制历来都是管理学研究的主要内容。

6. 管理的历史和发展

只有了解历史，才能认清现实；只有研究和认识管理思想的发展演变，才能把握管理理论的时代精神。管理既是人类的一种实践活动，又是人类历史的一个发展过程，现在的管理正是从过去的管理发展演变而来的，不了解管理的历史，就很难深刻理解和做好现在的管理工作。同时，如果不了解管理的历史和管理的现状，也难以迎接未来管理的挑战。

三、管理学的发展趋势

管理学作为一门社会科学，其发展也必然遵循科学发展的客观规律。结合其他社会科学的发展历程以及管理科学自身的特性，可对管理学未来的发展趋势做出如下预测。

（1）管理学在社会科学体系中的地位将进一步提高。

（2）管理学的内容将更加突出以人为本的特色。

（3）管理学将更多地体现出其多样性或综合性的特征。

（4）管理学理论与实践的结合将更加紧密。

1.2 管理的主体——管理者

1.2.1 管理者的概念及分类

一、管理者的概念

所谓管理者，是指履行管理职能，对实现组织目标负有贡献责任的人。管理者是组织的心脏，其工作绩效的好坏直接关系着组织的兴衰成败。判断一个人是否是管理者，不是看其是否担任一定的职务，而是看其是否履行管理的职能。作为一个真正的管理者，他必须直接参与解决问题和做出决策，必须有人贯彻他的决策和意图并及时汇报贯彻执行的情况，必须执行计划、组织、领导、控制等各项管理职能。

二、管理者的分类

管理者的分类有很多种方式，不同的分类标准产生不同的管理者类型。

1. 按管理者在组织中的层次划分

按管理者在组织中的层次划分，管理者可分为高层管理者、中层管理者和基层管理者三种类型。

（1）高层管理者：组织中最高领导层的成员，是对整个组织的管理负有全面责任的人。他们的主要职责是制定组织的总目标、总战略，掌握组织的大政方针，与其他组织沟通，评价整个组织的绩效。高层管理者在与外界交往中，往往代表组织、以“官方”的身份出现，如学校的校长、副校长，公司的总经理、副总经理（或 CEO、CFO、COO）等。

（2）中层管理者：组织中中层机构的负责人，也就是处于高层管理者和基层管理者之间的中间层次的管理人员。他们的主要职责收是贯彻执行高层管理者所制定的重大决策，监督和协调基层管理者的工作。与高层管理者相比，中层管理者更注重日常的管理事务，如大学的系主任、公司的部门经理、工厂的车间主任、机关的处长等。

（3）基层管理者：亦称一线管理人员，即生产经营第一线的管理人员，是组织中处于最低层次的管理人员，他们所管辖的仅仅是作业人员而不涉及其他管理者。他们的主要职责是给下属作业人员分派具体工作任务，直接指挥和监督现场作业活动，主要关心的是具体任务的完成，如大学里的教研室主任、工厂里的班组长、机关里的科长等。管理者在每个层次的人数由高层到基层递增，形成金字塔结构。

上述三个不同层次的管理人员，其工作内容和性质有着很大的差别。基层管理人员主要关心的是具体工作任务的完成，他们在处理问题时凭借的往往是个人的技术技能和工作经验；高层管理者则对组织的长远目标、战略计划和重大方针等感兴趣，他们在处理问题时依靠的往往是其概念技能和判断力；中层管理者则介于两者之间，是一个承上启下的中间角色，需要上下沟通、左右协调、面面俱到，他们在处理问题时往往更依赖人事技能和沟通能力。以企业为例，基层管理者考虑的往往是日常工作安排和机器维修之类的问题，而高层管理者所关心的问题则可能是如何制订战略计划，把竞争对手的市场夺过来以扩大自己的市场份额。从管理职能的履行来看，所有层次的管理者都要履行计划、组织、领导和控制职能，只是他们花在每个职能上的时间比例不同。随着管理者在组织中地位的上升，其将从事更多的计划工作和更少的直接领导工作。

2. 按管理的工作性质与专业领域划分

按管理的工作性质与专业领域划分，管理者可分为综合管理者和职能管理者两种类型。

（1）综合管理者：指负责整个组织或组织中某个部门全部管理工作的管理人员。对于一个小型组织（如一个小企业）来说，可能只有一个综合管理者，即总经理，他要统管该组织内包括生产、营销、人事、财务等在内的全部活动。而对于大型组织（如跨国公司）来说，可能会按产品类别设立几个产品事业部，或按地区设立若干个地区事业部，此时，该公司的综合管理人员就包括总经理和每个产品或地区事业部的经理，每个事业部的经理都要统管该事业部包括生产、销售、人事、财务等在内的全部活动。

（2）职能管理者：也叫专业管理者，指在组织内只负责管理组织中某一专门职能的管理人员。以企业为例，根据管理者专业领域性质的不同，可以划分为研发部门管理者、生产部门管理者、营销部门管理者、人事部门管理者、财务部门管理者、行政部门管理者等，他们依次被称为研发经理、生产经理、营销经理、人事经理、财务经理、办公室主任等。

1.2.2　管理者的知识和技能

无论哪一类管理者都需要履行各项具体的管理职能，加之管理者职责的变化和复杂，管理者需要特定的管理技能才能够胜任他的工作。那么管理者需要哪些类型的技能呢？1955 年，美国著名的管理学学者罗伯特•卡茨（Robert L. Katz）在美国哈佛商业评论发表了《高效管理者的三大技能》，受到管理学界的重视和普遍认可。

一、技术技能

技术技能是指管理者熟悉掌握和运用特定专业领域中的技术、知识、方法、程序和工具的能力，例如，监督会计人员的管理者必须懂会计业务。管理者虽不能完全做到内行、专家，但必须懂行，必须具备一定的技术和技能。管理者如果不具备这一技能，将很难与所主管的组织或部门内的专业技术人员进行有效的沟通，也就无法对他们所管辖的业务范围内的各项工作进行具体指导，并且也会对他们决策的及时性、有效性造成不利的影响。当然，不同层次的管理者，对于技术技能的要求程度是不同的。相对来说，基层管理者需要技术、技能的程度较深，因为他们作为一线管理者的主要职责是现场指挥和监督，所以若不掌握熟练的技术技能，就难以胜任管理工作。相比之下，高层管理者只需要简单地了解。

二、人际技能

人际技能，又称人文技能或者人事技能，是指管理者以合适的方式与人沟通，并激励、引导和鼓舞人们的热情和信心，使人们做出最大努力的能力。它是一种与上下左右的人打交道的能力，包括联络、处理和协调组织内外人际关系的能力，激励和诱导组织内人员的积极性和创造性的能力，正确地指导和智慧地组织成员开展工作的能力等。人文技能具体由表达能力、协调能力、激励能力、领导能力和公关能力构成。实际工作中，管理者除了领导下属人员外，还得与上级领导和同级同事打交道，还得学会说服上级领导，学会同其他部门同事紧密配合等，这些都需要人际技能。因此，人际技能对于各层管理者进行有效的管理来说都是比较重要的，尤其对于中层管理者，他们在组织中处于承上启下的中间位置，需要“领会上头，教会下头，摆平外头，上情下达，下情上报，上下沟通，左右协调”，人际技能就显得更为重要。

三、概念技能

概念技能又称构想技能，是指管理者纵观全局、洞察组织与环境相互影响的复杂性的能力。概念技能包括理解事物的相互关联性从而找出关键影响因素的能力，确定和协调各方面关系的能力，权衡不同方案的优劣和内在风险的能力。任何管理者都会面临一些混乱而复杂的环境，这时就需要认清各种因素之间的相互联系，以便迅速抓住问题的本质，根据形势果断地做出正确的判断和决策。因此，管理者所处的层次越高，其面临的问题越复杂，越无先例可循，就越需要概念技能。

不同层次的管理者对上述三大管理技能的要求是不同的，一般来讲，对于高层管理者而言，需要高瞻远瞩把握全局，最重要的是概念技能；而对于基层管理者而言，他们既是一线操作人员的监管者又是他们的培训者，技术技能显得格外重要；中层管理者承上启下，需要上下沟通，左右协调，最重要的是人际技能。不同层次管理者对管理技能需要的差异性，如图 1-1 所示。

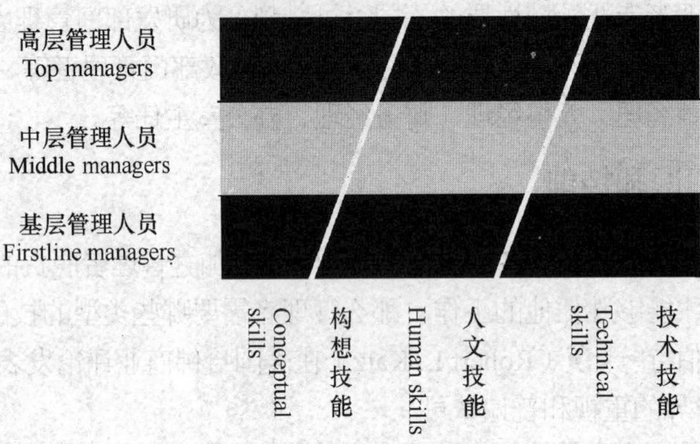

图 1-1　管理者需要具备的技能

1.2.3　管理者的角色

20 世纪 60 年代末，加拿大学者亨利·明茨伯格针对 5 位高层管理者进行了一项仔细的研究。研究发现，管理者的工作“短暂、多样、零碎”，他们的工作会不断被打断，他们几乎没有时间静下心来思考，有半数的管理活动持续时间少于 9 分钟。在大量观察的基础上，明茨伯格提出了一个管理者究竟在做什么的分类纲要。20 世纪 70 年代初，明茨伯格提出管理角色分析法，相对于规范性的管理职能分析法，这种方法是通过对管理者实际工作的直接观察而归纳管理者实际承担的工作任务，因而是一种描述性的。

明茨伯格提出，管理者在工作中扮演了 10 种角色，这 10 种角色主要集中体现在三个方面，它们是一个相互联系、密不可分的整体，即从管理者的“正式权威和地位产生三种人际关系角色，三种人际关系角色又导致三种信息角色，而这两方面角色又使管理者能发挥四种决策角色”。管理者的角色实际上就是特定的管理行为类型。

一、人际关系角色

人际关系角色包含了人与人以及其他具有礼仪性、象征性和法律性的义务或职责。这类角色以人为中心，以交往、领导、联络为手段，大致可分为以下三个主要角色。

（1）挂名首脑。管理者作为组织（或单位）的负责人必须行使一些具有礼仪性质的职责，扮演着代表人的角色，如迎接来访者、签署法律文件，总经理出席员工的婚筵，校长为毕业生颁发毕业证书等。

（2）领导者。管理者是管理活动的发起者，他们要指挥和激励下属，安排每个人的工作，协调彼此关系，对下属进行培训，根据考核标准给予奖励或惩罚等。

（3）联络员。管理者代表组织建立和保持与外界的联系，以取得外部各方面对本组织的理解和支持，如发感谢信、加入各种协会（理事会）、参加各种联谊活动等。

二、信息传递角色

信息传递角色包括接受、收集和传递信息。信息角色以信息沟通为中心，以信息的收集、加工和传播为手段，大致可分为以下 3 个不同的角色。

（1）监听者。管理者以对外联系者和对内领导者的身份，收集组织外部和内部的各种有用信息，以便正确把握组织外部环境和内部状况，如阅读期刊报纸、收听广播、收看电视、了解政策法律、查阅政府统计数据和内部统计报表，以及与有关人员保持接触等。

（2）传播者。管理者要将从组织内外获得的信息以某种方式传递给组织的有关人员，以便他们清楚地开展工作，如开会、打电话等。当然，管理者有时也因特殊目的而隐藏信息。

（3）发言人。管理者代表本组织，向外界发布有关组织的信息，包括组织的计划、政策、行动、结果等，如向董事和股东说明公司的财务状况和战略方向，向媒体发布信息等。

三、决策者角色

决策者角色包括做出抉择的活动。我们知道，只有将信息作为决策的依据时，信息才能对组织的发展起积极的作用。决策者角色是指管理者在管理过程中对一系列重大的或突发的问题做出决定并付诸实施所起的作用。这类角色以决策为中心，以推动变革、排除故障、分配资源和谈判为手段，大致可分为以下 4 个角色。

（1）企业家。管理者要寻求组织和环境中的机会，发起和实施变革，并监督和检查方案的执行情况。

（2）混乱驾驭者。当组织出现混乱时，要面对现实，解决矛盾，排除障碍。

（3）资源分配者。管理者要根据需要，分配组织的各种资源。

（4）谈判者。管理者要代表组织在各种谈判中为组织的利益与对方议价和商定成交条件。

1.3　管理的客体——管理对象及环境

管理的客体有管理对象和管理环境。人是管理的核心要素，管理要最大限度地调动人的积极性和激发人的潜能。通过有效的管理，有效地配置组织资源，提高资源的利用率和产出效果。

1.3.1　管理对象

一、管理对象的含义

管理对象是指管理者为实现管理目标，通过管理行为作用其上的客体，包括各类社会组织及其构成要素与职能活动。

二、管理对象的构成

1. 社会组织

所谓社会组织，是指为达到特定目的、完成特定任务而按一定组织结构结合在一起的人的群体，一般指具有法人资格的群体。

社会组织可以因不同的标志而有不同的分类方法。按组织的社会功能性质不同，可以将社会组织划分为：

（1）政治组织，如一些政党、政府等；

（2）经济组织，是社会组织的主体，主要是指一些以营利为目的从事经济职能的工商企业；

（3）文化组织，包括学校等教育机构和各种文化事业单位；

（4）宗教组织，如教会等；

（5）军事组织，主要指军队；

（6）其他社会组织。

2. 社会组织内部的单位或部门

这是指在各种社会组织（独立法人）内部设置的各种单位或部门，它们不是独立的社会法人，只是社会组织内部半自治性的群体或组织。社会组织内部，除最高管理层以外的大部分管理者都是以此为对象进行管理的。

3. 资源或要素

作为管理的直接对象，组织的资源或要素各有其特定的属性与功能。为保证目标的实现，组织必须对其所拥有的资源或要素进行科学地配置与组织，才能有效发挥其作用。一般来说，管理要素包括观念、人员、资金、物资设备、时间和信息等。

（1）管理观念也称管理哲学，是指管理者实施管理的指导思想。主要内容包括：价值方面的观念、经营方面的观念、人性方面的观念。管理观念决定管理行为。

（2）人员。人员是指管理组织中的管理者和被管理者，是管理要素的基本元素，也是管理要素中最活跃的要素。人员作为管理对象，包括两层含义：一方面，从生产力的角度看，人是作为劳动要素出现的。另一方面，从生产关系的角度看，管理者要在人与人之间的互动关系中，通过科学的领导和有效的激励，最大限度地调动人的积极性，以保证目标的实现。管理人是管理者最重要的职能。

（3）资金。资金是管理组织中物的货币表现，是任何社会组织，特别是营利性经济组织极为重要的资源，是管理对象的关键性要素。

（4）物资设备。物资设备是社会组织开展职能活动，实现目标的物质条件与保证。在管理中，一旦缺乏物资，其他管理要素就无从发挥作用。通过科学的管理，充分发挥物资设备的作用，也是管理者的一项经常性工作。

（5）时间。时间是指物质存在的一种客观形式，是物质运动、变化的持续性、顺序性的表现。它是组织的一种流动形态，是最特殊、最宝贵的资源，它极易流逝，不可替代、无法储存、无法购买。管理效果的显现，需要时间的保证，所以时间也是重要的管理要素。

（6）信息。信息是指能够反映管理内容的，可以传递和加工处理的文字、数据或信号。在信息社会的今天，管理者活动的基础是信息沟通，信息已成为极为重要的管理对象。

4. 职能活动

管理是使组织的活动效率化、效益化的行为，因此管理者最经常、最大量的管理对象是社会组织实现基本职能的各种活动。管理者正是在对各种活动进行筹划、组织、协调和控制的过程中，发挥着管理的功能。

1.3.2 管理环境

一、管理环境的含义

所谓管理环境，是指存在于社会组织内部与外部的、影响组织绩效的各种条件、因素和力量的总和。

二、管理环境的构成

1. 内部环境

内部环境主要指存在于社会组织内部的、影响组织绩效的各种条件、因素和力量的总和，包括社会组织履行基本职能所需的各种内部资源与能力以及人员的社会心理因素、组织文化等因素。资源是指企业生产经营过程中的投入，既有有形的，也有无形的。能力是指一组资源的有机的组合。通过各种有形资源与无形资源的不断融合形成与众不同的能力。其中，能为企业带来相对于竞争对手的持久优势的资源和能力，称为核心竞争力，也称为核心能力。内外部环境相适应，才能形成企业的核心竞争力，成为企业的机会。否则，将成为企业的“核心惰性”，成为企业的威胁。

2. 外部环境

外部环境是指存在于社会组织外部的、影响组织绩效的各种条件、因素和力量的总和，主要包括组织外部的各种自然条件和社会因素。组织的外部环境还可以进一步划分为一般环境和任务环境。

（1）一般环境。一般环境，也称宏观环境或社会大环境，就是各个组织共同面临的整个社会的一些环境因素，包括经济的、科学技术的、政治和法律的、社会和文化的、自然等各方面环境要素。

① 经济环境：包括经济发展的水平、速度，国民经济结构，产业结构，国家的经济法令和经济政策，社会经济发展战略和计划，人民的生活消费结构和消费水平，市场的供求状况以及社会基础设施等。

② 科学技术环境：社会组织的技术环境，主要指组织所在国家或地区的技术发展状况，以及相应的技术条件、技术政策和技术发展的动向与潜力等。

③ 政治与法律环境：政治与法律环境包括国内外的政治制度、政治形势、政策法规等。

④ 社会和文化环境：社会环境包括人口数量、年龄结构、职业结构、民族构成和特性、生活习俗、道德风尚、价值观念以及国家的历史和历史上形成的文化传统等；文化教育环境包括教育水平和文化水平，各种大专院校、职业学校的发展规模和水平等。

⑤ 自然地理环境：包括自然资源、地理条件和气候条件等。

（2）任务环境。任务环境也称微观环境或具体环境，是指某个社会组织在完成特定任务过程中所面临的特殊环境因素。对工商企业来说，任务环境主要包括供应商、合作者、竞争者、顾客、政府主管部门以及社区工会、新闻传播媒介和其他利益代表团体等（如消费者协会、妇联等）。

与一般环境相比，具体环境对特定组织的影响更明显和直接，更容易为组织管理者所识别、影响和控制。具体环境对每一个组织而言都是不同的，并随条件的改变而变化。

（3）外部环境的特征。

① 复杂性。构成组织外部环境的因素是多方面的、复杂的。它既包括人的因素，也包括物的因素；既包括政治的、经济的、技术的、文化的因素，也包括自然条件等多方面的因素。

② 交叉性。构成组织外部环境的各种因素是相互依存和相互制约的。无论哪方面的因素发生变化，都会直接地或间接地引起其他因素的变化。

③ 变动性。组织外部环境因素是不断变化的。不同组织的环境是不同的。这是由于环境的不确定性程度不同。

本章内容小结

木章主要讲述了管理的概念、特征、地位、作用、要素和分类；管理的二重性，即管理的自然属性和社会属性，即一方面具有与生产力社会化大生产相联系的自然属性，另一方面又具有与生产关系、社会制度相联系的社会属性；管理的科学性和艺术性；管理的职能包括决策、计划、组织、领导、激励、控制和创新，基本职能有四项：计划、组织、领导、控制；经营的概念，经营与管理的关系；管理学，简要介绍了管理学的形成、管理学的研究对象及内容以及探讨了管理学的发展趋势；管理的主体，即管理者，管理者必须要履行管理职能，对实现组织目标负有贡献责任，直接参与解决问题和做出决策；管理者可以按照在组织中的层次、工作的性质与领域、职权关系的性质划分为不同的类型，管理者所需具备的知识和技术技能、人文技能和构想技能这三项基本技能；管理者具有人际关系角色、信息传递角色和决策者角色三种主要角色；管理的客体，即管理对象及管理环境，分析了管理对象及管理环境的含义与构成。

案例思考

威尔森的管理制胜之道

总部设在美国西雅图的波音飞机公司创建于1916年，是世界航空航天业中一颗灿烂的明珠。它于20世纪20年代开创了世界上最早的航空邮政业务；30年代建立了自己的全金属运输机系列；第二次世界大战期间为战胜德、意、日法西斯立下了汗马功劳；第二次世界大战后率先把喷气式客机送上了蓝天。波音公司取得了一个接一个惊人的成绩。到1991年，波音公司的销售额达293.14亿美元，利润额为15.67亿美元，雇员16余万，在世界500家最大的工业公司中排名第32位。

然而，在令世人瞩目的业绩背后却是披荆斩棘的历程，波音公司的事业并非总是一帆风顺的。最让波音人刻骨铭心的是20世纪60年代末期，蒸蒸日上的波音事业开始由于日趋庞大的机构运转不灵了。当时仅总部机构的员工就达2000多人，官僚习气滋生，遇事互相扯皮，更糟糕的是公司领导人陶醉于已取得的赫赫成就，无视瞬息万变的市场和日益强劲的同行，躺在几项大宗的官方合同上过舒服日子。很快惩罚来了，公司装配厂里摆满了卖不出去的喷气客机，曾有18个月公司竟无一张订货单，此时公司的老板们才惊恐地发现曾一度拥有的高效率已不复存在。

与此同时，世界飞机制造业强手迅速崛起，特别是欧洲“空中客车”工业公司和老对手麦克唐纳·道格拉斯飞机公司都实力雄厚，相继推出先进的新型飞机，其势直逼波音，波音公司面临强劲的挑战。

威尔森受命于危难之际，出任波音公司的董事长。30多年的实际工作经验使他深知企业面临危机的症结和回天之术。他一到任便使出了被人称为“威尔森五招”的措施，使波音公司迅速摆脱了困境，再次走向辉煌。

（1）精兵简政。“新官上任三把火”，威尔森到任后的第一把火就是力排众议，精兵简政。他从庞大的公司办事机构中调出1800名技术人员和管理人员充实到生产第一线，并把决策权逐级下放，将责权与各级主管负责人的经济利益挂钩。紧接着公司又大量裁减雇员，仅西雅图地区的10.5万雇员就被裁掉了3.8万人，这是一段至今仍使波音人回想起来心有余悸的历史。但这一做法立竿见影，公司的办事效率和劳动生产率迅速得到提高。

（2）研究与开发。为了振兴波音，公司在20世纪60年代末共投入了69亿美元的研究和开发经费，70年代后期面临石油危机，威尔森不惜投入30亿美元研制出被认为是现代民航史上最经济、最省油、最安全的“波音757”、“波音767”两种新型客机。波音公司的研发经费逐年提高，1988年为7.51亿美元，1989年为7.54亿美元，1990年为了开发产品和新技术波音公司投入了1.6亿美元的新仪器和设备费用以及8.27亿美元的科研开发费。1991年研发经费增到14.17

美元。在越来越激烈的竞争面前，波音公司把加强研究和开发放在了首位，力争走在同行的前面。

（3）质量就是生命。对于飞机制造业来说，产品质量不仅关系到企业的“生命”和前途，而且涉及无数乘客本身的生命和安全。因此，波音公司对产品质量格外重视。他们认为从长远看，无论在哪个市场上，唯一经久不衰的价值标准是质量本身。公司要求每一个职员都要牢固树立质量第一的意识，每一个工厂、每一个部门都建立了严格的质量管理制度，切实保证每一个部件、零件甚至每颗螺丝钉都以第一流的质量出厂。威尔森逢会必讲：质量是飞机的生命，质量不合格就意味着杀死人的生命。

此外，飞机飞行是否安全还取决于航空公司是否对飞机进行严格的定期检测和维修，机组人员是否严格地按规定操作以及天气的恶劣程度等。波音公司对可能的飞机事故高度重视，他们重新设计了生产程序，以杜绝隐患。在车间里，工程师们对每个工人的每项工作进行严格检查，公司对生产过程的各阶段进行监控，联邦航空局任命的检察员对每架飞机的检查多达800次。波音747－400型大型客机研制后接受了1500小时的飞行检验和1900小时的地面检验。这些检验涉及17 000项不同功能，700多万个数据，如此严格的检测真是近乎“天衣无缝”。公司副总裁菲力普·康迪特先生说：“完全杜绝人为的错误事实上是难以办到的，但我们需要制定清楚的操作管理程序，发现错误马上改正，这是波音的传统。”

（4）重视推销。美国航空公司高级副总经理唐纳德·劳埃德曾说过：“从技术上说，波音公司是非常先进的，但洛克希德公司、麦克唐纳·道格拉斯公司也非常能干，主要的区别是波音公司有独特的推销方法。杰出的推销艺术使买主感到波音公司能充分理解自己的需要，从而形成了强烈的信心，认为波音公司说话一定能够兑现并对顾客一视同仁。”

多年来，为了保持世界上最大民航飞机制造商的地位，为了同日益强劲的对手争夺有限的新订单，波音公司在推销上竭尽全力，采取了灵活应变的制胜谋略。例如，为了将波音757飞机推销给伊比利亚航空公司，波音公司签订了允许西班牙CASA公司为波音飞机生产零件的合同，作为对英航订购21架波音747－400S客机的回报，波音公司甚至将一个零件仓库设在伦敦附近……

波音公司就是这样竭尽全力地向全世界推销自己的产品，绝对不放弃任何一个市场机会。如今波音公司已成为美国最大的单独出口者，在美国的对外贸易中起着至关重要的作用。

（5）售后服务。为全世界7000多架波音飞机提供维修服务，是波音公司的另一项重要业务。公司拥有一支效率高、技术硬的维修队伍，只要顾客需要，波音的维修人员就会以最快的速度从西雅图赶到全世界任何地方。不少买主赞叹：我们在星期一下午向波音公司说需要一个零件，星期二上午我们就能得到这个零件。在波音没有“一锤子买卖”，公司在买主之中赢得了比合同和买卖更重要的东西，那就是信誉和信任。

由于成功地运用了上述策略，波音公司在激烈的竞争中取得了累累硕果，波音的事业持续繁荣。波音公司的历史启示我们：一个企业的成功不仅取决于它战略的制定和执行，而且取决于它那永不松懈的进取精神。

根据上述情况，请回答下列问题

1. 波音公司在20世纪60年代的营销观念是（　　）。

A. 产品观念　　B. 推销观念　　C. 市场营销观念　D. 社会营销观念

2. 可以肯定的是，波音公司在威尔森上任后（　　）。

A. 管理层次减少　　B. 管理层次增加　C. 管理幅度加大　D. 难以确定

3. 威尔森上任后，波音公司的营销观念转变为（　　）。

A. 产品观念　　B. 推销观念　　C. 市场营销观念　D. 社会营销观念

4. 波音公司的组织结构形式是（　　）。

A. 直线制　　B. 直线职能制　　C. 事业部制　　D. 矩阵制

5. 下列职权中，不属于董事会的有（　　）。

A. 聘任或解聘公司总经理

B. 决定公司内部管理机构的设置

C. 制定公司的基本管理制度

D. 组织实施公司年度经营计划和投资方案

管理者价值点分享

1. 努力与其他团队的成员建立强有力的紧密关系。
2. 找一位可提升团队士气的重量级人物。
3. 时时提醒团队成员：你们都是团队的一分子。
4. 将团队的注意力集中在固定、可衡量的目标上。
5. 选择领导者时要把握用人唯才原则。
6. 领导者需具备强烈的团队使命感。
7. 记住：每位团队成员看事情的角度都不一样。
8. 征召团队成员时，应注重他们的成长潜能。
9. 密切注意团队成员缺少的相关经验。
10. 找到能将人际关系处理得很好的人，并培养他们。

推荐阅读

大多数的同仁都很兴奋，因为单位调来了一位新主管，据说他是个能人，专门被派来整顿业务。可是，日子一天天过去，新主管却毫无作为，每天彬彬有礼进办公室，便躲在里面难得出门，那些紧张得要死的坏分子，现在反而更猖獗了。他哪里是个能人，根本就是个老好人，比以前的主管更容易糊弄。

4个月过去了，新主管却发威了，坏分子一律开革，能者则获得提升。下手之快，断事之准，与4个月中表现保守的他相比简直像换了一个人。年终聚餐时，新主管在酒后致辞："相信大家对我新上任后的表现和后来的大刀阔斧改革一定感到不解。现在听我说个故事，各位就明白了。"

"我有位朋友，买了栋带有大院的房子，他一搬进去，就对院子全面整顿，杂草杂树一律清除，改种自己新买的花卉。某日，原先的房主回访，进门大吃一惊地问：那些名贵的牡丹哪里去了？我这位朋友才发现，他居然把牡丹花当草给割了。后来他又买了一栋房子，虽然院子更是杂乱，他却是按兵不动，果然冬天以为是杂树的植物，春天里开了繁花；春天以为是野草的，夏天却是花团锦簇；半年都没有动静的小树，秋天居然红了叶。直到暮秋，他才认清哪些是无用的植物而大力铲除，并使所有珍贵的草木得以保存。"

说到这儿，主管最终举起杯来："让我敬在座的每一位！如果这个办公室是个花园，你们就是其间的珍木，珍木不可能一年到头开花结果，只有经过长期的观察才认得出啊！"

练习与应用

本章练习

一、单选题

1. 管理的自然属性是与（ ）相联系的。

A. 生产关系 B. 社会制度 C. 生产力 D. 指挥职能

2. 管理同劳动力、劳动工具、劳动对象、科学技术一样是生产力要素，管理在其中起着（ ）作用。

A. 加数 B. 减数 C. 乘数 D. 除数

3. 下列管理要素中最重要的是（ ）。

A. 物资 B. 人员 C. 资金 D. 技术

4. 在企业管理中，确定工作目标和实现目标的方法等项工作属于（ ）。

A. 计划职能 B. 组织职能 C. 领导职能 D. 控制职能

5. 管理的核心是（ ）。

A. 决策 B. 处理好人际关系 C. 组织 D. 控制

二、多选题

1. 管理的基本职能有（ ）。

A. 计划 B. 组织 C. 领导
D. 协调 E. 控制

2. 按管理层次划分，管理人员一般可以分为（ ）。

A. 高层管理者 B. 中层管理者 C. 基层管理者
D. 作业人员 E. 综合管理者

3. 以下管理者角色中属于决策者角色的包括（ ）。

A. 挂名首脑 B. 领导者 C. 发言人
D. 企业家 E. 谈判者

4. 管理学的形成离不开三个要素：（ ）。

A. 管理实践 B. 管理经验 C. 管理理论
D. 管理环境 E. 管理主体

5. 管理者要使自己主管的工作达到一定的标准和要求，必须具备管理所需的相应管理技能。这些管理技能主要包括（ ）。

A. 领导技能 B. 技术技能 C. 计划技能
D. 人际技能 E. 概念技能

三、思考题

1. 什么是组织？它有哪些特征？
2. 简述管理的定义与管理的内容。
3. 简述管理要素与管理职能。
4. 简述管理系统的构成。
5. 简述管理的科学性和艺术性的关系。

本章应用

“三鹿”奶粉的危机管理

河北石家庄三鹿集团股份有限公司（以下简称三鹿集团）曾是国内最大的奶粉生产企业，在乳制品加工企业中位居全国第三名。作为农业产业化国家重点龙头企业和河北省、石家庄市重点支持的企业，三鹿集团曾先后荣获全国轻工业十佳企业、全国质量管理先进企业、科技创新型星火龙头企业、中国食品工业优秀企业、中国优秀诚信企业等省以上荣誉称号两百余项。其主导产品三鹿配方奶粉曾被国家技术监督局列为全国首批重点保护的 13 个品牌之一，产销量曾连续 15 年实现全国第一，酸牛奶进入全国第二名，液体奶进入全国前三名，年销售额达 100 亿元。

三鹿集团的前身，是成立于 1956 年的幸福乳业生产合作社。1983 年，其在乳品行业率先研制、生产婴幼儿配方奶粉，“三鹿牌”母乳化奶粉获“全国轻工业优秀新产品奖”。1993 年开始，其在乳品行业率先实施品牌运营及集团化战略运作，借助低成本扩张，以资本运营为突破口，先后与北京、河北、天津、河南、甘肃、广东、江苏、山东、安徽等省市的多家企业进行控股、合资、合作。1996 年，由石家庄乳业公司作为大股东发起成立三鹿集团，田文华担任三鹿集团董事长、总经理和党委书记，先后荣获全国质量管理先进工作者、首届中国创业企业家等称号。

然而，2008 年 9 月 17 日，国务院新闻办公室正式宣布，截至当天 8 时，“三鹿”奶粉安全事故已导致全国 6244 名婴幼儿患病，158 名发生肾衰竭，3 名死亡。6244、158、3，这不是一组单调、枯燥的数字，透过这些数据我们可以看到一张张被病痛折磨得扭曲的小脸，一个个过早凋零的生命花朵和悲恸欲绝的父母。

事件回顾：

2008 年 3 月，新浪网从“三鹿内部邮件”得到消息，称部分婴幼儿食用“三鹿”奶粉后，出现尿液变黄和尿液中有颗粒现象；

2008 年 5 月 20 日，一名网友在天涯论坛上发布了“这种奶粉能用来救灾吗?”的帖子；

2008 年 5 月 31 日，三鹿集团温州地区经理找到发帖人，要求他删掉之前在网上发的帖子，并承诺送他市场价约为 2476.8 元的三鹿新版儿童钙优、中老年钙优等产品；

7 月 24 日，三鹿集团将 16 个婴幼儿奶粉样品送河北出入境管理局进行检验，8 月 1 日在检测结果中发现有 15 个样品中含有三聚氰胺成分；

8 月 1 日深夜，三鹿集团管理层召开紧急会议，讨论如何将损失降到最低，保护三鹿品牌。三鹿股份有限公司是合资企业，董事会 7 名董事中有 3 名是新西兰“恒天然”公司代表，其得知情况后，要求三鹿集团在最短时间内召回市场上销售的受污染奶粉，并立即向中国政府有关部门报告。

8 月 2 日，三鹿集团将有关情况向石家庄市政府、市质检局、市药监局等部门进行了汇报，然而市政府并未将情况向更高一级部门汇报，仅督促三鹿集团召回产品。

9 月 8 日，三鹿集团以秘密方式从市场上缓慢换货的做法引起了“恒天然”公司的极大不满，“恒天然”不得不将此事上报新西兰总理，新西兰总理绕过河北省政府，直接将消息通知中国中央政府。

9 月 11 日，《东方早报》登载了题为《甘肃 14 婴儿同患肾病疑因喝“三鹿”奶粉所致》的文章，在国内引起了轩然大波。

至此，“三鹿”奶粉事件开始浮出水面。9 月 13 日 14 时，三鹿集团发布消息，称此事件是由于不法奶农为获取更多的利润，向牛奶中加入了三聚氰胺，他们才是这次事件的真凶。当天 17 时，石家庄市副市长赵新明代表石家庄市委、市政府宣布，石家庄三鹿集团所生产的婴幼儿奶粉是不法分子在原奶收购过程中添加了三聚氰胺所致。

最终结果：

原国家质量监督检验检疫总局局长李长江引咎辞职；

原石家庄市市委书记吴显英、原市长冀纯堂、原分管农业副市长张发旺、原畜牧水产局局长孙任虎、原食品药品监督管理局局长张毅、原质量技术监督局局长李志国被免职；

原三鹿集团董事长田文华被判处无期徒刑，原三鹿集团高管王玉良、杭志奇、吴聚犯生产、销售伪劣产品罪，分别被判处有期徒刑 15 年、8 年和 5 年。

2009 年 2 月 12 日，三鹿集团宣布破产。

案例思考讨论题

1. 三鹿集团的问题出在了哪些地方？
2. 假如你是三鹿集团的管理者，问题出现前后，你该如何处理？
3. 作为一名管理者应具备什么样的素质？

管理实务研讨

本章分组研讨主题："因人而异"的管理

1. 如何管理"刺儿头员工"？
2. 如何管理"老油条"？
3. 如何管理"自负专才"？
4. 如何管理"明星员工"？
5. 如何管理"落后员工"？

第2章

管理思想的发展历程

学习目标

知识目标：了解早期管理思想的形成及内容，了解当代管理理论的新发展。

素质目标：理解各种管理理论形成的历史背景。

技能目标：重点掌握古典管理理论和现代管理理论的基本内容。

能力目标：能够应用各种管理理论分析和解决现实管理问题。

开篇故事

科学管理与时间研究：UPS的成功之道

成立于美国西雅图的联合邮包服务公司（UPS）雇佣了15万员工，平均每天将900万包裹发送到全世界200多个国家和地区。为了实现公司的宗旨——“在邮运业中办理最快捷的运送”，UPS的管理当局系统地培训他们的员工，使他们以尽可能高的效率从事工作。UPS的工业工程师们对每一位司机的行驶路线都进行了时间研究，并对每种运货、暂停和取货活动都设立了标准。这些工程师记录了等红灯、通行、按门铃、穿过院子、上楼梯、中间休息喝咖啡的时间，甚至上厕所的时间，将这些数据输入计算机，从而给出每一位司机每天工作的详细时间标准。

为了完成每人每天取送130件包裹的目标，司机们必须严格遵循工程师设计的程序。当他们接近发送站时，他们松开安全带、按喇叭、关发动机、拉起紧急制动、把变速器推到1挡上，为送货完毕后启动离开做好准备，这一系列动作严丝合缝。然后，司机从驾驶室下到地面上，右臂夹着文件夹，左手拿着包裹，右手拿着车钥匙。他们看一眼包裹上的地址，把它记在脑子里，然后以每秒3英尺（1英尺=0.3048米）的速度快步走到顾客门前，先敲一下门以免浪费时间找门铃。送货完毕后，他们在回到卡车的路途中完成登录工作。

这种刻板的时间表是不是看上去过于繁琐？也许是吧。但毫无疑问，它能带来高效率。生产率专家公认，UPS 是世界上效率最高的公司之一。举例来说，联邦快运（FedEx）每人每天取送 80 件包裹，而 UPS 却是 130 件！毫无疑问，时间研究与科学管理理论对 UPS 的净利润产生了巨大的积极影响，使它成为一家获利丰厚而又富有竞争力的快递企业。

互动游戏

他的授权方式

形式：全体学生，10 人一组为最佳

时间：30 分钟

材料：眼罩 6 个、20 米长的绳子一条

场地：教室

活动目的

让学生体会到作为一名主管在分派任务时通常犯的错误以及改善的方法。

操作程序

（1）老师选出总经理、总经理秘书、部门经理、部门经理秘书各 1 位和 6 位操作人员。

（2）老师把总经理及总经理秘书带到一个看不见操作人员的角落并向其说明游戏规则。

① 总经理要让秘书给部门经理传达一项任务，该任务就是由操作人员在戴着眼罩的情况下，把绳子拉成一个正方形（绳子要用尽）。

② 全过程总经理不得直接指挥，一定要通过秘书传达指令给部门经理，由部门经理指挥操作人员完成任务。

③ 部门经理有不明白的地方可以通过自己的秘书请示总经理。

④ 部门经理在指挥的过程中要与操作人员保持 5 米的距离。

学习内容

瑞士经济学家肯德讲过一句名言："19 世纪是工业世纪，20 世纪则作为管理世纪载入史册。"当 20 世纪悄然逝去，世界经济的列车在科技与管理两个巨轮驱动下驶入新世纪的时候，回看一个世纪的管理风云，不得不惊叹这真是一个经济领域英雄辈出的世纪：差不多每一个产业王国中都活跃着一批管理艺术大师，如卡内基、艾柯卡、松下幸之助、李嘉诚、比尔·盖茨等；同时这也是管理思想巨匠群星闪耀的世纪，如泰罗、法约尔、福莱特、梅奥、巴纳德、孔茨、德鲁克等。他们使几乎与人类文明一样悠久的管理，在这个世纪终于从经验走向科学。

伴随着我国改革开放进程的深入，"管理也是生产力"、"管理现代化是中国第五个现代化"等观念日渐深入人心，并逐步成为各级行政领导、工商企业经理等的共识，管理学也与经济学一道成为学术界最为热门的学科。短短 30 年间，西方近百年的管理思潮、学术流派、理论观点在国内迅速地游走了一遍。国内学者对西方管理学的了解和熟悉，在整个自然科学与社会科学中名列前茅。只有了解历史，才能认清现实。一个多世纪以前的思想对今天的管理实践仍有重要的借鉴意义，了解管理学的精髓首先要从其发展根源入手。作为经济、管理等相关专业的大学生，学习管理学原理应该首先了解世界管理思想史的演变和发展。

2.1 早期管理思想的萌芽

管理活动源远流长，人类进行有效的管理活动，已有数千年的历史，但从管理实践到形成一套比较完整的理论，则是一段漫长的历史发展过程。一般来说，管理学形成之前可分成两个阶段：早期管理实践与管理思想形成阶段（从人类集体劳动开始到18世纪）和管理理论产生的萌芽阶段（从18世纪到19世纪末）。管理学形成后又分为三个发展阶段：古典管理理论阶段（20世纪初到30年代行为科学学派出现前）、现代管理理论阶段（20世纪30年代到80年代，主要指行为科学学派及管理理论丛林阶段）和当代管理理论阶段（20世纪80年代至今）。

从人类社会产生到18世纪，人类为了谋求生存自觉不自觉地进行着管理活动和管理的实践，其范围是极其广泛的。这段时期，人们仅凭经验去管理，尚未对经验进行科学的抽象和概括，没有形成科学的管理理论。早期的一些著名的管理实践和管理思想大都散见于埃及、中国、希腊、罗马和意大利等国的史籍和许多宗教文献之中。

2.1.1 古代管理思想

公元前9000年左右，人类社会形成氏族部落，管理工作的萌芽开始出现；公元前5000年左右，两河流域的苏美尔人创建了一种类似“公司”性质的管理机构；四大文明古国也留下了很多管理思想和管理实践的文字见证及实物见证。

一、国外早期的管理实践和管理思想

管理活动或管理实践自古以来就存在，是人类集体协作和共同劳动的必然产物。人类的管理实践已有大约上万年的历史，埃及的金字塔、巴比伦古城和我国的万里长城等，都是古代劳动人民勤劳智慧的结晶，也是历史上早期管理实践的实物见证。

古罗马帝国之所以兴盛，在很大程度上应归功于古罗马人卓越的组织才能。戴克利先成为皇帝后，实行把中央集权控制与地方分权管理很好地结合起来的连续授权制度，使罗马从一个小城市发展成为一个世界帝国，在公元2世纪取得了统治欧洲和北非的宏伟大业。

罗马天主教会早在第一次工业革命以前，就采取按地理区域划分基层组织的方式，并在此基础上采用了有很高效率的职能分工，成功地解决了大规模的组织问题。罗马天主教会之所以能够有效控制世界各地教徒的宗教活动，在很大程度上与它采用的一套组织形式有密切关系。

在公元前5000年左右，古代埃及人建造了世界七大奇迹之一的金字塔。据考察，胡夫金字塔共耗用上万斤重的大石料230多万块，动用了10万人力，费时20年才得以建成。完成这样巨大的工程是非常艰难的。其中包含了大量的组织管理工作。例如，组织人力进行计划和设计，在没有先进运输工具的条件下组织搬运，进行人力的合理分工等。这些工作不但需要技术方面的知识，更重要的是要有许多管理经验。

在公元前2000年左右，古巴比伦国王汉谟拉比曾经颁布过一部法典，全文共有280多条，其中对人的活动做了许多规定，如个人财产怎样受到保护、百姓应该遵守哪些规定、货物贸易应该如何进行、臣民之间的关系如何、家庭纠纷与犯罪的处理等。这里面涉及了许多的管理思想。

古希腊也留下了一些宝贵的管理思想。在公元前370年，希腊学者曾对劳动分工做了如下的论述：“在制鞋工厂中，一个人只以缝鞋底为业，另一个人进行剪裁，还有一个人制造鞋帮，再由一个人专门把各种部件组装起来。”这里所遵循的原则是：一个从事高度专业化工作的人一定能工作得最好。希腊学者的这一管理思想与后来科学管理的创始人泰罗的某些思想非常接近，尽管他们所处的年代相差了 2200 多年。

公元 6 世纪到 18 世纪，在欧洲大体上是奴隶社会末期到资本主义萌芽的时期，社会生产力和商品生产都有了一定程度的发展，并产生了所谓的“重商主义”。从管理上来看，这一时期主要出现了两种类型的社会活动组织形式：一种是商业行会和手工业行会，一种是厂商组织。前者是商人、手工业者进行自我管理的共同体，后者则可以称为最早的“前店后厂”，也就是公司制的前身。

15 世纪世界最大的工厂之一威尼斯兵工厂，早在当时就采取了流水作业，建立了早期的成本会计制度，并进行了管理的分工，这也是一个管理实践的出色范例，出现了现代管理思想的雏形。

二、我国早期的管理实践和管理思想

我国古代帝王、知名学者也有许多杰出的管理实践和管理思想闻名于世。例如，秦始皇统一中国，确立中央集权制，统一文字、货币、车轨、道宽，以及度、量、衡制度，不仅体现了他勇于改革和创新的精神，而且这些管理举措对中国延续 2000 多年的封建制度也有着重大的影响。此外，还有唐太宗李世民的“贞观之治”、清代康熙皇帝建立的盛世王朝等。另外，我国古代的《周礼》《孟子》《墨子》《孙子兵法》等书籍中也都体现了我国古代思想家诸多杰出的管理思想。

（1）中国是世界上历史最悠久的文明古国之一。早在 5000 年前，中国已经有了人类社会最古老的组织——部落和王国，有了部落的领袖和帝王，因而也就有了管理。到了商、周时期，中国已形成了组织严密的奴隶制和封建制的国家组织，出现了从中央到地方高度集权、等级森严的金字塔形的权力结构。

（2）中国自古就是世界上人口最多、幅员最辽阔的国家之一。早在公元前 200 多年，秦朝就形成了与现代中国国土相近的统一国家。在以后 2000 多年漫长的历史中，中国曾经发生过无数次战争和多次外国入侵，经历了频繁的改朝换代，虽然也曾有过短暂的分裂，但历代统治者都能对如此辽阔的疆土和众多的人口进行有效的控制和管理。历代统治者的功过是非应当由历史学家去研究和评述，但从管理学的角度看，历史也给我们留下了有关管理国家、巩固政权、统帅军队、组织战争、治理经济、发展生产、安定社会等方面极为丰富的经验和理论，其中也包含着许多至今仍闪耀着光辉的管理思想。

（3）中国有许多闻名世界的伟大工程。长城就是其中最令人赞叹不已的例子。春秋战国时期，各国为了防范外敌，开始在形势险要的地方修筑长城，后来经过秦朝、明朝历代修缮，于明朝万历年间终于形成了西起嘉峪关，东至山海关，总长约 6700 多千米，连为一体的万里长城。这一工程历时 2000 多年，投入的劳动力达数百万人，筑城所用的砖都按统一规格由全国各地烧制后运送到工地。为了监督检查制砖的责任和质量，每块砖上都要刻上制造厂所在州府县及制造者的名字。要完成如此浩大的工程，在科学技术尚不发达的当时，其计划、组织、领导、控制等管理活动的复杂程度是现代人难以想象的。

（4）中国在其漫长历史中，所经历战争之多、规模之大也是世界各国少有的。早在春秋战国时，就经常发生投入几十万军队的大战役。战争给人类带来了死亡和灾难，摧毁了人类的文明成果，但客观上也推动了如何治理军队、如何带兵作战的军事思想的发展，产生了许多不朽的军事著作。《孙子兵法》就是其中最著名的代表作，著作中所阐述的“为将之道”“用人之道”，以及在各种极其错综复杂环境中为了取胜所采用的各种战略、策略，堪称是人类智慧的结晶。

即问即答 2-1

人类的早期活动相对比较简单，那时是不是一定要有管理活动的存在？

2.1.2 中世纪的管理思想

中世纪管理思想的集大成者是意大利的政治思想家和历史学家尼可罗·马基雅维利（Machiavelli，1469—1527），其代表作《君主论》，以主张为达目的可以不择手段而著称于世，马基雅维利主义（machiavellianism）也因之成为权术和谋略的代名词。它通常分为高马基雅维利主义和低马基雅维利主义。高马基雅维利主义的个体重视实效，保持着情感的距离，相信结果能替手段辩护。大量的研究探讨了有关马基雅维利主义与行为结果的关系。高马基雅维利主义者比低马基雅维利主义者更愿意操纵别人，赢得利益更多，更难被别人说服，他们更多的是说服别人。但这些结果也受到情境因素的调节。

1. 马基雅维利及其思想简介

（1）新兴资产阶级的代表。马基雅维利是中世纪晚期意大利新兴资产阶级的代表，主张结束意大利在政治上的分裂状态，建立强大的中央集权国家。

他抛弃了中世纪经院哲学和教条式的推理方法，不再从《圣经》和上帝出发，而是从人性出发，以历史事实和个人经验为依据来研究社会政治问题。他把政治学当作一门实践学科，将政治和伦理区分开，把国家看作纯粹的权力组织。他的国家学说以性恶论为基础，认为人是自私的，追求权力、名誉、财富是人的本性，因此人与人之间经常发生激烈斗争。为防止人类无休止的争斗，国家应运而生，颁布刑律，约束邪恶，建立秩序。国家是人性邪恶的产物。

（2）赞美共和政体。他赞美共和政体，认为共和政体有助于促进社会福利，发展个人才能，培养公民美德。但他认为，当时处于人性堕落、国家分裂、社会动乱状况的意大利，实现国家统一、社会安宁的唯一出路只能是建立强有力的君主专制制度。

（3）策略。他向君主献策，阐述了一套统治权术思想。

① 军队和法律是权力的基础。

② 君主应当大权独揽，注重实力，精通军事。

③ 君主不应受任何道德准则的束缚，只需考虑效果是否有利，不必考虑手段是否有害；既可外示仁慈、内怀奸诈，亦可效法狐狸与狮子，诡诈残忍均可兼施。

④ 君主可以和贵族为敌，但不能与人民为敌。

⑤ 君主应当不图虚名，注重实际。残酷与仁慈、吝啬与慷慨都要从实际出发。明智之君宁蒙吝啬之讥而不求慷慨之誉。

2. 马基雅维利主义的含义及变奏

（1）利害关系。马基雅维利认为，人类愚不可及，总有填不满的欲望、膨胀的野心；总是受利害关系的左右，趋利避害，自私自利。因此，利他主义和公道都是不存在的，人们偶尔行善只是一种伪装，是为了赢得名声和利益。人都是“忘恩负义、心怀二志、弄虚作假、伪装好人、见死不救和利欲熏心的”；即使最优秀的人也容易腐化堕落，因为做恶事更有利于自己，讲假话更能取悦别人。人民有屈从权力的天性，君主需要的是残酷，而不是爱。人应当在野兽中选择狮子和狐狸，像狮子那样残忍，像狐狸那样狡诈。君主不妨对行恶习以为常，不要因为残酷的行为受人指责而烦恼；“慈悲心是危险的，人类爱足以灭国”。马基雅维利有句名言：“只要目的正确，可以不择手段。”

（2）马基雅维利主义的含义。马基雅维利还指出：受人敬爱不如被人惧怕，“一个君主被人惧怕比起被人爱更为安全些”。但有时又有必要让人民相信君主是“集美德于一身的人”，也就是说，统治者在公开场合应表现出爱民如子和仁慈宽厚的样子。惩罚人的事应让其他人去干，最后还可嫁祸于人，找替罪羊，以避免自己受到国民的谴责。奖赏别人的事应当亲自出面，以免让下属行私惠。给人恩惠要一点点地来，让他有盼望；给人打击要一下置其于死地，不让他有报复的可能。君主平常应当不露声色，凡事都要装作懵懂无知，避免让下属了解自己，但对下属自己心中要了如指掌，随时操纵他，并且动用杀伐大权。马基雅维利认为，君主应当绝对地控制武器精良和素质优秀的军队，“任何人只要有他自己的装备精良的军队，就会发现无论时势如何骤转，他自己总是处于有利的地位”。还有，君主为了保持权力的自主性，绝不可相信任何人；不可对别人吐露真心，不可指望别人对自己诚实，更不可把命运系于别人身上。君主要经得起孤独的煎熬，“最危险莫过于意气相投的人”。所以，应当怀疑一切人，组织耳目对之暗中监视，网罗党羽排除异己，设置职权相互牵制……总之，为保住君主的地位，采取一切手段都是允许的。

（3）马基雅维利主义与马基雅维利政治理论的区别。需要注意的是，马基雅维利这种为达目的不择手段的政治权术理论，后来被资产阶级学者称为“马基雅维利主义”，甚至被法西斯分子用作实行独裁统治的理论依据，所以“马基雅维利主义”逐渐变成政治上尔虞我诈、背信弃义和不择手段的同义语。马基雅维利的政治理论同后来的“马基雅维利主义”有着严格的区别。前者是在西欧封建社会末期，作为新兴资产阶级反对封建腐朽势力而被提出来的，其主流是爱国的和进步的，反映了资产阶级建立统一强大的中央集权国家的进步要求。

2.1.3　工业革命时期的管理思想

随着社会的进步和生产力的不断发展，西方国家开始进行工业革命。工业革命有时又称产业革命，指资本主义工业化的早期历程，即资本主义生产完成了从工场手工业向机器大工业过渡的阶段，是以机器生产逐步取代手工劳动，以大规模工厂化生产取代个体工场手工生产的一场生产与科技革命，后来又逐步扩充到其他行业。这个演变过程叫作工业革命。有人认为工业革命在 1750 年左右已经开始，但直到 1830 年，它还没有真正蓬勃地展开。大多数观点认为，工业革命发源于英格兰中部地区。18 世纪中叶，英国人瓦特改良蒸汽机之后，由一系列技术革命引起了从手工劳动向动力机器生产转变的重大飞跃，随后传播到英格兰及整个欧洲大陆，19 世纪传播到北美地区。

工业革命是资本主义经济发展的客观要求所决定的：①资产阶级革命废除了封建制度，消除了不利于资本主义发展的种种束缚，为工业革命创造了重要的政治前提；②消除了农业中的封建制度和小农经济，为资本主义大工业的发展提供了充分的劳动力和国内市场；③资本主义原始积累过程，提供了资本主义大工业所必需的大批自由劳动力和巨额的货币资本（通过海外殖民实现）；④资本主义工场手工业长期的发展，为大机器生产的出现准备了技术条件。一般认为，蒸汽机、焦炭、铁和钢是促成工业革命技术加速发展的四项主要因素。

工业革命的爆发使以机器为主的现代意义上的工厂成为现实，社会生产力有了较大的发展。随之而来的是管理思想的革命，计划、组织、控制的职能也相继产生。随着企业规模不断扩大，劳动产品的复杂程度与工作专业化程度日益提高，工厂以及公司的管理越来越突出，管理方面的问题越来越多地被涉及，企业经理人员也逐渐摆脱其他工作，专门从事管理活动，部分社会学者也开始研究管理问题，因而管理学开始逐步形成。这个时期的代表人物有亚当·斯密（1723—1790）、大卫 · 李嘉图（1772—1823）等。

一、亚当 · 斯密及其理论

亚当 · 斯密是经济学的主要创立者。1723 年，亚当 · 斯密出生在苏格兰。1723—1740 年，亚当 · 斯密在家乡苏格兰求学，在格拉斯哥大学读书期间，亚当 · 斯密完成拉丁语、希腊语、数学和伦理学等课程；1740—1746 年，他赴牛津大学求学，但在牛津并未获得良好的教育，唯一的收获是大量阅读了许多格拉斯哥大学缺乏的书籍。1750 年后，亚当 · 斯密在格拉斯哥大学不仅担任过逻辑学和道德哲学教授，还兼负责学校行政事务，一直到 1764 年离开为止。这一时期，亚当 · 斯密于 1759 年出版的《道德情操论》获得学术界极高评价。而后他于 1768 年开始着手著述《国民财富的性质和原因的研究》(简称《国富论》)。一般认为 1773 年时《国富论》已基本完成，但亚当 · 斯密花了三年时间润饰此书，1776 年 3 月此书出版后引起大众广泛的讨论，影响所及除了英国本地，连欧洲大陆和美洲也为之疯狂，因此世人尊称亚当 · 斯密为“现代经济学之父”和“自由企业的守护神”。亚当 · 斯密并不是经济学说的最早开拓者，他最著名的思想中有许多也并不新颖独特，但是他首次提出了全面系统的经济学说，为该领域的发展打下了良好的基础。因此，完全可以说《国富论》是现代政治经济学研究的起点。

亚当 · 斯密在《国富论》开篇就分析了劳动分工，指出“分工是国民财富增进的源泉”。他认为一国国民财富积累首要的也是最重要的原因是劳动生产率的提高，而劳动生产率的最大提高则是由于分工的结果。亚当 · 斯密还给出了分工提高生产率的经典解释：第一，劳动者的技巧因业专而日进；第二，节省劳动时间；第三，机器的发明和采用。

作为人性论者，斯密是承认人的利己本性的，认为人是“经济人”，同时也主张“对每个人而言，只要他不触犯法律，都应该享有以自己的方式追求个人利益的自由”。但斯密强调的“自利”(self-in-terest)并不等于自私（selfish-ness），更不等于贪婪（greedy）。斯密肯定了人从利己出发行事的合理性，但他指责自私与贪婪带来的种种罪行。斯密有一段广为引用的名言是：“我们每天所需的食物和饮料，不是出自屠户、酿酒商或面包师的恩惠，而是出于他们自利的打算。”

亚当 · 斯密的经济思想体系结构严密，论证有力，使经济思想学派在几十年内就被抛弃了。实际上，亚当 · 斯密把他们所有的优点都吸入进了自己的体系，同时也系统地披露了他们的缺点。亚当 · 斯密的接班人，包括像托马斯 · 马尔萨斯和大卫 · 李嘉图这样著名的经济学家对他的体系进行了精心的充实和修正（没有改变基本纲要），这一体系今天被称为经典经济学体系。《国富论》一书技巧高超，思路清晰，拥有广泛的读者。

自从亚当 · 斯密以来，经济学有了突飞猛进的发展以致他的一些思想已被搁置一边，因而人们容易低估他的重要性。但实际上他是使经济学说成为一门系统科学的主要创立人，因而是人类思想史上的主要人物。

二、大卫 · 李嘉图及其理论

大卫 · 李嘉图是英国古典政治经济学的代表，生于犹太人家庭，父亲为证券交易所经纪人。他 12 岁到荷兰商业学校学习，14 岁随父从事证券交易，1793 年独立开展证券交易活动，25 岁时拥有 200 万英镑财产，随后钻研数学、物理学。1799 年，他读了亚当 · 斯密《国富论》后开始研究经济问题，参加了当时关于黄金价格和谷物法的讨论，1817 年发表《政治经济学及赋税原理》，1819 年被选为下议院议员。

李嘉图以功利主义为出发点，建立起了以劳动价值论为基础，以分配论为中心的理论体系。他继承了斯密理论中的科学因素，坚持商品价值由生产中所耗费的劳动决定的原理，并批评了斯密价值论中的错误。他提出决定价值的劳动是社会必要劳动，决定商品价值的不仅有活劳动，还有投在生产资料中的劳动。他认为全部价值由劳动产生，并在三个阶级间分配：工资由工人的必要生活资料的价值决定，利润是工资以上的余额，地租是工资和利润以上的余额。由此说明了工资和利润、利润和地租的对立，从而实际上揭示了无产阶级和资产阶级、资产阶级和地主阶级之间的对立。他还论述了货币流通量的规律、对外贸易中的比较成本学说等。但他把资本主义制度看作永恒的，只注意经济范畴的数量关系，在方法论上又有形而上学的缺陷，因而不能在价值规律基础上说明资本和劳动的交换、等量资本或等量利润等，这两大难题最终导致李嘉图理论体系的解体。他的理论达到资产阶级界限内的高峰，对后来的经济思想产生了深刻的影响。

相关链接 2-1：工业革命前后的重要发明

1712 年英国人汤姆斯·钮可门获得了稍加改进的蒸汽机的专利权。

1733 年凯伊·约翰发明飞梭。

1765 年詹姆斯·哈格里夫斯发明珍妮纺纱机（揭开了工业革命的序幕）。

1768 年阿克莱特发明水力纺机。

1769 年詹姆斯·瓦特改良钮可门的蒸汽机为“单动式蒸汽机”。

1778 年约瑟夫·勃拉姆发明抽水马桶。

1782 年瓦特改良蒸汽机为“联动式蒸汽机”，1785 年投入使用。

1796 年塞尼菲尔德发明平版印刷术。

1797 年亨利·莫兹莱发明螺丝切削机床。

1807 年富尔顿造出以蒸汽为动力的轮船。

1812 年特列维雪克发明科尔尼锅炉。

1814 年斯蒂芬孙发明蒸汽机车。

1815 年汉·戴维发明矿工灯。

1844 年威廉·费阿柏恩发明兰开夏锅炉。

即问即答 2-2

有人说：“没有工业革命就没有真正意义上的企业出现。”你认为这句话对吗？

相关链接 2-2

《国富论》共分五卷。它从国富的源泉——劳动，说到增进劳动生产力的手段——分工，因分工而起交换，论及作为交换媒介的货币，再探究商品的价格，以及价格构成的成分——工资、地租和利润。

第 1 卷，共 11 章，主要内容是分析形成以及改善劳动力生产能力的原因，分析国民财富分配的原则。

第 2 卷，共 5 章，主要内容是讨论资本的性质、积累方式，分析对劳动力数量的需求取决于工作的性质。

第 3 卷，共 4 章，主要内容是介绍造成当时比较普遍的重视城市工商业。轻视农业政策的原因。

第4卷，共9章，主要内容是列举和分析不同国家在不同阶段的各种经济理论。

第5卷，共3章，主要内容是分析国家收入的使用方式，是为全民还是只为少数人服务，如果为全民服务，有多少种开支项目，各有什么优缺点，为什么当代政府都有赤字和国债，这些赤字和国债对真实财富的影响等。

此书总结了近代初期各国资本主义发展的经验，批判地吸收了当时重要的经济理论，对整个国民经济的运动过程做了系统的描述，被誉为“第一部系统的伟大的经济学著作”。

2.2 古典管理思想的演进

古典管理理论阶段是管理理论最初形成阶段，在这一阶段，侧重于从管理职能、组织方式等方面研究企业的效率问题，对人的心理因素考虑很少或根本不去考虑。其间，在美国、法国、德国分别活跃着具有奠基人地位的管理大师，其中的代表人物有“科学管理之父”泰罗、“一般管理理论之父”法约尔以及“组织理论之父”马克斯·韦伯。

2.2.1 泰罗的科学管理

泰罗（1856—1915）是西方古典管理理论的主要代表、科学管理理论的创始人。1856 年，泰罗出生于美国宾夕法尼亚州。1878 年，22 岁的泰罗来到费城的米德维尔钢铁厂，在短短的 6 年时间里，泰罗从一个普通工人升为机工班长、车间工长、总技师，最后成为总工程师。1890 年，泰罗离开米德维尔钢铁厂，此后他担任过投资公司总经理，从事过工厂的管理咨询工作。1906 年，泰罗担任了美国机械工程师协会的主席。1915 年，在一次发表演讲的归途中，泰罗患了肺炎，在刚度过 59 岁生日的第二天于医院病逝。泰罗被埋葬在一座能俯视费城钢铁厂的小山上，墓碑上刻着“科学管理之父弗雷德里克·温·泰罗”。

泰罗一生中从事了大量的生产实践活动，对车间的生产活动和工人的劳动状况非常熟悉。他还是生产技术方面的行家，在技术上有许多发明创造，拥有 100 多项专利。19 世纪末，泰罗亲身参加了企业管理工作，这些经历从实践上为他积累了丰富的经验，从而使他与科学管理结下不解之缘。

早在米德维尔钢铁厂当工长时，泰罗就发现了工人磨洋工和效率低下的问题。因为工资是按是否上班以及地位高低而不是以做出的努力大小来决定的，即多劳不会多得，实际上是怂恿工人偷懒。计件工资制标准往往订得很乱，当工人得到的工资太高时，雇主们便降低工资标准，因此工人们为了保护自身利益，只把工作干到不被解雇的程度便不再继续提高产量了。对此泰罗认识到，有必要做出一种新的设计，确定一个大家都能接受的客观标准，才能避免管理部门同工人之间的激烈冲突。也就是从这个时候起，泰罗开始了他对科学管理的探索。在对工厂一线劳动做了一系列实践和试验以后，他撰写并出版了《计件工资制》（1895 年）、《工厂管理》（1903 年）、《论金属切削技术》（1906 年）、《科学管理原理》（1911 年）、《在美国国会听证会上的证词》（1912 年）等文献，其中 1911 年发表的《科学管理原理》奠定了科学管理的理论基础。

一、科学管理理论的内容

泰罗的“科学管理”理论又称泰罗制，主要内容可概括为以下 8 个方面。

（1）科学管理的中心问题是提高效率。泰罗认为，要制定出有科学依据的工人的“合理的日工作量”，就必须进行工时和动作研究，让每个人都用正确的方法作业。方法是选择合适且技术熟练的工人，把他们的每一项动作、每一道工序所使用的时间记录下来，加上必要的休息时间和其他延误时间，就得出完成该工作所需要的总时间，据此定出一个工人“合理的日工作量”，这就是工作定额原理。

（2）为了提高劳动生产率，必须为工作挑选“第一流的工人”，并制定培训工人的科学方法。所谓第一流的工人，泰罗认为：“每一种类型的工人都能找到某些工作使他也成为第一流的，除了那些完全能做好这些工作而不愿做的人。”他认为要对第一流的人进行动作分解和优化使其达到最高效率。

（3）要使工人掌握标准化的操作方法，使用标准化的工具、机器和材料，并使作业环境标准化，用以代替传统的经验，为此需要调查研究，拿出科学依据，这就是标准化原理。

（4）实行刺激性的计件工资报酬制度。按照工人完成定额和实际表现而采用不同的工资率，通过对公司的研究和分析，制定出标准制度，改变过去以估计和经验为依据的做法。

（5）工人和雇主两方面都必须认识到提高效率对双方都有利，都要来一次“精神革命”，相互协作，为共同提高劳动生产率而努力。泰罗认为这就是劳资双方进行“精神革命”、从事协调与合作的基础，实现“科学管理的第一步”。

（6）把计划职能同执行职能分开，变原来的经验工作法为科学工作法。泰罗主张明确划分计划职能与执行职能，由专门的计划部门来从事调查研究，为定额和操作方法提高科学依据，制定科学的定额和标准化的操作方法及工具，拟定计划并发布指示和命令，比较“标准”和“实际情况”，进行有效的控制等工作。

（7）实行“职能工长制”。即将管理的工作予以细分，使所有的管理者只承担一种管理职能。他设计出八个职能工长的职位，代替原来的一个工长，其中四个在计划部门，四个在车间，每个职能工长负责某一方面的工作。

（8）在组织机构的管理控制上实行例外原则。泰罗认为，规模较大的企业组织和管理，必须应用例外原则，即企业的高级管理人员把例行的一般日常事务授权给下级管理人员去处理，自己只保留对例外事项的决定和监督权。这种以例外原则为依据的管理控制原理，以后发展成为管理上的分权化原则和实行事业部制管理体制。

二、科学管理理论的贡献

泰罗的科学管理理论是管理思想发展史上的一个里程碑，它是使管理成为科学的一次质的飞跃。作为一个较为完整的管理思想体系，科学管理理论对人类社会的发展做出了自己独特的贡献。

（1）科学管理理论的创立者泰罗是一位西方古典管理思想发展的集大成者，正如英国管理学家厄威克所说：“泰罗所做的工作并不是发明某种全新的东西，而是把整个 19 世纪在英、美两国产生、发展起来的东西加以综合而形成一整套思想，他使一系列无条理的首创事物和实验有了一个哲学的体系，称之为科学管理。”

（2）科学管理理论在管理哲学上取得了重要的突破，泰罗堪称为管理哲学大师。正如美国管理学家德鲁克指出的：“科学管理只不过是一种关于工人和工作系统的哲学，总体来说，它可能是自联邦主义文献以后美国对西方思想做出的最特殊的贡献。”

（3）泰罗将科学引入管理领域，提高了管理理论的科学性。泰罗等做了大量的科学试验，并在此基础上提出了系统的理论和一整套的方法措施，为管理理论的系统形成奠定了基础。从本质上讲，科学管理理论突破了工业革命以来一直延续的传统的经验管理方法，是将人从小农意识、小生产的思维方式转变为现代社会化大工业生产的思维方式的一场革命。

（4）科学管理理论提出的有科学依据的作业管理、管理者同工人之间的职能分工、劳资双方的精神革命等，为作业方法和作业定额提供了客观依据，使得劳资双方有可能通过提高劳动生产率、扩大生产成果来协调双方的利害关系，从而推动了生产力的发展，劳动生产率有了大幅度的提高。

（5）科学管理运动加强了社会公众对消除浪费和提高效率的关心，促进了经营管理的科学研究，其后的运筹学、成本核算、准时生产制等，都是在科学管理理论的启发下产生的。

三、科学管理理论的局限性

泰罗科学管理理论使管理理论发生了质的变化，但他的理论也存在着局限性。

（1）科学管理理论的一个基本的假设就是：人是“经济人”。在泰罗和他的追随者看来，人最为关心的是自己的经济利益，企业家的目的是获取最大限度的利润，工人的目的是获取最大限度的工资收入，只要使人获得经济利益，他就愿意配合管理者挖掘出他自身最大的潜能。这种人性假设是片面的，因为人的动机是多方面的，既有经济动机，也有许多社会和心理方面的动机。

（2）科学管理理论的诸项原则在实际推行过程中并没有得到很好的贯彻。科学管理的本意是应用动作研究和工时研究的方法来进行分析，以便发现和应用提高劳动生产率的规律，但很多企业的工时研究没有建立在科学的基础上，往往受到企业主和研究人员主观判断的影响，由此确定的作业标准仅反映了企业主追求利润的意图，为工人确定的工资也是不公正的。此外，泰罗主张的职能工长制和差别计件工资制也没有得到广泛的应用。

（3）泰罗对工会采取怀疑和排斥的态度。在他看来，工会的哲理和科学管理的哲理是水火不相容的，工会通过使工人和管理部门不和，加紧进行对抗和鼓励对抗，而科学管理则鼓励提倡利益的一致性。所以泰罗认为，如果工人参加工会、组织起来，就容易发生共谋怠工的情况。但实际上，在通过工时研究和动作研究来确定作业标准和定额以及工资时，如果没有工会的参与，很难建立起真正协调的劳资关系。

尽管泰罗的科学管理理论存在局限性，但有一点是没有疑问的，即泰罗确实是管理思想演进过程中一个重要时代的领路人，正如丹尼尔·雷恩所说：“科学管理反映了时代精神，科学管理为今后的发展铺下了光明大道。”

即问即答 2-3

“泰罗制内容的侧重点是职能管理而不是人性的管理”，这种观点对吗？

2.2.2 法约尔及其一般管理理论

法约尔（1841—1925）是法国著名管理学家、西方古典管理理论学派的代表人物之一。1860年法约尔从圣艾蒂安国立矿业学院毕业，1866年开始一直担任高级管理职务。他根据自己50多年的管理实践，于1916年出版了《工业管理和一般管理》一书，提出了适用于一切组织的经营的六类活动和管理的五种职能以及有效管理的14条原则。人们一般认为法约尔是第一个概括和阐述一般管理理论的管理学家，他也因此被称为“一般管理理论之父”。

一、有效管理的原则

法约尔提出的有效管理14条原则主要内容如下。

（1）劳动分工。这是一项属于自然规律方面的原则，其目的是用同样的努力生产得更多、更好。劳动分工可提高劳动的熟练程度和准确性，从而提高效率；劳动分工不仅限于技术工作，也适用于管理和其他工作，这是一个与泰罗相同的观点，其结果是职能的专业化和权力的分散；没有学者和艺术家的专业化工作，社会进步的可能性也很难想象。

（2）权力和责任。权力就是指挥和要求别人服从的能力；责任是权力的孪生物，是权力的当然结果和必要补充，凡有权力行使就有责任。权力可分为职能规定的职位权力和由领导者的智慧、博学、经验、道德品质、指挥才能和以往的功绩而形成的个人权力。一个好的领导者，个人权力是职位权力的必要补充。一般来说，人们像追求权力一样害怕承担责任，但一个好的领导者应具有承担责任的勇气，并使他周围的人也随之具有这种勇气。法约尔认为，制止一个重要领导人滥用权力的最有效的保证是个人的道德和操守，这是靠选举和财产所不能取得的。

（3）纪律。这是企业和其下属人员之间通过协定而达成一致的服从、勤勉、积极、举止和尊敬的表示，它是以尊重而不是以恐惧为基础的。没有纪律，任何一个企业都不能兴旺繁荣，而纪律的状况则主要取决于其领导的道德状况。维护纪律不排除对违反共同协定，即违反纪律的行为进行惩罚，包括指责、警告、罚款、停职、降级或开除。高层领导和下属人员一样，必须接受纪律的约束。制定和维持纪律最有效的办法是：有各级好的领导，尽可能明确而又公平的协定，合理执行惩罚。

（4）统一指挥。无论对哪一种工作来说，下属人员只应接受一个领导人的命令。在任何情况下，都不会有适应双重指挥的社会组织，双重指挥经常是冲突的根源。人类社会和动物机体一样，如果一个人的身体有两个脑袋，就是个怪物，就难以生存。因此，对于力求达到同一目的的全部活动，只能有一个领导人和一项计划。"统一领导"和"统一指挥"是两个概念。

（5）统一领导。人们通过建立完善的组织来实现一个社会团体的统一领导，而统一指挥的效果如何则取决于人员如何发挥作用。

（6）个人利益服从整体利益。在一个企业中，个人或一些人的利益不能置于企业利益之上，一个家庭的利益应先于一个成员的利益，国家利益应高于一个公民或一些公民的利益。因此，必须与无知、贪婪、自私、懒惰、懦弱和一切把个人利益置于整体利益之上的行为进行持久的斗争。

（7）人员的报酬。人员的报酬是其服务的价格，应该合理，并尽量使企业和所属人员都满意。工人获得报酬的方式有按劳动日付酬、按工作任务付酬和计件付酬三种，其方法还包括奖金、分红、实物补助和精神奖励。付酬的方式取决于多种因素，其目的只有一个，即激发和鼓励各级人员的工作热情。

（8）集中。集中也是一种必然的规律性现象。在动物机体或社会组织中，感觉集中于大脑或领导部门，从大脑或领导部门发出命令，使组织的各部分运动。集中化管理作为一种制度，本身并无所谓好坏，但需要根据企业的实际情况，决定集中化的最适程度。

（9）等级制度。即从最高权力机构直至基层管理人员的领导系列，它显示出企业内信息传递的路线。

（10）秩序。即每个人都有一个位子，每个人都在他的位子上，而每个位子都是事先选择好的。这一条原则还应用于物品和场地方面。

（11）公平。它是由善意和公正产生的。企业领导应公道、公允并努力使公平感深入人心。

（12）人员的稳定。人员不稳定和流动性大往往是企业不景气的原因与结果，所以要努力保持企业领导人和其他人员的相对稳定性，合理补充人力资源，掌握好人员稳定的尺度。

（13）首创精神。这是人类活动最有力的刺激物之一。除了领导的首创性外，还要加上全体人员的首创性，并在必要时去补充前者，应尽可能地鼓励和发展这种能力。一个能发挥下属人员首创精神的领导要比一个不能这样做的领导高明得多。

（14）人员的团结。全体人员的和谐与团结是一个企业的巨大的力量。为维护团结，法约尔特别强调了要注意的一个原则和需避免的两个危险：一个原则即统一指挥的原则；两个危险即对格言断章取义、各取所需，滥用书面联系。

二、管理职能的内容

法约尔认为，管理的全部活动和管理职能就是计划、组织、指挥、协调、控制，并对这5个要素进行了分析。

1. 计划

法约尔在这里是把计划和预见作为一个相同的概念提出的，而预见即表示对未来的估计，也表示为未来做准备，它是以企业的资源、所经营业务的性质和未来的趋势为其根据的。法约尔认为，一个好的行动计划应具备以下特征：①统一性，即一次只能执行一个计划，但一个计划可以分为总计划和部门的专业计划，它们应作为一个整体相互结合、联系；②连续性，即应该使第二个计划不间断地接上第一个，第三个接上第二个，持续不断；③灵活性，即计划应能够顺应人们认识的发展而适当调整；④精确性，即根据预测，尽可能使计划适应未来发展的需求——在近期计划中要求有较高的精确度，而长期计划则采取简单的一般方法。

法约尔认为制订一个好的行动计划要求有一个精明的、有经验的领导，他必须具有管理人的艺术、积极性、勇气、专业能力、处理事务的一般知识和领导人员本身的稳定性；缺乏计划或一个不好的计划是人员没有能力的标志。计划，即预见是管理的首要因素，具有普遍的适用性，而且是一切组织活动的基础。

2. 组织

组织可分为物质组织与社会组织。法约尔所论及的仅只是社会组织，即为企业的经营提供所有必要的原料、设备、资金、人员。

3. 指挥

指挥即让社会组织发挥作用，是一种以某些个人品质和对管理的一般原则的了解为基础的艺术。

担任指挥工作的领导应该做到：①对职工有深入的了解；②淘汰没有工作能力的人；③对企业和职工之间的协定很了解；④做出榜样；⑤对组织要定期检查，并使用概括的图表来促进这项工作；⑥召开讨论统一指挥和集中努力时要让主要助手参加；⑦不要陷入琐碎事务；⑧力争使成员团结、主动、积极和忠诚。

4. 协调

协调指企业的一切工作都要和谐地配合，以便于企业经营的顺利进行，并有利于企业取得成功，使各职能的社会组织机构和物资设备机构之间保持一定比例，在工作中做到先后有序，有条不紊。在法约尔看来，协调是一种平衡行动，使支出和收入相等，使设备适合于实现生产目标的需要，以及确保销售和生产之间的协调一致。组织工作和计划工作通过规定任务、制定时间表以及实行目标管理等方法，来推进协调工作。他认为，领导部门的每周例会是协调工作的最好方式之一，而在各次会议间隔的时间里，为了促进协调以及照顾远离中心领导机构的单位，可以使用联络人员——一般由参谋人员承担，但联络人员不能代替首脑人员承担直接责任。

5. 控制

控制就是要证实一下各项工作是否都与已定计划相符合，是否有缺点和错误，以便加以纠正并避免重犯。对物、对人、对行动都可以进行控制，控制涉及企业的一切方面，包括商业方面、技术方面、财务方面、安全方面和会计方面。当控制工作太多、太复杂、涉及面太大时，就应作为一项独立的工作来设立专门的检查员或监督员。在控制中，一个要避免的危险是对各部门的领导和工作进行过多的干预。这种越权行为会造成最可怕的双重领导：一方面是不负责任的控制人员，他们有时在很大范围内造成有害影响；一方面是被控制的业务部门，他们没有权力采取自卫措施来反对这种控制。一切控制活动都应是公正的，控制这一要素在执行时也需要有持久的专心工作精神和较高的艺术，最好要做到不管对什么工作都能够回答以下问题："怎样进行呢？"

法约尔对管理的上述定义便于明确管理与经营的关系。法约尔同时指出，任何企业都存在 6 种基本活动，即技术活动、商业活动、财务活动、安全活动、会计活动、管理活动，管理活动只是其中一种。法约尔在《工业管理与一般管理》一书中写道："所谓经营，就是努力确保六种固有活动的顺利运转。以便把组织拥有的资源变成最大的成果，从而促使组织实现它的目标。"而管理恰恰是这六种活动中最核心的。

另外，法约尔还详细研究了企业各级人员必须具备的素质问题，特别强调管理教育的必要性。他指出，每个人都或多或少的需要管理知识，大企业的高级管理人员最必需的能力是管理能力，单凭技术教育和业务实践是不够的，所以管理教育应当普及。他又说，缺乏管理教育的真正原因是缺乏管理理论，而他的研究正是建立一种管理理论的尝试。

2.2.3　韦伯的组织理论

马克斯·韦伯（1864—1920），德国人，组织理论之父。他在管理思想方面的主要贡献是在《社会组织和经济组织理论》一书中提出了理想的官僚组织体系理论，他认为建立一种高度结构化的、正式的、非人格化的理想的官僚组织体系是提高劳动生产率的最有效形式。

韦伯所提出的行政组织理论实际上反映了当时德国从封建社会向资本主义社会过渡的要求。19 世纪后期，德国的工业化过程相当迅速，但生产力的发展仍然受到封建制度的束缚，旧式的家族式企业正逐渐转变为资本主义企业。行政组织理论力图为新兴的资本主义企业提供一种高效率的、符合理性的组织结构，所以韦伯成为新兴资产阶级的代言人。这一理论开始并未引起人们的很大注意，直到 20 世纪 40 年代末，因企业规模日益扩大，人们积极探索组织结构问题，这一理论才受到了普遍的重视。

行政组织理论的核心是理想的行政组织形式。韦伯对组织形式的研究是从人们所服从的权力或权威开始的，其主要的理论如下。

1. 权力与权威是组织形成的基础

韦伯认为组织中存在三种纯粹形式的权力和权威：一是法定的权力和权威，是以组织内部各级领导职位所具有的正式权力为依据的；二是传统的权力，是以古老传统的不可侵犯性和执行这种权力的人的地位的正统性为依据的；三是超凡的权力，是以对个人的特殊的、神圣英雄主义或模范品德的崇拜为依据的。韦伯强调，组织必须以法定的权力和权威作为行政组织体系的基础。

2. 韦伯的理想行政组织机构管理体系

韦伯的理想行政组织机构管理体系具有以下一些特点：

（1）把全部活动分解为各种具体的任务，将这些任务分配给组织中的各个成员或职位；

（2）按照定的权利等级将组织中的各种职务和职位形成责权分明、层层控制的指挥体系；

（3）通过正式考试或教育训练，公正地选拔组织成员，使之与相应的职务相称；

（4）除了按规定必须通过选举产生的公职外，官员是上级委任而不是选举的；

（5）组织内部的管理人员不是他所管理单位的所有者，而只是其中的工作人员；

（6）组织中成员之间的关系是一种不受个人情感影响的关系，完全以理性准则为指导；

（7）实行管理人员专职化；

（8）管理人员必须严格遵守组织中规定的规则和纪律。

2.3 现代管理理论的发展

20世纪50～70年代，世界政治和经济形势发生了深刻的变化，科学技术迅猛发展，企业规模在激烈的竞争中迅速扩大，职工素质、文化程度有了大幅度提高。社会政治和经济形势的变化对企业管理提出了新的要求，如要求解决企业的决策问题，要求应用更先进的管理手段，要求在管理中充分调动人的积极性等，这一切呼唤新的管理思想和理论的产生，于是一系列的管理理论和学派应运而生。

现代管理理论阶段主要指行为科学学派及管理理论丛林阶段。行为科学学派阶段主要研究个体行为、团体行为与组织行为，重视研究人的心理、行为等对高效率地实现组织目标的影响作用。行为科学的主要成果有梅奥（1880—1949）的人际关系理论、马斯洛（1908—1970）的需要层次理论、麦格雷戈（1906—1960）的 X-Y 理论及赫兹伯格（1894—1989）的双因素理论等。除了行为科学学派得到长足发展以外，许多管理学者都从各自不同的角度发表自己对管理学的见解。这其中主要的代表学派有管理过程学派、管理科学学派、社会系统学派、决策理论学派、系统理论学派、经验主义学派、经理角色学派和权变理论学派等。这些管理学派研究方法众多，管理理论不统一，各个学派都各有自己的代表人物，各有自己的用词意义，各有自己所主张的理论、概念和方法，故管理学家孔茨（1908—1984）称其为管理理论丛林。

2.3.1 梅奥及其霍桑试验

1924—1932 年，以哈佛大学教授梅奥为首的一批学者在美国芝加哥西方电气公司所属的霍桑工厂进行的一系列试验，称为霍桑试验。1924 年 11 月，霍桑工厂内的研究者在本厂的继电器车间开展了厂房照明条件与生产效率关系的实验研究。研究者预先设想，在一定范围内，生产效率会随照明强度的增加而增加；但实验结果表明，不论增加或减少照明强度都可以提高效率（有两个女工甚至在照明降低到与月光差不多时仍能维持生产的高效率）。随后，研究者又试验不同的工资报酬、福利条件、工作与休息的时间比率等对生产效率的影响，也没有发现预期的效果。

1927 年梅奥等应邀参与这项工作。1927—1932 年，他们以“继电器装配组”和“云母片剥离组”女工为被测对象，通过改变或控制一系列福利条件重复了照明试验。结果发现，在不同福利条件下，工人始终保持了高产量。研究者从这一事实中意识到，工人参与试验的自豪感极大地激发了其工作热情，促使小组成员滋生出一种高昂的团体精神。这说明职工的士气和群体内的社会心理气氛是影响生产效率的更有效的因素。在此基础上，梅奥等在 1928—1932 年又对厂内 2100 名职工进行了采访，开展了一次涉及面很广的关于士气问题的研究。起初，他们按事先设计的提纲提问，以了解职工对工作、工资、监督等方面的意见，但收效不大，后来的访谈改由职工自由抒发意见。由于采访过程既满足了职工的尊重需要，又为其提供了发泄不满情绪和提合理化建议的机会，结果职工士气高涨，产量大幅度上升。

一、霍桑试验的结论

（1）“社会人”假设。梅奥指出，工人是社会人，不仅仅追求金钱收入，还有社会方面、心理方面的需要，这是对古典管理理论的“经济人”假设的否定。

（2）企业中存在“非正式组织”。企业除了正式组织之外，还存在“非正式组织”。非正式组织的作用包括：一是保护工人免受内部成员的疏忽所造成的损失，二是保护工人免受非正式组织以外的管理人员的干涉所形成的损失。非正式组织有其特殊的感情和倾向，左右着成员的行为，对生产率的提高有很大的影响。

（3）新的领导能力在于提高职工的“满足度”，即“提高士气”。根据“社会人”和“非正式组织”的观点，企业中新的领导能力在于提高职工的满足度，以提高职工的士气，从而提高劳动生产率。因此，管理人员要同时具备技术技能和人际关系的技能。

二、霍桑试验的意义

霍桑试验的影响是巨大的，它促进了管理对人的因素的关注，管理人员开始主动寻求提高职工的满足感和激励士气，使得人际关系研究成为研究管理的普遍方法，并掀起了一场人际关系运动。

三、人际关系学说的地位

在心理学研究的历史上，霍桑试验第一次把工业中的人际关系问题提到首要地位，并且提醒人们在处理管理问题时要注意人的因素，这对管理心理学的形成具有很大的促进作用。梅奥在对霍桑试验的结果进行了系统的总结后，提出了人际关系学说，并在 1933 年出版的《工业文明中的人的问题》一书中阐述了主要观点。

（1）早期的管理理论、管理方法和管理制度建立在一种基本的人性假设上，即人是一种受经济利益驱动的“经济人”，因此金钱成为刺激工人积极性的唯一动力。霍桑试验证明人是“社会人”，即人是复杂的社会关系的成员，因此要调动工人的积极性，除了物质需求的满足外，还必须注重满足工人在社会方面和心理方面的需求。

（2）早期的管理认为生产效率主要受工作方法和工作条件的制约，霍桑试验证明了工作效率主要并非取决于工作条件和工作方法，重要的是员工的工作积极性，即工人的士气或工作情绪；士气又和人的满足程度有关，满足程度越高，士气就越高。因此，提高生产效率的主要途径应当是提高员工的满足感。

（3）早期的管理只注重正式组织的组织机构、职权划分、规章制度等，霍桑试验证明员工中还存在着非正式组织，这种非正式组织有其特殊的关系和规则。正式组织通行的主要是效率逻辑，非正式组织通行的则是感情逻辑。管理者应当正视非正式组织存在的现实，并处理好正式组织与非正式组织之间的关系。非正式组织的出现并非坏事，它同正式组织是互相依存的，对生产力的提高有很大的影响，关键是管理者要高度地重视，把它的作用引导到正式组织的目标上来。

（4）新型的领导能力在于管理要以人为中心，全面提高职工需求的满足程度，以提高士气和生产率。这需要技术、经济管理技能，更需要人际关系技能，所以要对管理者进行培训和教育，使之掌握必要的人际沟通和管理的技能。

霍桑试验和梅奥提出的“社会人”、“士气”、“非正式组织”的概念，开创了一个新的领域，即强调人际关系整合对生产效率的影响。从此以后，人际关系运动在企业界蓬勃开展起来。因此，人们把人际关系理论视为早期的行为科学理论。

2.3.2 马斯洛及其需要层次理论

马斯洛（1908—1970），美国著名的社会心理学家、人格理论家和比较心理学家。他是人本主义运动的发起者之一和人本主义心理学的重要代表。他的需要层次理论和自我实现理论对管理心理学有重要影响。

马斯洛的需要层次理论认为，个体成长发展的内在力量是动机，而动机是由多种不同性质的需要所组成的，各种需要之间有先后顺序与高低层次之分；每一层次的需要与满足，将决定个体人格发展的境界或程度。马斯洛认为，人类的需要是分层次的，由低到高一层一层地得到满足。它们分为五个层次，即生理需要、安全需要、社交需要、尊重需要、自我实现需要，如图2-1所示。

关于马斯洛的需要层次理论及其应用在第7章的激励理论中将有更为详细的介绍。

即问即答2-4

马斯洛的需要层次理论中的五个需要层次可以从高到低得到满足吗？

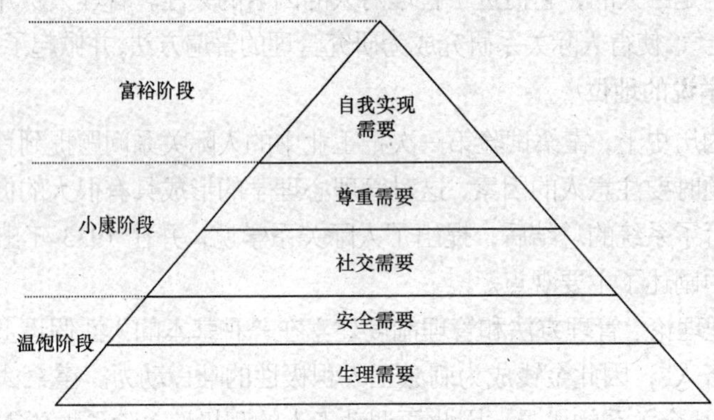

图2-1　马斯洛的需要层次理论

2.3.3　麦格雷戈及其X-Y理论

在哈佛大学长期从事心理学教学和研究工作的麦格雷戈，于1957年发表的《企业的人性面》中提出了著名的X-Y理论。他认为，有关人的性质和人的行为的假设对于决定管理人员的工作方式来讲是极为重要的，管理人员对人的不同看法，决定了他们用不同的方式来组织、控制和激励人。基于这种思想，他提出了X-Y理论。

一、X理论的观点

麦格雷戈把传统的管理观点称作X理论，其主要内容如下。

（1）大多数人是懒惰的，他们尽可能地逃避工作。

（2）大多数人都没有什么雄心壮志，也不喜欢负什么责任，而宁可让别人领导。

（3）大多数人的个人目标与组织目标都是自相矛盾的，为了达到组织目标必须靠外力严加管制。

（4）大多数人都是缺乏理智的，不能克制自己，很容易受别人影响。

（5）大多数人都是为了满足基本的生理需要和安全需要，所以他们将选择那些在经济上获利最大的事去做。

（6）人群大致分为两类，多数人符合上述假设，少数人能克制自己，这部分人应当负起管理的责任。

根据X理论的假设，管理人员的职责和相应的管理方式如下。

（1）管理人员关心的是如何提高劳动生产率、完成任务，他的主要职能是计划、组织、经营、指引、监督。

（2）管理人员主要是应用职权，发号施令，使对方服从，让人适应工作和组织的要求， 而不考虑在情感上和道义上如何给人以尊重。

（3）强调严密的组织、制定具体的规范和工作制度，如工时定额、技术规程等。

（4）应以金钱报酬来收买员工的效力和服从。

二、Y理论的观点

根据 X 理论所采取的管理方式是胡萝卜加大棒的方法，一方面靠金钱的收买刺激，一方面严密控制、监督和惩罚迫使其为组织目标努力。麦格雷戈发现当时企业中对人的管理工作以及传统的组织结构、管理政策、实践和规划都是以 X 理论为依据的。

然而麦格雷戈认为，虽然当时工业组织中人的行为表现同 X 理论所提出的各种情况大致相似，但是人的这些行为表现并不是人固有的天性所引起的，而是现有工业组织的性质、管理思想、政策和实践所造成的。他确信 X 理论所用的传统的研究方法建立在错误的因果观念的基础上。通过对人的行为动机和马斯洛的需要层次理论的研究，他指出，在人们的生活还不够富裕的情况下，胡萝卜加大棒的管理方法是有效的；但是，当人们达到了富裕的生活水平后，这种管理方法就无效了。因为那时人们行动的动机主要是追求更高级的需要，而不是“胡萝卜”（生理需要、安全需要）了。

麦格雷戈认为，由于上述的以及其他许多原因，需要有一个关于人员管理工作的新理论，把它建立在对人的特性和人的行为动机的更为恰当的认识基础上，于是他提出了 Y 理论，其主要内容如下。

（1）一般人并不是天性就不喜欢工作的，工作中体力和脑力的消耗就像游戏和休息一样自然。工作可能是一种满足，因而自愿去执行；也可能是一种处罚，因而只要可能就想逃避。到底怎样，要看环境而定。

（2）外来的控制和惩罚，并不是促使人们为实现组织的目标而努力的唯一方法。它甚至对人是一种威胁和阻碍，并放慢了人走向成熟的脚步。人们愿意实行自我管理和自我控制来完成应当完成的目标。

（3）人的自我实现的要求和组织要求的行为之间是没有矛盾的。如果给人提供适当的机会，就能将个人目标和组织目标统一起来。

（4）一般人在适当条件下，不仅学会了接受职责，而且还学会了谋求职责。逃避责任、缺乏抱负以及强调安全感，通常是经验的结果，而不是人的本性。

（5）大多数人——而不是少数人——在解决组织的困难问题时，都能发挥较高的想象力、聪明才智和创造性。

（6）在现代工业生活的条件下，一般人的智慧潜能只是部分得到了发挥。

根据 Y 假设，相应的管理措施如下。

（1）管理职能的重点。在 Y 理论的假设下，管理者的重要任务是创造一个使人得以发挥才能的工作环境，发挥出职工的潜力，并使职工在为实现组织的目标贡献力量时，也能达到自己的目标。此时的管理者已不是指挥者、调节者或监督者，而是起辅助者的作用，给职工以支持和帮助。

（2）激励方式。根据 Y 理论，对人的激励主要是给予来自工作本身的内在激励，让职工担当具有挑战性的工作，担负更多的责任，促使其工作做出成绩，满足其自我实现的需要。

（3）在管理制度上给予职工更多的自主权，实行自我控制，让职工参与管理和决策，并共同分享权力。

2.3.4 赫兹伯格及其双因素理论

美国心理学家赫兹伯格于 1959 年提出了双因素理论，其全名叫“激励、保健因素理论”。通过在匹兹堡地区 11 个工商业机构对 200 多位工程师、会计师调查征询，赫兹伯格发现，受访人员举出的不满的项目大多同他们的工作环境有关，而感到满意的因素则一般都与工作本身有关。据此，他提出了双因素理论。

传统理论认为，满意的对立面是不满意，而据双因素理论，满意的对立面是没有满意，不满意的对立面是没有不满意。因此，影响职工工作积极性的因素可分为两类：保健因素和激励因素，这两种因素是彼此独立的并且以不同的方式影响人们的工作行为。所谓保健因素，就是那些造成职工不满的因素，它们的改善能够解除职工的不满，但不能使职工感到满意并激发起职工的积极性。它们主要有企业的政策、行政管理、工资发放、劳动保护、工作监督以及各种人事关系处理等。由于它们只带有预防性，只起维持工作现状的作用，也被称为“维持因素”。所谓激励因素，就是那些使职工感到满意的因素，只有它们的改善才能让职工感到满意，给职工以较高的激励，调动其积极性，提高劳动生产效率。它们主要有工作表现机会、工作本身的乐趣、工作上的成就感、对未来发展的期望、职务上的责任感等。

双因素理论与马斯洛的需要层次理论是相吻合的，马斯洛理论中低层次的需要相当于保健因素，而高层次的需要相当于激励因素。

关于赫兹伯格的双因素理论及其应用在第 7 章的激励理论中将有更为详细的介绍。

2.3.5 管理理论丛林

一、管理过程学派

管理过程学派又称管理职能学派，是美国加利福尼亚大学的教授哈罗德·孔茨和西里尔·奥唐奈里奇提出的。管理过程学派认为，无论组织的性质和组织所处的环境有多么不同，但管理人员所从事的管理职能却是相同的。孔茨和奥唐奈里奇将管理职能分为计划、组织、人事、领导和控制五项，而把协调作为管理的本质。孔茨利用这些管理职能对管理理论进行分析、研究和阐述，最终得以建立起管理过程学派。孔茨继承了法约尔的理论，并把法约尔的理论更加系统化、条理化，使管理过程学派成为管理各学派中最具有影响力的学派。

二、管理科学学派

管理科学学派的管理科学理论是指以系统的观点运用数学、统计学的方法和电子计算机的技术，为现代管理的决策提供科学的依据，通过计划和控制以解决企业中生产与经营问题的理论。该理论是对泰罗科学管理理论的继承和发展，其主要目标是探求最有效的工作方法或最优方案，以最短的时间、最少的支出取得最大的效果。

三、社会系统学派

社会系统学派是从社会学的角度来分析各种组织。它的特点是将组织看作一种社会系统，认为组织是一种人的相互关系的协作体系，是社会大系统中的一部分，受到社会环境各方面因素的影响。美国的切斯特·巴纳德（1886—1961）是这一学派的创始人，他的著作《经理的职能》对该学派有很大的影响。

四、决策理论学派

决策理论学派是在第二次世界大战之后，吸收了行为科学、系统理论、运筹学和计算机程序等学科的内容发展起来的，代表人物是西蒙。西蒙是美国管理学家、计算机学家和心理学家，决策理论学派的主要代表人物。决策理论学派认为：管理过程就是决策的过程，管理的核心就是决策。西蒙强调决策职能在管理中的重要地位，以有限理性的人代替有绝对理性的人，用“满意原则”代替“最优原则”。

五、系统理论学派

系统理论学派是指将企业作为一个有机整体，把各项管理业务看成相互联系的网络的一种管理学派。该学派重视对组织结构和模式的分析，应用一般系统理论的范畴、原理，全面分析和研究企业和其他组织的管理活动和管理过程，并建立起系统模型以便于分析。系统理论学派的重要代表人物是弗里蒙特·卡斯特。弗里蒙特·卡斯特是美国系统管理理论的重要代表人物、著名的管理学家，主要著作有《系统理论与管理》《组织与管理：系统与权变方法》等。

六、经验主义学派

经验主义学派又称为经理主义学派，以向大企业的经理提供管理当代企业的经验和科学方法为目标。它重点分析成功管理者实际管理的经验，并概括、总结出他们成功经验中具有的共性东西，然后使之系统化、合理化，并据此向管理人员提供实际建议。其代表人物有彼得·德鲁克、欧内斯特·戴尔等。

七、经理角色学派

经理角色学派以对经理所担任角色的分析为中心来考虑经理的职务和工作，该学派认为针对经理工作的特点及其所担任的角色等问题，如能有意识地采取各种措施，将有助于提高经理的工作成效。经理角色学派的代表人物是亨利·明茨伯格。

八、权变理论学派

权变理论学派认为，企业管理要根据企业所处的内外条件随机应变，没有什么一成不变、普遍适用的“最好的”管理理论和方法。企业管理要根据企业所处的内部条件和外部环境来决定其管理手段和管理方法，即要按照不同的情景、不同的企业类型、不同的目标和价值，采取不同的管理手段和管理方法。其代表人卢桑斯在 1976 年出版的《管理导论：一种权变学》是系统论述权变管理理论的代表著作。

2.4　当代前沿管理的新发展

2.4.1　战略管理

进入 20 世纪 70 年代以后，由于国际环境的剧变，尤其是石油危机对国际环境产生了重要的影响。这时的管理理论以战略管理为主，研究企业组织与环境关系，重点研究企业如何适应充满危机和动荡的环境的不断变化。迈克尔·波特所著的《竞争战略》把战略管理的理论推向了高峰，他强调通过对产业演进的说明和各种基本产业环境的分析，得出不同的战略决策。

小资料：战略管理

20 世纪 60 年代末 70 年代初，世界各国的大企业，为了分散风险、开拓新市场和发展，逐渐形成了跨行业经营的大公司，实行产品的多样化、规模化生产。然而分权式的管理体制要求有一种管理理论和方法能够帮助高层管理者去统筹计划和控制各个子公司的经营活动，以保证公司整体的经济效益最大化。跨行业经营模式的发展趋势也促使人们开始将企业作为一个整体，从长远发展的角度去分析如何管理企业的问题。

企业经营战略的三个要点是：面向未来、着眼全局和解决根本。经营战略要回答的两个问题是：企业是什么？它应该做什么？企业经营的战略是对未来的思考，是用机会和威胁评价现在和未来的环境，用优势和劣势评价企业的现状，进而选择和确定企业的总体、长远目标，制定和抉择实现目标的行动方案。

企业战略是企业发展的行动纲领，它主要包括战略思想、战略目标、战略方针、战略对策（包括战略重点、战略阶段、战略措施和战略步骤）等内容。

2.4.2 组织再造理论

20 世纪 80 年代为企业再造时代。“业务流程再造”（Business Process Reengineering， BPR），是原美国麻省理工学院教授迈克尔·哈默与詹姆斯·钱皮于 1990 年首先提出来的，该理论认为企业应以工作流程为中心，重新设计企业的经营、管理及运作方式，进行所谓的“再造工程”。美国企业从 20 世纪 80 年代起开始了大规模的企业重组革命，日本企业也于 90 年代开始进行所谓第二次管理革命，这十几年间，企业管理经历着前所未有的、类似脱胎换骨的变革。哈默对组织再造的定义是：将组织的作业流程做根本的重新思考与彻底翻新，以便在成本、品质、服务和速度上获得戏剧化的改变。其中心思想是强调组织必须采取激烈的手段，彻底改变工作方法，摆脱以往陈旧的流程框架。

小资料：组织再造理论

组织再造理论突破了传统的劳动分工的思想体系，强调经营管理以“流程导向”替代原有的“职能导向”的企业组织形式，为管理者对企业的经营管理提供了一个新思路。BPR 蕴涵着三个核心内涵。

（1）BPR 是一项战略性的进行企业重构的系统工程。

（2）BPR 的核心是面向顾客满意度的业务流程。

（3）BPR 的要素有：目标、技术和人。

2.4.3 学习型组织

20 世纪 80 年代末以来，信息化和全球化浪潮迅速席卷全球，顾客的个性化、消费的多元化决定了企业必须适应消费者不断变化的需要，在全球市场上争得顾客的信任，才有生存和发展的可能。这一时期，管理理论研究主要针对学习型组织而展开。彼得·圣吉在所著的《第五项修炼》中更是明确指出企业唯一持久的竞争优势源于比竞争对手学得更快更好的能力，学习型组织正是人们从工作中获得生命意义、实现共同愿景和获取竞争优势的组织蓝图。

“学习型组织”概念是由彼得·圣吉在其著作《第五项修炼》中提出来的，该理论认为，传统的组织类型已经越来越不适应现代环境发展的要求，未来真正出色的企业，将是能够设法使组织成员全心投入，并有能力不断学习的组织。学习型组织是一种更适合人性的组织模式，这种组织有崇高而正确的核心价值、信念和使命，具有强大的生命力和实现共同目标的动力，不断创新，持续蜕变，但学习型组织的形成必须建立在组织成员的五项修炼基础之上。

小资料：五项修炼

（1）锻炼系统思考能力。强调要把企业看成是一个系统，并把它融入社会这个大系统中，考虑问题要看到局部，更要看到整体；要看到当前，更要看到长远。

（2）追求自我超越。强调组织成员应能不断认识自己，认识外界的变化，不断给予自己新的奋斗目标，做事要精益求精，永远努力发展自我、超越自我。

（3）改善心智模式。要求组织成员要善于改变传统的认识问题的方式和方法，要用新的眼光看世界。

（4）建立共同远景目标。强调要把企业建成为一个生命共同体，它包括远景、价值观、目的和使命、目标等内容。

（5）开展团队学习。其目的是使组织成员学会集体思考，以激发群体的智慧。

相关链接 2-3

《第五项修炼》是一本不同寻常的书，这是一本开拓性地倡导学习型组织管理思想的巨作。《第五项修炼》是彼得·圣吉博士在总结以往理论的基础上，并通过对 4000 多家企业的调研而创立的一种具有巨大创新意义的理论著作。1990 年《第五项修炼：学习型组织的艺术和实务》一书出版后，连续三年荣登全美最畅销书榜榜首，在世界各地掀起了一阵阵学习管理的热潮，并于 1992 年荣获世界企业学会最高荣誉的开拓者奖。由于其创新价值，并由于其已在无数美国企业中得到了成功的应用，引起理论界及企业的浓厚兴趣，在短短几年中，被译成二三十种文字风行全世界，它不仅带动了美国经济近 10 年的高速发展，还在全世界范围内引发了一场创建学习型组织的管理浪潮。

这本书被评为“世界上影响最深远的管理书籍”之一。而该书的作者彼得·圣吉被《经营战略》杂志誉为“20 世纪对商业战略影响最大的 24 个伟人之一”，《金融时报》评述他是“顶尖管理大师”，《商业周刊》将其列为“十大管理大师之一”。现在彼得·圣吉被誉为继彼得·德鲁克之后最具影响力的管理大师，被称为“学习型组织理论之父”。

《第五项修炼》出版后迅速席卷全球，被各个行业的大小企业所认同，一些国际知名企业，如壳牌石油、福特汽车、克莱斯勒、摩托罗拉、苹果电脑等都随即以“五项修炼”作为操作方法，在企业内建立起了学习型组织。可以说，《第五项修炼》给组织管理带来了一个全新理念，而这些理念转化为实际管理制度与行为，就可能引起管理方式的大变革。

即问即答 2-5

“当代管理理论和现代管理理论没有多大的区别”，这个说法对吗？

本章内容小结

本章主要讲述了管理思想产生以及管理理论形成的历史背景和过程，介绍了各种管理学派和管理理论的代表人物、代表著作及其基本内容。重点讲述了古典管理理论和现代管理理论形成的思想基础和核心内容，简要分析了各种管理理论对现实的管理活动的影响和指导意义。

案例思考

教育改革的思考

李提摩太是英国著名传教士，他于 1870 年来到中国。他对中国社会发表过很多看法，其中有一条至今读来还令人感慨颇多。

1887 年，李提摩太曾向李鸿章建议进行教育改革，为此清朝每年要在教育上投入 100 万两白银。对于李提摩太的这个建议，李鸿章的答复是：中国政府承担不了这么大一笔开销。李提摩太说："那是'种子钱'，必将带来百倍的收益。" 李鸿章问："什么时候能见成效？" 李提摩太回答："需要 20 年才能看到实施现代教育所带来的好处。" 李鸿章说："我们等不了那么长的时间。"

1898 年，近代改革家王照对康有为说："我看只有尽力多立学堂，渐渐扩充，风气一天一天改变，才能实行一切新政。"康有为说："列强瓜分就在眼前，你这条道如何来得及？"

1905 年，严复与孙中山在伦敦会面，严复说：中国的根本问题在于教育，革命非当务之急。他说："中国民品之劣，民智之卑，即有改革，害之除于甲者将见于乙，泯于丙者将发之于丁。为今之计，唯急从教育上着手，庶几逐渐更新乎！"孙中山说："俟河之清，人寿几何？君为思想家，鄙人乃实行家也。"这三次对话实在引人深思。

讨论题

谈谈你对材料中所述历史的理解。

管理者价值点分享

1. 积极应付非常时期，不要躲避变革。
2. 掌握并善用最新信息科技，而不是躲避、远离它。
3. 从危机中吸取教训，防范再度发生。
4. 使用授权能使你自己、部属及公司获益。
5. 即使别人对你所委派的人选有所犹疑，你也要对他显露信心。
6. 管理所有阶层的部属时，都要使用肯定与客气的语言。
7. 用人不疑，疑人不用。
8. 把感觉资料化，并客观地分析它。
9. 期望部属的表现至少达到你的水准。
10. 信任你的部属，他们也必信任你。

推荐阅读

孩子上幼儿园时，老师在家长会上说："你的儿子有多动症，在板凳上连三分钟都坐不了，你最好带他去医院看一看。"

回家的路上，她一想起儿子是全班30位小朋友中表现最差的，想起老师表现出的不屑，差点流下泪来。她对儿子说："老师表扬你了，说宝宝原来在板凳上坐不了一分钟，现在能坐三分钟了。其他的妈妈都非常羡慕妈妈，因为全班只有宝宝进步了。"那天晚上，她儿子破天荒地吃了两碗饭，并且没让她喂。

儿子上小学时，老师在家长会上说："全班50名同学，数学考试你儿子排在第49名。我们怀疑他智力上有些障碍，你最好能带他去医院查一查。"回去的路上，她流下了泪。到了家里，她对儿子说："老师对你充满信心。他说了，你并不是个笨孩子，只要你能细心些，会超过你的同桌，这次你的同桌排在第21名。"儿子黯淡的眼神一下子充满了光，沮丧的脸也一下子舒展开来。第二天上学时，儿子去得比平时都要早。

孩子上初中，她儿子的名字没有在家长会上出现，最后在她的询问下，老师说："按你儿子现在的成绩，考重点高中有点危险。"在回家的路上，她依然装作惊喜万分，在路上甜蜜地扶着儿子的肩膀，告诉他："班主任对你非常满意，他说了，只要你努力，很有希望考上重点高中。"

高中毕业了，学校领导打电话让她儿子去学校一趟。他儿子从学校回来，把一封印有清华大学招生办的特快专递交到她的手里，突然大哭起来："妈妈，我一直都知道我不是个聪明的孩子，是您……"她悲喜交加，十几年来凝聚在心中的泪水，此刻夺眶而出。

人性感悟：这是一个发生在浙江的真实故事，一个关于爱的感人故事，一个关于信赖与宽容的故事，更是一个思想与结果相互统一的故事。我们的教育常常毁了一个孩子，更可怕的是这种毁灭都是以爱和负责的名义。有位名人说："把一个人当作什么，他就是什么；我们对他人的信心，多半来自于我们对自己的信心。"这位母亲无疑是值得敬重的，她知道要想让孩子变成什么样的人，就先把孩子当成什么样的人，即使眼前的境况不尽如人意。

练习与应用

本章练习

一、单选题

1. 被誉为"科学管理之父"的是（　　）。

A. 法约尔　B. 亚当·韦伯　C. 泰罗　D. 梅奥

2.《国富论》的作者是（　　）。

A. 李嘉图　B. 亚当·斯密　C. 法约尔　D. 泰罗

3. 赫兹伯格的双因素理论中的双因素是指（　　）。

A. 激励和保健因素　B. 满意和不满意因素

C. 精神因素　D. 鼓励和惩罚因素

4. 决策理论学派的代表人物是（　　）。

A. 孔茨　B. 西蒙　C. 巴纳德　D. 德鲁克

5. 麦格雷戈提出的著名管理理论是（　　）。

A. 领导行为连续分布理论　B. X理论与Y理论

C. 不成熟—成熟理论　D. Z理论

二、多选题

1. 法约尔提出的管理活动职能包括（　　）。

A. 计划　B. 组织　C. 指挥　D. 协调　E. 控制

2. 马斯洛的需要层次理论中的五个层次是指（　　）。

A. 生理需要　B. 安全需要　C. 社交需要

D. 尊重需要　E. 自我实现需要

3. 管理理论丛林中所包括的理论学派主要是指（　　）。

A. 管理过程学派　B. 管理科学学派　C. 社会系统学派

D. 决策理论学派　E. 系统理论学派　F. 经验主义学派

G. 经理角色学派　H. 权变理论学派

4. 彼得·圣吉提出学习型组织必须建立在五项修炼之上，这五项修炼是指（　　）。

A. 锻炼系统思考能力　B. 追求自我超越　C. 改善心智模式

D. 建立共同远景目标　E. 开展团队学习

5. 梅奥人际关系学说的主要观点有（　　）。

A. 人是“社会人”，不是“经济人”

B. 工作效率并非取决于工作条件和工作方法，主要取决于员工的工作积极性

C. 员工主要靠物质刺激

D. 员工中存在着非正式组织

三、思考题

1. 泰罗制的主要内容是什么？
2. 法约尔认为管理的基本职能是什么？
3. 韦伯理想行政组织体系的特点是什么？
4. 马斯洛需要层次理论的主要内容是什么？
5. 梅奥人际关系理论的主要观点是什么？

本章应用

李强的困惑

李强已经在数据系统公司工作了5个年头。在这期间，他从普通编程人员升到资深的程序编制分析员。他对自己所服务的这家公司相当满意，很为工作中的创造性要求所激励。

一个周末的下午，李强和他的朋友及同事安迪一起打高尔夫球。他了解到他所在的部门新雇了1位刚从大学毕业的程序编制分析员。尽管李强是个好脾气的人，但当他听说这新来者的起薪仅比他现在的工资少30美元时，不禁发火了。李强迷惑不解，他感到这里一定有问题。

周一的早上，李强找到了人事部主任王德华，问他自己听说的事是不是真的。王德华带有歉意地说确有这么回事。但他试图解释公司的处境：“李强，编程分析员的市场相当紧俏。为使公司能吸引合格的人员，我们不得不提供较高的起薪。我们非常需要增加一名编程分析员，因此我们只能这么做。”李强问能否相应调高他的工资，王德华回答说：“你的工资需按照正常的绩效评估时间评定后再调。你干得非常不错！我相信老板到时会给你提薪的。”李强向王德华道了声“打扰了！”便离开了他的办公室，边走边不停地摇头，对自己在公司的前途感到很疑虑。

案例思考讨论题

1. 本案例描述的事件对李强的工作动力会产生什么样的影响？哪一种激励理论可以更好地解释李强的困惑？为什么？

2. 你觉得王德华的解释会让李强感到满意吗？请说明理由。

3. 你认为公司应当对李强采取什么措施？为什么？

管理实务研讨

本章分组研讨主题一："难点人群"的管理

1. 如何管理组织内或部门内的"帮派"？
2. 如何破解"法不责众"？
3. 如何破解"有章不循"？
4. 如何解决"表面服从"？

本章分组研讨主题二：我眼中的管理思想

1. 我眼中的"泰罗制"
2. 我看儒家（道家、法家、墨家）管理思想

第3章 计划

学习目标

知识目标：了解目标与目标管理的内涵与特点，了解战略计划的制订方法。

素质目标：理解计划的概念、性质、类型及编制过程。

技能目标：掌握进度计划工具与统筹计划工具，掌握计划书的主要内容和基本结构。

能力目标：培养学生的计划性、目标性和编制计划书的能力。

开篇故事

NOKIA的没落

NOKIA（诺基亚）的企业概况：NOKIA 公司成立于 1865 年，是一家总部位于芬兰的、主要从事生产移动通信产品的跨国公司，是移动通信的全球领先者，是全球最大的三大手机生产商之一。其生产的一系列手机配备了许多服务和软件，使用户能够体验音乐、游戏、商务等功能。

NOKIA 的昔日辉煌：1982 年生产第一台北欧移动电话网移动电话，1991 年进行了人类历史上第一次全球通话，1996 年开始连续 15 年市场份额全球第一，即使在 2010 年度，其市场份额仍然一度超过 35%，远远领先于三星和摩托罗拉。

NOKIA 的没落之路：自从 2007 年 iPhone 出现，NOKIA 的利润从领先行业的 35 亿美元下滑到 13 亿美元以下，市值也在不断缩水。2011 年第二季度，其全球手机市场份额第一的地位被苹果和三星超过。2011 年 11 月 14 日，NOKIA 申请从法兰克福证券交易所退市。手机领域昔日全球老大、市值曾位居全球上市公司之首的 NOKIA 以区区 72 亿美元出售了旗下最核心的手机业务，这一售价还不足当年辉煌时期公司上千亿市值的零头。

NOKIA 没落的原因：环境变化，计划失误。随着 3G 时代的到来，智能手机大受欢迎，开放的操作系统加人性化的增值服务，廉价芯片的出现，新的竞争者不断出现与壮大（iPhone 冲击高端市场，Android 占领中端市场，山寨机封锁低端市场），导致 NOKIA 市场全线告急。对于企业，怎样制订计划与发展战略至关重要，是只顾眼前还是谋划长远？是简单重复还是大胆创新？NOKIA 的固步自封无形中已经为日后的命运与走向埋下了伏笔。

互动游戏

蜘　蛛　网

形式：全体学生，13 人一组为宜
时间：15～20 分钟
材料：用绳子编成的蜘蛛网一张及说明书一份
场地：场地较空旷即可

活动目标

让学生体会计划的重要性及团队合作的精神。

操作程序

（1）老师先指定一位“领导”及一位观察员，单独向“领导”交代任务并给他一份说明书。

① 全体人员必须从网的一边穿过网孔来到网的另一边。

② 在整个过程中，身体的任何部位都不得触网。

③ 每个洞只能被穿过一次，即不能两人穿过同一个洞。

④ 参与者的目的是要获取最好成绩。

（2）由“领导”回到小组中传达老师的指令。

（3）老师及观察员开始观察小组在听“领导”分配任务时的反应，以及他们的计划能力。

（4）观察员记录小组在执行任务的过程中都出现些什么问题，包括计划方面和沟通方面的问题。

（5）分享与总结。

学习内容

3.1　计划概述

计划职能是管理的基本职能之一，是关于未来行动的蓝图，计划工作通常先于其他管理职能。组织面临不确定的环境，许多事情很难预料，从而使组织的经营带有很大的风险性，而计划工作正是减小风险性的一种手段。在竞争日益激烈的现代社会里，计划工作已经成为组织生存和发展的必备条件。要使组织富有成效，就得制订良好的计划，良好的计划是增强组织竞争能力的重要途径和有力工具。

3.1.1 计划的含义及作用

一、计划的含义

1. 计划的定义

在汉语中，“计划”一词既可以是名词，也可以是动词。从名词意义上说，计划是指用文字和指标等形式所表述的，组织以及组织内不同部门和不同成员，在未来一定时期内，关于行动方向、内容和方式安排的管理文件。计划既是决策所确定的组织在未来一定时期内的行动目标和方式在时间和空间的进一步展开，又是组织、领导、控制和创新等管理活动的基础。从动词意义上说，计划是指为了实现决策所确定的目标，预先进行的行动安排。这项行动安排工作包括：在时间和空间两个维度上进一步分解任务和目标，选择任务和目标实现方式，进度规定，行动结果的检查与控制等。我们有时用“计划工作”表示动词意义上的计划内涵。

在本书中我们按照做什么（What）和如何做（How）的学理思路给出计划的定义：计划是预先进行的行动安排，包括对事项的叙述、目标和指标的排列、所采用手段的选择以及进度的规定等。

正如哈罗德·孔茨所言，“计划工作是一座桥梁，它把我们所处的此岸和我们要去的对岸连接起来，以克服这一天堑”。计划工作给组织提供了通向未来目标的明确道路，给组织、领导和控制等一系列管理工作提供了基础，同时计划工作也要着重于管理创新，有了计划工作这座桥，本来不会发生的事现在就可能发生了；模糊不清的未来变得清晰实在。虽然我们几乎不可能准确无误地预知未来，虽然那些不可控制的因素可能干扰最佳计划的制订，并且我们几乎不可能制订最优计划，但是除非我们进行计划工作，否则我们只能听命自然了。

计划也可以从两个方面去理解：一方面，计划作为一项最重要的管理职能是制定目标工作过程，并确定为达成这个目标所必需的行动；另一方面，计划也是指在制订计划的工作中所形成的方案，它可以是目标、策略、政策、程序和预算方案等。

计划有广义和狭义之分。广义的计划是指制订计划、执行计划和检查计划执行情况三个紧密衔接的工作过程。狭义的计划仅指制订计划，也就是说，根据实际情况，通过科学地预测，权衡客观的需要和主观的可能，提出在未来一定时期内要达到的目标以及实现目标的途径。计划是组织中各种活动有条不紊地进行的保证。

2. 计划的内容

无论在名词意义上还是在动词意义上，计划工作的内容都包括“5W1H”，计划必须清楚地确定和描述这些内容。

“5W1H”即做什么、为什么做、谁去做、何时做、何地做和怎样做。

（1）做什么（What to do）。计划的目标与内容，即预先决定做什么，明确活动的内容与要求。

（2）为什么做（Why to do it）。计划的原因，即明确计划的宗旨、目标和战略，并论证其可行性。

（3）谁去做（Who to do it）。计划的人员，即规定此计划由哪些部门和人员负责实施。

（4）何地做（Where to do it）。计划的地点，即规定计划实施地点和场所，合理安排计划实施的空间。

（5）何时做（When to do it）。计划的时间，即规定计划中各项工作的开始和完成的进度。

（6）怎样做（How to do it）。计划的方式、方法和手段，即制订实施计划的方式、方法和手段。

这 6 个方面是任何一项计划都必须包含的基本内容，缺乏其中的任何一项，计划都不全面或不完整。

3. 计划的要素

完整的计划应包含的要素如表 3-1 所示，其中标记为“*”的为计划中最主要的内容，简称为计划的“5W1H”。

表 3-1　　计划的要素

要　素	所要回答的问题	内　容
前提条件	该计划在何种条件下有效	预测、假设、实施条件
目标任务	做什么（What）*	最终结果、工作要求
目的	为什么做（Why）*	理由、意义、重要性
战略	如何做（How）*	途径、方法、战术
责任	谁来做（Who）*	实施人选、奖惩措施
时间	何时做（When）*	起止时间、进度安排
范围	涉及哪些部门或地区（Where）*	组织层次或地理范围
预算	需投入多少资源（How much）	费用、代价
应变措施	实际与前提不相符时怎么办	最坏情况计划

即问即答 3-1

计划对企业绩效方面的贡献有哪些？它们的关系可能受到哪些因素的影响？

二、计划的作用

计划的作用在于计划可以给出方向，使置身于复杂多变和充满不确定性环境的组织始终把其主要的注意力集中在既定目标上，使组织所有的行动保持同一方向。

相关链接 3-1

马克思在论述人的意识时说：“最蹩脚的建筑师从一开始就比最灵巧的蜜蜂高明的地方，是他在用蜂蜡建筑蜂房以前，已经在他自己头脑中把它建成了。”建筑师在头脑中建筑房屋的过程就是一个计划的过程。古人云“凡事预则立，不预则废”，说的就是计划工作的重要性。

1. 计划的作用

（1）计划是社会化大生产的客观需要。社会化大生产要求任何社会组织必须进行科学分工才能提高生产效率；同时，为了保证组织形成有机整体，又必须要在分工的基础上互相协作。科学的分工与密切的合作都离不开计划。没有计划，各部门以及组织各成员的活动势必出现步调不一致的状况。因此，计划是社会化大生产的客观需要。

（2）计划可以指明方向。计划是一种协调过程，它能够给管理者和非管理者指明方向。当所有有关人员都了解组织的目标，明确为达到目标他们必须做出什么贡献时，他们才能协调各自的活动，互相合作，结成团队，从而采取行动、实现目标。

（3）计划可以发现机会与威胁。计划工作要求做详细周密的环境调查研究，以帮助管理者预见变化，减少未来不确定性带来的风险，从而把握市场机会，化解市场威胁。

（4）计划可以合理利用有限资源，减少重复、遗漏和浪费，提高效益。实现企业目标，需要合理配置资源。在最经济的条件下实现目标是市场经济体制下一切组织都应遵循的原则。通过计划管理对组织的资源进行优化配置，可以最经济地利用资源，减少各种重复、遗漏和浪费。

（5）计划可以统一工作标准，以利于控制。计划是控制的前提和基础，没有计划就没有控制。计划的编制为及时对照标准检查、评价完成情况提供了客观依据，从而为及时发现和纠正偏差提供可靠保证。

2. 计划的特点

（1）目的性。计划是目的性非常强的管理行为，各种计划及其所有的派生计划，都应该有助于实现企业的目的和目标。计划工作是最明白地显示出管理的基本特征的主要职能活动。

（2）首位性。从管理过程看，计划工作相对于其他管理职能总是处于首位的，如图3-1所示。

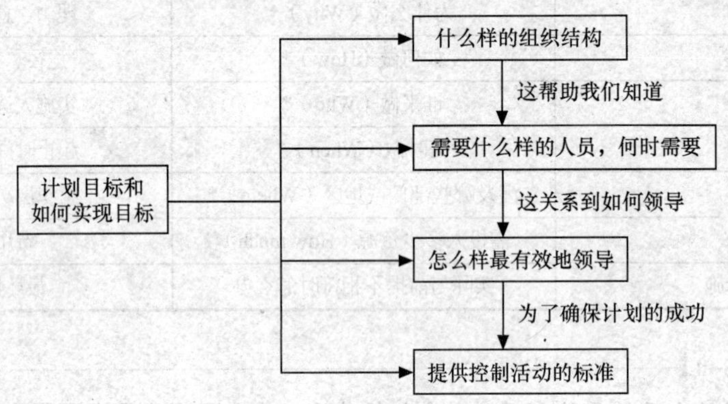

图3-1　计划职能首位性示意图

（3）普遍性。计划工作是所有管理者无法回避的重要工作。组织中无论是纵向的各个管理层次还是横向的各个职能部门都离不开相应的计划工作。

（4）效益性。计划的目的就是促使组织的活动获得良好的经济效益与社会效益。计划工作的任务不仅是为了确保组织目标的实现，而且要在实现目标的若干方案中进行选优，以减少组织活动的无序和浪费，提高组织的工作绩效。正如通常所说的“既要做正确的事，又要正确地做事”。

（5）创新性。计划是关于组织未来的蓝图，未来往往充满着各种不确定的因素，计划总是针对需要解决的新问题和可能发生的新变化、新机会而做出的决定（就像本章开篇故事中的NOKIA公司的案例），因而计划是一个创新性的管理过程。

3.1.2 计划的类型

计划贯穿于管理活动的全过程，渗透于管理系统的各个层次、各个职能部门。根据计划的不同特征，可将计划分为不同类型。计划的类型很多，从不同的角度也可以对计划做出不同的分类。例如，可以按计划的期限进行分类，也可以按计划的职能进行分类，还可以按制订计划的组织在管理系统中所处的层级位置和按计划的形式进行分类。按照计划的不同表现形式，可以将计划分为宗旨、目标、战略、政策、规则、程序、规划和预算等类型。计划的形式是多种多样的，但作为计划，都有一个共同的特征，那就是一种关于未来的蓝图和一定行动的建议、说明和框架，因而是导向目标的积极方案。总之，计划的作用和原则是一致的，但计划的形式可以是丰富多彩的，只要科学地、灵活地运用各种计划形式，就会使计划的职能得到更好地发挥。

一、按计划的时间分类

按计划涉及时间的不同，可将计划分为长期计划、中期计划和短期计划。

习惯做法是将1年以内的计划称为短期计划；1年以上、5年以内的计划称为中期计划；5

年以上的计划称为长期计划。但是对一些环境条件变化很快、本身节奏也很快的组织活动来说，其1年计划也可能就是长期计划，季度计划就是中期计划，而月份计划则是短期计划。

在三种计划中，长期计划是指组织在较长时期的发展方向、总目标以及实现总目标的纲领性计划。中期计划是根据长期计划制订的，它比长期计划要详细具体，是考虑了组织内部与外部的环境变化情况后制订的可执行计划，是短期计划的依据。短期计划则比中期计划更加详细具体，它是指导组织具体活动的行动计划，是中期计划的分解与落实。可见，中期计划是保持计划连续性的关键，是联系长、短期计划的桥梁或纽带。

二、按计划的广度分类

按计划的广度，可将计划分为战略计划、战术计划和作业计划。

战略计划是由高层管理者制订的。它涉及组织的宗旨、目标以及资源在各部门如何合理配置等重大问题。它具有长期性、普遍性和权威性三个显著特点。一旦战略计划失误，组织的生存与发展必将受到严重的影响。

战术计划是指战略计划转化为有确定时间期限的目标和措施的计划，战略计划与战术计划的比较如表3-2所示。战术计划通常也叫业务计划，以年度计划为主。战术计划是由中层管理者编制的。

表3-2　战略计划和战术计划比较表

比较类别	战略计划	战术计划
时间跨度	长	短
涉及范围	宽广	较窄
内容操作性	抽象、概括，不要求直接的操作性	具体、明确，通常要求具有可操作性
任务	设立组织总体目标	在既定目标框架下提出具体行动目标
风险程度	高	低
目的	确保“做正确的事”	追求“正确地做事”
回答的问题	做什么、为什么要做	何人在何时、何地，通过何种办法及使用多少资源做

作业计划是通过生产进度、产量、销售量、利润、预算等生产运作及财务管理的具体指标，来保证战术计划中所规定目标的实现。它是战术计划如何进一步实施的细节计划，计划期限较短。作业计划一般由基层管理者制订，计划中的指标具体，任务明确。

三、按部门职能分类

按部门职能不同，可将计划分为生产计划、营销计划、财务计划、新产品开发计划、人事计划、后勤保障计划等。这些计划通常就是由各职能部门编制和执行的计划，因此按职能分类的计划体系一般是与组织中按职能划分的管理部门的组织体系并行的。

四、按计划的内容分类

按计划的内容情况，可将计划分为专项计划与综合计划。专项计划又称专题计划，是指为完成某一特定任务而拟定的计划，如人才培养计划、基本建设计划等。综合计划是指对组织活动所做出的整体安排。综合计划与专项计划之间的关系是整体与局部的关系。

五、按组织层次分类

按组织层次划分，可将计划分为高层管理计划、中层管理计划与基层管理计划。高层管理计划一般属战略计划，着眼组织的长远安排，注重组织在环境中的定位。中层管理计划是战术计划，协调组织内部各部门之间的关系及各部门的分目标。而基层管理计划着眼于每个岗位、每个员工、每个工作时间的工作安排和协调，基本是作业性内容。

六、按组织活动分类

按组织活动分类，可将计划分为程序性计划与非程序性计划。西蒙把组织活动分为两类：一类是例行活动，指一些重复出现的工作。有关这类活动的决策是经常重复的，而且具有一定的结构，因此可以建立一定的决策程序。每当出现这类工作或问题时，就可以利用既定的程序来解决，而不需要重新研究，这类决策称作程序化决策，与此对应的计划是程序性计划。另一类活动是非例行活动，不重复出现。处理这类问题没有一成不变的方法和程序，因为这类问题在过去尚未发生过，或因为其确切的性质和结构捉摸不定或极为复杂，再或因为这类问题十分重要而需用个别方法加以处理。解决这类问题的决策称作非程序化决策，与此对应的计划是非程序性计划。

七、按计划的明确程度分类

按计划的明确程度，可将计划分为指导性计划与具体性计划。指导性计划只规定一般主要方针或指出重点，不把管理者限定在具体目标或特定方案中，只为组织指明议程、统一方向，并不提供实际操作指南，给予行动者较大的自由处置权。而具体计划必须具有明确的可衡量的目标；以及一套可操作的行动方案。

八、按计划的层次分类

美国当代著名管理学家哈罗德·孔茨和美国旧金山大学国际管理和行为科学教授海因茨·韦里克（Heinz Weihrich）从抽象到具体把计划分为一种层次体系：使命或宗旨、目标、战略、政策、程序、规则、方案、预算，如图3-2所示。

图3-2　计划的层次体系

（1）使命或宗旨（Purpose）。使命或宗旨反映的是组织的价值观念、经营理念和管理哲学等根本性的问题，即回答组织是干什么的。

（2）目标（Objective）。目标是宗旨的具体化，表现为组织在计划期内要追求的结果。

（3）战略（Strategy）。战略是为了实现组织长远目标所选择的发展方向、所确定的行动方针以及资源分配方针的一个纲领。

（4）政策（Policy）。政策是预先确定的用来指导和沟通决策过程中思想和行为的明文规定。“政策好比指路牌”。制定政策应以有效完成目标为前提，以组织的战略为指导思想。

（5）程序（Procedure）。程序是为完成某一特定计划而规定的一系列步骤。组织中许多管理活动是重复发生的，处理这类问题应该有标准方法，这就是程序。如果说政策是人们思考问题的指南，那么程序则是行动的指南，如决策程序、招聘程序、制造企业的工艺程序等。

（6）规则（Rule）。规则也是一种计划，它是对在具体场合和具体情况下，允许或不允许采取某种特定行动的规定。制定政策、程序和规则都是为了指导实现组织目标的行动，彼此容易相互混淆，应注意区分。规则和政策的区别在于规则在应用中不具有自由处置权，规则与程序的区别在于规则不规定时间顺序。

（7）方案（Programme）。方案是为了实施既定方针所必需的目标、政策、程序、规则、任务分配、执行步骤、使用的资源等而制订的综合性计划，如国家科学技术发展方案、质量管理小组活动方案、职工培训方案等。

（8）预算（Budget）。预算是用数字表示预期结果的一份报表，如某企业的财务收支预算。

即问即答 3-2

我国的“十二五”计划属于那种计划类型？

3.1.3 计划工作的基本步骤与常见误区

一、计划工作的基本步骤

计划工作通常来讲有9个步骤，但最重要的莫过于其中三点：第一，研究活动条件，确定组织目标。任何组织的活动都是在一定条件下进行的，因而必须首先对这些条件进行研究。这些条件主要体现为组织的内部能力（资源的拥有状况、资源的利用能力和愿望等）和外部环境（其特征及变化趋势等）。组织在研究内外部条件的基础上，确定组织在未来一定时期内要实现的目标。第二，制订保证目标实现的全局战略。就是对组织资源的使用方向做出规划，以最大限度地实现目标。战略是计划中间层次的内容，是连接目标和具体计划之间的中介。第三，编制行动计划。这是组织针对未来活动方向和行动目标所进行的具体工作，旨在详细研究为了实现组织目标，组织的各个部门或环节所应该采取的具体行动计划与行动方案。

不管是成立一家工厂或组装一架喷气式飞机，抑或是开发一种新产品，虽然计划的具体内容千差万别，但是制订计划时却都要遵循同样的步骤（见图3-3），区别只是不同的计划花在各个不同步骤的时间比例不尽相同。

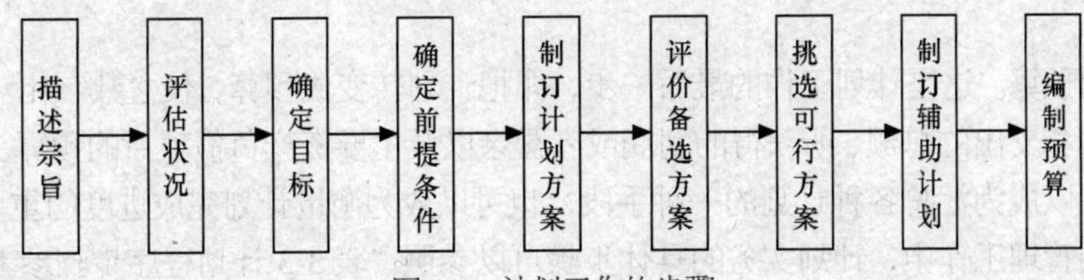

图3-3 计划工作的步骤

（1）描述宗旨。组织的任何活动都是为了达成组织的宗旨和使命。计划工作首先必须正确理解组织的使命和宗旨，在此基础上把它传播给组织成员、顾客及多种多样的相关利益群体，让与计划的制订和实施工作有关的人们能够了解、接受，这将有利于计划的快速、有效实施。

（2）评估状况。计划工作的一个重要环节是对组织的当前状况做出评估，这是制订和实施计划工作方案的前提。评估主要是对组织自身的优势和劣势、外部环境的机会和威胁进行综合分析，即SWOT分析，不过，对于那些局部的作业性质的计划工作，往往并不需要特别复杂和综合的内外部环境分析，但对内部的资源与外部关系要做出基本的判断。

（3）确定目标。在对组织的环境和能力进行分析和评估的基础上，计划工作的重要一步是为组织及其所属的下级单位确定计划工作的目标。在这一步，要说明基本的方针和要达到的目标，说明制订战略、政策、规则、程序、规划和预算的任务，指出工作重点。

（4）确定前提条件。计划的前提也就是计划是以什么环境为前提的，这个环境是指未来计划实施的环境。我们可以通过预测来把握未来环境的变化，减轻将来不确定情况带来的风险。考虑计划的前提并不是要对将来环境的每一细节都进行预测，而是仅对那些对计划有重大影响的主要内容做出预测。一般来说，制订企业的生产经营计划要进行的预测有经济形势的预测、政府政策的预测、市场销售的预测和资源的预测等。

（5）制订计划方案。计划方案类似于行动路线图，是指挥和协调组织活动的工作文件，通过它可以清楚地告诉企业管理人员和员工要做什么、何时做、由谁来做、在何处做以及如何做等问题。

通常来说，最显而易见的方案不一定是最好的方案，在过去的方案基础上稍加修改和略加推演不见得就能得到最好的方案，这一步工作需要发挥创造性。此外，方案不是越多越好。编制计划时，更加常见的问题不是寻求过多的可供选择的方案，而是减少可供选择方案的数量，以便可以分析最为合理的方案。

（6）评价备选方案。本步骤是根据前提和目标来权衡各种因素的，即比较各个方案的利弊，对各个方案进行评价。评价所得出的结论，一方面取决于评价者所采用的标准，另一方面取决于评价者对各个标准所赋予的权数。在多数情况下，有很多可供选择的方案存在，而且有很多可考虑的可变因素和限制条件存在，评估会极其困难。由于存在这些复杂因素，我们将借助于运筹学、数学方法和电子计算技术等手段评价方案，这对于可供选择方案的评估是有帮助的。

（7）挑选可行方案。这是采用计划的关键一步，也是做出决策的紧要环节。有时候，对可供选择方案的分析和评估的结果表明两个或两个以上的方案都是合适的。在这种情况下，管理人员在确定首先采取的方案的同时，可以决定把其他几个方案作为后备方案，这样可以加大计划工作的弹性，使之更好地适应未来环境。

（8）制订辅助计划。辅助计划就是总计划下的分计划。例如，一个企业组织发展战略中的投资计划、生产计划、采购计划、培训计划等。总计划要靠辅助计划来支持，而辅助计划又是总计划的基础。

（9）编制预算。这是计划工作的最后一步，即把计划转变成预算，使之数字化。企业的全面预算体现收入和支出的总额、所获得的利润或者盈余以及主要资产负债项目的预算。如果预算编制得好，则可以成为汇总各种计划的一种手段，也可以成为衡量计划完成进度的重要标准。

在实际的管理工作中，计划实务的具体步骤可以参照“表 3-3 计划程序步骤参考”中给出的 9 个参考步骤。

表 3-3　　计划程序步骤参考

步　骤	内　容
估量机会	顾客需要什么？市场竞争如何？组织的长短处有哪些
分析前提	外部的制约因素和内部的限定条件有哪些
确定目标	本组织向哪里发展？要实现什么？什么时候实现
拟订方案	为实现组织目标，有哪些可行的途径和办法
方案比较	各种方案的收益和代价如何
方案选择	哪一个方案可以以较小代价较好地实现组织目标

续表

步 骤	内 容
行动部署	把方案变成可以操作的、完整的行动计划，如采购等
编制预算	确定各项行动计划所需的资源数量，如人、财、物、力
实施反馈	根据实施评价计划质量，必要时进行调整、补充

二、计划工作的常见误区

大量的管理实践证明，企业在进行计划工作时，由于缺乏系统思考，再加上环境多变等因素，常常导致计划工作陷入误区。我国企业计划工作的常见误区包括：

（1）缺乏系统规划。有的企业没有计划，也没有计划部门，或者计划部门形同虚设。不少管理者一方面抱怨自己太忙，并将此作为没有制订计划的理由；另一方面又将计划部门制订的计划束之高阁，并认为计划都是脱离实际的，不可使用。另外，组织内部的计划责任制度不健全，各个组织部门不清楚自己的计划任务、责任以及权限，计划考核与评价制度缺乏或者不健全，这些也是计划工作中经常出现的问题。

（2）计划不当。有些公司虽然制订了完整的计划，但是由于计划不能反映实际情况，因此导致无效或者失败。由于环境多变，很多组织不能确定合适的前提条件，制订的计划与现实情况不符合而导致计划的失败。也有些公司的计划不当，是由于没有具体目标、目标的实现没有时间限制等。

（3）计划不能实施，缺乏可操作性。有的计划在编制过程中没有得到基层员工的参与，不能准确了解组织的情况，或者计划实施过程中不能得到所有组织成员的理解，从而导致计划不能有效实施；有的计划虽然很好，但是组织缺乏足够或者合适的资源执行这个计划，从而导致计划不能有效实施；有的计划缺乏良好的控制技术，使得组织在运行过程中逐渐偏离计划的方向，无法实现计划应达到的效果。

3.2 计划的方法与工具

3.2.1 计划工作的方法

计划在执行过程中，有时需要根据情况进行调整。这不仅是因为计划活动所处的客观环境可能发生了变化，而且因为人们对客观环境的主观认识可能有了改变。为了使组织活动更加符合环境特点的要求，必须对计划进行适时的调整。

一项计划的制订一般包括三个方面的工作：分析环境与预测，制订实现目标的行动方案并择优，计划方案的细化和预算化。

计划工作的效率高低和质量的好坏在很大程度上取决于所采用的计划方法。战略计划的编制不仅要按照一定的程序，而且还要采用科学的方法。战略计划的编制具有一定的科学性，针对所在组织的实际情况制订相应的计划，就必须掌握一定的计划编制方法。

相关链接 3-2

古代诸如金字塔、长城等著名的伟大工程项目的成功，都有赖于当时对工程的实施进行严密的科学计划编制。现代计划方法有许多优点，其中网络计划技术法的概念起源于美国。20 世纪 50 年代后期，美国的 Booz-Allen Loekheed 公司首次在北极星导弹计划中运用了 PERT 技术。同一时期，美国的 Dupont and RamintonnRand 公司创造了 CPM 方法，用于研究和开发、生产控制和计划编排，结果大大缩短了完成预定任务的时间，形成了一门关于项目资金、时间、人力等资源控制的管理科学。

著名的阿波罗登月计划、曼哈顿计划等都是采用网络计划技术法的理论和方法而取得成功的经典案例。可见，了解和掌握科学的计划编制方法对计划的成功实施有很大的影响。

现代的计划编制方法为制订切实可行的计划提供了有效手段，具有许多优点。下面主要介绍滚动计划法、网络计划技术和运筹学方法三种现代计划编制方法的基本思路。

一、滚动计划法

滚动计划法是编制具有灵活性，能够适应环境变化的一种长期计划方法，也是一种定期修订未来计划的方法。这种方法根据计划的执行情况和环境变化的情况定期修订未来的计划，并逐期向前推进，使短期计划和较长期计划有机地结合起来。

滚动计划法也是一种动态编制计划的方法。它不像静态分析那样要等计划全部执行完了之后再重新编制下一个时期的计划，而是根据计划的执行情况和环境的变化情况，在编制或调整计划时，均按时间顺序将计划向前推进一个计划期，即向前滚动一次，使之在计划管理过程中始终保持一定时期的完整计划的一种编制计划的方法。

1. 滚动计划法的优点

（1）滚动计划法能使计划更具实效，可以克服计划期内的不确定性因素的影响。因为在计划工作中很难准确地预测将来影响目标实现的各种变化因素，尤其随着计划期的延长，这种不确定性越来越大，如果硬性地按原有的计划实施，就可能导致巨大损失。滚动计划法正好解决了计划工作的这一困难。使用这种方法，可以相对地缩短计划期，加大计划的准确性，能更好地保证计划切合实际。

（2）滚动计划法能使较长期计划和短期计划相互衔接，这就保证了即使环境出现变化，某些不平衡也能及时进行调节，这种调节使各期计划基本保持一致。

（3）滚动计划法大大增加了计划的弹性，这对环境易发生剧烈变化的时代来说尤为重要，它可以提高组织的应变能力。

2. 滚动计划法的操作步骤

滚动计划法是用“近细远粗”的基本方法制订计划的，具体操作步骤如图3-4所示。

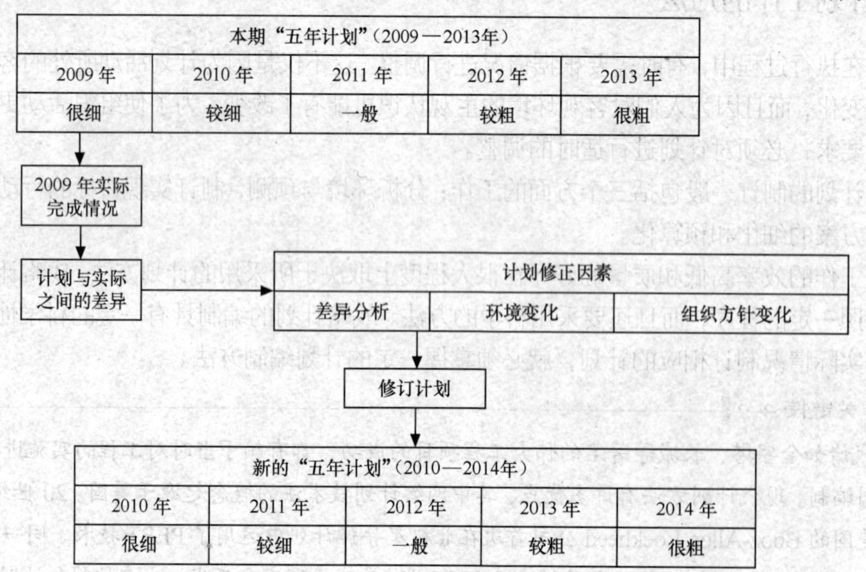

图3-4 滚动计划方法操作步骤

例如，企业要编制2009—2014年的五年经营战略计划。

由图3-4可知，滚动计划的操作步骤可以分为以下几步。

（1）以“近细远粗”的方法制订（2009—2013年）“五年计划”。

（2）在计划期的第一阶段（2009 年）结束时，根据计划的实际完成情况，总结该阶段实际执行情况与计划目标的差异。

（3）分析两者差异，根据环境变化和组织内部因素变化，对原计划进行修订形成新一轮（2010—2014年）“五年计划”，仍按“近细远粗”的方法制订。

滚动计划法就是根据上述方法逐期滚动的，每次修订都使整个计划向前滚动一个阶段，以原有的计划为基础又形成一个新的计划，这种方法适用于任何类型的计划。

相关链接3-3：滚动计划让M公司插上成功的翅膀

M公司是中国东部地区一家知名企业，原有的计划管理水手低下，粗放管理特征显著，计划管理与公司实际运营情况长期脱节。为实现企业计划制订与计划执行的良性互动，在管理咨询公司顾问的参与下，M公司逐步开始推行全面滚动计划管理。

首先，M公司以全面协同量化指标为基础，将各年度分解为四个独立的、相对完整的季度计划，并将其与年度计划紧密衔接。在发现企业计划偏离和调整工作中，M公司充分运用了动态管理的方法。

所谓动态管理，就是M公司年度计划执行过程中要对计划本身进行三次定期调整。第一季度的计划执行完毕后，就立即对该季度的计划执行情况与原计划进行比较分析，同时研究、判断企业近期内外环境的变化情况。根据统一得出的结论对后三个季度计划和全年计划进行相应调整。第二季度的计划执行完毕后，使用同样的方法对后两个季度的计划和全年计划执行相应调整。第三季度的计划执行完毕后，仍然采取同样方法对最后一个季度的计划和全年计划进行调整。

M公司各季度计划的制订是根据近细远粗、依次滚动的原则开展的。这就是说，每年年初都要制订一套繁简不一的4个季度计划。第一季度的计划率先做到完全量化，计划的执行者只要拿到计划文本就可以一一遵照执行，毫无困难或异议；第二季度的计划要至少做到50%的内容实现量化；第三季度的计划也要至少使20%的内容实现量化；第四季度的计划只要做到定性即可。同时，在计划的具体执行过程中对各季度计划进行定期滚动管理。第一季度的计划执行完毕后，将第二季度的计划滚动到原第一计划的位置，按原第一季度计划的标准细化到完全量化的水平。第三季度的计划则滚动到原第二季度计划的位置并细化到至少量化 50%内容的水平，以此类推。第二季度或第三季度计划执行完毕时，按照相同原则将后续季度计划向前滚动一个阶段并予以相应细化。本年度的4个季度计划全部都执行完毕后，下年度计划的周期即告开始。如此周而复始，循环往复。

其次，M公司以全面协同量化指标为基础，建立了三年期的跨年度计划管理模式，并将其与年度计划紧密对接。

跨年度计划的执行和季度滚动计划的思路一致。M公司每年都要对计划本身进行一次定期调整。第一年度的计划执行完毕后，就立即对该年度的计划执行情况与原计划进行比较分析，同时研究、判断企业近期内外环境的变化情况，根据统一得出的结论对后三年的计划和整个跨年度计划进行相应调整。当第二年的计划执行完毕后，使用同样的方法对后三年的计划和整个跨年度计划进行相应调整，以此类推。

M公司立足于企业长期、稳定、健康的发展，将季度计划、年度计划、跨年度计划环环相扣，前后呼应，形成了独具特色的企业计划管理体系，极大地促进了企业计划制订和计划执行相辅相成的功效，明显提升了企业计划管理、分析预测和管理咨询的水平，为企业整体效益的提高奠定了坚实的基础。

即问即答 3-3

结合上述案例，分析一下M公司是如何应用滚动计划法的？（建议用图表示）

二、网络计划技术

1. 网络计划技术的含义

网络计划技术法（Program Evaluation And Review Technology，PERT）也称统筹法，是20世纪50年代出现的一种较新的计划方法，它包括各种以网络图为基础制订计划的方法。1956年，美国的一些工程师和数学家组成了一个专家小组，首先开始了这方面的研究。1958年，美国海军武器处采用了计划评审技术，使北极星导弹工程的工期由原计划的10年缩短为8年。1961年，美国国防部和国家航空太空总署规定，凡承制军用品，必须用计划评审技术制订计划上报。从那时起，网络计划技术就开始被广泛应用。

网络计划技术是把一项工作或项目分成各种作业，然后根据作业顺序进行排列，通过网络的形成对整个工作或项目进行统筹规划和控制，以便用最少的人力、物力和财力资源，用最快的速度完成任务。为此，网络计划技术适用于各种工程项目，无论是设备维修，还是新产品的开发、新厂房的建造，甚至航天工程，都可以通过网络计划技术来科学地计划，并能够收到良好的效果。

2. 网络计划技术的原理

网络计划技术的基本原理是将拟订与开发项目的计划作为一个系统来看待，即将组成系统的各项具体任务的先后顺序，通过网络图的形式对整个系统全面规划，并根据轻重缓急进行协调，使系统对资源（人力、物力、财力）进行合理的安排，有效地加以利用，达到以最少的时间和资源消耗来完成整个系统的预定计划目标，取得最好的经济效益。

与PERT网络技术有关的3个概念是节点、活动和关键路线。节点是指活动结束的那一点，在PERT网络图中，节点用带圆圈的数字表示；活动是指从一个节点到另一个节点的过程，在PERT网络图中，活动用带字母的箭头表示；关键路线是PERT网络图中花费时间最长的活动路径。

3. 网络计划技术的优点

（1）制订计划时可以统筹安排，突出重点。通过网络技术，能把整个工程的各个项目的时间顺序和相互关系清晰地表示出来，并指出完成任务的关键环节和路线。这样对整个任务的完成既能全面统筹安排，又能不失重点、抓住关键。

（2）可对工程任务的时间进度和资源利用实施优化。通过网络计划技术区分关键路线和非关键路线，从而挖掘非关键路线的潜力，调动非关键路线上的人力、物力和财力支持关键作业，进行综合平衡，这样既可节省资源又能加快工程进度。

（3）对工程任务的完成便于组织和控制。通过网络计划技术，可事先掌握任务实施中的困难点，从而准备好应急措施，减少完不成任务的风险。对比较复杂的大项目，也可分成许多支系统分别控制，对每个局部实现了优化，也就保证了整个项目最优。

（4）技术操作简便易懂。网络计划技术并不深奥难学，具有中等文化程度的人就能够掌握。对较复杂的、多节点的工程项目可以利用已有的软件在计算机上优化。

4. 网络计划技术的一般步骤

(1)对工程项目任务进行具体分析，确定完成任务所需要的各项作业，明确各项作业之间的相互关系，估计作业完成的所需时间。例如，表 3-4 为建造住宅的活动分析表。

(2)根据表 3-4 中的数据，绘制网络图，如图 3-5 所示。

表 3-4 建造住宅的活动分析表

作业代号	作业名称	紧前作业	完成时间
A	准备屋顶材料	—	12
B	准备砌墙材料	—	5
C	基础工程	—	7
D	下水道工程	C	7
E	砌墙	B、C	10
F	盖屋顶	A、E	4
G	布电线(Ⅰ)	E	4
H	布电线(Ⅱ)	F、G	2
I	铺地板	H、K	5
J	室内油漆整理	I	6
K	水暖安装	D、E	6
L	铺路	D、E	2
M	室内粉刷	H、K	6
N	门窗装饰	M	2
O	室外清理布置	L	2

注：表中的紧前作业是指该项作业开始之前必须完成的相邻作业。完成作业所需的时间可以采用一定的方法进行估算，估算时要同时考虑有关的影响因素，时间的估算既要合理又要可行。

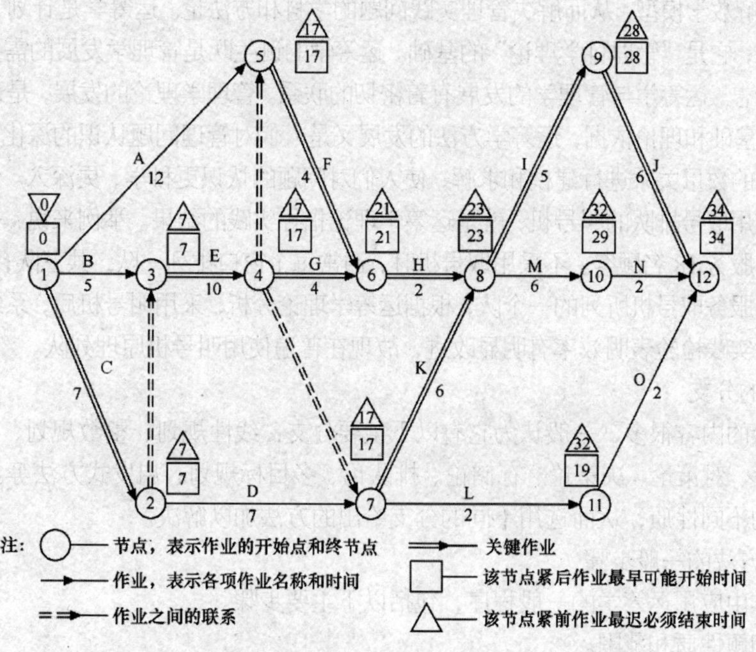

图 3-5 网络图

（3）根据图中确定的关键作业寻找关键路线。

关键作业是指必须按时开工和完成的作业，否则将影响整个工期。图中所示的关键作业为C、E、F、G、H、I、J、K，把这些关键作业的有关关系联结起来就可确定关键路线为：① C、E、F、H、I、J，总工期为34；② C、E、G、H、I、J，总工期为34；③ G、E、K、I、J，总工期为34。

（4）优化网络。即挖掘非关键路线上的潜力，重新平衡人力、物力，重新确定作业所需要的时间，以非关键作业的潜力支持关键作业，减少关键作业的时间，从而缩短关键路线上的整个工期时间。

5. 网络计划的作用

编制网络计划的过程就是深入调查研究的过程，从而把计划建立在对客观事物可靠的分析基础上；网络计划反映了各项作业工序之间的相应关系，便于统观全局，发现影响工期完成的关键原因，寻找可以挖掘的潜力，进一步改善计划管理工作。

6. PERT技术中的网络优化

以上为工程项目制订的网络计划，一般不可能在最初的方案中就得到最经济合理的指标。为此，在初始方案制订以后，通常需要对计划进行调整，使方案不断优化。最常用的网络优化方法是“时间—费用法”，即综合考虑工期和费用两者之间的关系，寻求以最低的工程总费用获得最佳工期的一种方法。

与工程的各项活动直接有关的费用称为直接费用，赶工（加快某项活动的进度）导致直接费用增加；维持工程需要的费用称为间接费用，它与各项活动没有直接的关系，缩短或延长总工期会相应减少或增加这一费用的支出。一般用α表示赶工费用变化率，计算公式为$\alpha=(c_g-c_z)/(t_z-t_g)$。

三、运筹学方法

1. 运筹学的含义

运筹学（Operational Research）是一种运用系统的、科学的、数学分析的方法，通过建立数学模型，检验并求解数学模型，从而解决管理实践问题的学科和方法论。运筹学是计划工作的最全面的分析方法之一，它是“管理科学理论”的基础。运筹学的诞生既是管理学发展的需要，也是管理学研究深入的标志。运筹学与管理学的发展有着密切的联系。管理学理论的发展，是运筹学提出问题、定性分析的基础和理论依据，运筹学方法的发展又是人们对管理问题认识的深化，它针对问题中的各因素之间的数量关系进行建模和求解，使人们对问题的认识更科学、更深入。例如，现代商业银行内广泛使用取号排队的叫号机，就是运筹学理论指导实践的结果。举例来说，一个银行系统有3个服务窗口服务18名顾客。不采用取号机时，通常每个窗口排列一队，共三队；采用取号机，则三个窗口共同服务取号机所列的一个队，根据运筹学理论分析，采用叫号机后，系统效率将有明显的提高。银行实践检验表明效率有明显改进，故现在普遍使用叫号机原理列队。

2. 运筹学的分支

运筹学包含的内容很多，一般认为它有以下主要分支：线性规划、整数规划、非线性规划、动态规划、图论、对策论、决策论、存储论、排队论、多目标规划、启发式方法等。实际运用中常常根据问题的不同性质，从而选用不同的分支给出的方法加以解决。

3. 运筹学方法的一般步骤

在计划工作中应用运筹学的一般程序，包括以下主要步骤。

（1）界定问题性质和范围。

（2）根据约束条件，建立问题的数学模型。

（3）规定一个目标函数，作为对各种可能的行动方案进行比较的尺度。

（4）确定模型中各参量的具体数值。

（5）求解数学模型。

（6）检验，直到找出使目标函数达到最大值（或最小值）的最优解。

4. 运筹学方法的局限与不足

运筹学方法的局限与不足主要集中在两个根本的问题上。

（1）在究竟是让模型适合问题还是让问题适合模型这一点上，许多运筹学家实际上是在让管理问题“削足适履”。他们将原始问题加以抽象，直到数学难点或计算难点都被舍去为止，从而使问题的解答失去实际应用价值。

（2）运筹学最终要得到问题的最优解，而从管理实践的角度来看，由于决策目标通常有多个，且各个目标间又存在冲突，因此，最终的解决方案只能是一种折中。只要能给出一个近似的、比不用数学方法而单靠经验和直觉所得出的足够好的结果来就不错了。管理者实际需要的是这种“满意解”，而不是附加了各种假定条件的“最优解”。

3.2.2　计划工具

一、甘特图

甘特图是表示作业计划及其进展状况的最基本工具。它是一种线条图，左边纵轴表示要安排的活动，横轴则表示时间，线条则表示整个期间计划活动与实际完成的情形。

甘特图（见图3-6）是20世纪初由亨利·甘特发明的。甘特图直观地表明任务计划定在什么时候进行和完成，并可对实际进展与计划要求做对比检查。这种方法虽然简单，但却是一种重要的作业计划与管理工具。它能使管理者很容易搞清一项任务或项目还剩下哪些工作要做，并评估出某项工作是提前了、拖后了还是在按计划进行着。

甘特图法的优点是简明直观，使管理人员很容易认清目前计划任务的进展情况，并实施有效的控制。

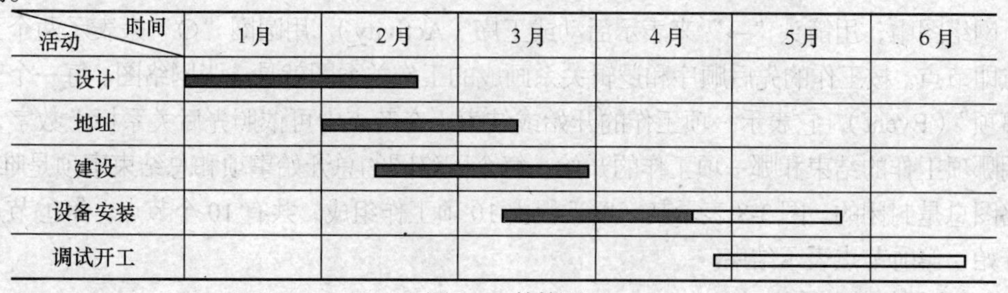

图3-6　甘特图

二、负荷图

将甘特图纵向的活动栏改成所使用的资源（如组织中的人力资源或不同的生产设备等），就成了负荷图。负荷图是改良的甘特图，用以表明各项资源的负荷情况。

负荷图是甘特图的改良，负荷图与甘特图的区别在于负荷图的纵轴不再列出活动，而是列出组织或部门所拥有的资源。负荷图能直观地表明各项资源的负荷情况，便于管理者对生产能力进行评估，是一种理想的计划和控制的工具。如图3-7所示的负荷图，清晰地表明了某教研室A、B、C、D、E五位教师在某学期（1～7月）承担课程的状况。

三、网络图

网络图（Network Planning）是一种图解模型，形状如同网络，故称为网络图。网络图是由作业、事件和路线3个因素组成的。

在工程管理中，经常使用到网络图的概念。网络图是用箭线和节点将某项工作的流程表示出来的图形。根据绘图表达方法的不同，分为双代号表示法（以箭线表示工作）和单代号表示法（以节点表示工作）；根据表达的逻辑关系和时间参数肯定与否，又可分为肯定型和非肯定型两大类；根据计划目标的多少，可以分为单目标网络模型和多目标网络模型。网络图的形式如图3-8所示。其组成元素为箭线、节点和线路。节点和箭线在不同的网络图形中有不同的含义：在单代号网络图中，节点表示工作，箭线表示关系；而在双代号网络图中，箭线表示工作及走向，节点表示工作的开始和结束。线路是指从起点到节点的一条通路，工期最长的一条线路称为关键线路，关键线路上工作的时间必须保证，否则会出现工期的延误。网络图的绘制如下。

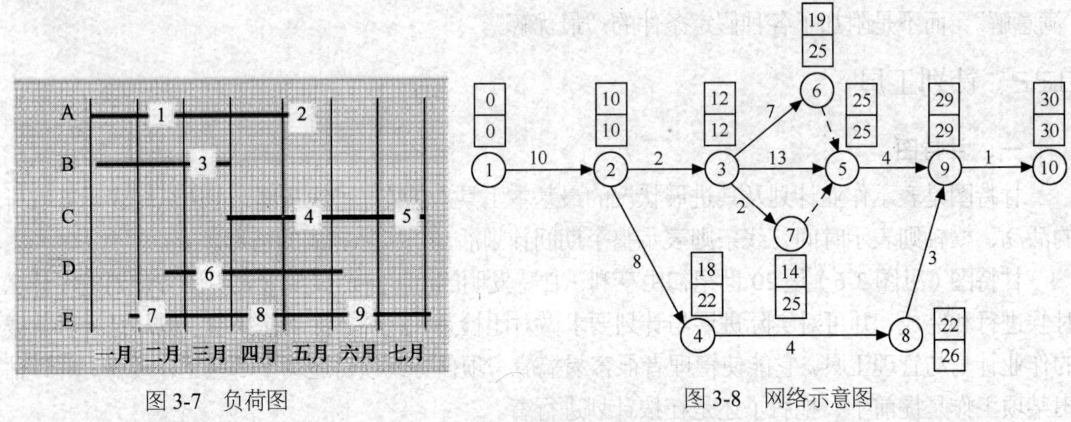

图3-7 负荷图　　　　图3-8 网络示意图

1. 网络图的元素

任何一项任务或工程都是由一些基本活动或工作组成的，它们之间有一定的先后顺序和逻辑关系。网络图中，用箭头“→”来表示活动或工序（Activity），用圆圈“○”来表示两个工序的分界点即节点。按工作的先后顺序和逻辑关系画成的工作关系图就是一张网络图。每一个节点称为“事项”（Event），它表示一项工作的开始或结束，在节点中可依照先后关系标上数字，以便于注明哪项工作的结束和哪一项工作的开始。每个网络图的总开始事项和总结束事项是唯一的，即网络图总是封闭的。图3-8表示某一项工程由10项工作组成，共有10个节点，第①节点表示项目开始，第⑩节点表示结束。

2. 网络图的绘制原则

在绘制网络图时，要注意以下规则。

（1）网络图只能有一个总起点事项和一个总终点事项。

（2）网络图是有向图，不允许有循环回路，否则将造成逻辑上的错误，使回路上的活动永远到达不了终点。

（3）网络图两节点之间不允许有两个或两个以上的活动。

（4）网络图必须正确、如实地表达工序之间的前后逻辑关系。

（5）必要时可引入虚活动。虚活动的引入，大致有两种情况：一种是并行工序的情况，即先后两个节点之间的工作过程只能代表一项活动，当两个或两个以上的活动具有同一个始点和终点时，需要引入虚活动，予以区别；另一种是为了正确表达难以表达的先后承接关系时，需要引入虚活动。

3. 网络图的绘制步骤

网络图的绘制一般可分为3步。

（1）任务的分解。一个任务首先要分解成若干项活动或工序，并从逻辑上分析清楚这些活动或工序之间在工艺上和组织上的前后联系及制约关系，确定各活动的先后顺序，列出活动紧前紧后关系分析表。

（2）绘制网络图。按照活动紧前紧后关系分析表中所示的活动，遵循上一部分所介绍的网络图的绘制规则，绘出网络图。

（3）节点编号。事项节点编号要满足前述的要求，即从始点到终点要从小到大编号，对表示任一活动的箭线，箭尾节点编号小于箭头节点编号。编号不一定连续，可留些间隔便于修改和增添活动。

4. 作业所需的时间

网络图中的各个工序（或作业）需注明时间，确定的方法如下。

（1）凭经验能明确知道时，可用其经验值。

（2）在没有经验的作业或包含不确定因素的作业中，应把它看成统计值，用三点时间估计法（即使用乐观时间、悲观时间与最可能的时间分别配以1/6、1/6、4/6的权重所计算得到的加权平均值）。

如可能遇到意外的问题，从而相应的活动周期比预想的要长；也有可能事情进展得比预期要顺利，相应的活动提前完成了。因此，将这类不确定性加入我们的分析是有实际意义的。经验表明，一项作业的周期往往可以用β分布来描述。这种分布看上去是一个倾斜的正态分布，具备一种很有用的特性——其均值和方差可以通过估算三种时间而求得：T_o为乐观判断所需时间；T_m为最可能的时间；T_p为悲观估计所需时间。

作业期望的时间和方差可根据六分之一原则（Rule of Sixths）来计算，即

$$期望时间\ E = (T_o + 4T_m + T_p) / 6$$

$$方差=(T_p - T_o) / 36$$

假设某作业所需的时间是概率变量，概率密度β分布如图3-9所示，概率密度$\rho(T_o) = \rho(T_p) = 0$，$\rho(T_m)$为最大值，则均值$E$与方差$\sigma$由下式计算：

$$E = (T_o + 4T_m + T_p) / 6$$

$$\sigma=(T_p - T_o) / 36$$

式中，均值E就被取为作业所需的时间。

为简便起见，在以后的阐述中只处理平均所需日数，而不考虑方差。

在以下分析中，设i和j为两个相邻节点，则作业（i，j）所需的时间记作T（i，j）。

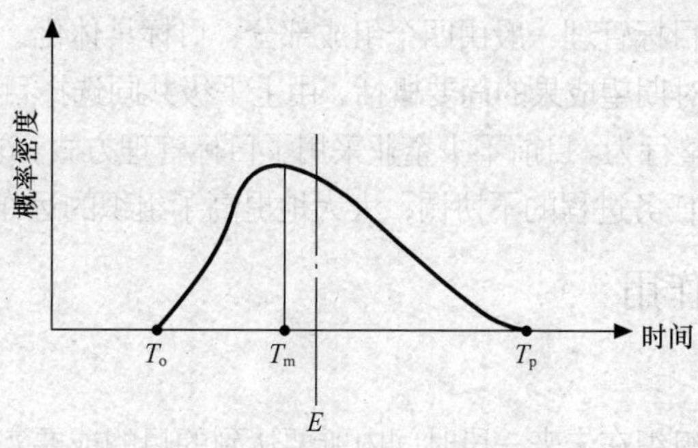

图3-9　所需时间的分布

5. 关键路径的确定

在网络图中，从入口到出口的最长路径称作关键路径，全部工程所需时间不可能比它更短。也就是说，关键路径上的各作业所需时间的总和为该工作的总工期，即关键路径的长度决定了总工期。关键路径以外的作业由于日程有富裕，即使前后稍微移动时间，整个工期也不会改变。因此，可以进行调整以满足劳力和设备的制约条件。对图 3-8 所示的网络图中，关键路径长为：

E=主径=max

①→②→③→⑤→⑨→⑩=$T(1,2)+T(2,3)+T(3,5)+T(5,9)+T(9,10)=30$

①→②→④→⑧→⑨→⑩=$T(1,2)+T(2,4)+T(4,8)+T(8,9)+T(9,10)=26$

①→②→③→⑦－⑤→⑨→⑩=$T(1,2)+T(2,3)+T(3,7)+T(5,9)+T(9,10)=19$

①→②→③→⑥－⑤→⑨→⑩=$T(1,2)+T(2,3)+T(3,6)+T(5,9)+T(9,10)=24$

=30（天）

网络图关键路线为①→②→③→⑤→⑨→⑩。对于连续进行的作业，并且每一项作业的时间与其他作业的时间不相关，则整个工程的时间服从正态分布。全部工程所需的日数期望值 E 和方差 σ^2 可根据中心极值定理由下式决定。

均值为关键路径上所有作业的期望值之和，即

$$E=\sum_{i=1}^{1} E_i$$

方差为关键路径上所有作业的方差之和，即

$$\sigma^2=\sum_{i}^{2}$$

所以，主径上的所有作业时间之和 30 天就是工程的最短工期。

3.3 目标与目标管理

目标是计划的核心要素，计划就是确立目标并筹划如何实现目标的过程。科学地编制计划首先就必须正确地制定目标。目标是管理活动的起点，也是实施目标管理的基础和出发点。

现代管理理论与实战一般将目标管理（MBO）作为一种管理制度，目标管理与以往的任务管理有很大不同，既适应了现代大型组织对管理的要求，也提高了计划工作的科学性、有效性，保证了计划职能的发挥。目标管理一般由四个组成部分：目标具体化、参与决策、明确的时间规定、绩效反馈，即目标是对期望成果的简要概括，由上下级共同选择目标，每个目标都有一个具体的时间段，通过反馈调整行为。目前不少企业采用了目标管理方式，这不仅是一种有效的激励，而且在很大程度上避免了任务进程的不协调，大大地提高了组织的运作效率。

3.3.1 目标的含义及作用

一、目标的含义

所谓目标，就是一个组织在未来一段时间内所要达到的目的或要实现的成果。这种成果不仅

是个人而且是小组甚至整个组织努力的结果，目标是组织行动的出发点和归宿，为管理决策指明了方向，并同时作为标准用来衡量实际的绩效。

任何一个目标的制定都必须符合以下5个方面的要求。

（1）目标必须是明确具体的（specific）。与任职者的工作职责或部门的职能相对应，目标的工作量、达成日期、责任人、资源等都是一定的，并且是可以明确的。目标要简明扼要、易懂易记；目标越容易理解，就越容易起作用。

（2）目标值必须是可衡量的（measurable）。如果目标无法衡量，就无法检查实际与期望之间的差异，从而无法指导组织成员不断改进工作，无法使目标的作用落到实处。目标值要尽可能用数字或程度、状态、时间等准确、客观地表述，衡量方法不应是主观判断而应是客观评价。

（3）目标值必须是能实现的（attainable）。目标值过高或过低都会影响目标作用的发挥。

（4）目标内容必须相关联（relevant）。目标内容的确定必须与组织的宗旨和远景相关联，必须与员工的职责相关联。

（5）目标必须有时限（time-bound）。目标应有起点、终点和固定的时间段，否则就无法检验，容易被拖延。

以上5个方面，简称为SMART原则。

二、目标的作用

（1）导向作用。在刘易斯·卡罗尔的《爱丽丝漫游奇境记》中有一段富有哲理的经典对白。爱丽丝问："请你告诉我，我该走哪条路？"猫回答："那要看你想去哪里？"爱丽丝说："去哪儿无所谓。"猫说："那么走哪条路也就无所谓了。"这个故事讲的是明确的目标具有很强的导向作用；如果没有明确的目标，就难以找到清晰的方向。这就告诉我们：目标应尽量清晰、简明。

（2）激励作用。目标是行动所要得到的预期结果，是满足人的需要的对象。目标同需要一起调节着人的行为，把行为引向一定的方向，所以目标本身就是行为的一种诱因，具有激励行为的功能。因此，设置适当的目标，能够激发人的动机，调动人的积极性。目标应该是经过努力可以实现的，而不是可望而不可即的；同时，目标要具有挑战性。

（3）考核作用。目标具有考核作用，管理者可以根据目标对工作完成情况进行绩效考核。考核的公式为：绩效=目标达到程度+目标复杂程度+执行中努力程度。

（4）凝聚作用。目标具有提高组织凝聚力的作用，一个好的目标可以帮助管理者顺利地凝聚团队。组织的目标与员工个人的目标要相一致。

三、目标的特性

组织目标的特性是层次性、系统性、多样性、时间性、可考核性、难度适中性、两面性。

1．层次性

层次性是指组织目标从上到下可分为多个等级层次，从而形成一个有层次的体系。目标的层次性与组织的层次性密切相关，组织一般可分为四个层次：高层管理、中层管理、基层管理及基层工作层。相应的，从广泛的组织目标到个人目标，也分为多种层次。图3-10表现的是组织层次与目标层次之间的关系。一般而言，下层目标是由上层目标派生出来的，是实现上层目标的前提和保证。上层目标一般较为模糊，而下层目标则相当具体。

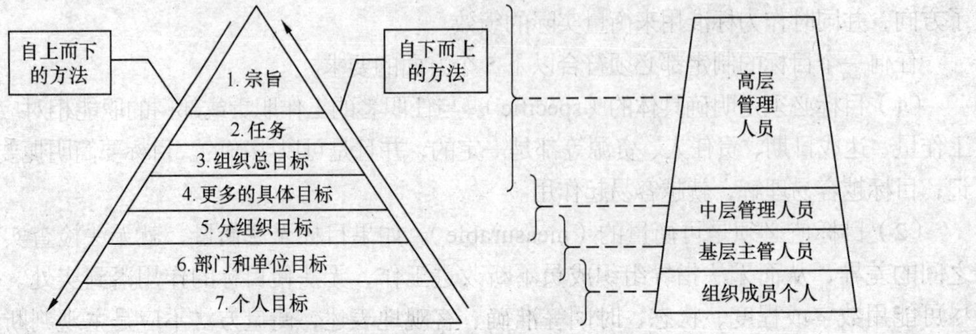

自上而下的方法
自下而上的方法
1. 宗旨
2. 任务
3. 组织总目标
4. 更多的具体目标
5. 分组织目标
6. 部门和单位目标
7. 个人目标
高层管理人员
中层管理人员
基层主管人员
组织成员个人

图 3-10　目标层次与组织层次的关系

2. 系统性

巴纳德认为，目标是一个组织最基本的要素。每一个组织都有自己的目标，并且其目标都不是单一的，往往是一个目标系统。系统性是指组织的各种目标之间很少表现为简单的线性关系，即并不是当一个目标实现后接着就去实现另一个目标，而是构成一种比较复杂的网络系统，不同目标之间都有直接或间接的联系，相辅相成。这就要求在制定目标时，必须使构成网络的各个具体目标之间保持协调。目标与目标之间左右关联、上下贯通，融汇成一个整体，相互支持和相互联结，否则组织的利益就会受到损害，组织的目标就难以实现。

如企业的目标既可能有经济性的，即追求利润与发展；又可能有社会性的，即为社会做贡献，树立良好的形象。它们是相互关联、相互支持的。图 3-11 描述了一个企业开发新产品的目标网络示意图。在新产品开发的规划图中，目标和计划之间构成了一个网络，融为一体。

3. 多样性

对于一个组织来讲，目标往往很多，即使是主要目标，一般也是多种多样的，表 3-5 就列出了某企业的八个主要目标。总体来说，企业目标是生产更多的产品和尽可能多地创造利润，但在其总目标中，许多内容是不可缺少的。除了主要目标，还有次要目标。可见，组织的目标是多样的。了解了目标的多样性时，高层管理人员应当注意：目标并非越多越好，过多的目标会导致顾此失彼，应该尽量减少目标的数量，突出主要目标，充分发挥目标的作用。

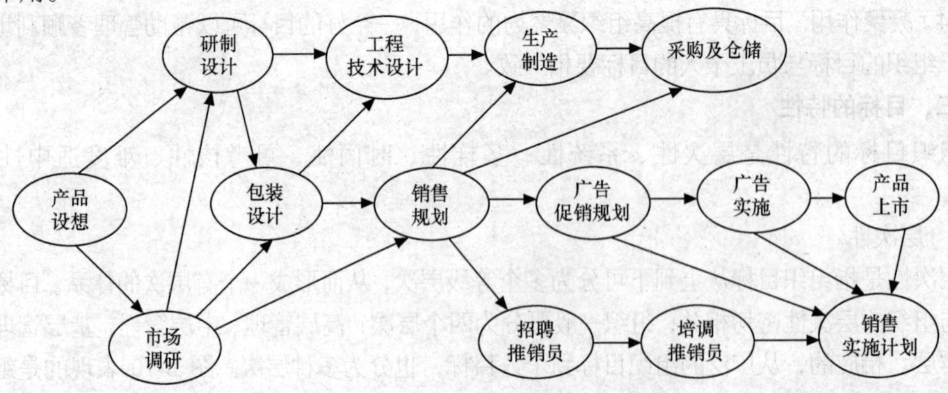

图 3-11　开发新产品目标网络

表 3-5 企业的一些总目标

1. 获得一定的利润和投资收益率
2. 重点研究连续开发的适当产品
3. 扩大公众持有的股票所有权
4. 主要通过利润再投资和银行贷款筹措资金
5. 产品进入国际市场
6. 保证优势产品的竞争地位
7. 取得行业中的优势地位
8. 遵循企业经营业务所在的社会价值

4. 时间性

所有的目标都要有预定的达成时间，没有预定达成时间的目标是没有意义的。

5. 可考核性

如果不对目标进行科学的考核，就无法检查实际与期望之间的差异，也就无法发现目标实际运作过程中存在的问题，目标的作用也就无从落到实处。所以，对目标的考核是为了更好地达成目标。

6. 难度适中性

目标的制定要从实际情况出发，不能设定得太简单，也不能够设定得太难、太离谱。目标的设定要遵循难度适中的原则，目标是要能达到的，但又不是伸手就能拿到的，就如篮球比赛中对篮球架高度的设定，一个“跳一跳，够得着”的目标最有吸引力，面对这样的目标，人们才会以高度的热情去追求。

7. 两面性

凡事都具有两面性，目标也不例外。目标不是万能药，目标可能会给组织带来利益，也有可能会给组织带来损失，所以在目标制定过程中，要明确目标所带来的好处与不足，权衡利弊，最终做出最适合的决策。

3.3.2 目标管理的含义及过程

目标管理（management by objectives，MBO）是由美国著名管理学家彼得·德鲁克（Peter F.Drucker）在 1954 年所写的《管理实践》一书中提出的一种管理方法。目标管理提出后，逐步发展成为许多西方国家组织普遍采用的一种系统地制定目标并据此进行管理的有效方法。

一、目标管理的含义及其特点

目标管理又称为成果管理或标的管理，是一种新型的管理制度。它是一种由组织的管理者与组织成员共同决定具体的工作目标，组织成员在工作中“自我控制”，管理者定期检查目标执行的进展情况，并根据目标的完成情况来确定对组织成员奖惩的管理制度。

目标管理的思想是 1978 年引入我国的。伴随着各项计划指令层层分解落实方式的应用，特别是全面质量管理的开展，目标管理的思想在我国也得到广泛的重视，现已成为我国企业和各级政府组织普遍使用的行之有效的管理方法之一。

1. 目标管理的含义

我国一般对目标管理做如下定义：目标管理是一种程序和过程，在此过程中，组织中的上级和下级一起商定组织的共同目标，由此决定上下级责任和分目标，并以此作为经营、评估和奖励每个单位与个人贡献的标准。

目标管理不仅保证了组织成员的“承诺意识”，而且也使得目标认定真正成为提高工作绩效的动力，大大激发组织成员去为完成组织目标而努力。

2. 目标管理的特点

目标管理具有三个方面的特点。

（1）目标管理强调了目标的重要性——结果管理。

（2）目标的制定和分解过程也是下级参与管理的过程——参与性。

（3）目标的实现要以自我管理和自我控制为主，因此也较好地体现了以人为中心的主动式管理——自我控制性。

二、目标管理的过程及要求

1. 目标管理的过程

目标管理的过程可以分为建立目标体系、目标分解、组织实施、考评和反馈4个步骤。

（1）建立目标体系。目标管理一般开始于组织的高层管理者。高层管理者首先要根据组织的愿景和使命，分析客观环境带来的机会和挑战，正确认识优势和劣势，制定组织的目标和战略。

（2）目标分解。制定总目标后，再将总目标层层分解，制定下级的分目标。在目标分解过程中，上下级要进行充分沟通、共同商定下属的目标，下属必须根据计划的前提条件、组织的总目标和上级建议的目标提出自己的目标设想，而不是盲目服从上级提出的目标。上级管理者要指导下属发展一致性和支持性目标，拥有最后的审批权。下属的目标确定之后，将对上级的目标产生影响，会促进上级部门调整自己的目标，从而形成目标制定的自上而下和自下而上的循环过程。每个员工和部门的分目标要具体量化，和其他的分目标协调一致，以便于考核，同时具有挑战性，使员工经过努力有实现的可能，从而激发员工不断学习，提高技能和能力，实现本部门和组织的目标。

（3）组织实施。在目标的实施过程中要强调员工的自我控制。上级管理者要进行定期检查，双方经常沟通、互相协调。下属要主动汇报任务进展，上级要向下级通报进度，帮助下属解决工作中出现的困难。当环境变化、影响组织目标实现时，可以通过一定的程序调整原定的目标。

（4）考评和反馈。上层管理者要对各级目标的完成情况进行定期检查，并根据目标进行评价，评价结果应及时反馈。反馈对绩效有积极的影响，它可以使人们了解自己行动方式的效果，知道自己努力的水平是否足够，使人们在实现了原先的目标后进一步提高自己的要求。经过评价和反馈，目标管理进入下一轮循环过程，如图3-12所示。

2. 目标管理的要求

一个良好的目标管理应该具备以下要求。

（1）明确目标。没有明确的目标，目标管理就无从谈起。通过目标管理制定出来的目标要定量，要能对其进行度量和评价。

（2）规定期限。目标管理过程中对于时间的控制也是一项重要的工作；对于目标中各个环节的规定期限要进行严格的管理和控制，从而保证目标整体达成的时限。

（3）参与决策。目标管理用下级参与的方式制定目标。

（4）反馈绩效。目标管理要求上级及时地将目标实现的进展情况反馈给下属人员，以便下属能够及时地采取调整行动。

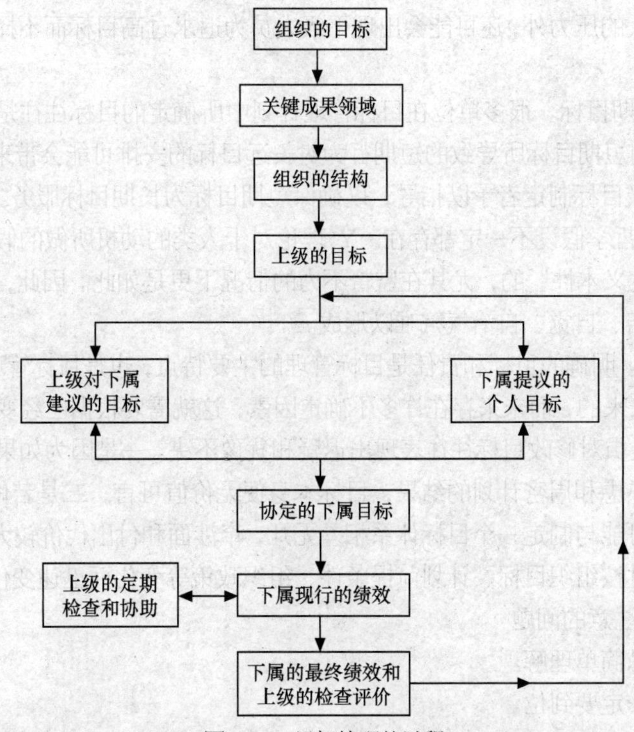

图3-12 目标管理的过程

3. 目标管理的基本思想

（1）强调以目标为中心的管理（以目标为导向和依据，注重效果第一）。

（2）强调以目标网络为基础的系统管理（保证组织目标的整体性和一致性）。

（3）强调以人为中心的主动式管理（促使权力下放，强调自我控制）。

（4）实质是目的——手段的展开。

4. 目标管理的优点与局限性

（1）优点。目标管理的优点包括：①有助于提高工作绩效。②有助于改进组织结构和职责分工。③有助于实现有效控制。④可提高组织整体工作的协调一致性，增强全体员工的团结协作精神和凝聚力。⑤目标管理强调参与，能进一步调动员工的主动性、积极性和创造性，促进意见交流和相互了解，改善人际关系。

（2）局限性。尽管目标管理有很多的优点，但方法本身和方法的运用过程中，也存在一定的局限性。

① 对目标管理的原理和方法宣传不够。目标管理常常使人误认为简单易行，从而疏忽了对它的深入了解和认识。如果目标管理付诸实施的管理人员及下属人员对有关原理，如目标管理是什么，它怎样发挥作用，为什么要实行目标管理，在评价业绩时它起什么作用以及参与目标管理的人能够得到什么好处等缺乏重视和理解，则会影响目标管理实施的效果。

② 制定目标缺乏统一指导。实施目标管理必须给目标制定者提供必要的指导准则，使他们了解计划工作的前提条件和组织的基本战略和政策。否则，就无法制定出正确的目标，计划工作必然会脱离实际，目标管理也就无法发挥作用。

③ 制定有利于考核的目标难度很大。一方面，要建立始终具有挑战性又有限度的可考核目标难度很大，它需要做很多的研究工作；另一方面，制定目标过于注重经济效果或脱离实际，除

了会对个人产生过大的压力外，还可能会出现下级人员为追求过高目标而不择手段采取违法或不道德做法的情况。

④ 过多强调短期目标。很多单位在目标管理计划中所确定的目标往往是一个季度或更短的短期目标。过分强调短期目标所导致的短期行为对长远目标的安排可能会带来不利影响，这就要求高层管理者对各级目标制定者予以指导，以确保短期目标为长期目标服务。

⑤ 目标管理的哲学假设不一定都存在。Y 理论对于人类的动机所做的假设过于乐观，实际上，人是有“机会主义本性”的，尤其在监督不力的情况下更是如此。因此，在许多情况下，目标管理所要求的承诺、自觉、自治气氛难以形成。

⑥ 缺乏灵活性。明确的目标和责任是目标管理的主要特点，也是目标管理取得成效的关键。但是，计划是面向未来的，而未来存在许多不确定因素，这就需要根据已经变化了的计划工作前提进行修正。管理人员对修改目标往往表现出迟疑和犹豫不决。一是因为如果目标经常修改就说明它不是经过深思熟虑和周密计划的结果，目标本身便无价值可言；二是若修正一个目标体系，那么所花费的精力可能与制定一个目标体系相差无几，牵涉面和付出代价较大。因此，实行目标管理，存在不能随时按组织目标、计划前提条件、组织政策等变化而迅速变化的危险。

5. 目标管理应注意的问题

（1）思想上切忌简单理解。

（2）基础工作一定要到位。

（3）切忌只下任务，不检查、不协调。

（4）切忌赶浪潮，搞一阵、歇一阵。

（5）既要掌握具体的操作，又要特别注意把握工作的性质，分析将其分解和量化的可能。

（6）要不断提高员工的职业道德水准，培养协作精神，建立健全各项规章制度，注意改进领导作风和工作方法，使目标管理的推行建立在一定的思想基础和科学管理基础上。

（7）要逐步推行，长期坚持，不断完善，从而使目标管理发挥预期的作用。

即问即答 3-4

目标管理的核心思想是什么？它和前面所学的“人际关系学说”的核心思想有哪些联系和区别？

3.4 战略与战略计划

3.4.1 战略计划的概念及特征

一、战略计划的概念

1. 战略计划的含义

战略计划是指应用于整体组织的，为组织未来较长时期（通常为 5 年以上）设立总体目标和寻求组织在环境中的地位的计划。

2. 战略计划的提出过程

提出企业的战略展望和组织使命，建立企业的目标体系，以及制定企业的战略是确立企业发展方向的根本性任务。企业的这些工作确定了企业的去向，确定了企业的长期和短期经营业绩目标，以及用来达到制定目标的竞争行动和内部经营方式。总之，所有这些实际上就确立了企业的战略计划。有些企业，特别是那些经常评价战略并制订明确的战略计划的企业，战略计划往往用文件的形式明确地表达出来，分发给全企业的管理者和职员。而在有些企业中，战略往往不诉诸文字，不广泛分发，而是在企业的管理者之间以口头的形式存在，只要企业的管理者理会并对下列要素做出应有的承诺就行了：企业的发展方向、企业的发展目标和企业的经营方式。

组织目标体系通常是战略中予以清晰的表达并同企业的管理者和职员进行广泛交流的部分。有的企业在递交给股东的企业年度报告中或在给新闻媒体的材料中清晰地将战略计划的关键要素写出来，而有的企业则往往因为竞争敏感性而故意回避对企业的战略进行公开的讨论。

不过，战略计划很少能够预见得到所有在以后的岁月出现的、在战略上具有重要意义的事件。未预见到的事件、未预见到的机会和威胁以及不断出现的各种有益的建议往往会促使企业的管理者改变计划好的行动而做出一些在计划中没有的反应。将战略的再制定工作推迟到下一个战略计划年度，不但是愚蠢的，而且是完全没有必要的。如果企业的管理者将企业的战略工作狭隘地定义为有着固定日程安排的计划用期，那么，他们对企业管理者的战略制定责任完全是一种误解。“不得不”做情形下的一年一度的战略制定工作并不能保证取得管理上的成功。

二、战略计划的特征

战略计划的特征有4个方面：①战略计划在空间上的特征是高瞻性；②战略计划在空间上的一个延伸特征是对抗性；③战略计划在时间上的特征是远瞩性；④战略计划在时间上的一个延伸特征是风险性。

3.4.2 战略计划的制订方法

一、SWOT分析法

1. SWOT分析法的含义

SWOT分析法是对企业内外部环境进行综合分析的经典方法。它通过对企业内外部因素的分析，目的是找出企业内部的优势和劣势以及外部面临的机会和威胁。SWOT是优势（strength）、劣势（weakness）、机会（opportunity）和威胁（threat）4个英文单词的词头缩写，其中，S、W是内部因素；O、T是外部因素。按照企业竞争战略的完整概念，战略应是一个企业“能够做的”（即组织的强项和弱项）和“可能做的”（即环境的机会和威胁）之间的有机组合，如图3-13所示。

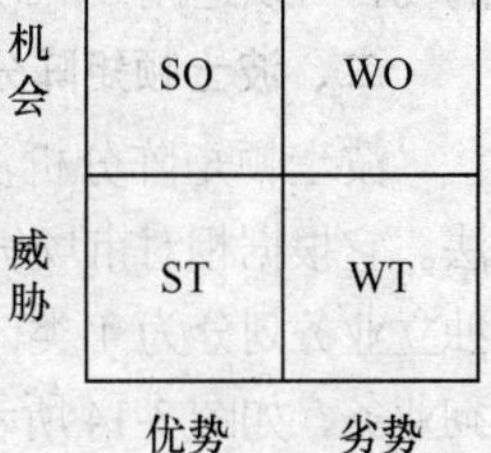

图3-13 SWOT分析法

2. SWOT分析法的优点

与其他的分析方法相比较，SWOT分析法从一开始就具有显著的结构化和系统性的特征。就结构化而言，首先在形式上，SWOT分析法表现为构造SWOT结构矩阵，并对矩阵的不同区域赋予了不同分析意义；其次在内容上，SWOT分析法的主要理论基础也强调从结构分析入手对企业的外部环境和内部资源进行分析。另外，早在SWOT分析法诞生之前的20世纪60年代，就已经有人提出过SWOT分析中涉及的内部优势、弱点，外部机会、威胁这些变化因素，但只是孤立地对它们加以分析。SWOT分析法的重要贡献就在于用系统的思想将这些似乎独立的因素相互匹配起来进行综合分析，使得企业战略计划的制订更加科学、全面。

SWOT分析法自形成以来，广泛应用于企业战略研究与竞争分析，成为战略管理和竞争情报的重要分析工具。分析直观、使用简单是它的重要优点。即使没有精确的数据支持和更专业化的分析工具，也可以得出有说服力的结论。但是，正是这种直观和简单，使得 SWOT 分析法不可避免地带有精度不够的缺陷。例如，SWOT 分析法采用定性方法，通过罗列 S、W、O、T 的各种表现，形成一种模糊的企业竞争地位描述。以此为依据做出的判断，不免带有一定程度的主观臆断。所以，在使用 SWOT 分析法时要注意方法的局限性，在罗列作为判断依据的事实时，要尽量真实、客观、精确，并提供一定的定量数据弥补 SWOT 分析法定性分析的不足，构造高层定性分析的基础。

3. SWOT 分析法的不足

SWOT 分析法最早由 Learned 等人于 1965 年提出，在战略管理领域中被广泛运用。对企业内部分析而言，从最初简单的检核表（check list），到特异能耐（distinctive competence）、价值链及核心能力等概念的提出都可以看作是对优势的发展。对企业的外部分析，除了 PEST 分析，波特的竞争战略理论对企业外部环境的分析，以产业为对象进一步细化，这些无疑都对战略管理理论和实践的发展产生了重要影响。

与很多其他的战略模型一样，SWOT 模型已由麦肯锡提出很久了，带有时代的局限性。以前的企业可能比较关注成本、质量，现在的企业可能更强调组织流程。例如，以前的电动打字机被印表机取代，这类企业该怎么转型？是应该做印表机还是其他与机电有关的产品？从 SWOT 分析法来看，电动打字机厂商优势在机电，但是发展印表机又显得比较有机会。结果有的企业朝印表机发展，最后搞得血本无归；有的企业朝剃须刀生产发展，转型得很成功。这就要看你要的是以机会为主的成长策略，还是要以能力为主的成长策略。SWOT 分析法没有考虑到企业改变现状的主动性，企业是可以通过寻找新的资源来创造企业所需要的优势，从而达到过去无法达成的战略目标的。

在运用 SWOT 分析法的过程中，你或许会碰到一些问题，这就是它的适应性。因为有太多的场合可以运用 SWOT 分析法，所以它必须具有适应性，然而这也会导致反常现象的产生。

二、波士顿矩阵分析法

波士顿矩阵分析法是对企业内部各个独立业务的经典分析方法。它根据相对市场份额和预计市场增长率的高低将企业内部各个独立业务划分为 4 类，分别为问题业务、吉星业务、金牛业务和瘦狗业务，如图 3-14 所示。

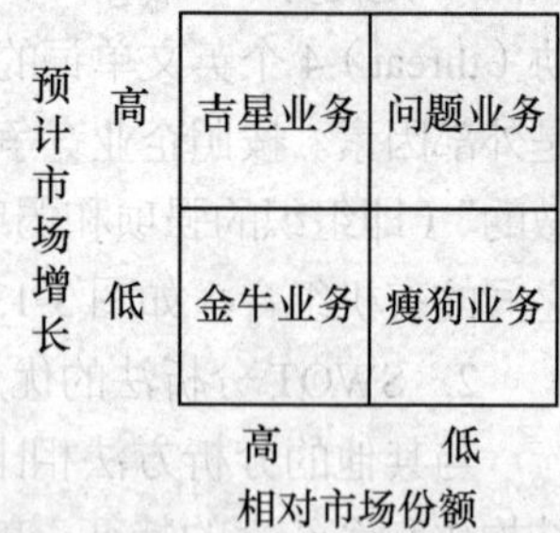

图 3-14　波士顿矩阵分析法

波士顿矩阵区分出 4 种业务组合。

1. 问题业务（question marks，指高增长、低市场份额）

处在这个领域中的是一些投机性产品，带有较大的风险。这些产品可能利润率很高，但占有的市场份额很小。这往往是一个公司的新业务，为发展问题业务，公司必须建立工厂，增加设备和人员，以便跟上迅速发展的市场，并超过竞争对手，这些意味着大量的资金投入。“问题”非常贴切地描述了公司对待这类业务的态度，因为这时公司必须慎重回答“是否继续投资，发展该业务”这个问题。只有那些符合企业发展长远目标，企业具有资源优势，能够增强企业核心竞争力的业务才得到肯定的回答。得到肯定回答的问题型业务适合于采用战略框架中提到的增长战略，目的是扩大市场份额，甚至不惜放弃近期收入来达到这一目标，因为要将问题型业务发展成为明星型业务，其市场份额必须有较大的增长。得到否定回答的问题型业务则适合采用收缩战略。

如何选择问题型业务是用波士顿矩阵制定战略的重中之重，也是难点，这关乎企业未来的发展。对于增长战略中各种业务增长方案来确定优先次序，波士顿也提供了一种简单的方法。

2. 吉星业务（stars，指高增长、高市场份额）

这个领域中的产品处于快速增长的市场中并且占有支配地位的市场份额，但也许会或也许不会产生正现金流量，这取决于新工厂、设备和产品开发对投资的需要量。吉星业务是由问题型业务继续投资发展起来的，可以视为高速成长市场中的领导者，它将成为公司未来的金牛业务。但这并不意味着明星业务一定可以给企业带来源源不断的现金流，因为市场还在高速成长，企业必须继续投资，以保持与市场同步增长，并击退竞争对手。企业如果没有吉星业务，就失去了希望，但群星闪烁也可能会闪花企业高层管理者的眼睛，导致做出错误的决策。这时必须具备识别“行星”和“恒星”的能力，将企业有限的资源投入在能够发展成为金牛业务的“恒星”上。同样的，吉星业务要发展成为金牛业务适合于采用增长战略。

3. 金牛业务（cash cows，指低增长、高市场份额）

处在这个领域中的产品产生大量的现金，但未来的增长前景是有限的。这是成熟市场中的领导者，它是企业现金的主要来源。由于市场已经成熟，企业不必大量投资来扩展市场规模，同时作为市场中的领导者，该业务享有规模经济和高边际利润的优势，因而给企业带来大量现金流。企业往往用金牛业务来支付账款并支持其他三种需大量现金的业务。金牛业务适合采用战略框架中提到的稳定战略，目的是保持市场份额。

4. 瘦狗业务（dogs，指低增长、低市场份额）

这个剩下的领域中的产品既不能产生大量的现金，也不需要投入大量现金，这些产品没有希望改进其绩效。一般情况下，这类业务常常是微利甚至是亏损的，瘦狗业务存在的原因更多的是由于感情上的因素，虽然一直微利经营，就像喂养了多年的狗一样恋恋不舍而不忍放弃。其实，瘦狗业务通常要占用很多资源，如资金、管理部门的时间等，多数时候是得不偿失的。瘦狗业务适合采用战略框架中提到的收缩战略，目的在于出售或清算业务，以便把资源转移到更有利的领域。

波士顿矩阵的精髓在于把战略规划和资本预算紧密结合起来，把一个复杂的企业行为用两个重要的衡量指标来分为四种类型，用四个相对简单的分析来应对复杂的战略问题。该矩阵帮助多种经营的公司确定哪些产品宜于投资，宜于操纵哪些产品以获取利润，宜于从业务组合中剔除哪些产品，从而使业务组合达到最佳经营成效。

三、PEST分析法

PEST 分析法是对企业所处外部宏观环境的经典分析方法。它分析的内容主要包括政治因素、经济因素、社会因素和技术因素等方面。Pest 是政治（political）因素、经济（economical）因素、社会（social）因素和技术（technical）因素的英文单词首字母的缩写。

1. 政治因素

政治因素主要包括政治制度与体制，政局，政府的态度以及政府制定的法律、法规等。其因素主要包括：①政治环境是否稳定；②国家政策是否会改变法律从而增强对企业的监管并收取更多的赋税；③政府所持的市场道德标准是什么；④政府的经济政策是什么；⑤政府是否关注文化与宗教；⑥政府是否与其他组织签订过贸易协定，如欧盟（EU）、北美自由贸易区（NAFTA）等。

2. 经济因素

构成经济因素的关键战略要素：GDP、利率水平、财政货币政策、通货膨胀、失业率水平、居民可支配收入水平、汇率、能源供给成本、市场机制、市场需求等。

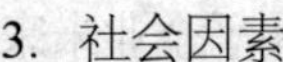

3. 社会因素

影响最大的是人口环境和文化背景，即社会文化环境。社会因素包含的因素主要有：①信奉人数最多的宗教是什么；②这个国家的人对于外国产品和服务的态度如何；③语言障碍是否会影响产品的市场推广；④消费者有多少空闲时间；⑤这个国家的男人和女人的角色分别是什么；⑥这个国家的人是否长寿，老年阶层是否富裕吗；⑦这个国家的人对于环保问题是如何看待的。

4. 技术因素

技术因素不仅包括发明，而且还包括与企业市场有关的新技术、新工艺、新材料的出现和发展趋势以及应用背景。其主要分析的因素主要有：①科技是否降低了产品和服务的成本并提高了质量；②科技是否为消费者和企业提供了更多的创新产品与服务，如网上银行、新一代手机等；③科技是如何改变分销渠道的，如网络书店、机票、拍卖等；④科技是否为企业提供了一种全新的与消费者进行沟通的渠道，如 Banner 广告条、CRM 软件等。

四、五力分析法

五力分析法是对企业所处外部产业环境的经典分析方法。它分析的内容主要包括业内竞争者、替代品竞争者、潜在进入者、买方和供应商五大产业环境力量，因此被称为产业环境的五力分析法。

1. 五力分析法构建的基础

模型理论是建立在以下三个假定基础之上的。

（1）制定战略者可以了解整个行业的信息，这一点现实中显然是难以做到的。

（2）同行业之间只有竞争关系，没有合作关系。但现实中企业之间存在多种合作关系，不一定是你死我活的竞争关系。

（3）行业的规模是固定的，因此，只有通过夺取对手的份额来占有更大的资源和市场。但现实中企业之间往往不是通过吃掉对手而是与对手共同做大行业的蛋糕来获取更大的资源和市场。同时，市场可以通过不断的开发和创新来增大容量。

而且，五力模型还受到静态本质的限制。它将行业结构看作是稳定的和由外部确定的。行业结构驱动竞争强度，而竞争强度反过来又决定行业的收益率水平。实际上，这并非一个保持行业结构不变的线性过程。竞争是一个动态过程，在其中战略也同样改变行业结构。因此，要将五力模型有效地用于实践操作，以上在现实中并不存在的三项假设就会使操作者要么束手无策，要么头绪万千。

五力模型的意义在于，五种竞争力量的抗争中蕴涵着三类成功的战略思想，那就是大家熟知的总成本领先战略、差异化战略、专一化战略。

2. 五力分析法的不足

实际上，关于五力分析模型的实践运用一直存在许多争论。目前较为一致的看法是：该模型更多时候是一种理论思考工具，而非可以实际操作的实务性战略工具。

五、价值链分析法

价值链分析法是由美国哈佛商学院教授迈克尔·波特提出来的，是一种寻求确定企业竞争优势的工具，即运用系统性方法来考察企业各项活动和相互关系，从而找寻具有竞争优势的资源。

1. 价值链的核心内涵

价值链思想认为，按照经济和技术的相对独立性，企业的价值增值过程可以分为既相互独立又相互联系的多个价值活动，这些价值活动形成一个独特的价值链。价值活动是企业所从事的物质上和技术上的各项活动，不同企业的价值活动划分与构成不同，价值链也不同。

对制造业来说，价值链的基本活动包括内部后勤、外部后勤、市场营销、服务；辅助活动包括企业基础设施（企业运营中各种保证措施的总称）、人力资源管理、技术开发、采购。每一活动都包括直接创造价值的活动、间接创造价值的活动、质量保证活动三部分。企业内部某一个活动是否创造价值，要看它是否提供了后续活动所需要的东西、是否降低了后续活动的成本、是否改善了后续活动的质量。

价值链的含义可以概括为：第一，企业各项活动之间都有密切联系，如原材料供应的计划性、及时性和协调性与企业的生产制造有密切的联系；第二，每项活动都能给企业带来有形或无形的价值，如售后服务这项活动，如果企业密切注意顾客所需或做好售后服务， 就可以提高企业的信誉，从而带来无形价值；第三，价值链不仅包括企业内部各链式活动，而且更重要的是，还包括企业外部活动，如与供应商之间的关系、与顾客之间的关系。

2. 价值链分析的特点

（1）价值链分析的基础是价值，各种价值活动构成价值链。价值活动是企业所从事的物质上和技术上的界限分明的各项活动。它们是企业制造对买方有价值的产品的基石。

（2）价值活动可分为两种活动：基本活动和辅助活动。基本活动是涉及产品的物质创造及其销售、转移给买方和售后服务的各种活动。辅助活动是辅助基本活动并通过提供外购投入、技术、人力资源以及各种公司范围的职能以相互支持。

（3）价值链列示了总价值。价值链除包括价值活动外，还包括利润，利润是总价值与从事各种价值活动的总成本之差。

（4）价值链的整体性。企业的价值链体现在更广泛的价值系统中。供应商拥有创造和交付企业价值链所使用的外购输入的价值链（上游价值），许多产品通过渠道价值链（渠道价值）到达买方手中，企业产品最终成为买方价值链的一部分，这些价值链都在影响企业的价值链。因此，获取并保持竞争优势不仅要理解企业自身的价值链，而且也要理解企业价值链所处的价值系统。

（5）价值链的异质性。不同的产业具有不同的价值链。在同一产业，不同的企业的价值链也不同，这反映了它们各自的历史、战略以及实施战略的途径等方面的不同，同时也代表着企业竞争优势的一种潜在来源。

3. 价值链分析的内容

（1）识别价值活动。识别价值活动要求在技术上和战略上有显著差别的多种活动相互独立。如前所述，价值活动有两类：基本活动和辅助活动。

（2）确立活动类型。在每类基本和辅助活动中，都有三种不同类型。

① 直接活动：涉及直接为买方创造价值的各种活动，如零部件加工、安装、产品设计、销售、人员招聘等。

② 间接活动：指那些使直接活动持续进行成为可能的各种活动，如设备维修与管理、工具制造、原材料供应与储存、新产品开发等。

③ 质量保证：指确证与其他活动质量的各种活动，如监督、视察、检测、核对、调整和返工等。

这些活动有着完全不同的经济效果，对竞争优势的确立起着不同的作用，应该加以区分，权衡取舍，以确定核心和非核心活动。

4. 价值链分析思路

每一种最终产品从其最初的原材料投入到达最终的消费者手中，都要经过无数个相互联系的作业环节，这就是作业链。价值链分析法由波特首先提出，它将基本的原材料到最终用户之间的价值链分解成与战略相关的活动，以便理解成本的性质和差异产生的原因，是确定竞争对手成本的工具，也是 SCM 制定本公司竞争策略的基础。我们可以从内部、纵向和横向三个角度展开分析。

（1）内部价值链分析。这是企业进行价值链分析的起点。企业内部可分解为许多单元价值链，商品在企业内部价值链上的转移完成了价值的逐步积累与转移。每个单元链上都要消耗成本并产生价值，而且它们有着广泛的联系，如生产作业和内部后勤的联系、质量控制与售后服务的联系、基本生产与维修活动的联系等。深入分析这些联系可减少那些不增加价值的作业，并通过协调和最优化两种策略的融洽配合，提高运作效率、降低成本，同时也为纵向和横向价值链分析奠定基础。

（2）纵向价值链分析。它反映了企业与供应商、销售商之间的相互依存关系，这为企业增强其竞争优势提供了机会。企业通过分析上游企业的产品或服务特点及其与本企业价值链的其他连接点，往往可以十分显著地影响自身成本，甚至使企业与其上下游共同降低成本，提高这些相关企业的整体竞争优势。例如，施乐公司通过向供应商提供其生产进度表，使供应商能将生产所需的元器件及时运过来，同时降低了双方的库存成本。在对各类联系进行分析的基础上，企业可求出各作业活动的成本、收入及资产报酬率等，从而看出哪一活动较具竞争力、哪一活动价值较低，由此再决定往其上游或下游并购的策略或将自身价值链中一些价值较低的作业活动出售或实行外包，逐步调整企业在行业价值链中的位置及其范围，从而实现价值链的重构，从根本上改变成本地位，提高企业竞争力。四川峨铁的重组便是个典型的例子。川投集团整体兼并峨铁厂、嘉阳电厂和嘉阳煤矿，重组后占峨铁生产成本 60%的电价将大幅降低，每年可节约成本几千万元。通过调整，峨铁的产量可以上一个台阶，实现规模经济，又可降低单位固定成本。而对嘉阳电厂和嘉阳煤矿而言，则有了一个稳定的销售市场，其销售费用亦大幅降低。同时川投集团还并购了长钢股份，为峨铁打开了销路。这一重组并购搞活了三家劣势国有企业。

如果从更广阔的视野进行纵向价值链分析，就是产业结构的分析，这对企业进入某一市场时如何选择入口及占有哪些部分，以及在现有市场中外包、并购、整合等策略的制定都有极其重大的指导作用。

（3）横向价值链分析。这是企业确定竞争对手成本的基本工具，也是公司进行战略定位的基础。例如，通过对企业自身各经营环节的成本测算，不同成本额的公司可采用不同的竞争方式，面对成本较高但实力雄厚的竞争对手，可采用低成本策略，扬长避短，争取成本优势，使得规模小、资金实力相对较弱的小公司在主干公司的压力下能够求得生存与发展；而相对于成本较低的竞争对手，可运用差异性战略，注重提高质量，以优质服务吸引顾客，而非盲目地进行价格战，使自身在面临商品价格低廉的小公司的挑战时，仍能立于不败之地，保持自己的竞争优势。

本章内容小结

1. 计划是一项重要的不可或缺的管理职能。计划借助于提高组织的应变能力，由此降低有关风险。指引方向，协调工作；降低风险，掌握主动；优化资源配置，减少浪费，提高效益；提供检查控制标准是计划职能的体现。

2. 计划具有多种类型。通过对计划的分类有利于人们在实际工作中理解和掌握有关计划工作的规律和方法，掌握计划的主要表现形式。

3. 计划工作的程序分为9个步骤，包括3个方面的工作：分析环境与预测、制订实现目标的活动方案并择优、计划方案的细化和预算化。常用的计划工作的方法有滚动计划法、甘特图法和网络计划技术法等。

4. 目标管理是计划工作的一项主要内容。目标是计划者期望的成果。组织目标的特点是层次性、系统性、多样性。目标管理是一个全面的管理系统，它用系统的方法，通过目标的分解、制定、落实等环节将许多关键活动结合起来，以有效地实现组织目标和个人目标。

5. 目标管理分为建立目标体系、目标分解、组织实施、考评和反馈4个步骤。对目标管理在实践中的应用要注意其优点与不足，更好地发挥目标管理的作用。

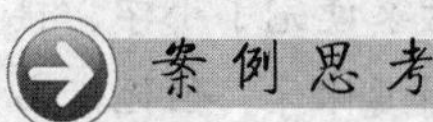

宏远实业发展有限公司

进入12月以后，宏远实业发展有限公司（以下简称宏远公司）的总经理顾军一直在想着两件事：一是年终已到，应抽个时间开个会议，好好总结一下一年来的工作，今年外部环境发生了很大的变化，尽管公司想方设法拓展市场，但困难重重，好在公司经营比较灵活，苦苦挣扎，这一年总算摇摇晃晃走过来了，现在该好好总结一下，看看问题到底在哪儿；二是该好好谋划一下明年怎么办，更远的该想想以后5年怎么干，乃至以后10年怎么干。上个月顾军从事务堆里抽出身来，到淮海大学去听了两次关于现代企业管理的讲座，教授的精彩演讲对他触动很大。公司成立至今，转眼已有10多个年头了。10多年来，公司取得过很大的成就，靠运气、靠机遇，当然也靠大家的努力。细细想来，公司的管理全靠经验，特别是靠顾军自己的经验，遇事都由顾军拍板，从来没有公司通盘的目标与计划，因而常常是干到哪儿是哪儿。可现在公司已发展到有几千万资产300多人，再这样下去可不行了。顾军每想到这些，晚上都睡不着觉，到底该怎样制定公司的目标与计划呢？这正是最近顾军一直在苦苦思考的问题。

宏远公司是一家民营企业，是改革开放的春风为宏远公司的建立和发展创造了条件。因此，顾军常对职工讲，公司之所以有今天，一靠他们三兄弟拼命苦干，但更主要的是抓住了改革开放带来的机遇。15年前，顾氏三兄弟只身来到了省里的工业重镇A市，当时他们口袋里只有父母给的全家的积蓄800元人民币，但顾氏三兄弟决心用这800元钱创一番事业，摆脱祖祖辈辈日出而作、日落而归的脸朝黄土背朝天的农民生活。到了A市，顾氏三兄弟借了一处棚户房落脚，每天分头出去找营生，在一年时间里他们收过破烂，贩过水果，打过短工，但他们感到这都不是他们要干的。老大顾军经过观察和向人请教，发现A市的建筑业发展很快，城市要建设，老百姓要造房子，所以建筑公司任务不少，但当时由于种种原因，建筑材料却常常短缺，因而建筑公司也失去了很多工程。顾军得知，建筑材料中水泥、黄沙都很缺。他想到，在老家所在镇的边上，他表舅开了家小水泥厂，生产出的水泥在当地还销不完，因而不得不减少生产。他与老二、老三商量，决定做水泥生意。他们在A市找需要水泥的建筑队，讲好价，然后到老家租船借车把水泥运出来，去掉成本每袋水泥能净得几块钱。利虽然不厚，但积少成多，一年下来他们挣了几万元。当时的中国“万元户”可是个令人羡慕的名称。当然这一年中，顾氏三兄弟也吃尽了苦，顾军一年里住了两次医院，一次是劳累过度晕在路边被人送进医院，一次是肝炎住院，医生的诊断是营养严重不良导致抵抗力差而得肝炎。虽然如此，看到一年下来的收获，顾氏三兄弟感到第一步走对了，决心继续走下去。他们又干了两年贩运水泥的活，那时他们已有一定的经济实力了，同时又认识了很多人，有了一张不错的关系网。顾军在贩运水泥中，看到改革开放后，A 市角角落落都在大兴土木，建筑队的活忙得干不过来。他想，家乡也有木工、泥瓦匠，何不把他们组织起来，建个工程队，到城里来闯天下呢？三兄弟一商量，说干就干，没几个月一个工程队开进了城，当然水泥照样贩，这也算是两条腿走路了。

一晃 15 年过去了，当初贩运水泥起家的顾氏三兄弟，今天已是拥有几千万资产的宏远公司的老板了。公司现有一家贸易分公司、建筑装饰公司和一家房地产公司，有员工 300 多人。老大顾军当公司总经理，老二、老三做副总经理，并分兼下属公司的经理。顾军老婆的叔叔任财务主管，他们表舅的大儿子任公司销售主管。总之，公司的主要职位都是家族里面的人担任，顾军具有绝对权威。

公司总经理顾军是顾氏兄弟中的老大，当初到 A 市时只有 24 岁，他在老家读完了小学，接着断断续续地花了 6 年时间才读完了初中，原因是家里穷，又遇上了水灾，两度休学，但他读书的决心很大，一旦条件许可，他就去上学，而且边读书边干农活。15 年前，是他带着两个弟弟离开农村进城闯天下的。他为人真诚，好交朋友，又能吃苦耐劳，因此深得两位弟弟的敬重，只要他讲如何做，他们都会拼命去干。正是在他的带领下，宏远公司从无到有，从小到大。现在在 A 市，顾氏三兄弟的宏远公司已是大名鼎鼎了。特别是去年，顾军代表宏远公司一下子拿出 50 万元捐给省里的贫困县建希望小学后，民营企业家顾军的名声更是非同凡响了。但顾军心里明白，公司这几年日子也不太好过，特别是今年。建筑公司业务量还可以，但由于成本上升，创利已不能与前几年同日而语了，只能是维持经营，略有盈余。况且建筑市场竞争日益加剧，公司的前景难以预料。贸易公司能勉强维持已是上上大吉了，今年做了两笔大生意，挣了点钱，其余的生意均没成功，况且仓库里还积压了不少货无法出手，贸易公司日子不好过。房地产公司更是一年不如一年，当初刚开办房地产公司时，由于时机抓准了，两个楼盘着实赚了一大笔，这为公司的发展立了大功。可是好景不长，房地产市场疲软，生意越来越难做。好在顾军当机立断，微利或持平把积压的房屋作为动迁房基本脱手了，要不后果真不堪设想。就是这样，现在还留着的几十套房子还是把公司压得喘不过气来。

面对这些困难，顾军一直在想如何摆脱现在这种状况进一步发展。发展的机会也不是没有。上个月在淮海大学听讲座时，顾军认识了 A 市的一家国有大公司的老总，交谈中他得知，这家公司正在寻找在非洲销售他们公司当家产品小型柴油机的代理商，据说这种产品在非洲很有市场。这家公司的老总很想与宏远公司合作，利用民营企业的优势去抢占非洲市场。顾军深感这是个机会，但该如何把握呢？10 月 1 日，顾军与市建委的一位处长在一起吃饭，这位老乡告诉他，市里规划从明年开始江海路拓宽工程，江海路在 A 市就像上海的南京路，两边均是商店。借着这一机会，好多大商店都想扩建商厦，但苦于资金不够。这位老乡问顾军有没有兴趣进军江海路。如果想的话，他可以牵线搭桥。宏远公司的贸易公司早想进驻江海路了，但苦于没机会，现在机会来了，机会很诱人，但投入也不会少，该怎么办？随着改革开放的不断深入，住房分配制度将有一个根本的变化，随着福利分房的结束，顾军想到房地产市场一定会逐步转暖。宏远公司的房地产公司已有一段时间没正常运作了，现在是不是该动了？

总之，摆在宏远公司老板顾军面前的困难很多，但机会也不少，新的一年到底该干什么？怎么干？以后的 5 年、10 年又该如何干？这些问题一直盘旋在他的脑海中。

讨论题

1. 你如何评价宏远公司？如何评价顾军？
2. 宏远公司是否应制订短、中、长期计划？为什么？
3. 如果你是顾军，你该如何编制公司的发展计划？

管理者价值点分享

1. 绘出工作履历表，计划下一步干什么。
2. 安排日程时，留点时间用于思考。
3. 预测工作用时，看看是否准确。
4. 要随时进行日程记录，单凭记忆不大可靠。
5. 把日志中的所有工作按重要性分类。
6. 如果你的工作表上全是A类任务，那么就请委托别人代办或重新分类。
7. 根据情况的变化和新信息的出现，不断变更工作的优先级。
8. 每天给自己一段安静的时间。
9. 工作按时完成后，应该自我奖励。
10. 在日志上制订计划，不要超前一年。

推荐阅读

距　离

25 岁的时候，普雷斯因失业而面临挨饿。他以前在君士坦丁堡、在巴黎、在罗马，都曾尝过因贫穷而挨饿的滋味。然而在这个纽约城，处处充溢着富贵气息，尤其使他觉得失业的可耻。

普雷斯不知道该怎么办，因为他觉得自己能胜任的工作非常有限。他能写文章，但不会用英文写作。他白天就在马路上东奔西走，目的倒不是为了锻炼身体，而是因为这是躲避房东的最佳办法。

一天，普雷斯在32号街碰见一位金发碧眼的大个子，普雷斯立刻认出他是著名歌唱家夏里宾先生。普雷斯记得自己小时候常常在莫斯科帝国剧院的门口，排在观众的行列中间，等待好久之后，方能购到一张票，去欣赏这位先生的演唱艺术。后来普雷斯在巴黎当新闻记者时，曾经访问过他，普雷斯以为他是不会认识自己的，然而他却还记得普雷斯的名字。

"很忙吧？"他问，普雷斯含糊回答了他。普雷斯想："他已一眼明白了我的境遇。"

"我的旅馆在第103号街，百老汇路转角，跟我一同走过去，好不好？"他问普雷斯。

走过去？其时是中午，普雷斯已经走了5小时的路了。

"但是，夏里宾先生，还要走50条横马路口，路不近呢。"

"谁说的？"夏里宾毫不含糊地说，"只有5条马路口。"

"5条马路口？"普雷斯觉得很诧异。

"是的，"他说，"但我不是说到我的旅馆，而是到第8号街的一家射击游艺场。"

这有些答非所问，但普雷斯却决定顺从地跟着他走。他们很快就到了射击游艺场的门口，在那里他们看见两名水兵好几次都打不中目标。然后他们继续前进。

“现在，”夏里宾说，“只有 11 条横马路了。”

不多一会儿，他们走到卡纳奇大戏院，夏里宾说：“我要看看那些购买戏票的观众究竟是什么样子。”几分钟之后，他们又继续前进。

“现在，”夏里宾愉快地说，“离中央公园的运动园只有 5 条横马路口了。里面有一只猩猩，它的脸很像我所认识的唱次中音的朋友。我们去‘瞻仰’那只猩猩。”

又走了 13 条横路口，已经来到百老汇路，他们在一家小吃店前面停了下来。橱窗里放着一坛咸萝卜。夏里宾奉医生之嘱不能吃咸菜，于是他只能隔窗望望。“这东西不赖呢，”他说，“使我想起了我的青年时期。”

普雷斯走了许多路，原该筋疲力尽了，可是奇怪的很，今天反而比往常好些。他们就这样忽断忽续地走着，走到夏里宾所住的旅馆的时候，夏里宾满意地笑着：“并不太远吧？现在让我们来吃中饭。”

感悟：这是一个分段实现目标的故事。实际上总距离并没有缩短，但是行路者在心理上却减轻了压力与不安，更容易走下去。世上最伟大的作品往往不是靠力量，而是靠坚持来完成的，对人生来讲也最好先分阶段设定一些小的目标，这样完成最终的目标就容易一点。

练习与应用

本章练习

一、单选题

1. 古人云：“运筹帷幄之中，决胜于千里之外。”这里的“运筹帷幄”反映了管理的（　　）。

A. 计划职能　B. 组织职能　C. 领导职能　D. 控制职能

2. 目标系统的最低层次是（　　）。

A. 专业目标　B. 分组织目标　C. 部门目标　D. 个人目标

3. 企业经营环境变化速度的加快，使得企业中长期计划制订的难度不断加大，并且需要不断调整。鉴于此，有人提出以下几种意见，以应付不确定且经常出现重大突发事件的经营环境。请问，你最赞同其中哪一个建议？（　　）

A. 计划一旦制订就应保持其严肃性，可采取以不变应万变的做法

B. 一旦环境发生变化，就应该主动放弃原计划而制订新计划

C. 通过动态调整计划来适应环境变化，以保持中长期计划的灵活性

D. 在保持原计划不变的同时，根据突变情况另外制订应急计划

4. 根据计划对组织影响范围和影响程度的不同，可将计划分为（　　）。

A. 指导性计划与具体性计划　B. 战略性计划和战术性计划

C. 管理计划与业务计划　D. 生产计划和销售计划

5. 拟订和选择可行性行动计划不包括（　　）。

A. 拟订可行性行动计划　B. 评估计划

C. 修改计划　D. 选定计划

二、多选题

1. 计划的作用包括（　　）。

A. 指明方向　　B. 发现机会　　C. 预见风险

D. 减少浪费　　E. 利于控制

2. 广义的计划工作包括（　　）。

A. 制订计划　　B. 执行计划　　C. 检查计划

D. 组织攻关　　E. 反馈结果

3. 一个有效目标的制定应符合的基本要求有（　　）。

A. 目标必须是明确具体的　　B. 目标是可衡量的

C. 目标是可实现的　　D. 目标内容是相关联的

E. 目标是有时限的

4. 目标管理的基本特点在于（　　）。

A. 它纠正了古典管理学派偏重以工作为中心、忽视人的一面

B. 纠正了行为科学学派偏重以人为中心、忽视同工作结合的一面

C. 使目标的实现更加容易

D. 使目标的制定更加容易

5. 企业的外部环境包括（　　）。

A. 所在国的政治、经济状况和技术发展水平

B. 竞争者目前的状况

C. 本企业的现有产品和正在研发的新产品的状况

D. 本企业所拥有的资源

三、思考题

1. 目标的含义、作用和特性是什么？

2. 简述目标管理的含义与过程。

3. 试举例简述滚动计划法。

4. 简述计划工作的基本程序。

5. 某大型石油企业机器大检修活动紧前紧后关系分析如表3-6所示：

表3-6　某大型石油企业机器大检修活动紧前紧后关系分析表

作业代码	作业名称	紧前作业	完成时间（天）
A	拆卸清洗	无	6
B	电器检修	A	22
C	机件检修	A	4
D	零件加工	C	7
E	零件修理	C	5
F	组装	BDE	2
G	试车	F	6

请：（1）绘制出网络图；（2）找出关键路径，并计算关键路径的花费时间。

本章应用

石匠的目标

在目标管理的培训辅导中，我们经常会说到“三个石匠”的寓言来帮助学员理解什么是目标，什么是目标管理。

这个寓言是这样的：有个人经过一个建筑工地，问那里的石匠们在干什么，三个石匠有三个不同的回答。

第一个石匠回答：“我在做养家糊口的事，混口饭吃。”

第二个石匠回答：“我在做最棒的石匠工作。”

第三个石匠回答：“我正在盖一座教堂。”

案例思考讨论题

1. 什么是目标?
2. 什么是目标管理?

管理实务研讨

本章分组研讨主题：“假如我是支局长（班组长）”

假如我是支局长（班组长），我将如何做好支局（班组）管理？（如何做好支局计划、如何设立“规矩”、如何确保规章制度得到贯彻执行、如何做好考勤管理、如何开好晨夕会、如何做好激励与约束等）

第4章 决　策

学习目标

知识目标：掌握决策的概念及分类，理解决策原则及决策要素。

素质目标：熟悉决策的程序，理解决策理论。

技能目标：掌握定性与定量的决策方法。

能力目标：能够运用决策的理论和方法，分析、解决现实中的决策问题。

开篇故事

田忌赛马

齐国大将田忌喜欢赛马。有一回，他和齐威王约定，要进行一场比赛。他们把各自的马分成上、中、下三等，比赛的时候，上马对上马，中马对中马，下马对下马。由于田忌的马比齐威王相同等级的马实力稍差一些，所以，比赛下来，田忌连输了三场。

田忌觉得非常扫兴，正准备垂头丧气地离开赛马场，恰巧遇到了自己的好朋友孙膑。孙膑对田忌说："我刚才看了赛马，齐威王的马比你的马快不了多少。"孙膑还没有说完，田忌瞪了他一眼："想不到你也来挖苦我！"孙膑笑说："并非挖苦你，我是说你再同他赛一次，我有办法让你赢他。"田忌疑惑地看着孙膑："除非另换好马，可这已经是我最好的马了。"孙膑摇摇头说："连一匹马也不需要更换。"田忌毫无信心地说："那还不是照样得输！"孙膑胸有成竹地说："你就按照我的安排办吧。"齐威王屡战屡胜，正在得意洋洋地夸耀自己马匹的时候，看见孙膑陪着田忌迎面走来，便站起来讥讽地说："怎么，莫非你还不服气？"田忌说："当然不服气，咱们再赛一次！"说着，"哗啦"一声，把一大堆银钱倒在桌子上，作为他下的赌注。齐威王一看，心里暗暗好笑，于是吩咐手下，把前几次赢得的银钱全部抬来，另外又加了一千两黄金，也放在桌子上。齐威王轻蔑地说："那就开始吧！"一声锣响，比赛开始了。孙膑先以下等马对齐威王的上等马，第一局输了。齐威王站起来说："想不到赫赫有名的孙膑先生，竟然想出这样拙劣的对策。"孙膑不去理他。接着进行第二场比赛。孙膑拿上等马对齐威王的中等马，获胜了一局。齐威王有点心慌意乱了。第三局比赛，孙膑拿中等马对齐威王的下等马，又战胜了一局。这下，齐威王目瞪口呆了。比赛的结果是田忌三局两胜赢了齐威王。还是同样的马匹，由于调整了一下出场顺序，就得到转败为胜的结果。同样的资源，不同的决策常常导致不同的结果。可见，管理中，决策正确比资源优势更为重要。

互动游戏

头脑风暴

形式：4～6人为一组最佳

时间：10分钟

材料：回形针，可移动的桌椅

场地：教室

活动目标

给学生练习创造性解决问题的机会。

操作程序

调查研究表明，创造性可以通过简单实际的练习培养出来。然而，大多数时候，革新想法往往被一些诸如"这个我们去年就已经试过了""我们一直就是这么做的"之类的话所扼杀。

为了给参与者发挥先天的创造性大开绿灯，我们可以进行头脑风暴的演练。头脑风暴的基本准则如下：

（1）不允许有任何批评意见；

（2）欢迎异想天开（想法越离奇越好）；

（3）我们所要求的是数量而不是质量（以量求质）；

（4）我们寻求各种想法的组合和改进。

有了这些基本概念后，将全体人员分成每组4～6人的若干小组。他们的任务是在60秒内尽可能多地想出回形针的用途（也可以采用其他任何物品或题目）。每组指定一人负责记录想法的数量，而不是想法本身。在1分钟之后，请各组汇报他们所想到的主意的数量，然后举出其中"疯狂的"或"激进的"主意。有时，一些"傻"念头往往会被证实是很有意义的。

学习内容

4.1 决策概述

决策是人类社会的一项重要活动，它涉及人类生活的各个领域，如经济发展规划、军事预测、企业经营管理、社会政治的重大改革等都离不开决策。决策是决策者在若干可能方案中做出选择的过程。在某些情况下，我们可以自动地做出决策或按程序做出决策，如我们从熟悉的地点到熟悉的目的地去，很少在可供选择的方案中进行有意识的比较，而代之以经验决策。经验决策是低级的决策形式，科学决策是在这种决策形式上发展起来的，科学决策是建立在严密的理论分析和科学计算的基础上的，遵从严格的程序，运用科学的方法所做的决策。每一次科学决策都有其特定的决策目标，决策者在进行决策时借助于自己的经验，通过获取可靠的有用信息，用科学分析的方法，做出符合实际情况的决定，用以指导未来的行动计划。由于情况总是在不断变化，所以小到个人生活、企业的日常经营管理，大至国家的方针政策，经常都需要做出决策。决策正确与否，不仅关系到个人的得失、企业的成败、事业的兴衰，甚至影响到国家的发展。研究决策的理论和方法，用以指导我们的决策行为，力求减少和避免决策失误，具有十分重要的意义。

4.1.1 决策的概念和类型

一、决策的概念

1. 决策的含义

对于什么是决策，众说纷纭，不同的学者有着不同的看法，直到目前尚无一个公认的定义。

有人认为，决策就是从两个以上的备选方案中选择一个的过程。

也有人认为，所谓决策，是指组织或个人为了实现某种目标而对未来一定时期内有关活动的方向、内容及方式的选择或调整过程。

《美国现代经济辞典》对于决策的解释是：“决策是指公司或政府在其政策或选择实施现行政策的有效方法时所进行的一整套活动，其中包括收集必要的事实以对某一建议做出判断，以及分析可以达到预定目的的各种可选择的方法等活动。”

在本书中，我们按照“目的（why）、方法（how）、结果（what）”的学理思路给出决策的定义：决策者为了实现某一决策目标，在掌握大量必要信息的基础上，借助一定决策方法，从两个及以上的可行方案中选择一个满意方案的分析判断过程。

决策的定义蕴涵4层内容：①决策是为实现既定目标服务的，在对决策方案做出选择前一定要有明确的目标。②决策必须有两个以上的备选方案。③决策要进行方案的分析比较，选择一个满意的方案。④决策是一个多阶段、多步骤的分析判断过程。

决策在管理活动中占有重要地位，决策的正确性和科学性对管理活动的成败起着决定性的作用，直接关系到企业或一个组织的生存和发展。

即问即答4-1

决策方案一定是最优的方案吗？

2. 决策的特征

现代决策所面临的对象，已不再是单个物体机械的组合，而是极为复杂的系统。越来越多的高功能、大规模、相互交织的新系统，如大经济、大科学、大文化、大农业、大工程相继出现。它们不但内部结构日益错综复杂，而且彼此之间相互制约、依赖和渗透，某方面的决策很快会影响到其他诸多方面，甚至会导致“一着不慎、满盘皆输”的后果。在这种趋势下，决策有了一些新的特点和要求。

（1）高速化。社会、经济和科技的迅猛发展和迅速变化对决策提出了高速化的要求，时间的价值在现代决策中表现得极为突出和明显。

（2）准确化。现代决策必须做到准确，这主要指决策信息要做到质（概念、性质）的准确和量（范围、幅度）的准确。

（3）相关化。现代决策面临交织多变的事物，往往“牵一发而动全身”，尤其是高层决策更是如此，所以现代决策必须全面考虑各种相关因素。

（4）网络化。决策系统的结构将一改传统的直线式和“金字塔”型，趋向纵横交叉的短阵网络和立体网络，在横向联系中从多维空间取得信息，从而获得生命力。

（5）两极化。现代决策活动趋向于把大量规范性决策向下转移，由中下层决策者和计算机来完成；高层决策者主要承担起战略性的和随机非程序化决策，将精力转移到保证和提高决策的可行性和有效性上来。

二、决策的类型

在企业生产经营活动中存在着大量的决策问题，内容也十分广泛。根据不同的划分标准，可以将决策分为许多种类。

1. 按决策问题的重要程度分类

从决策问题的重要性看，可把决策分为战略决策、战术决策与业务决策。

（1）战略决策。战略决策是所有决策问题中最重要的，是针对组织大政方针、战略目标等重大事项进行的决策活动，是有关组织全局性的、长期性的，关系到组织生存和发展的根本性决策。它包括组织资本的变化、国内外市场的开拓与巩固、组织机构的调整、高级经理层的人事变动等决策。

（2）战术决策。战术决策是组织在内部范围内贯彻执行的决策，属于执行战略决策过程中的具体决策，旨在实现组织内部各环节活动的高度协调和资源的合理使用，以提高经济效益和管理效能，如企业的生产计划、销售计划、更新设备的选择、新产品定价、流动资金筹措等决策。

（3）业务决策。业务决策是涉及组织中的一般管理和工作的具体决策活动，直接影响日常工作效率。主要的决策内容包括工作任务的日常分配与检查、工作日程（生产进度）的监督与管理、岗位责任制的制定与执行、企业的库存控制、材料采购等方面的决策。

在不同类型的决策活动中，不同的管理层因面对的问题和所拥有的权限不同，所能负责的决策也不同。高层管理者主要负责战略决策，中层管理者主要负责战术决策和部分业务决策，基层管理者负责大部分业务决策。

即问即答4-2

公司考虑投资新建一个分公司，可以由财务经理进行决策吗？

2. 按决策的层次分类

从决策的层次来看，可把决策分为高层决策、中层决策和基层决策。

（1）高层决策。高层决策是指由企业最高领导人所做出的决策。高层决策解决的是企业全局或涉及面较大、比较重要、政策性较强、利害关系较大的决策。

（2）中层决策。中层决策是指由企业中级管理人员所做的决策，如企业执行性的管理决策和部分业务决策。大多属于安排一定时期任务，解决工作或生产过程中的问题。

（3）基层决策。基层决策是指由基层管理人员所做的决策，主要是解决作业任务的安排问题。

即问即答4-3

车间加工某个零件的工作任务安排由谁决策？

3. 按决策的主体分类

从决策的主体不同看，可以将决策分为集体决策和个体决策。

（1）集体决策。集体决策是指企业通过各种委员会或领导机构并吸收所属机构有关人员参加的形式，按一定程序和方法，对某些重要问题所做出的决策。这类决策适用于对关系到组织全局的、长远发展的战略问题等进行决策。集体决策方式有利于交流信息、集思广益，比较客观和科学，也有利于减少或避免决策失误；但这种决策常常有拖延时间，影响效率，产生“从众现象”“群体思维”（group think），以及责任不明，遇紧迫性问题时容易丧失良机等缺点。

（2）个体决策。个体决策是指决策者个人使用自己已掌握的信息，凭着自己的实践经验和智慧，对某些问题做出决策。它适用于对于许多紧迫性的问题和常规性业务问题的处理，虽有利于提高管理效率，但因个人的知识、经验有限，容易出现决策失误。

4. 按决策的重复程度分类

从决策所涉及问题的重复程度看，可把决策分为程序化决策与非程序化决策。

组织中的问题可被分为两类：一类是例行问题，另一类是例外问题。赫伯特·A.西蒙（Herbert A. Simon）根据问题的性质把决策分为程序化决策与非程序化决策。程序化决策涉及的是例行问题，而非程序化决策涉及的是例外问题。

（1）程序化决策。程序化决策是按原来规定的程序、处理方法和标准去解决管理中经常重复出现的问题，又称重复性决策。例如，当库存减少到一定程度时，再次订购货物加以补充；当开支超出预算（10%或10%以上）时，向上级报告；每次学校放完长假过后，学校都要求每个班进行点名，确定学生返校人数。以上这些例子都属于程序化决策。

（2）非程序化决策。非程序化决策是指解决以往无先例可循的新问题，所决策的问题具有极大的偶然性和随机性，很少发生重复。通常是有关重大战略问题的决策，如新产品开发、组织结构调整、市场开拓、企业发展等。

程序化决策与非程序化决策的比较如表4-1所示。

表4-1　程序化决策与非程序化决策的比较

决策类型	问题性质	组织层次	决策制定技术		举　例
			传统式	现代式	
程序化决策	例行问题(重复出现的，日常的)	中层 基层	1. 按惯例 2. 按标准操作规程 3. 明确规定的信息通道	1. 系统运筹学、结构分析模型、计算机模拟 2. 管理信息	企业：处理工资单 大学：处理入学申请 医院：准备诊治病人 政府：采购国产汽车
非程序化决策	例外问题（新的,重大的）	高层	1. 根据决策者的判断、直觉和创造性进行 2. 主观概率法 3. 通过经理的精选和培训	探索式解决问题技术适用于： 1. 培训决策者 2. 编制人工智能程序	企业：引入新的产品 大学：建立新的教学设施 医院：对突发疫情采取措施

在企业中，大量的决策是程序化决策，而且不同的管理层所面对的程序化决策数量也不同（见图4-1）。高层管理者所做出的重复性决策至少有40%，中层管理者可达60%～70%，基层管理者或操作者则高达80%～90%。

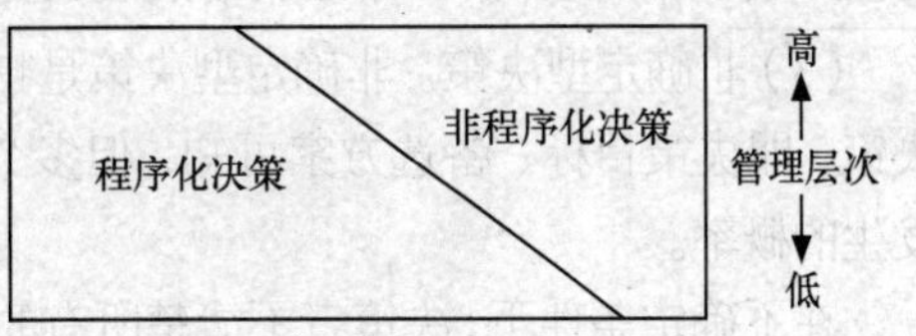

图4-1　不同管理层次面对不同数量的程序化决策

5. 按决策问题的可控程度分类

从决策问题的可控程度看，可把决策分为确定型决策、风险型决策和非确定型决策。

（1）确定型决策。确定型决策是在稳定（可控）条件下进行的决策，是指决策者确知某一自然状态的发生（即未来的自然状态是确定的），每方案只有一个确定的结果，方案的选择结果取决于对各方案结果的直接比较（有时方案数量很多，难以进行直观比较，这时可以借助于线性规划等运筹学方法）。由于这种决策对未来的自然状态以及各方案的结果都是已知的和肯定的，故称为确定型决策。

确定型决策具有以下几个特征：①决策者希望达到的目标是明确的；②只存在一个确定的自然状态；③存在可供选择的两个以上的行动方案；④不同行动方案的结果是确定的，其损益值可以计算出来。

（2）风险型决策。风险型决策是指决策者在自然状态不能完全确定的情况下，只能根据几种不同自然状态可能发生的概率进行的决策。在这类决策中，自然状态不止一种，决策者不能预知哪种自然状态会发生，但可以知道有多少种自然状态以及每种自然状态发生的概率。由于这种决策是以事先估计的概率为依据的，最后出现的实际情况（自然状态）不一定与预先估计的概率完全相符合，所以这种决策带有一定的风险性，故称为风险型决策。

风险型决策具有以下特征：①决策者期望达到的目标是明确的；②存在着两个以上可供选择的行动方案；③存在着不以决策者的意志为转移的两种以上的自然状态；④决策者虽然对未来可能出现的自然状态不能确定，但其出现的概率可以大致估计出来；⑤不同行动方案在不同自然状态下的损益值可以计算出来；⑥每种决策方案在执行过程中，由于存在着不同自然状态下的不可控因素，没有一种确定的结果，可能出现几种不同的结果。

这类决策的关键在于衡量各备选方案成败的可能性（概率），权衡各自的利弊，做出最优选择。

相关链接 4-1

一个游泳场的经营者想要在淡季增加收入，决定开辟一个新的业务领域。通过对有关各方面情况的调查分析，有两个可供选择的方案：一个是开辟一条能有稳定收入的生产线，另一个是可能有更好前景、发展迅速的行业，但这个行业的经营收入时高时低、动荡不定。经营者要在这两个方案中做出抉择。如果他选择第一个方案，则可获得有保证的稳定的收入;如果选择第二个方案，则有可能获得大得多的收入，但也可能经营失败，导致大量亏损。经过仔细分析，经营者认为，第二个方案失败的可能性有 10%，有 40%的可能比第一个方案的收入高得多，有 50%的可能取得与第一个方案相同的收益。也就是说，若选择第二个方案，冒风险的程度是 10%，而实现高收入的可能性是 40%。

显然，在有风险的环境中进行决策，对各备选方案成败可能性的衡量是十分关键的。如本例中，若失败的可能性是 50%，与第一个方案获得同样收入的可能性是 30%，而成功的可能性是 20%，那么选择第二个方案的风险就更大了。

（3）非确定型决策。非确定型决策是指决策者在客观自然状态完全不能确定的情况下进行的决策，即决策目标、备选方案可知，但多个自然状态都有可能出现，同时很难估计各种自然状态发生的概率。

在不确定条件下，决策者不清楚所有的备选方案有哪些，以及与其相关的风险和可能的后果。因此，此类决策主要凭借决策者的经验、智力、胆略（甚至勇气），以及对未来承担风险的态度。

非确定型决策与风险型决策的主要区别在于：风险型决策虽然对两种以上的自然状态在未来究竟出现哪一种情况不能肯定，但其出现的概率可预先估计或预测出来；而非确定型决策则无法预先估计或预测这些情况。因此，非确定型决策很大程度上取决于决策者的主观判断和实际经验，取决于决策者对待风险的态度。它是一种风险性最大的决策。

相关链接 4-2

某企业面临着扩大生产能力以满足市场需要的迫切问题。而可供决策人员选择的方案有两个：一是购买现有最新的技术设备建立一条新的生产线，以扩大生产能力；二是由企业自己加强新技术的研究或等待新技术的突破来扩大生产能力。这两个方案的情况是：技术革新可能成功，新的技术可能突破，但是这种改变出现在什么时候很难预测，因为这是不可控的因素。如果决策者选择了第一个方案，而在一两年时间内技术革新成功了或新技术被突破了，那么买的技术设备很快就会被淘汰，新的生产线就没有多大的作用了（因此，选择第一个方案的决策是错误的）。但是，如果采用第一个方案以后，新技术在三年内并没有突破，那么新的生产线就能实现扩大生产能力、满足市场需要的目的（即选择第一个方案是正确的）。这一决策还存在第三种方案：如果没有采用第一个方案，而新技术在第三年被突破了，这时再建立新的生产线（这个决策可能是正确的，也可能是错误的，这要取决于对各种信息资料的可靠性分析）。由此可知，在不稳定条件下进行有效的决策，主要是根据决策人员的直觉、经验和判断能力来进行的。

即问即答 4-4

对需要决策的条件及相关信息掌握得非常少，对实现的可能性（概率）也不清楚的情况下，适宜采用风险型决策还是非确定型决策？

6. 按决策起点分类

从决策的起点看，可以将决策分为初始决策与追踪决策。

初始决策是零起点决策，它是在有关活动尚未进行从而环境未受到影响的情况下进行的。

随着初始决策的实施，组织环境发生变化，这种情况下所进行的决策就是追踪决策。因此，追踪决策是非零起点决策。

4.1.2 决策原则与决策要素

一、决策的程序与原则

1. 决策的程序

决策程序也称决策流程，是指决策过程中所形成的各环节、步骤及其活动的总和。它作为一个动态的行为模式，是由前后相继的政策步骤、环节所构成的。在决策环境非常复杂的情况下，有秩序地做决策比随意性决策更有效率，能够避免许多不必要的浪费。

决策的程序是实现决策目标的过程和手段。坚持正确的决策程序，依照决策的基本步骤，就要占有大量的资料、数据和信息，集中各方面的正确意见，从社会、经济、技术等方面对多个备选方案进行定性和定量分析，从中确定优选决策方案和最佳实施办法。因此，必须坚持正确的决策程序和方法，有效避免主观主义、盲动主义以及“个人说了算”的弊端，使人为的决策失误减小到最低程度，以保证最佳的决策质量，实现最佳决策目标。

决策程序主要包括发现问题、确定目标、寻求可行方案、寻求相关或限制因素、分析评估备选方案和方案选择、检测和实施以及评价决策效果等步骤。

（1）发现问题。发现问题是决策过程的起点。及时发现问题的苗头，正确界定问题的性质和问题产生的根源是解决问题、提出改进措施的关键，这就要求企业各级管理人员具备准确发现问题的能力。问题是从调查中发现的，有时候问题很明显，如设备突然发生故障，但有时问题又很难发现。作为管理人员，不能坐等问题的出现，应预见问题的到来。

（2）确定目标。这阶段的重点在于澄清解决问题的最终目的，明确应达成的目标，并对目标的优先顺序进行排序，从而减少以后决策过程中不必要的麻烦。决策目标是由上一阶段明确的有待解决的问题决定的。在确定过程中，首先必须把要解决问题的性质、结构、症结及其原因分析清楚，才能有针对性地确定出合理的决策目标。决策目标往往不止一个，而且多个目标之间有时还会有矛盾，这就给决策带来了一定的困难。

（3）寻求可行方案。确定好目标后，可以通过采用以下三种方法来寻求可行方案：①尽量减少目标数量，把要解决的问题尽可能地集中起来，减少目标数量；②依重要程度的不同对目标进行排序，把重要程度高的目标先行安排决策，减少目标间的矛盾；③进行目标的协调，即以总目标为基准进行协调，寻求可行方案。

在诊断出问题的根由、澄清解决此问题的真正目标之后，应寻求所有可能用来消除此问题的对策及有关的限制因素。这些可能的备选方案间应互相具有替代作用。选用何种方案，视其在各相关限制因素的优劣地位及成本效益而定。

通常来说，一个问题往往可以用一个以上的办法来解决，所以在选择之前，应先把所有可能的候选者及相关因素罗列出来，以便清楚地加以考查和评估。提出的可行方案应尽可能详尽无遗，方案的数量越多、质量越好，选择的余地就越大。

（4）寻求相关或限制因素。寻求相关因素与限制因素，列出各种对策所可能牵涉的有利或不利的考虑因素。所谓备选方案的限制因素或相关因素，是指评价方案优劣后果应考虑的对象。例如，采购问题的决策考虑因素有价格（成本）、品质、交货时间、供货持续性、售后服务、互惠条件、累计折扣等。不同的决策问题将有不同的考虑因素，决策者必须针对特定问题，思考可能的相关因素，以免遗漏。

（5）分析评估备选方案。在制订出各种可行方案及确定相关因素与限制因素之后，接下来要做的就是进行评估，选择一个最有助于实现目标的方案。首先，要建立各方案的数学模型，并要求得各模型的解，对其结果进行评估。评估时，要根据目标来考核各个方案的费用和功效。

其次，采用现代化的分析法评估、预配方法，对各种比较方案进行综合评价。一是运用定性法定量的分析方法，评估各比较方案的效能价值，预测决策的后果以及来自各阶层、各领域的反应。二是在评估的基础上，权衡对比各比较方案的利弊得失，并将各种比较方案按优先顺序排列，提出取舍意见，送交最高决策机构。

（6）方案选择。选择方案是决策程序中最为关键的环节，由决策系统完成。要进行选择，就要比较可供选择方案的利弊，运用效能理论进行总体权衡、合理判断，然后选取其一或综合成一，做出决策。

决策者在决策时必须研究某一项对策对其他各方面的影响，以及其他方面的事物对这项对策的影响，并估计其后果的严重性、影响力和可能发生的程度。在仔细估量并发现各种不良后果以后，决策者最终才会选择原来目标中的次好对策，因为它比较安全，危险性小，是较好的决策。

在方案的评价和选择中，应注意以下问题。

① 确定评价的价值标准。评价的价值标准要根据决策目标而定。凡是能够定量化的都要规定出量化标准，如利润达到多少等；难于定量化的，可以做出详细的定性说明，如安全可靠性。

② 注意方案之间的可比性和差异性，即把不可比的因素转化为可比因素，着重对其差异进行比较与分析。

③ 从正反两方面进行比较。目的在于考虑到方案可能带来的不良影响和潜在的问题，以权衡利弊得失，做出正确的决断。

（7）检测和实施。当决策者在几个备选方案中选定自己认为最优的方案后，科学决策分析过程并未结束。为了确保决策能推动目标的达成，决策者还应该在执行前进行方案的可靠性检验，即进行局部试验，以验证其方案运行的可靠性。若成功的话，即可进入普遍实施阶段；若所有先前考虑到的后果都变成可能发生的问题，就需要进一步分析研究其原因所在，然后采取预防性措施以消除这些因素；若无法消除，还应该制定一些应急措施来对付可能发生的问题，或反馈回去进行“追踪检查”。

（8）评价决策效果。这一步需要建立管理信息系统，并对决策实施进行控制。如果决策在实施过程中发现了问题，就需要追溯之前决策的各个步骤，查明在哪个环节出现了问题以及出现问题的原因，及时给予纠正。

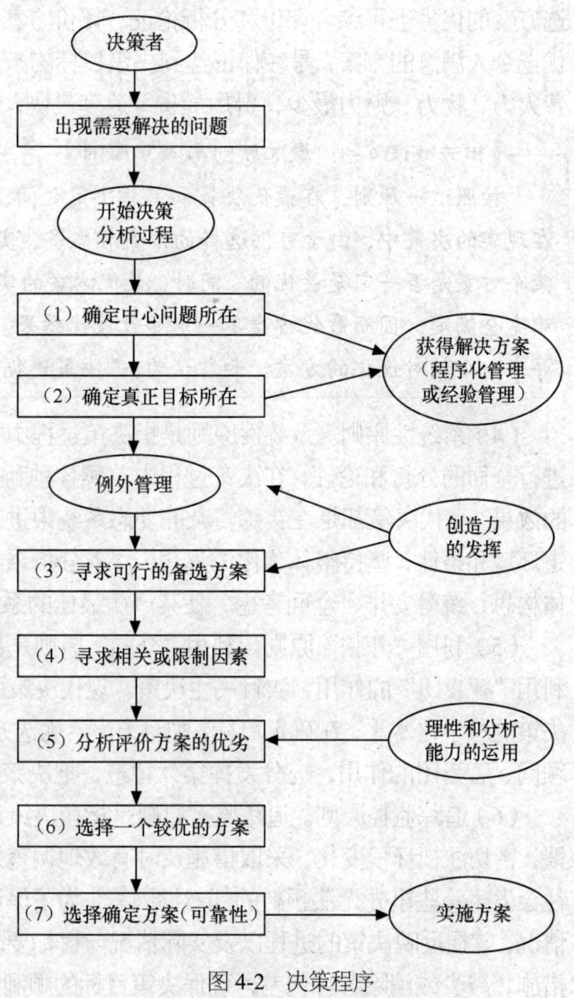

图4-2　决策程序

管理实践中的决策程序可参照图4-2。

2. 决策的原则

决策者要做出科学的决策，必须遵循以下原则。

（1）信息准全原则。信息准全原则是指未进行决策前所收集的信息必须全面、准确地反映决策对象的内在规律与外部联系。信息是决策的基础和前提，没有准确、全面、及时、适用的信息，决策就成了无源之水、无本之木，势必导致决策的失误，甚至造成不可挽回的损失。信息的准确性是指信息要能真实地反映经济发展的客观规律；信息的全面性是指要从多渠道收集各种信息，并对其进行必要的综合整理和筛选，使其能够全面地反映所要研究的问题。

需要注意的是，信息也不是越多越好，决策者不能毫无目的、不计成本地收集各方面的信息，决策者在决定收集什么样的信息、收集多少及从何处收集等问题时，都要进行详细分析，这样才能保证获得的信息准确、全面，而不杂乱。

（2）可行性原则。可行性原则是指决策方案必须与企业现实的资源条件相适应。可行性程度的高低是衡量决策正确性的重要标志，决策方案决不能超越企业现有的主客观条件。为此，决策者应从实际出发，对各种备选方案进行定性、定量分析，进行方案的可行性论证和评价。任何只考虑需要而不考虑约束条件的决策都会导致决策的失误。

（3）优选原则。优选原则是指要坚持对各种备选方案进行比较和筛选的工作方法，对各种备选方案的优劣进行综合评价和分析论证。评价方案优劣的关键在于方案实施后经济效益的高低。优选令人满意的方案，是在保证达到决策目标的条件下，从多个可供选择的备选方案中，选择耗费人力、物力、财力最少，费用最省，速度最快，耗时最短，经济效益最高的方案。

相关链接 4-3：最优原则与满意原则

按照这一原则，在最优决策和满意决策之间，我们应该选择后者而不是前者。这是因为，在现实的决策中，由于可供选择的方案相当多，实际上很难找出最优的方案，或者说很难肯定某个方案是否一定是最优的。同时，最优方案的实现往往需要严格的条件，这些条件现实中很难完全满足，因而最优方案不一定导致最优结果。而满意决策则是在现实条件可行的前提下，寻求一个相对优化的方案。西蒙认为："决策遵循的是满意原则，而不是最优原则。"

（4）系统性原则。系统性原则是指决策过程中，要运用系统分析的理论和方法，对决策对象进行全面的分析和论证，在决策过程中兼顾各种利益关系，协调各种矛盾，以获得整体功能最优的效果。现代决策都是在错综复杂的动态系统中进行的，这就要求决策者必须针对系统所处的特定环境和条件，坚持整体优化的思想，深入分析系统中各部分、各层次之间的相互关系，进行整体构思、统筹安排、全面考虑，使其产生最佳的系统整体功能。

（5）利用"外脑"原则。利用"外脑"原则是指在决策过程中，要充分发挥专家智慧，广泛利用"智囊团"的作用，实行民主决策。现代决策面临着非常复杂的外部环境和条件，为了提高决策的科学化水平，在确定目标、拟订方案、优选方案、组织实施等各个阶段，都必须重视专家、顾问、智囊团的作用，充分发挥集体智慧，把决策方案真正建立在民主化、科学化的基础上。

（6）追踪监控原则。追踪监控原则是指在决策方案付诸实施的过程中，必须及时进行信息反馈，密切注视环境变化，采取措施及时有效地调查发生的各种偏差。在决策方案实施过程中，往往会发生一些事先无法预料的偶然性因素，为了保证目标的顺利实现，必须追踪监控决策的执行情况，掌握反映决策的进程以及实际情况与目标要求之间的差距，以便于采取有效的调节和控制措施，减少或消除各种偏差，确保决策目标的顺利实现。

二、决策的要素

决策的要素是指对决策行为有重要影响的各种因素，包括决策者、决策目标、决策准则、备选方案以及自然状态等。

1. 决策者

决策者是指做出决策的群体或个人，是决策行为的主体，其素质、水平、眼光和个性等对决策结果有着直接影响。

2. 决策目标

决策目标是指决策所期望达到的成果或价值，是决策行为的出发点和归宿。明确决策目标是正确决策的前提。决策目标是根据所要解决的问题来确定的，因此，必须把握住所要解决问题的要害。只有明确了决策目标，才能避免决策的失误。

3. 决策准则

决策准则是决策者在决策全过程中应该遵循的原则，其中包括决策的思维方式、决策组织、拟定备选方案等方面的原则要求。

4. 备选方案

任何决策都应存在两个及以上的备选方案，否则就无须决策。决策过程实际就是对几个备选方案比较选优的过程，备选方案的质量也是影响决策的重要因素。

5. 自然状态

决策备选方案的自然状态是指不依赖决策者主观意志而转移的客观条件或外部环境，也是影响决策的重要因素。

4.2 决策理论与效用理论

4.2.1 决策理论

决策理论是把第二次世界大战以后发展起来的系统理论、运筹学、计算机科学等综合运用于管理决策问题，形成的一个有关决策过程、准则、类型及方法的较完整的理论体系。具有代表性的决策理论有以下三种。

一、古典决策理论

古典决策理论又称规范决策理论，是基于“经济人”假设提出来的，主要盛行于20世纪50年代以前。古典决策理论认为，应该从经济的角度来看待决策问题，即决策的目的在于为组织获取最大的经济利益。

古典决策理论的主要内容是：

（1）决策者是理性的，决策者必须全面掌握有关决策环境的信息情报，决策者要充分了解有关备选方案的情况；

（2）最优化标准，决策者追求最优化的决策结果；

（3）经济的角度，决策者进行决策的目的始终都在于使本组织获取最大的经济利益；

（4）完美的执行决策者应建立一个合理的自上而下的执行命令的组织体系。

古典决策理论忽视了非经济因素在决策中的作用，而非经济因素在企业的决策中有时起着很重要的作用，因此这种理论不能准确地指导实际的决策活动，从而逐渐被更为全面的行为决策理论所代替。

二、行为决策理论

行为决策理论的发展始于20世纪50年代，是基于“社会人”假设提出来的。对古典决策理论的“经济人”假设发难的第一人是赫伯特·A·西蒙，他在《管理行为》一书中指出，理性的和经济的标准都无法确切说明管理的决策过程，进而提出“有限理性”标准和“满意度”原则。其他学者对决策者行为做了进一步的研究，他们在研究中也发现，影响决策者进行决策的不仅有经济因素，还有其个人的行为表现，如态度、情感、经验和动机等。

行为决策理论的主要内容有：人的理性介于完全理性和完全非理性之间，人的理性是有限的。因为在高度不确定和极其复杂的现实决策环境中，人的知识、想象力和计算力是有限的，决策者在识别和发现问题中容易受知觉上偏差的影响，从而使决策者对环境和决策方案的认知产生偏差，对决策的确定产生影响；同时，由于受决策时间和可利用资源的限制，决策者即使充分了解和掌握有关决策环境的信息情报，也只能做到尽量了解各种备选方案的情况，而不可能做到全部了解，决策者选择的理性是相对的；在风险型决策中，与经济利益的考虑相比，决策者对待风险的态度起着更为重要的作用。决策者往往厌恶风险，倾向于接受风险较小的方案，尽管风险较大的方案可能带来较为可观的收益，因此决策者在决策中往往只求满意的结果，而不愿费力寻求最佳方案。

综上所述，行为决策理论的核心内涵可以概括为以下五点：

1. 决策者的理性介于完全理性和完全非理性之间；

2. 决策者易受直觉的影响，即在对未来状况做出判断时，直觉的运用往往多于逻辑分析方法的运用；

3. 决策不能只遵守一种固定的程序，应根据组织内外环境的变化进行适时的调整和补充；

4. 决策者在决策中往往只求满意的结果，而非最佳结果；

5. 方案的执行也并非完美的。

行为决策理论摒弃了古典决策理论的一些片面性，开始把对决策者决策行为的研究拓展到非经济的领域，开始考虑一些非经济因素对决策的影响，如决策者和决策群体的心理、组织内部的冲突。

三、当代决策理论

继古典决策理论和行为决策理论之后，在这两种理论的基础上，产生了当代决策理论。当代决策理论的核心内容是：决策贯穿于整个管理过程，决策程序就是整个管理过程。

对当今的决策者来说，在决策过程中应广泛采用现代化的手段和规范化的程序，应以系统理论、运筹学和电子计算机为工具，并辅之以行为科学的有关理论。从研究组织的内外环境开始，继而确定组织目标，设计可以达到该目标的各种可行方案，比较和评估这些方案并进行方案选择，最后实施决策方案，并进行追踪检查和控制，以确保预定目标的实现。这种决策理论对决策的过程、决策的原则、决策的方法、决策的组织机构的建立同决策过程的联系等方面做了深入研究，把古典决策理论和行为决策理论有机地结合起来，既重视科学的理论、方法和手段的应用，又重视人的积极作用。

4.2.2 效用理论

效用的概念是丹尼尔·伯努利在解释圣彼得堡悖论（丹尼尔的表兄尼古拉·伯努利故意设计出来的一个悖论）时提出的，目的是挑战以金额期望值作为决策标准的观点。

效用理论是领导者进行决策方案选择时采用的一种理论。决策往往受决策领导者主观意识的影响，领导者在决策时要对所处的环境和未来的发展予以展望，对可能产生的利益和损失做出反应，在管理科学中，把领导人这种对于利益和损失的独特看法、感觉、反应或兴趣称为效用。效用实际上反映了领导者对于风险的态度。高风险一般伴随着高收益。面对数个方案，不同的领导者会采取不同的态度和抉择。

1. 效用函数

运用数学函数式所建立的模型称为“效用函数”，这是一种理论假设。按照这类模型，人都能被假设成为可以决定在每一种可能的时间分配中产生一定的利益水平，并且追求利益最大化的选择。效用函数是用以表示消费者在消费中所获得的效用与所消费的商品组合之间数量关系的函数。它被用以衡量消费者从消费既定的商品组合中所获得满足的程度。

2. 效用曲线

效用曲线是用于反映决策者对风险态度的一种曲线，又称“偏好曲线”。在决策中，决策者的个性、才智、胆识、经验等主观因素，使不同的决策者对相同的损益问题（获取收益或避免损失）做出不同的反应；即使是同一决策者，由于时间和条件等客观因素不同，对相同的损益问题也会有不同的反应。决策者这种对于损益问题的独特感受和取舍称为“效用”。效用曲线就是用来反映决策后果的损益值对决策者的效用（即损益值与效用值）之间关系的曲线。通常以损益值为横坐标，以效用值为纵坐标，把决策者对风险态度的变化在此坐标系中描点而拟合成一条曲线（见图4-3）。

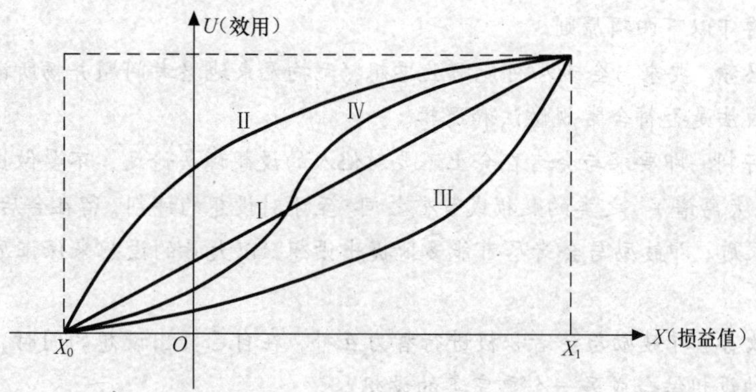

图4-3　效用曲线

4.3　定性决策方法

定性分析法，也称主观决策法，是人们运用社会学、心理学、经济学和政治学等有关专业知识以及决策者个人的经验和能力，对决策方案进行评价与选择的一种方法。定性决策方法通常有头脑风暴法、名义群体法、德尔菲法、戈登技术和对演法。

4.3.1　头脑风暴（BS）方法

头脑风暴法，也叫畅谈会法，它是美国学者A.F.奥斯本于1939年首创的，这是在宽松的环境中以专题讨论会的形式，通过专家们的自由交流，引起头脑中智力碰撞，从而产生新的智力火花，使专家的论点不断集中和精化，以形成优化或满意方案的一种集体决策的方法。

其做法是以召开会议的形式，由主持人充分地说明会议的主题，提供必要的相关信息，创造一个自由的空间，让各位专家充分表达自己的想法。为此，参加会议的专家的地位应当大致相当，以免产生权威效应，从而影响另一部分专家创造性思维的发挥。专家人数不应过多，应尽量适中，一般5～12人比较合适，因为人数过多，会议成本会相应增大。另外，会议的时间也应当适中，时间过长，容易偏离策划者的主题，时间太短，策划者又很难获取充分的信息。这种方法要求会议主持人具备很强的组织能力、民主作风与指导艺术，能够抓住决策的主题，调节讨论气氛，调动专家们的兴奋点，从而更好地挖掘专家们潜在的智慧。

头脑风暴法应用的原则有以下几点。

（1）独立思考，开阔思路，不重复别人的意见。

（2）意见和建议越多越好，不受限制。

（3）对别人的意见不做任何评价。

（4）可以补充和完善已有的意见。

相关链接 4-4

美国北部某地区冬季格外严寒，大雪纷飞，电线上积满冰雪，大跨度的电线常被积雪压断，严重影响了通信。

过去，许多人试图解决这一问题，但都未能如愿。后来，电信公司经理应用奥斯本发明的头脑风暴法，尝试解决这一难题。他召开了一次座谈会，参加会议的是不同专业的技术人员，要求他们必须遵守以下四项原则。

（1）自由思考。要求与会者尽可能解放思想，无拘无束地思考问题并畅所欲言，不必顾虑自己的想法或说法是否符合常规做法和逻辑。

（2）延迟评判。即要求与会者在会上不要对他人的设想评头论足，不要做出"这主意好极了"、"这种想法太离谱了"之类的贬损或赞誉之词。至于对设想的评判，留在会后组织专人考虑。

（3）以量求质。即鼓励与会者尽可能多地提出设想，以大量的设想来保证质量较高的设想的出现。

（4）结合改善。即鼓励与会者积极进行智力互补，在自己提出设想的同时，注意思考如何把两个或更多的设想结合成另一个更完善的设想。

按照这种会议规则，大家七嘴八舌地议论开来。有人提出设计一种专用的电线清雪机，有人想到用电热来化解冰雪，也有人建议用振荡技术来清除积雪，还有人提出能否带上几把大扫帚，乘坐直升飞机去扫电线上的积雪。对于这种"坐飞机扫雪"的设想，大家心里尽管觉得滑稽可笑，但在会上也无人提出批评。有一位工程师在百思不得其解时，听到用飞机扫雪的想法后，大脑突然受到启发，于是一种简单可行且高效率的清雪方法产生了出来。他想：每当大雪过后，出动直升飞机沿积雪严重的电线飞行，依靠高速旋转的螺旋桨产生的风力即可将电线上的积雪迅速扇落。他马上提出"用直升飞机扇雪"的新设想，又引起其他与会者的联想，有关用飞机除雪的主意一下子又多了七八条。不到一小时，与会的10名技术人员共提出90多条新设想。

会后，公司组织专家对设想进行分类论证。专家们认为设计专用清雪机、采用电热或电磁振荡等方法清除电线上的积雪，在技术上虽然可行，但研制费用大、周期长，一时也难以见效。那种因"坐飞机扫雪"激发出来的几种设想，倒是一种大胆的新方案，如果可行，将是一种既简单又高效的好办法。经过现场试验，发现用直升飞机扇雪果然奏效，一个久悬未决的难题，终于在头脑风暴会中得到了巧妙地解决。

4.3.2 名义群体法

在集体决策中，如对问题的性质不完全了解且意见分歧严重，则可采用名义群体法。采用这种方法时，小组的成员互不通气，也不在一起讨论、协商，因此小组只是名义上的。这种名义上的小组可以有效地发挥个人的创造力和想象力。

具体做法是：管理者先召集一些与问题相关的人员，把要解决的问题的关键内容告诉他们，并请他们独立思考，要求每个人尽可能地把自己的备选方案和意见写下来。然后再让他们按次序分别陈述自己的方案和意见。在此基础上，由小组成员对提出的全部备选方案进行投票，根据投票的结果，赞成人数最多的备选方案即为决策方案。当然，管理者最后仍有权决定是接受还是拒绝这一方案。

4.3.3 德尔菲法

德尔菲法（Delphi Technique）是在20世纪40年代由O.赫尔姆和N.达尔克首创，经过T.J.戈尔登和兰德公司进一步发展而成的。德尔菲这一名称起源于古希腊有关太阳神阿波罗的神话，传说中阿波罗具有预见未来的能力，阿波罗神殿所在地就是德尔菲城。因此，这种预测方法被命名为德尔菲法。1946年，兰德公司首次采用这种方法进行预测，后来该方法被迅速广泛采用。

德尔菲法，又名专家意见法，是依据系统的程序，采用匿名发表意见的方式，即团队成员之间不得互相讨论，不发生横向联系，只能与调查人员发生关系，反复地填写问卷，以集结问卷填写人的共识及收集各方意见的方式来构造团队沟通流程，应对复杂任务难题的管理技术。

德尔菲法可用于预测也可用于决策，其特点就是请专家背对背地对问题进行预测或决策。

德尔菲法有三个明显的特点：匿名性、多次反馈、小组统计回答。

1. 匿名性。匿名是德尔菲法极其重要的特点，从事预测的专家都不知道还有哪些人参加预测，他们是在完全匿名的情况下交流思想的。

2. 多次反馈。小组成员的交流是通过回答组织者的问题来实现的，它一般要经过若干轮反馈才能完成预测。

3. 小组统计回答。统计回答是根据专家反馈的数据，经过统计报告一个中位数和两个四分点，其中一半落在两个四分点内，一半落在两个四分点之外。这样，每种观点都包括在这样的统计中了，避免了专家会议法的缺点。

用德尔菲法决策的实施步骤具体如下：

第一步，选择参与决策的专家，专家之间在空间上是分离的（背对背）。

第二步，将决策问题提交给各位专家，请他们独立地、匿名地提出各自的意见。

第三步，汇总专家意见并反馈给各位专家。

第四步，各位专家在获得汇总意见的基础上再次提出意见。

第五步，重复第三步和第四步，直至意见大致趋同。

相关链接4-5

某书刊经销商采用德尔菲法对某一专著销售量进行预测。该经销商首先选择若干书店经理、书评家、读者、编审、销售代表和海外公司经理组成专家小组，将该专著和一些相应的背景材料发给各位专家，要求大家给出该专著最低销售量、最可能销售量和最高销售量三个数字，同时说明自己做出判断的主要理由。然后经销商将专家们的意见收集起来，归纳整理后返回给各位专家，然后要求专家们参考他人的意见对自己的预测重新考虑。专家们完成第一次预测并得到第一次预测的汇总结果以后，除书店经理外，其他专家在第二次预测中都做了不同程度的修正。这样重复进行，在第三次预测中，大多数专家又一次修改了自己的看法。第四次预测时，所有专家都不再修改自己的意见。因此，专家意见收集过程在第四次以后停止。最终预测结果为最低销售量26万册，最高销售量60万册，最可能销售量46万册。

即问即答4-5

采用德尔菲法需要把专家召集到一起开会商讨吗？

4.3.4 戈登技术

戈登技术也叫综摄法、提喻法、类比法或引导法，它是利用非推理因素采取迂回探索的办法来激发专家创造力的特殊创新会议。这种方法也是以小组集体讨论的方式激发创造性想法和观念的方法。戈登法是抽象地提出问题，会议主持人是唯一知道要解决某一特定问题的人，会议的参加者并不知道要解决的具体问题是什么，他们被告知的只是一个慎重选择出来的关键词，即把问题高度抽象化，让大家自由联想发挥创意。之所以要这样做，或是由于决策问题需要暂时保密，或是由于决策问题同与会者有个人利害关系、避免心理上的干扰，或是出于防止束缚与会者的思想的考虑，目的是打破观念，激发新思路。

4.3.5 对演法

对演法也称“逆头脑风暴法”。对演法是一个进行理性决策的快速方法，它是靠相互批评激发创造性的方法。其做法是以召开会议的形式来解决问题的。会议上有几个持不同观点的小组，这些小组各抒己见，通过唱对台戏的方法进行辩论，攻其所短，申己之长，充分揭露矛盾，展现各种方法的优缺点，暴露出各方案的片面性。也可拿出一个方案，人为设置对立面去批评，挑剔反驳，以便一些潜在的危险性问题得到较充分、彻底的揭露，使新见解更加成熟、完善。运用这种方法能对筛选方案起到一定作用。这种方法在互斥方案的选择中尤为重要。

4.4 定量决策方法

定量决策分析法是根据现有数据，运用数学模型进行决策的一种方法，它能使决策精确化和程序化。

4.4.1 确定型决策方法

确定型决策指决策者确切地知道不可控的环境因素的未来表现，即只有一种确定已知的自然状态需要加以考虑，每一方案对应一个特定的结果。在确定型决策下，决策方案的选择简化为对每个方案结果值进行直接比较的过程。其主要方法有线性规划法和盈亏平衡分析方法。

1. 线性规划法

线性规划（Linear Programming，LP）是运筹学方法中较为系统的一个分支，由于其研究的问题中变量之间均为线性关系而得名。它作为经营管理决策中的数学手段，在现代决策中的应用是非常广泛的。

线性规划法是解决多变量最优决策的方法，是在各种相互线性关联的多变量约束条件下，解决或规划一个对象的线性目标函数最优的问题。比如：在资源限量的情况下，如何安排生产决策，使总产出最大；或者在目标任务限定的情况下，如何安排生产决策，使总消耗或总成本最小。其中目标函数是决策者要求达到目标的数学表达式，用一个极大或极小值表示。约束条件是指实现目标的能力资源和内部条件的限制因素，用一组等式或不等式来表示。

线性规划法一般可采取以下 4 个步骤：①确定影响决策目标的决策变量。②建立目标函数。③找出实现目标的约束条件。④求解各种待定参数的具体数额。在目标最大的前提下，根据各种待定参数的约束条件的具体限制，找出一组最佳的组合。

例 4-1 丹·科利尔是一家制造手枪的工厂，生产左轮手枪和半自动手枪，生产数据如表 4-2

所示。工厂生意不错，所有生产出的手枪都能卖掉，但是使管理者困惑的是：两种手枪的制造流程是类似的，问题是每种手枪应当生产多少能够使利润最大化？

表 4-2 某企业的有关资料

部　门	每单位产品所需工时/小时		月生产能力/小时
	左 轮 手 枪	半自动手枪	
制造	2	4	1200
装配	2	2	900
每单位产品利润	100	180	

解：（1）确定影响目标大小的变量。在本例中，目标是利润 V，影响利润的变量是生产左轮手枪的数量 X 和生产半自动手枪的数量 Y。

（2）建立目标函数：

$$V=100X+180Y$$

（3）找出约束条件。在本例中，两种产品在一道工序上的总时间不能超过该道工序的月生产能力，即：

制造工序：　$2X+4Y\leqslant 1\,200$

装配工序：　$2X+2Y\leqslant 900$

除此之外，还有两个约束条件，即非负约束：$X\geqslant 0$，$Y\geqslant 0$。从而线性规划问题成为如何选取 X 和 Y，使 V 在上述四个约束条件下达到最大的问题。

（4）求出最优解——最优产品组合。上述线性规划问题的最优解为 $X^{*}=300$ 和 $Y^{*}=150$，即生产 300 把左轮手枪和 150 把半自动手枪能使企业的利润最大，最大利润 $V_{max}=57\,000$。

2. 盈亏平衡分析法

盈亏平衡分析（Break-Even Analysis，BEP)也叫量本利分析，是将成本划分为固定成本和变动成本并假定产销量一致，根据产销量、成本、利润之间的函数关系，来确定盈亏平衡点（或者叫保本点），进而帮助管理者进行合理决策的一种分析方法。

在一般的情况下，生产任何一种产品的总成本都是由固定成本、变动成本组成的。固定成本是指在一定的产量范围内，不随产量变化而变化的成本费用，如厂房租金、机器设备折旧费和管理费等；变动成本是指随产量的变化而变化的成本费用，如原材料费、包装费和工人的计件工资等。对固定成本与变动成本进行分析的目的，是研究产量变化对成本的影响，从而得出生产某种产品至少要达到的临界产量，只有达到这个产量才不会亏本。

企业利润 V 是销售收入（Total Revenue，TR）扣除成本（Total Cost，TC）后的余额，即 $V=TR-TC$；销售收入 TR 是产品销售量 Q(Quantity)与销售单价 P(Price)的乘积，即 $TR=P\times Q$；产品成本包括工厂成本和销售费用在内的总成本 TC，分为总固定成本 TFC 和总变动成本 TVC,即 $TC=TFC+TVC$。

总固定成本（Total Fixed Cost，TFC）是指总额在一定期间和一定业务量范围内不随产量的增减而变动的成本，主要是指固定资产折旧、厂房租金和管理费用等。

总变动成本（Total Variable Cost，TVC）指总额随产量的增减而成正比例关系变化的成本，主要指原材料费、包装费和计件工资等。就单件产品而言，单位变动成本 VC 部分是不变的,故 $TVC=VC\times Q$。

单位边际贡献：单件产品售价与单件产品的变动成本之差称为单位边际贡献，即 $P\text{-}VC$。

边际贡献率：单位产品的边际贡献与单件产品售价之比，即 $\frac{P-VC}{P}$。

盈亏平衡分析法的核心是寻找盈亏平衡点，弄清上述变量关系后，我们就可以分别用图解法和公式法寻找盈亏平衡点了。

（1）图解法。图解法是以横轴表示产（销）量，纵轴表示销售收入和成本，绘成直角坐标图，如图 4-4 所示。

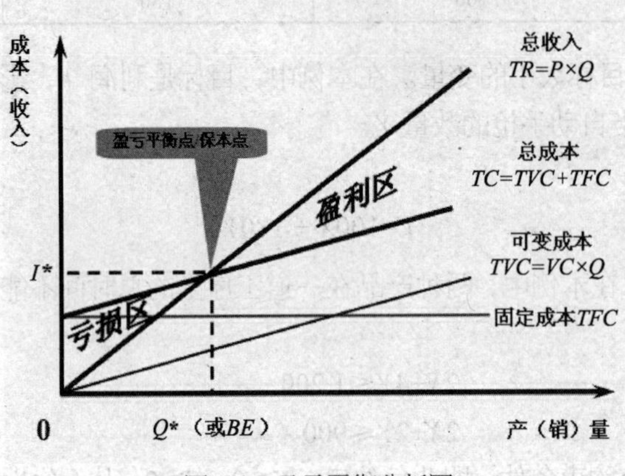

图 4-4　盈亏平衡分析图

由图 4-4 可知，当产量（或销售量）低于 Q^*时，企业必将亏损；当产量（或销售量）大于 Q^*时，企业就将赢利。

（2）公式法。为了计算盈亏平衡点 Q^*，管理者需要知道产品的单位售价 P，产品的单位变动成本 VC 和总的固定成本 TFC。

当一个组织的“总销售收入 TR=总成本 TC”时,我们说这个组织就达到了盈亏平衡。我们又知道：总销售收入 $TR=P\times Q$，总成本 $TC=TFC+TVC=TFC+VC\times Q$。

盈亏平衡时（即 $TR=TC$ 时）的销量 Q，我们用 Q^*表示。

即：$P\times Q^*=TFC+VC\times Q^*$，

容易得到盈亏平衡点销量：$Q^*=\frac{TFC}{(P-VC)}$。

例 4-2　某复印部规定，复印每张纸的价格为 0.2 元。如果固定成本为每年 27 000 元，可变成本为每张纸 0.05 元。求该复印部的盈亏平衡产量。

解：根据题意，该复印部的盈亏平衡产量为：

$$Q^*=\frac{TFC}{(P-VC)}=\frac{27\,000}{(0.2-0.05)}=180\,000(\text{张})$$

盈亏分析就是对企业产品的成本、产品的产量（销售量）和企业利润的综合分析。如果我们用 V 表示利润，则 $V=TR-TC$，此时的盈亏分析模型：

$$\begin{aligned}V&=TR-TC\\&=TR-(TFC+TVC)\\&=P\times Q-(TFC+VC\times Q)\\&=(P-VC)\times Q-TFC\end{aligned}$$

上式中，V—销售利润，P—产品销售价格，TFC—总固定成本，VC—单位变动成本，Q—销售数量，TR—销售收入。

盈亏分析的应用步骤可归纳如下：

（1）只要已知总的固定成本 TFC，产品的单价 P 和单位产品的可变成本 VC，则：盈亏平衡点的产销量为

$$Q^*=\frac{TFC}{(P-VC)}。$$

盈亏平衡点的销售额为 $I=P\times Q^*$。

（2）如果知道企业的实际产销量 Q，则：经营安全率 $L=(Q-Q^*)\div Q\times 100\%$。

（L：0～10%表示危险；10%～15%表示要警惕；15%～25%表示一般；25%～30%表示较安全；30%以上表示很安全）

此时，企业获利 $V=(P-VC)\times(Q-Q^*)$，或 $V=Q\times(P-VC)-TFC$，或 $V=TR-TC$，三者均可。

（3）如果给定目标利润 V_0，求在刚好实现目标利润 V_0 的情况下，企业需支付的总成本 TC_0（为叙述方便，在这里我们暂且称为目标成本 TC_0），则：目标成本 TC_0=销售额−目标利润=$P\times[(TFC+V_0)\div(P-VC)]-V_0$；或者 TC_0=总固定成本+总变动成本=$TFC+VC\times[(TFC+V_0)\div(P-VC)]$。二者均可。

例 4-3 已知某企业每年固定成本为 100 万元，每件产品原材料费用为 10 元，包装费为每件 2 元，销售单价为每件 22 元。试求：

（1）该企业的盈亏平衡点。

（2）假如该企业年生产能力 15 万件，问其是否有利润？如果有，利润为多少？并对经营安全状况进行分析。

（3）假如该企业预定的目标利润为 50 万元，则目标成本是多少？

解：（1）根据题意，已知 $P=22$（元），$VC=VC_1+VC_2=10+2=12$（元），$TFC=100$（万元），则盈亏平衡点产销量为：$Q^*=TFC\div(P-VC)=100\div(22-12)=10$（万件）；盈亏平衡点的营业额为：$TR^*=P\times Q^*=22\times 10=220$（万元）。

（2）因为（Q=15 万件）>（BE=10 万件），处于盈利区，所以该企业有利润；利润为 $V=(P-VC)\times(Q-BE)=(22-12)\times(15-10)=50$（万元）。

该企业的经营安全率 $L=(Q-Q^*)\div Q\times 100\%=[(15-10)\div 15]\times 100\%=33.3\%$，$L$ 值大于 30%，说明经营状况为很安全。

（3）已知目标利润 V_0=50 万元，所以目标成本 TC_0=销售额−目标利润=$P\times[(TFC+V_0)\div(P-VC)]-V_0=22\times[150\div 10]-50=280$（万元）。

或者，TC_0=总固定成本+总变动成本

$=TFC+VC\times[(TFC+V_0)\div(P-VC)]$

$=100+12\times[(100+50)\div(22-10-2)]=100+180=280$（万元）。

答：（1）该企业的盈亏平衡点产销量为 10 万件，盈亏平衡点营业额为 220 万元；（2）该企业利润为 50 万元，经营安全率为 33.3%；（3）目标利润为 50 万元时，目标成本是 280 万元。

即问即答 4-6

企业生产的产量低于盈亏平衡点的产量就必须停止生产吗？

4.4.2 风险型决策方法

风险型决策是指决策者能预知各种自然状态出现的概率，并在此基础上进行计算、比较和分析，依据判别的标准，选取其中一个合理的方案，验证后作为决策的依据。

由于概率是决策者根据历史统计资料和经验推断出来的，带有一定的主观性，所以决策存在一定的风险。风险型决策主要用于远期目标的战略决策或随机因素较多的非常规决策，如投资决策、筹资决策、组织发展决策等。

风险型决策必须具备以下条件：①存在着决策者期望达到的目标；②有两个以上方案可供决策者选择；③存在着不以决策者的意志为转移的几种自然状态；④各种自然状态出现的概率已知或可估计出来；⑤不同行动方案在不同自然状态下的损益值可以估算出来。常见的决策模型和技术是决策树。

1．决策树的构成

决策树由决策点、方案枝（亦称决策枝）、状态节点、概率枝和期望值构成。决策树的决策点为决策的出发点，用□表示；决策点引出若干条决策枝，每条决策枝代表一个方案，决策枝的末端为状态节点，用○表示；状态节点又引出概率枝，每一条概率枝代表一种自然状态，概率末端为期望值，用△表示。整个形状像树形，故称为决策树，如图 4-5 所示。

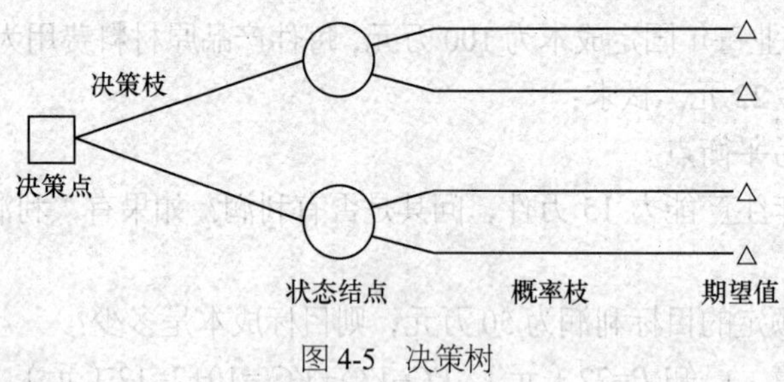

图 4-5　决策树

2．决策树分析

决策树分析的步骤如下。

（1）绘制决策图。绘制的“树”形图要自左向右展开。绘制时必须先对决策条件进行细致分析，确定所有可供选择的方案以及方案所在的自然状态。对于多级决策，要逐级展开其决策枝、状态节点和概率枝。

（2）计算期望值。从右向左按逆向顺序进行计算，即先将每种自然状态的损益值分别乘以各自概率枝上的概率，再乘以决策期限，然后将各概率枝的值相加，再标于状态节点上。

$$期望值E=\sum(Pi)$$

式中，P 为损益值；i 为概率。

（3）选择决策方案，比较不同方案的期望值，从中选出期望值最大的方案作为决策方案，并将此最大值标于决策点方框上。同时，未被选用的方案用两条平行短线截断，称为“剪枝”。

例 4-4　某公司计划未来三年内生产某种产品，需要确定产品批量。根据预先估计，这种产品的市场状况的概率是畅销为 0.2，一般为 0.5，滞销为 0.3。现提出大、中、小三种批量的生产方案，各方案的损益值如表 4-3 所示，求取得最大经济效益的方案。

表 4-3　　各方案损益值表　　单位：万元

方案 \ 损益值	畅销（0.2）	一般（0.5）	滞销（0.3）
大批量	40	30	−10
中批量	30	20	8
小批量	20	18	14

解：（1）绘制决策树形图，计算期望值，如图 4-6 所示。

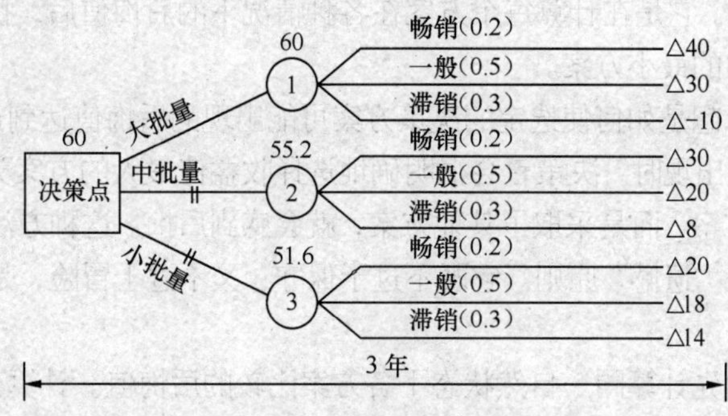

图 4-6　决策树计算图

（2）计算期望值。

大批量生产期望值=[40 × 0.2+30 × 0.5+(−10) × 0.3] × 3=60（万元）

中批量生产期望值=[30 × 0.2 + 20 × 0.5 + 8 × 0.3] × 3 = 55.2（万元）

小批量生产期望值=[20 × 0.2+18 × 0.5+14 × 0.3]　× 3 =51.6（万元）

（3）选择决策方案。经过比较，大批量方案的期望值最大，因此选择大批量方案为决策方案，并把此决策方案的期望值写在决策节点方框的上面，以表示选择的结果。中批量和小批量未被选用的方案用两条平行短线进行剪枝。

即问即答 4–7

在决策树法的图中如何表示所选择的决策方案及放弃的方案？

4.4.3　非确定型决策方法

在非确定型决策问题中，各自然状态出现的概率为未知，不能以客观概率来求得各项行动的预期收益，则可由决策者运用主观判断评定概率，并借助上述技术进行分析决策。但由于概率的评定受决策者经验、认识能力的影响较大，风险较大。因此，可选择其他一些决策准则来选择最佳方案。

（1）乐观法（大中取大准则）。它是找出每种方案在各种自然状况下的最大损益值，然后取其中最大者。

此准则适用于乐观的决策者，比较各方案所产生的最大收益，而选取其中最大的一个。这种决策方法的主要特点是依据“乐观”原则，不放弃任何一个获得最好结果的机会，争取好中之好。采用此准则须冒一定的风险，但也可能获得最大的收益。

（2）悲观法（小中取大准则）。它是找出每种方案在各种自然状况下的最小损益值，然后取其中最大者，即比较各方案所产生的最小收益，而选取其中最大的一个。采用此准则可保证决策

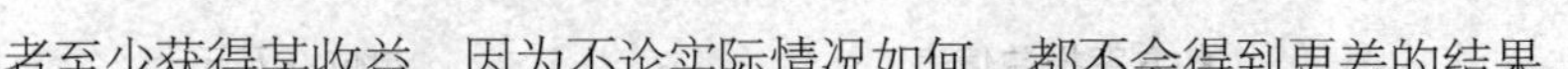

者至少获得某收益，因为不论实际情况如何，都不会得到更差的结果。

悲观法的着眼点是实践中无论自然状态发生什么变化，其收益值不会低于一定限度，损失值不会高于一定限度。它把最小收益的自然状态视为必然出现的自然状态，从“最不利”的情况出发，寻找“最有利”的方案。因此，这是一种留有余地的分析方法，尽管比较保守、“悲观”，但却稳妥可靠。

（3）莱普勒斯法（等概率法）。当无法确定某种自然状态发生的可能性的大小及其顺序时，可以假定每一自然状态具有相等的概率，并以此计算各方案的期望值，然后进行方案抉择。

（4）最小后悔值法。它是在计算每个方案在各种情况下的后悔值后，找出各方案的最大后悔值，选择最大后悔值中的最小方案。

这种方法的基本思想是如何使选定的决策方案可能出现的后悔值达到最小，即蒙受的损失最小。因为当某自然状态出现时，决策者会很明确地选择收益值最大的方案为决策方案。如果决策者当时没有选择这个方案，而是采取了其他方案，就会感到后悔。这种方法是以后悔值作为评价方案的标准，依据的是“遗憾”原则。它既不过于保守，又不过于冒险，是一种比较稳当的决策方法。

应用这种方法时，先计算同一自然状态下各方案比较的后悔值。计算公式如下：

后悔值=该自然状态下最优方案的损益值–该自然状态下其他方案的损益值

然后，从所有后悔值中选取各方案最大的后悔值，再从这些最大后悔值中取出最小者作为最佳方案。

（5）折中法（乐观系数法）。乐观系数决策法又称贺威兹决策准则、折中原则。它是介于乐观决策法和悲观决策法之间的一种决策方法。

即问即答 4–8

需要决策的各方案在各自然状态出现的概率为未知，无法求得各项行动的预期收益，这时应采用哪种决策方法？

例 4-5 某公司计划生产一种新产品。该产品在市场上的需求量有 4 种可能：需求量较高、需求量一般、需求量较低、需求量很低。对每种情况出现的概率均无法预测。现有 3 种方案：A 方案是自己动手，改造原有设备；B 方案是全部更新，购进新设备；C 方案是购进关键设备，其余自己制造。该产品计划生产 5 年。根据测算，各个方案在各种自然状态下 5 年内的预期损益如表 4-4 所示。请分别用乐观法、悲观法、后悔值法、莱普勒斯法、折中法（乐观系数法 α=0.8）选择决策方案。

表 4-4 各方案在不同自然状态的预期损益值 单位：万元

损益值 / 方案	需求量较高	需求量一般	需求量较低	需求量很低
A 方案	70	50	30	20
B 方案	100	80	20	–20
C 方案	85	60	25	5

（1）采用乐观法。可将各方案在不同自然状态下的最大收益值计算出来，再比较三个方案的最大收益值，取最大的收益值方案为决策方案，如表 4-5 所示。

表 4-5　　各方案的最大收益值计算表　　单位：万元

损益值 方案	需求量较高	需求量一般	需求量较低	需求量很低	最大收益值
A 方案	70	50	30	20	70
B 方案	100	80	20	−20	100
C 方案	85	60	25	5	85

根据表 4-5 中所示的最大收益值，全部更新设备的 B 方案收益值最大（100 万元），应为乐观法的决策方案。

（2）采用悲观法。可将各方案在不同自然状态下的最小收益值计算出来，再比较三个方案的最小收益值，取最大收益值方案为决策方案，如表 4-6 所示。

表 4-6　　各方案的最小收益值计算表　　单位：万元

损益值 方案	需求量较高	需求量一般	需求量较低	需求量很低	最小收益值
A 方案	70	50	30	20	20
B 方案	100	80	20	−20	−20
C 方案	85	60	25	5	5

根据表 4-6 所示的最小收益值，自己动手改造原有设备的 A 方案收益值最大（20 万元），应为悲观法的决策方案。

（3）采用后悔值法。先将各方案在同一状态下的后悔值计算出来，再选出各方案在不同自然状态下的最大后悔值，在最大后悔值中进行比较，取后悔值最小的方案为决策方案，如表 4-7 所示。

表 4-7　　各方案的后悔值计算表　　单位：万元

损益值 方案	需求量较高	需求量一般	需求量较低	需求量很低	最小后悔值
A 方案	100−70=30	80−50=30	30−30=0	20−20=0	30
B 方案	100−100=0	80−80=0	30−20=10	20−(−20)=40	40
C 方案	100−85=15	80−60=20	30−25=5	20−5=15	20

根据表 4-7 所示的最大后悔值，购进关键设备、其余自己制造的 C 方案后悔值最小（20 万元），所以，选择 C 方案为后悔值法的决策方案。

（4）采用莱普勒斯法。将每个方案在各种自然状态下的概率平均，并计算和比较各方案的平均期望值，取最大者。

表 4-8　　各方案的平均值计算表

方案 损益值	需求量较高 0.25	需求量一般 0.25	需求量较低 0.25	需求量很低 0.25	平均期望值
A 方案	70	50	30	20	（70+50+30+20）×0.25=42.5
B 方案	100	80	20	−25	（100+80+20−25）×0.25=43.75
C 方案	85	60	25	10	（85+60+25+10）×0.25=45

根据表4-8所示，各方案在每种自然状态下的概率平均为0.25，计算出每个方案平均期望值，取最大者，可知应选择C方案。

（5）采用折中法。选择各方案中的最乐观自然状态和最悲观自然状态，计算和比较各方案的加权平均，取加权平均值最大者。

根据表4-9所示，设需求量较高的乐观系数为0.8，则需求量最低的乐观系数则为0.2，计算出各方案的平均期望值，取值最大者，所以采用折中法，应选择B方案。

表4-9　各方案的平均期望值计算表

方案 损益值	需求量较高0.8	需求量一般	需求量较低	需求量很低0.2	平均期望值
A方案	70	50	30	20	70×0.8+20×0.2=60
B方案	100	80	20	−25	100×0.8−25×0.2=75
C方案	85	60	25	10	85×0.8+10×0.2=70

本章内容小结

决策是为了实现组织的某一决策目标，在掌握大量必要信息的基础上，借助一定决策方法，从若干个可以相互替代的可行方案中选择一个满意方案的分析判断过程。在组织中，决策具有普遍性和多样性。根据不同的分类原则，可以把决策分成多种类型。按决策的重要程度分为战略决策、战术决策和业务决策；按决策的主体分为集体决策和个体决策；按决策的层次分为高层决策、中层决策和基层决策；按决策的重复程度划分为程序化决策和非程序化决策；按决策问题的可控程度分为确定型决策、风险型决策和非确定型决策；按决策的起点分为初始决策与追踪决策。决策的原则有信息准全原则、可行性原则、优选原则、系统性原则、利用“外脑”原则、追踪监控原则。决策的理论有古典决策理论、行为决策理论和当代决策理论。决策的方法分为定性决策法和定量决策法。定性决策的方法通常有头脑风暴法、名义群体法、德尔菲法、戈登技术和对演法；定量决策分析法中的确定型决策常采用线性规划法、盈亏平衡法；风险型决策常采用决策树法；非确定型决策常采用乐观法、悲观法、莱普勒斯法和最小后悔值法等。

案例思考

安娜的决策难题

安娜从一所普通大学计算机专业毕业后，10年来一直在某大城市的一家中等规模的电脑公司当程序设计员。现在，她的年薪为50000美元。近年来，她工作的这家公司持续发展，每年要增加4～6个部门。这样扩大下去，公司的前景还是很好的，也增加了很多新的管理职位。这些管理职位待遇优厚，可以拿到每年90000美元的年终分红，有时还提升程序员为分公司的经理。虽然过去没有让女性担任过这样的管理职位，但安娜小姐相信，凭她的工作资历，在不久的将来她不难得到这样的机会。

安娜的父亲雷森先生自己开了一家电脑维修公司，主要是维修计算机硬件，并为一些大的电脑公司做售后服务，同时也销售一些计算机配件。最近由于健康和年龄的原因，雷森先生不得不退休。他雇了一位刚从大学毕业的大学生来临时经营电脑维修公司，店里的其他部门继续由安娜的母亲经营。雷森想让女儿安娜回来经营她最终要继承的电脑维修公司。而且，随着电脑的普及，电脑维修行业的前景是十分看好的。雷森先生在前几年的经营过程中，建立了良好的信誉，不断有大的电脑公司委托其做该城市的售后维修中心。因此，维修公司发展和扩大的可能性是很大的。

安娜和双亲讨论时，得知维修公司现在一年的营业额大约为 400000 美元，而毛利润差不多是 170000 美元。由于雷森先生的退休，他和他的太太要支取工资 80000 美元，加上每年 60000 美元的经营费用，交税前的净利润为每年 30000 美元。自雷森先生退休以来，从维修公司得到的利润基本上和从前相同。目前，他付给他新雇用的大学毕业生的薪金为每年 36000 美元，雷森夫人得到的薪金为每年 35000 美元，雷森先生自己不再从维修公司支取薪金了。

如果安娜决定担任起维修公司的管理工作，雷森先生打算也按他退休前的工资数付给她 50000 美元的年薪。他还打算，开始时，把维修公司经营所得利润的 25% 作为安娜的分红；两年后增加到 50%。因为雷森夫人将不再在该公司任职，就必须再雇一个非全日制的办事员帮助安娜经营维修公司，他估计这笔费用大约需要 16000 美元。

雷森先生得知有人试图出 600000 美元收购他的维修公司。这笔款项的大部分，安娜在不久的将来是要继承的。对雷森夫妇来说，他们的经济状况并不需要过多地去用这笔资产来养老。

思考：

1. 对安娜而言，目前都有哪些备选方案可供选择？
2. 如果你是安娜，你会如何决策？你的决策依据是什么？
3. 你觉得安娜的价值观对她最终作出决策会有何影响？

管理者价值点分享

1. 做决策之前必须小心审视每一个方案。
2. 如果发现以前的决策仍旧有效，可以好好利用。
3. 做长期决策时，同时将短期选择铭记在心。
4. 改变那些不再适用的决策。
5. 考虑每一个决策会造成的影响，它们可能会很庞大。
6. 尝试预测以及准备应付任何情势上的改变。
7. 问一下自己：我的决策可能会发生什么错误。
8. 做决策时，要考虑所有可能的结果。
9. 用理性的逻辑分析去平衡直觉式的预感。
10. 评估你的决策能力，并且努力提高它。

推荐阅读

鱼和熊掌不可兼得，而选择往往始于放弃。

★故事 1 14 世纪法国经院哲学家布里丹曾经讲过一个哲学故事。

一头毛驴站在两堆数量、质量和与它的距离完全相等的干草之间。它虽然享有充分的选择自由，但由于两堆干草价值绝对相等，客观上无法分辨优劣，也就无法分清究竟选择哪一堆好。于是它始终站在原地不能举步，结果只好活活饿死。

感悟：人的痛苦往往不是因为没有选择，而是因为选择太多。能力越强的人选择的余地也就越大，可是没有放弃的能力，也就很难得到自己想要得到的。

★故事2　两把椅子

痴迷音乐并有相当音乐素养的卢卡诺·帕瓦罗蒂在师范院校毕业之际问父亲："我是当教师呢，还是做歌唱家？"其父回答说："如果你想同时坐在两把椅子上，你可能会从椅子中间掉下去。生活要求你只能选一把椅子坐上去。"

帕瓦罗蒂选了一把椅子——做个歌唱家。经过7年的努力与不断失败，帕瓦罗蒂才首次登台亮相。又过了7年，他终于登上了大都会歌剧院的舞台，登上了世界歌坛巨星的宝座。

感悟：职业选择需要舍弃，选择一把椅子后，就要勇于舍弃其他所有的椅子。人在面临选择的时候是脆弱的，但目标只能确定一个，这样才能凝聚起人生的全部合力，最终将其攻下。确定了目标选定了路，不管路有多崎岖，同行者怎样寥寥，你都要忍受孤独和寂寞将它走完。尤其在诱人的岔路口，你必须不改初衷，有心无旁骛的坚定信念和超然气度。

人的自我定位如此，企业的自我定位也是如此。诺基亚放弃了包括当时市场很好的电视在内的所有产品，唯独选择了当时市场不怎么看好的无线通信产品，最终走向了成功。我们有很多企业却自信是"万能手"，什么行业都想涉足，只要哪行赚钱就干哪行，结果使一个品牌承受了太多产品的拖累。像这样的企业太多了，一荣不能全荣，但一伤肯定是俱伤的。

舍得舍得，有舍才有得。中国有句老话：有所不为才能有所为。去除那些对你来说是负担的东西，停止做那些你已觉得无味的事情。只有放弃才能专注，才能全力以赴。

练习与应用

本章练习

一、单选题

1. 下列选项中，(　　)不是对决策的正确理解。

A. 必须要有明确决策的目标　　B. 必然有两个及以上的可行方案
C. 必须选择最优最好的方案　　D. 必然是一种严谨的分析判断过程

2. 按决策问题的重要程度分类，可以把决策分为(　　)。

A. 战略决策、战术决策、业务决策　　B. 程序化决策和非程序化决策
C. 确定型决策、风险型决策和非确定型决策　　D. 群体决策和个人决策

3. 决策树法属于(　　)。

A. 确定型决策方法　　B. 非确定型决策方法
C. 风险型决策方法　　D. 定性决策方法

4. 决策过程的起点是(　　)。

A. 确定目标　　B. 发现问题　　C. 寻求可行方案　　D. 方案选择

5. 确定型决策的方法非常多，比较常用的是(　　)。

A. 决策树法　　B. 决策收益表法　　C. 等概率法　　D. 盈亏平衡点法

二、多选题

1. 以下属于非确定型决策方法的有（　　）。

A. 乐观法　　B. 悲观法　　C. 德尔菲法　　D. 折中法

2. 以下属于高层决策的是（　　）。

A. 重大投资项目　　B. 采购物资渠道　　C. 日常工作任务安排　　D. 组织结构调整

3. 定性决策的分析法有（　　）。

A. 盈亏平衡分析法　　B. 决策树法　　C. 头脑风暴法　　D. 德尔菲法

4. 决策树分析步骤包括（　　）。

A. 剪枝　　B. 计算期望值　　C. 选择决策方案　　D. 绘制决策树

5. 对于非确定型决策，采用折中法进行方案选择时，以下描述正确的是（　　）。

A. 当乐观系数$\alpha=0$时，结果与悲观法相同

B. 当乐观系数$\alpha=0$时，结果与乐观法相同

C. 当乐观系数$\alpha=1$时，结果与悲观法相同

D. 当乐观系数$\alpha=1$时，结果与乐观法相同

三、思考题

1. 什么是决策？它有哪些基本类型？

2. 确定型决策、风险型决策、非确定型决策有何区别？决策的方法都有哪些？

3. 某印刷厂印刷教材，其总固定成本为200 000元，单位产品变动成本为10元，教材的销售价格为15元。

求：(1) 印刷该书的盈亏平衡点产量应为多少？

(2) 如果要实现利润20 000元，其印刷的量应为多少？目标成本是多少？

4. 某企业准备投产一种新产品，现有新建和改建两个方案，分别需要投资140万元和80万元。未来5年的销售情况预测是：畅销的概率为0.4，销售一般的概率为0.4，滞销的概率为0.2。各种自然状态下的年度销售利润如表4-10所示。试问企业应选择哪种方案？

表4-10　各方案在不同自然状态下年度销售利润表　单位：万元

方案 \ 销售利润预测	畅　销	一　般	滞　销
新建	120	50	−30
改建	100	30	10

5. 某企业准备扩大生产，形成了三种方案。经过研究，这三个方案的损益值估计如表4-11所示，请用乐观法、悲观法和后悔值法选择决策方案。

表4-11　各方案在不同自然状态下损益值估计表　单位：万元

方案 \ 损益值	高需求	中需求	低需求
新建	30	10	−5
扩建	20	12	4
改造	10	4	3

6. 某公司正在考虑今年增加一项市场计划。这个计划将使固定成本增加22 532元。其产品

现售价每件15元，每件可变成本8元，公司当前的固定成本是55 000元。

求：（1）新的盈亏平衡点的销售量是多少？

（2）在增加这项市场计划后，公司期望获利15 000元，那么公司必须销售多少件产品？此时的目标成本是多少？

7. 为生产一种新产品，有关部门提供了三个建厂方案：（1）建大厂。需投资300万元。如果销路好，每年可获利100万元；如果销路差，每年亏损20万元。（2）建小厂。需投资180万元。小厂建成后，如销路好，每年获利40万元；如销路差，每年获利30万元。（3）先建小厂，试销三年，若产品销路好可考虑再扩建为大厂。扩建需投资100万元。扩建后，如产品销路好，则每年的盈利可增加到95万元。方案使用期限为10年。根据市场预测，产品销路好的概率为0.7，销路差的概率为0.3。请用决策树法进行决策分析。

8. 某企业以批发方式销售产品，每件产品的成本为3元，批发价为5元。若每天生产的产品当日销售不完，除生产成本外，每件产品还要损失1元。根据历史经验，该产品每天的市场需求可能是无销量、1万件、2万件、3万件、4万件。试问如果按照乐观法、悲观法、后悔值法、平均法（等概率法）、折中法（乐观系数α=0.8）进行决策，企业决策者应分别如何安排生产计划？

本章应用

协助某钢铁公司讨论决策问题

某管理顾问参加一家大型钢铁公司的年度计划会议。这次会议的主要内容是先确定公司的重大问题、安排先后次序，并为制订详细的计划、规定、指导方针和政策提供依据。会议开始后，几个职能部门的管理人员都奉命从自己部门角度来确定该公司所面临的唯一重大问题。公司负责综合管理的部门——企管部将根据每个职能部门人员提出的问题，拟出公司的一批问题，并把它们的次序排好，以提交给公司高层，作为制订年度计划的主要依据。

该公司的7个职能部门是生产部、人事部、销售部、职员培训和训练部、财务部、法律顾问部和工程部。每个职能部门都由一个下属单位组成，每个职能部都将根据计划会提出的年度计划展开活动。

提出供讨论的问题可归纳如下。

生产部：主要问题是机器设备更新太慢，产品质量达不到技术要求；老技术人员陆续退休，新录用工人学习技术热情不高，生产技术水平下降。

人事部：车间技术人员要求调离工作的太多，要求调离的原因是技术人员不能充分发挥作用，而且待遇不高。据对这一个车间的七名技术人员的调查发现，只有一名解决了住房，而其余6名仍然住在建厂初期的旧宿舍里。

销售部：产品销售市场发生疲软，而销售人员却由原来的17人减少到了8人，市场信息不能得到全面、及时收集。

财务部：“三角欠债”使公司的流动资金严重不足，库存产品增加，产品成本增加。

法律顾问部：公司的噪声较大，周围居民根据新公布的环境保护法规向法院提出起诉。如增设消音设备，则需要一大笔费用。

工程部：最严重的问题是工程师大量外流或从事兼职工作。如果不能解决工程技术人员的合理使用和报酬问题，外流人员还要增加。

案例思考讨论题

1. 你将如何来排列这些问题的先后次序?
2. 材料中的问题是否是独立的、相互无关系的问题?

管理实务研讨

本章分组研讨主题:“工作情景中”的管理应对

1. 对上级的工作有不同的意见，你应该怎么应对?
2. 如何应对下级越级向你汇报?
3. 如何应对上司越级指挥自己部属工作?
4. 如何应对上级布置的超额工作?
5. 如何应对有能力但不听话的部属?
6. 如何应对部属的过失行为?

第5章 组　　织

学习目标

知识目标：掌握组织的含义、基本内容和作用，了解组织结构的构成。

素质目标：增强组织工作的整体意识和组织部门之间的协作意识。

技能目标：能够正确区分正式组织和非正式组织，识别组织结构的具体类型，判断组织结构的集权、分权程度。

能力目标：能够运用所学组织协调与变革技术分析现实组织管理问题。

开篇故事

解决冲突

东方公司在20世纪80年代早期，从化学制药厂商转而生产制药业中的药品包装产品，如新的生物药剂所用的胶囊和糖衣。公司位于南京市郊区，包括6个分部：营销部、研究部、开发部、生产部、行政部和人事部。1988 年公司成功地研制出几种现代药品，把生产范围扩大到各种药酒、糖衣。公司研究部对生化技术有详细的了解，研发了很多有价值的产品。“生物多态糖衣”是公司最近的一项研究成果，对公司产生了深远影响。

随着生产规模的扩大，公司研究部和生产部的冲突越来越明显，并严重影响到整个公司的业绩。引起这种冲突的几个主要因素是：首先，新技术进入了公司，生产方法和产品经常变化，越来越复杂，同时要求生产人员知道为什么。公司从传统的化学反应制药法转为包括生物技术在内的高科技生产法，这就给生产部门带来了问题，因为该部门工作人员的受教育程度不足以面对这些复杂的新技术，因而他们常对新技术持抵触态度。公司研究部主管杨同说：“现在需要更多的专业生产人员，他们应该有大学文凭并做过研究助理。但生产部这类人不多，这在创新速度大大加快的今天就成了一个大问题了。”他还描绘了一下生产人员对新技术的不信任。研究人员不能从生产部得到预期的反应，他们自然要问：“既然没人对我们的发明感兴趣，创新又有什么用？”同时，当研究人员向生产人员解释为什么出了问题并试图帮助他们解决时，生产人员并不感激他们。

生产部负责人李瑞则说，由于生产人员没有足够的技术工艺背景，他们在准备发酵所产生的生物多态糖衣时就面临困难，而这是一个生物工艺。生产人员不喜欢研究人员插手他们的生产工作。他们总认为研究人员净挑他们工作的错误。然而，研究人员却认为生产人员总是拒绝他们的计划和想法，这导致更少的交流和生产部对新项目更强烈的抵制。

两个部门都对对方有些成见。生产人员认为研究人员太理想化，脱离实际；反过来，研究人员则认为生产人员不尊重他们的工作并抵制任何创新和进步。

而且，两个部门职员的动机和看法也不一样。研究人员更注重成功而不是盈利，生产人员则相反。另一个不同是生产人员总想保证工艺无差错，而研究人员则想通过试错来更好地开展实验工作。

杨同认为公司在质量控制水平上也有问题，所属生产部的质控部门应提高效率。这些职员仍把新产品看成微不足道的微生物质量监控问题。李瑞解释了这个部门的重要性，同时指出：对于生物技术产品应正确处理，不然就会导致灾难性的后果。

由于质量控制部职员明显缺乏技术背景知识，他们不能适应新的工作思想。有时他们未和研究部商量就做分析并把结果送给客户。而公司的大多数客户有良好的技术背景知识，很容易看出错误，东方公司会因此而降低声誉。

杨同与李瑞对解决问题有了些想法，但不知道这些想法是否合理或者是否有其他解决方法。他们把这些想法交给公司管理顾问王飞，王飞分析后做出如下设计意见。

（1）应通过足够的培训，使员工对生物技术有较多的了解，以此来加强生产推动的作用。

（2）在产品取得市场成功时，应强调生产部所起的重要作用。

（3）研究人员应将工作扩展到生产部去，同时生产部也应参与研究开发部的工作。建议高层管理成立一个工作组，让两个部门从项目一开始就进行讨论、合作。这样，生产人员就能知道研究人员的工作方式，而研究人员也能预见大规模生产时会碰到什么问题。

（4）质量控制部由新成立的工作组直接领导，所有资料经审核后，统一向外发布信息。

（5）革新首先由研究部开始，研究部从事产品开发或程序改进，以满足营销部反馈的外部需求或自身发展的要求。产品或程序经测试分析后送到开发部，开发部负责评估新产品的用途，并将之从实验品阶段提高到可生产阶段。然后生产部在研究部监督下生产，如果没什么差错，就转入大规模生产。产品在包装运输前须送到质量控制部检验。

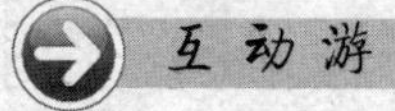

互动游戏

清道夫之猎

时间：30～60分钟，包括讨论时间

材料：一份已准备好的物品清单（注意：提供给小组的复印件份数不同对其完成率有很大影响）

场地：教室

活动目标

使全体学生迅速进入一项任务中，从而使他们开始建立团队认同感及原始凝聚力。

操作程序

（1）将全体学生分成4～6组（如果接下来他们将在同一个小组工作，老师就应事先计划分组；如果只需做大体上的分工合作，老师就可随意分组）。

（2）给每组一个特定的时间限制来完成任务，并规定一些规则（如他们必须待在一定界线内，不得妨碍其他小组等）。

（3）向他们提供配对好的物品清单（如一枚硬币，一枝花，一只活蚂蚁，一卷卫生纸，一张机动车照片等），所列物品最好都是容易获得的，但必须通过小组的灵活机智和协作努力才能完成任务。

（4）根据各组获得的指定物品数量进行打分，并公布胜利小组排名（如果可能，给获胜小组一定的奖品）。

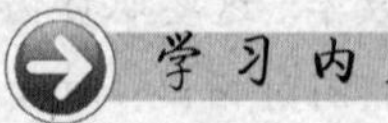

学习内容

5.1 组织工作的基础

5.1.1 组织的概念及性质

一、组织的概念

1. 组织的含义

现代汉语中，组织有动词和名词两种词性。作为动词，组织是一种活动，是一种行为过程，体现为管理的一种职能；而作为名词的组织则是管理的载体。

从动态观念来看，组织工作是一个过程，这主要是指组织是维持与变革组织结构，并使组织发挥作用、完成组织目标的过程。

在本书中我们将组织定义为：组织是指一种由两个及以上的人组成的，具有明确目的和系统性结构的实体。它按照既定组织目标设置组织结构，对各方面的人和事进行有效的组合，以协调运转，使成员都为完成总体目标而努力。任何组织都必须具有人员、职位、职责、关系、信息五大因素。此外，还必须具有目的性和协作性两大特点。实践证明，高明的人能够使任何组织发挥功效。因为许多事情必须通过人们的共同合作才能完成。所以组织的目的就是让人们从事集体的工作，使人们能有效地共事。

2. 组织的作用

组织是实现总体目标和计划的保证，需要广大职工共同完成组织的总体目标和计划，职工若是一盘散沙，则将一事无成。所以，管理工作者要对所完成的总体任务进行了解和分析，进而将总体任务分解为一个个基本环节或要素，并明确分工，将任务落实到基层或个人，然后促使他们在分工的基础上紧密配合，有效地进行工作。

（1）组织能实现资源增效。组织能把各种资源组合成有机的整体，使各种分散的力量形成合力，从而产生"1+1＞2"的效果，也就是整体大于部分之和。组织能使资源增效，这是以组织职能发挥正常为前提的，否则就不能增效，甚至会降低效能。

（2）组织是实现目标的依托。现代组织是一个综合系统，其目标具有复合性，非单个人或分散的力量能够实现。要创造条件，改造环境，顺利地实现目标，就必须依靠组织。这当然是因为，对于自然界和人类社会来说，单个人的作用是十分有限的，合理地组织起来就能形成各个人长处和短处的互补机制，就会产生新的力量。所以，只有依靠组织，才能更好地决策，更好地制定目标和有效地实施目标。在管理工作中，也只有依托组织，才能完成较为宏大的任务，最终实现目标。

（3）组织是管理者行使职能的实体。管理工作是管理者对被管理者的思想、行为施加影响，对管理的其他对象进行调配、使用的过程。在这个过程中，管理者必然要按一定的规则和程序把组织成员编排起来，形成一级制约一级的系统，以及对财、物、事、时等进行统筹安排，使之成为有机的整体。这个过程实质上就是管理者行使各种管理职能的过程。没有组织这个实体，这个过程就失去了赖以生存的形式。

3. 组织的目的

组织工作的目的就是建立和维持一个适宜的职务结构，通过职务结构和职权关系的设计，使每个人知道谁该做什么，谁对哪些后果负责，建立一个默契的工作环境。

组织工作就是指在组织目标已经确定的情况下，将实现组织目标所必须进行的各项业务活动加以分类组合，并根据管理幅度原则划分出不同的管理层次和部门，将监督各类活动所必需的职权授予各层次、各部门的主管人员，以及规定这些层次和部门的相互配合关系的一系列活动的过程。

综上所述，我们可以将组织的目的概括为7点：①将任务划分为可由各个职位部门完成的工作；②将工作职责分派给各个职位；③协调组织的多项任务；④将若干职位组合成为部门；⑤设定个人、群体及部门之间的关系；⑥建立起正式的职权线；⑦分配及调度组织的资源。

4. 组织的内容及步骤

从动态的观念来看，组织工作是一个过程。这主要是指组织工作是维持与变革组织结构，并使组织发挥作用、完成组织目标的过程，这一过程是由一系列的具体步骤构成的。

（1）按照组织工作的逻辑步骤，组织工作首先必须明确实现目标所必需的各种活动，并对之进行分类，这关系到组织中的职位或岗位设计问题。

（2）组织工作的第二个步骤是将组织所必需的各种活动进行组合，以形成可以管理的部门或单位，对组织活动和组合方式的不同分类，形成了各种不同的组织结构类型。

（3）将各部门或单位所必需的职权授予各个管理者，这就是组织工作中的职权配置。

（4）为组织中的职位配置适当的人员，这就是管理中的人员配备或人力资源管理工作。

（5）组织工作还必须从纵向、横向两个方面对组织结构进行协调和整合，使组织成为一个精干高效的有机整体。

即问即答5-1

组织是管理的一项重要职能，组织的内容主要有哪些呢？

二、组织的性质

组织的性质是由组织本身决定的，或者说是由组织的构成要素决定的。组织的性质同时也反映了组织的构成要素，我们可以通过了解组织的性质了解组织的构成要素。从人的认识过程来说，往往也是先了解组织的外在性质，然后才能进一步去研究组织的内在构成要素。

无论是社会组织还是生物组织，都具有目的性、整体性和开放性这三个主要特征。

1. 目的性

组织是一种控制系统，人类建立的各种社会系统的目标都是为了组织、协调人类自己的活动。在多层次的大组织中，大系统有总的目标，各子系统除了服从总目标、为总目标服务外，常常还有自己的分目标。

2. 整体性

整体性是指系统作为整体所具有的性质不同于它的构成要素或组成部分的性质，系统的整体所能达到的功能也不同于它的构成要素或组成部分的功能，整体与其构成要素在运动规律上也是不同的。从系统中的要素来看，它们在整体中所表现出的性质与功能，与它们自身在独立存在时所表现出的性质和功能也是不相同的。整体性是系统最主要的一般特征，是系统的本质属性。系统之所以是系统而不是要素或集合，都是由系统的整体性决定的。

3. 开放性

组织的开放性指的是组织具有不断地与外界环境进行物质、能量、信息交换的性质和功能。任何组织作为整体都不是孤立存在的，它总是处于一定的环境之中，并且同环境相互联系、相互作用着，从而表现出自己的整体性能。组织向环境开放是组织得以向上发展的前提，也是组织得以稳定存在的条件。

5.1.2 组织理论的基础内容

一、职权

1. 职权的含义

在组织结构中确定各个组织成员的职务，这就涉及在特定职务上具有什么样的职权，即具有什么样的组织关系的问题。没有职权就不可能有组织的管理活动，因为只有授予组织成员相应的职权，才能使他们执行组织分派的任务。因此，职权是不可缺少的，一般来说，组织层次、组织部门越多，职务关系就越复杂。

职权就是指管理职位所固有的发布命令和希望命令得到执行的一种权力。职权被视为把组织紧密结合起来的黏合剂。每个管理职位都具有某种特定的内在的权力，职权与组织内的一定职位有关，而与担任该职位的管理者的个人特性无关，它与任职者没有任何直接的关系。

2. 职权的类型

职权的类型可以分为三种：直线职权、参谋职权、职能职权。

直线职权是指给予一位管理者指挥其下属工作的权力，即具有指挥权和决策权，无须征得他人意见。之所以称其为“直线”，主要是强调对组织目标的实现具有直接贡献的那些管理者。

参谋职权是一种有限度的、不完整的职权，只是一种顾问性质或服务性质的职权，可以向直线管理者提出建议或提供服务，而并没有指挥权和决策权。

职能职权是指参谋人员或部门的主管人员所拥有的原属于直线主管的那部分权力。随着管理活动的日益复杂，主管人员不可能通晓各种专业知识，且仅依靠参谋的建议难以做出决策。为提高管理效果，主管人员把一部分本属于自己的直线职能授予参谋人员或某个部门的主管人员，就产生了职能职权。

二、分权与集权

随着组织规模的日益扩大，组织管理不可避免地会出现等级层次，也必然要求管理的职权在不同的等级层次中进行分配，因而产生了组织中分权与集权的关系。

1. 影响分权与集权程度的因素

（1）决策的代价。对于比较重要的、耗费较多的决策，一般由较高管理层做出决策。因为基层主管人员的能力及获取的信息量有限，限制了他们的决策。再者，重大决策的正确与否责任重大，因此往往不宜授权。

（2）政策一致性要求。当组织内部执行同一政策时，集权的程度较高。

（3）规模问题。如果组织规模大，决策数目多，协调、沟通及控制不易，宜于分权；反之，如果组织规模小，决策数目少，分权程度低，则宜于集权。

（4）组织形成的历史。若组织是由联合或合并而来，则分权程度较高；若组织是由小到大扩展而来，则集权程度较高。

（5）管理哲学。主管人员的个性与所持的管理理念也会影响权力的分散程度。

（6）主管人员的数量和管理水平。主管人员的素质及数量，也影响着权力的分散程度。主管人员数量充足，经验丰富，训练有素，管理能力较强，就可能较多地分权；反之则趋向集权。

（7）控制技术和手段是否完善。通信技术、统计方法、会计控制以及其他技术的改进都有助于趋向分权。

（8）分散化的绩效。权力分散化后的绩效如何，将会影响职权的分散与否。

（9）组织的动态特征及职权的稳定性。如果组织正处于迅速发展中，就会要求分权；如果是原有的、较完善的组织或比较稳定的组织，一般趋向集权。

（10）环境影响。决定分权程度的因素中，大部分是属于组织内部的，但影响分权程度的还有一些外部因素，如经济、政治等因素。这些因素常促使集权程度提高，即“困难时期和竞争的加剧可能助长集权制”。

2. 衡量集权与分权的程度

一般来说，分权与集权的程度通常可以根据各管理层次拥有的决策权的情况来衡量，这些情况包括以下几种。

（1）决策的数目。基层决策数目越多，分权的程度就越高；反之，上层决策数目多，则集权的程度高。

（2）决策的重要性及其影响力。若较低管理层做出的决策事关重大，涉及面较广，就可以认为分权程度较高；相反，若下级做出的决策无关紧要，则说明集权程度较高。

（3）决策审批手续的繁简程度。在根本就不需要审批决策的情况下，分权的程度就高；在做出决策以后，还必须呈报上级领导审批，职权的分散程度就低；如果在做出决策前，必须请示上级，那么分权的程度就更低。此外，较低管理层次在决策时，需要请示的人越少，分权的程度就越高。

按照分权与集权的程度不同，可形成组织的两种运行方式：分权制与集权制。一个组织究竟遵循何种运行机制将直接影响其运行效率。因为组织的运行机制的实质可以说是权力划分与职责关系的问题。因此，在任何一个现实的组织中，如何实现分权与集权的平衡始终是组织管理者不能回避的问题。

3. 分权与集权的平衡

职权作为一种支配力量，在组织运行中起着双重作用。一方面，它可以积极地维护组织的稳

定和推动组织的发展；另一方面，它也可以消极地破坏组织的稳定、瓦解组织。总之，过分分权和集权都会产生消极作用。

（1）分权的优缺点。

分权有助于实现组织的有效运行，其优点是能使企业的决策在接近实际工作的各基层单位上进行。但是分权不当也可能引起某些现实的危险。

分权不当易引发的危险有如下几点。

① 降低决策的整体性。决策有可能只是根据某一特定工作部门自身的最佳利益做出的，对公司整体上的最佳利益并未给予考虑。

② 降低组织的协调性。由于存在讨价还价、相互扯皮的可能，公司作为一个整体难以有效地做出各项管理决策。

③ 降低组织的效率。分权不当还容易造成整个组织一盘散沙的局面，从而使整个组织毫无效率可言。

（2）集权的优缺点。

集权的管理方式具有指挥灵活和决策迅速等优点。当组织规模较小的时候，高度集权的方式可能是必要的，而且可以充分显示出其优越性。但随着社会分工的发展、组织规模的扩大，如果仍将组织的执行权、信息权、咨询权、监督权等集于一身，则可能出现另外一些弊端。

集权不当易引发的危险有以下几点。

① 降低决策的质量。大规模组织的主管远离基层，基层发生的问题经过层层请示汇报后再做决策，这不仅会影响决策的正确性，更会影响决策的时效性。

② 降低组织的适应能力。过分集权的组织，可能使各部门失去自适性和自我调整的能力，从而减弱组织整体的应变能力。

③ 降低组织成员的工作热情。权力高度集中，容易使基层管理人员和操作人员的积极性、主动性、创造性下降，从而使组织的发展失去基础。

因此，如何进行科学分权、寻找决策科学化和权力制衡的有效机制，实现分权与集权的平衡，是现代组织需要迫切解决的问题。

三、管理幅度与管理层次

1. 组织结构的管理幅度与管理层次

管理幅度也称管理跨度，是指一名管理者直接管理的下级人员的数量。一般而言，上级直接管理的下级人员多，称为管理幅度大或跨度宽；反之，则称为管理幅度小或跨度窄。从形式上看，管理幅度仅仅表示了一名管理者直接管理的下级人员的人数；但由于这些下级人员都承担着某个部门或某个方面的管理业务，管理幅度的大小实际上又反映着上级管理者直接控制和协调的业务活动量的多少。因此，管理幅度的概念本身就表明，它既同人（包括管理者和下属）的状况有关，也同业务活动的特点有关。研究表明，在组织的高层，通常一个主管可以有效地管理 4～8 人；在组织的低层，一个主管可以有效地管理 8～15 人。

管理层次也称组织层次，是指组织内部从最高一级管理组织到最低一级管理组织的各个组织等级。管理层次从表面上看只是组织结构的层次数量，但其实质上反映的是组织内部纵向分工关系，各个层次将担负不同的管理职能。因此，伴随着层次分工，必然产生层次之间的联系与协调问题。

管理幅度与管理层次互相制约，它们之间存在着反比例的数量关系，其中起主导作用的是管理幅度。所谓起主导作用，就是管理幅度决定管理层次，即管理层次的多少取决于管理幅度的大小。

这是由管理幅度的有限性所决定的。产生这种有限的原因在于：①任何管理者的知识、经验和精力都是有限的。②下级人员受其自身知识、专业、能力、思想等素质条件和岗位工作的负担、分工条件的局限影响。同时，也应看到管理层次对管理幅度也存在一定的制约作用。这是因为管理层次与管理幅度相比，具有较高的稳定性。这就要求管理幅度在一定程度上应服从既定的管理层次。

2. 管理幅度与管理层次设计

由于有效管理幅度是决定管理层次的基本因素，因此，在进行设计时，就需要首先根据企业的具体条件，正确规定管理幅度；然后，再在这个数量界限内考虑影响管理层次的其他因素，提出管理层次的设计方案。

（1）管理幅度设计。管理幅度设计应考虑的因素从理论上可以归结为上下级关系的复杂程度。直接影响上下级关系复杂程度的因素主要有管理工作性质、人员素质状况、下级人员职能状况、计划与控制的有效性、信息沟通效率、组织变革速度、下级组织和人员空间分布状况等方面。

管理幅度设计常用的方法主要有两种：①经验统计法。即先对不同类型组织的管理幅度进行抽样调查，再以调查所得的统计数据为参照，结合本组织的具体情况去确定管理幅度。经验统计法简便易行，它的局限性是缺少对影响特定组织管理幅度各因素的具体分析，提出的管理幅度建议难免与特定组织的实际情况不符。②变量确定法。这是把影响管理幅度的各种因素作为变量，采用定性分析与定量分析相结合的方法来确定管理幅度的一种方法。与经验统计法比，变量确定法由于全面考虑了影响特定组织管理幅度的主要因素，并进行了定量分析，因此它所规定的管理幅度更为科学、合理。其缺点是在选择主要变量和确定变量时仍易受主观判断影响。

（2）管理层次设计。管理层次设计的制约因素主要有有效管理幅度、纵向职能分工以及组织效率等。管理层次设计的步骤主要是：①根据纵向职能分工，确定基本的管理层次；②按照有效管理幅度，推算具体的管理层次；③按照提高组织效率的要求，确定具体的管理层次；④按照组织的不同部分的特点，对管理层次做局部调整。

3. 组织设计中的典型组织结构

在组织设计中，可能产生两种典型的组织结构。一是高耸结构形式，即管理层次较多，而管理幅度较小；二是扁平结构形式，即管理层次较少，而管理幅度较大。

（1）高耸结构。

其优点包括：①主管人员的管理幅度较小，能够对下属进行面对面的、深入具体的领导；②由于主管人员的管理幅度较小，一般不需设副职或助手，有利于明确领导关系，建立严格的责任制；③主管人员和人数较少的下属所组成的集体规模较小；④由于层次多，各级主管职务相应较多，能为下属提供晋升机会，促使其积极努力工作，提高自身素质。

高耸结构的缺点包括：①由于层次较多，需要配备较多的管理人员，彼此之间的协调工作也相应增加，造成管理费用大；②信息的上传下达要经过多个层次，速度慢，并容易发生失真和误解；③计划和控制工作较为复杂；④最高领导层与基层人员相隔多个层次，不容易了解基层现状并及时处理问题。

（2）扁平结构。

其优点包括：①信息传递速度快、失真少；②管理费用低；③便于高层领导了解基层情况；④主管人员与下属能够组成较大的集体，有利于解决较复杂的问题；⑤有利于实现授权，激发下属积极性，并培养下属管理能力。

扁平结构的缺点包括：①上层管理人员的管理幅度大、负荷重，难以对下级进行深入具体的指导和监督；②对领导人员的素质要求较高，有时需配备副职协助，这又可能引起职责不清与不协调的现象；③主管人员与下属组成较大的集体，不利于同级间的相互沟通联络和主管人员对信息的利用。

无论高耸结构还是扁平结构，关键是要根据企业的具体要求加以选用，扬其长而避其短，以取得良好效果。在现代企业管理中，注重采用扁平结构是一种趋势。

即问即答 5-2

在组织中是否管理幅度越宽越好、管理层次越多越好？

5.2 组织结构与组织结构设计

5.2.1 组织结构的基本形式与特点

组织结构形式是管理组织结构设置的具体模式，企业职能设计完成后，就可以进行组织结构框架设计，它包括纵向结构设计和横向结构设计两个方面。横向结构设计主要解决部门划分问题，建立分工协作关系；纵向结构设计主要解决层次划分问题，建立领导隶属关系。

一、组织结构

1. 组织结构的含义

组织结构是组织内的全体成员为实现组织目标，在管理工作中进行分工协作，通过职务、职责、职权及相互关系构成的结构体系。

组织结构的本质是成员间的分工协作关系。组织结构的内涵是人们的职、责、权关系，因此，组织结构又可称为权责结构。

2. 组织结构的内容

组织结构具体包括以下内容：

（1）职能结构，即完成组织目标所需要的各项业务工作及其比例和关系。如一个企业有经营、生产、技术、后勤、管理等不同的职能。各项工作任务为实现企业的总体目标服务，但各部分的权责关系却不同。

（2）层次结构，即各管理层次的构成，又称组织的纵向结构。例如，公司机构的纵向层次大致可分为董事会—总经理—各职能部门。而各部门下边又设基层部门，基层部门下边又设立班组。这样就形成了一个自上而下的纵向的组织结构层次。

（3）部门结构，即各管理部门或业务部门的构成，又称组织的横向结构。如企业设置生产部、技术部、营销部、财务部、人事部等职能部门。

（4）职权结构，即各层次、各部门在权力和责任方面的分工及相互关系。如董事会负责决策，经理负责执行与指挥；各职能层次、部门之间的协作关系、监督与被监督关系等。

即问即答 5-3

从企业组织结构的定义来看，组织结构的本质是责权利关系的划分吗？

二、组织结构的基本形式与特点

通过机构、职位、职责、职权及它们之间的相互关系，实现纵横结合，组成不同类型的组织结构。

1. 直线制

直线制是一种最早的和最简单的组织结构形式，它最初产生于手工业作坊，当时老板和工场主都实行个人管理，对生产、技术、销售、财务等各项事务都亲自处理。因此，这种组织形式没有职能机构，从最高管理层到最低管理层，实现直线垂直领导，如图5-1所示。

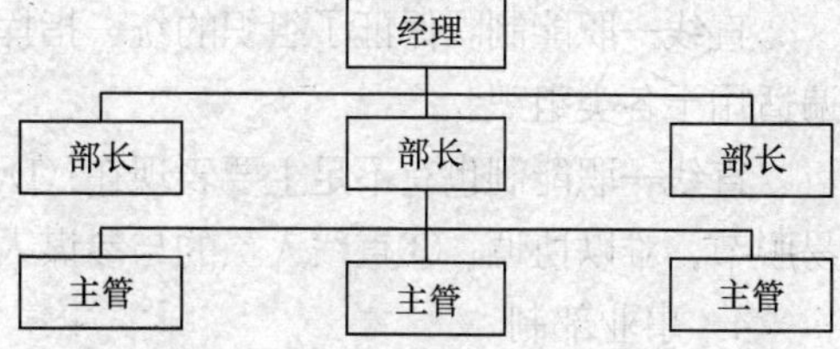

图5-1 直线制组织结构形式

直线制的优点是：①机构简单，沟通迅速；②权力集中，指挥统一；③垂直联系，责任明确。

其缺点是没有职能机构，管理者负担过重，而且难以满足多种能力要求。因此，只适用于小规模企业。

2. 职能制

职能制是指设立若干职能部门，各职能部门在自己的业务范围内有权向下级下达命令和指示，即各级负责人除了要服从上级直属领导的指挥以外，还要受上级各职能部门的领导，如图5-2所示。

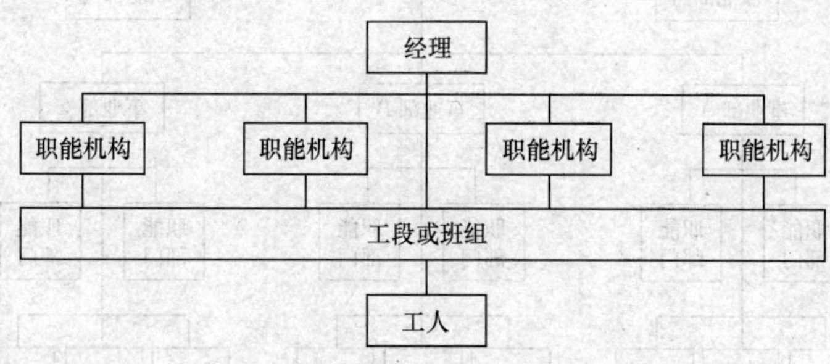

图5-2 职能制组织结构形式

职能制的优点是管理分工较细，有利于工作深入，便于充分发挥职能机构的专业管理功能。但这种组织形式容易出现多头领导，政出多门，破坏统一指挥原则。事实上，职能制也只是表明了一种强调职能管理专业化的意图，无法在现实中真正实行。

3. 直线—职能制

直线—职能制又称直线参谋职能制或生产区域制。它吸取了直线制和职能制的长处，也避免了两者的短处。它把直线指挥的统一化思想和职能分工的专业化思想相结合，在组织中设置纵向的直线指挥系统和横向的职能管理系统，即在各级领导者之下设置相应的职能部门分别从事专业管理，如图5-3所示。

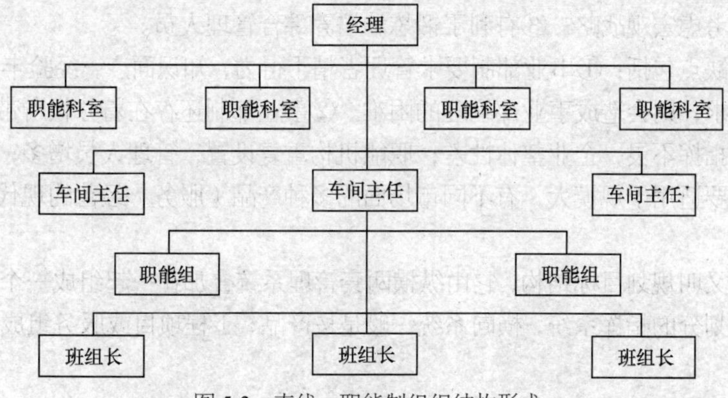

图5-3 直线—职能制组织结构形式

这种组织形式的特点是以直线指挥系统为主体，同时利用了职能部门的参谋作用。职能部门对下级部门无权直接指挥，只起业务指导作用。其在直线人员授权下可行使职能、职权。

直线—职能制既保证了组织的统一指挥，又有利于强化专业化管理，因此，这种组织形式普遍适用于各类组织。

直线—职能制也有不足主要表现在：①下级缺乏必要的自主权；②各职能部门之间联系不紧，易脱节，难以协调；③直线人员的与参谋人员的关系有时难以协调。

4. 事业部制

事业部制也叫联邦分权化，它是一种分权制的组织形式，是指在公司总部下增设一层相对独立经营的“事业部”，实行公司统一决策、事业部独立经营的一种体制，如图 5-4 所示。

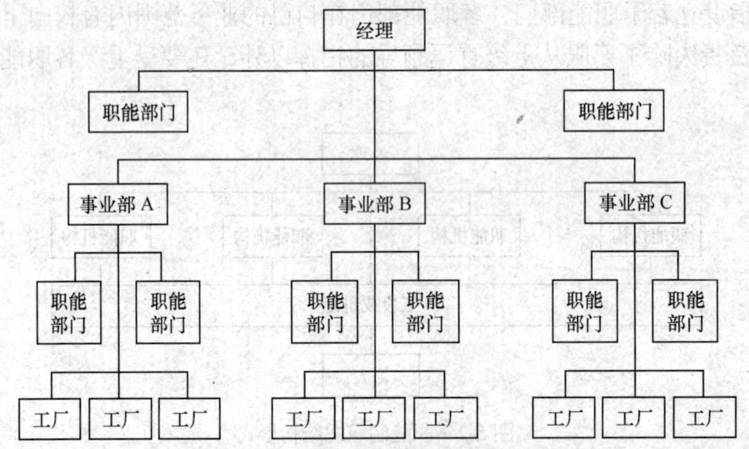

图 5-4 事业部制组织结构形式

事业部是分权化单位，它分割了一定的直线指挥权限，有进行采购、生产、销售的自主权；是实际的利益责任单位，具有利益生产、利益核算、利益管理三种职能，是在总公司控制下的利益中心，在总公司领导下，实行独立核算，自负盈亏；每一个事业部都是一个责任中心，是产品责任单位或生产责任单位，有自己独立的市场。

事业部可依据产品、地域、服务对象等的不同来划分。

事业部制的主要优点包括：①对产品的生产和销售实行统一管理，自主经营，独立核算，有利于发挥各事业部的积极性、主动性，并能更好地适应市场；②有利于最高层管理者摆脱日常事务，集中精力去考虑宏观战略；③有利于锻炼和培养综合管理人员。

事业部制的缺点包括：①事业部制要求管理者精干得力，知识面广，经验丰富，如果管理者素质达不到该要求，则会造成事业部管理的困难。②事业部制还存在着分权所带来的一些不足，如：本位主义；指挥不灵，企业整体性差；职能机构重复设置，管理人员增多；等等。

事业部制主要适用于规模大，有不同市场面的多种产品（服务）经营的现代大企业。

5. 矩阵制

矩阵制结构又叫规划目标结构，它由纵横两套管理系统叠加在一起组成一个矩阵，其中纵向系统是按照职能划分的指挥系统，横向系统一般是按产品、工程项目或服务组成的管理系统，如图 5-5 所示。

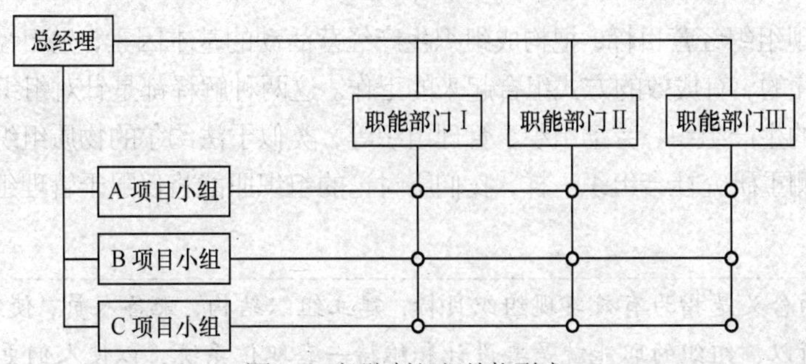

图5-5　矩阵制组织结构形式

这种形式的组织结构最初出现在20世纪50年代末，被用于完成某些特殊任务。例如，企业为了开发某项新产品，在研究、设计、试制、生产各个方面都要求有关职能部门派人参加，组成一个专门小组，小组里的成员既同原职能部门保持组织上和业务上的联系，接受原部门主管的领导——主要是专业技术上的领导，又要对项目小组的主管负责，服从项目主管的管理——作为一个作业部门的领导者对其工作人员的全面管理。

矩阵制组织结构的优点包括：①使企业组织结构形成一种纵横结合的联系，加强了各职能部门之间的配合；②对人员的使用富有弹性，有利于发挥专业人员的综合优势，有利于改善整体工作效率。

矩阵制组织结构的缺点包括：①由于组织成员必须接受双重领导，破坏了统一指挥原则，下属会感到无所适从；②工作出现差错时，不易划分领导责任。

这种组织形式主要适用于变动性大的组织或临时性工作项目。

6. 委员会组织

委员会也是一种常见的组织形式，它是执行某方面管理职能并实行集体决策、集体领导的管理者群体。委员会在实践中被广泛采用，如董事会、监事会、职工委员会、学位评定委员会等。

组织中的委员会可以是临时的，是为某一特定目的而临时组织的，完成特定任务后即行解散；委员会也可以是常设的，它负责促进协调、沟通与合作，实施制定和执行重大决策的职能。委员会按职能不同可划分为两种类型：一种是直线形式的，如董事会，它的决策要求下级必须执行；另一种是参谋式的，它为直线管理人员提供咨询建议和方法等。

委员会组织的突出优点是集体领导和决策，有效避免了个人水平、能力有限造成的各种失误；缺点是决策速度慢，不利于责任划分，易导致责任人不清。

这种组织形式主要适用需要集体领导或专项职能的组织。

上述各种组织形式各有利弊，没有哪一种是十全十美的。组织应根据目标要求与实际情况进行灵活选择，必要时也可将几种形式有机结合起来，以更有效地保证目标实现。

即问即答5-4

跨国公司实行哪种组织结构形式最为合适？

5.2.2　组织设计与职务设计

一、组织职能

在我国，人们将组织职能解释为：为了实现组织的共同任务和目标，对人们的生产经营活动进行合理的分工和协调，合理配备和使用组织的资源，正确处理人们相互关系的管理活动。或者说组织是为了实现组织经营目标，把构成组织生产经营活动的基本因素，生产经营活动过程的主要环节，以有秩序的、有成效的方式组合起来的工作。这两种解释都是针对组织的组织职能而言的，包括了组织的生产组织、劳动组织、管理组织等，类似于法约尔的物质组织与社会组织。不过，正如法约尔侧重研究社会组织一样，我们所讨论的组织职能将仅限于管理组织工作，它适用于各类组织。

组织职能的含义是指为有效实现组织目标，建立组织结构，配备人员，使组织协调运行的一系列活动。所以，组织的职能就是要设计和维持一套职位系统，以便人们更好地分工合作。一个良好组织的职位体系，必须体现以下特点：目标切实可行；主要的任务与业务清楚；职权范围明确，使每个工作人员都知道自己该干什么，以及能随时随地得到工作所需的信息和手段。

对一个组织来说，它的组织职能应包括以下几点。

（1）组织设计：设计并建立组织结构。选定合理的组织结构，确定相应的组织系统，规定各部门的职权和职责。

（2）组织联系：职权分配与授权。规定组织结构中各部门间的相互联系，规定命令下达和信息反馈的渠道，明确他们的协调原则和方法。

（3）组织运用：规定组织体系内各职能部门的工作顺序、业务运行的技巧，以及建立检查、报告制度等，进行组织协调与变革。

二、部门划分

管理幅度决定了组织的层次，而劳动分工原则又是划分组织部门的主要原因。要提高生产率、工作效率，就必须对整个组织的工作进行明确的分类。

部门是指组织中的主管人员为了完成规定的任务而有权管辖的一个特定的领域。部门划分的任务有两项：一是确定企业应该设置哪些部门；二是规定这些部门之间的相互关系，使之形成一个有机整体。

适合所有组织、所有情况的最佳部门划分模式是不存在的，管理者要结合自身特点及组织所处环境来决定最适合自己的部门划分模式。部门划分常采用的方法有以下几种。

（1）按人数划分。这是一种最原始、最简单的划分方法，如军队中的师、团、营、连就是采用这种方法划分的。

（2）按时间划分。这种方法也是一种很古老的划分部门的方法，多用于组织的基层。按时间划分部门的方法是由于经济、技术或者其他一些原因，组织成员在正常工作日不能满足工作需要时采用的一种轮班的做法。许多工业企业按早、中、晚三班制进行生产活动，其部门的设置就可以分为三个。

（3）按职能划分。这是使用最为普遍的一种部门划分方式，也是现代组织中采用最广泛的一种方法。这是按照专业化的原则，依据工作或任务的性质，把同类活动集中在一起来划分部门的方法。如企业可以采用这种划分方法将组织划分为销售、工程、生产、财务等部门。

（4）按地域划分。这种划分是把某一地区内的全部活动集中起来合并成一个部门。对于活动地域分散在不同地区的组织来说，按地区划分部门是一种比较普遍采用的方法。这种部门划分方法经常被跨国公司采用。

（5）按产品划分。这种划分是把生产一种产品或产品系列的所有必需的活动组织在一起，用以开展业务活动。实施多元化经营的组织经常采用这种划分部门的方法。

（6）按服务对象划分。这种划分方法根据不同的服务对象来划分组织中的部门，它能够更好地迎合特定顾客群体的要求。

（7）按技术或装备划分。这种方法常与其他划分方法结合起来使用。其优点在于能够经济地使用设备，充分发挥设备的能力，也便于设备的维修和材料供应，同时也有利于发挥专业技术人员的特长。

三、组织设计的影响因素

管理职务及其结构的设计是为了合理组织管理人员的劳动。管理组织活动总是在一定的环境中，利用一定的技术条件，并在组织总体战略的指导下进行的，组织设计不能不考虑这些因素的影响。此外，组织的规模及其所处阶段不同，也会要求与之相适应的结构形式。

1．战略

组织结构必须服从组织所选择的战略的需要。适应战略要求的组织结构，为战略的实施、进而为组织目标的实现提供了必要的前提。

战略是实现组织目标的各种行动方案、方针和方向选择的总称。为实现同一目标，组织可在多种战略中进行挑选。比如，作为经济组织的企业，为实现利润、求得成长的目标，既可以生产低成本、低质量的产品，通过价格优势去争取众多的低收入用户，以求得销量优势，亦可利用高精技术和材料生产优质产品，争取高收入消费者，以求得质量优势；在同一类型商品的生产中，既可制造适应各类消费者需要的不同规格、不同型号的产品，也可专门制造满足用户某种特殊要求的产品。

战略选择的不同将在两个层次上影响组织结构：不同的战略要求不同的业务活动，进而影响管理职务的设计、战备重点的改变，会引起组织工作重点以及各部门与职务在组织中重要程度的改变。因此，要求各管理职务以及部门之间的关系做出相应的调整。

如政府机关、工商企业、学校、医院、群众团体等，在组织结构上、性质上自然有所不同，性质的不同导致完成组织宗旨和目标的任务也不同。

2．环境

任何组织作为社会的一个单位，都存在于一定的环境中，组织外部的环境必然会对组织内部的结构形式产生一定程度的影响。这种影响主要表现在三个不同的层次上。

（1）对职务和部门设计的影响。组织是社会经济大系统中的一个子系统。组织与外部存在的其他社会子系统之间也存在分工问题，社会分工方式的不同决定了组织内部工作内容，从而使所需完成的任务、所需设立的职务和部门不一样。

（2）对各部门关系的影响。环境不同，使组织中各项工作完成的难易程度以及对组织目标实现的影响程度亦不同。同样，在市场经济体制中，当产品的需求大于供给时，企业关心的是如何增加产量、扩大生产规模、增加新的生产线或生产车间，企业的生产职能就会比其他职能显得更加重要，要相对冷落销售部门和销售人员；但是一旦市场供过于求，产品从卖方市场转变为买方市场，则营销职能就会得到强化，营销部门自然会成为组织的中心。

（3）对组织结构总体特征的影响。外部环境的稳定性不同，对组织结构的要求也是不一样的。稳定环境中的经营，要求设计出被称为“机械式管理系统”的稳固结构，管理部与人员的职责界限分明，工作内容和程序经过仔细的规定，各部门的权责关系固定、等级结构严密；而多变的环境则要求组织结构灵活，各部门的权责关系和工作内容需要经常做适应性的调整，等级关系不甚严密，组织设计中强调的是部门间的横向沟通而不是纵向的等级控制。

例如，传统产业下的企业，外部环境较稳定，其机构设置、权责分工等就可以稳定一些，规定可以细致一些；而对于新兴产业下的企业，外部环境多变，其组织结构就不稳定，职责分工也不严格，组织工作重在临时协商和发挥职工主动性。

由此可见，组织结构设计应有权变观点，从实际出发，具体情况具体分析，设计适应的组织结构。适用于一切组织的最好的组织结构是不存在的。

3．技术

组织的活动需要利用一定的技术和反映一定技术水平的物质手段来进行。技术以技术设备水平组织活动的内容划分职务的设置和工作的素质要求：信息处理的计算机化将改变组织中的会计、文书、档案等部门的工作形式和性质。

技术对组织结构的影响，最明显的可能表现在作为经济组织的企业上面。现代企业的一个最基本特点是在生产过程中广泛采用先进的技术和机器设备。由人制造的设备和设备体系有其自身的运转规律，这个规律决定必须对运用设备进行作业的工人进行生产组织。在某些条件下，人们必须负责加工产品的全部流程；而在另外某一些条件下，人们又可以让不同车间的生产专门化，只完成各类产品的某一道或某几道工序的加工。

例如，同是工业企业，如果分别属于不同的部门、行业，采用不同的生产技术，其组织结构就可能会有差别。

4. 规模与组织所处的发展阶段

规模是影响组织结构的一个不容忽视的因素，适用于仅在某个区域市场上生产和销售产品的企业，也适用于在国际经济舞台上从事经营活动的巨型跨国公司。

组织的规模往往与组织的发展阶段相联系。伴随着组织的发展，组织活动的内容日趋复杂，成员会逐渐增多，活动的规模会越来越大，组织的结构也需要随之经常做出调整。

四、组织结构设计的原则

一个组织只有建立一个高效能的管理系统，才能保证管理工作有序地进行，才能使得管理中枢的决策得到有效的贯彻，并收到良好的效果。合理的组织结构能促使事物的发展，不合理的结构将阻碍事物的发展。要使组织结构合理，在设置机构时就应依照以下科学原则。

1. 目标明确化原则

任何一个组织的存在，都是由它特定的目标决定的。也就是说，每一个组织和这个组织的每一个部分，都是与特定的任务、目标有关系的，否则它就没有存在的意义。组织的调整、增加与合并都应以是否对其实现目标有利为衡量标准，而不能有其他标准。例如，企业中的管理组织结构是为了实现企业目标而设置的，其中每一分支机构的确立和每一岗位的设置，都必须与企业目标密切相关，由此来把各级管理人员和全体工人组织为一个有机整体，为生产符合社会需要的高质量的产品、创造良好的经济效益而奋斗。所以，在建立组织结构时，一定要首先明确目标是什么，每个分支机构的分目标是什么，以及每个人的工作是什么，这即是目标明确化原则。

2. 分工协作原则

分工就是按照提高管理专业化程度和工作效率的要求，把单位的任务和目标分成各级、各部门、单个人的任务和目标，让其明确干什么、怎么干，不允许出现名义上是共同负责，实际上职责不清、无人负责的混乱现象。有分工还必须有协作，要明确部门之间和部门内的协调关系与配合方法。

在分工中必须尽可能按照专业化的要求来设置组织结构；工作上要有严格分工，每个职工在从事专业化工作时，应力争达到更熟练、更高的要求。人人都应当掌握基本的工作规范，在完成本身的业务活动时要有必要的专业知识和熟练的技巧，这样才可能提高效率。同时，还要注意分工的经济效益。

3. 权责统一原则

权责统一是建立组织机构和配置人员时必须遵循的原则。在组织机构中，权责分离是一大忌讳。一个权责分离的组织，总是难以完成好任务的。我国的经济管理实践也充分证明了这一点。在过去很长一段时间里，由于管理体制存在的弊病，在组织内部，往往有的机构或管理者有职责但无相应的职权，有的则是有职权而又可以不负责任，这往往会给工作造成很多矛盾并带来损失。所以，职权和职责是组织理论中的两个基本概念。职责是指职位的责任、义务。职权是指在一定职位上的管理者在其职务范围内，为完成其责任所应具有的权力，一般包括决定权、命令权、审查权、提案权等。在设置管理组织结构时，既要明确规定每一管理层次和各职能机构的职责范围，又要赋予其完成职责所必需的管理权限。职责与权限必须协调一致。

管理者为了履行一定的职责，就必须有相应的权限。只有职责，没有权限或权限太小，管理者的积极性和主动性就会受到束缚，实际上是不可能承担起应有责任的；相反，只有权限而没有责任，就会造成滥用权力、瞎指挥，产生官僚主义。所以，设置什么样的机构、配备什么样的人员、规定什么样的职责，就要授予什么样的权限。

4. 统一指挥与分权管理原则

统一指挥与分权管理的原则，就是要求各级管理组织结构必须服从它的上级管理机构的命令和指挥，并且非常强调只能服从一个上级管理机构的命令和指挥。只有这样，才能保证命令和指挥的统一，避免多头领导和多头指挥。

统一指挥与分权管理原则在具体实行过程中要注意：各级管理机构在生产行政上都必须实行领导人负责制，下级领导对上级领导负责，副职对正职负责，一般干部对本部门的直接领导负责，以避免分散指挥和无人负责的现象。在一般情况下，各级管理机构都不应该实行越级指挥。但是，实行命令统一原则并不是把一切权力都集中在组织最高一级领导层，而应是既有集权又有分权，该集中的权力必须集中起来，该下放的权力就应当分给下级，这样才可以加强部门的灵活性和适应性。如果事无巨细，把所有的权力都集中于最高一级领导层，不仅会使最高层领导被淹没于繁琐的事务当中、顾此失彼，而且还会助长官僚主义、命令主义和文牍主义作风，有时甚至"捡了芝麻，丢了西瓜"，忽视了全局性、方向性的大问题，成为庸庸碌碌的事务主义者。

5. 合理宽度原则

组织的机构多设了不行，少设了也不行；同样，一个机构中的人员多了是浪费，少了又不利于开展工作。这就涉及管理宽度的问题。一个领导者或一个上级机构能够有效地直接领导的人员数量就是管理宽度。管理宽度的定量意义较大，在一定宽度范围内的管理，一般来说是有效的，突破这个宽度，对下属所给予的指导和监督自然就更为一般化，管理的作用就会降低。古典学派将管理宽度限制为 4 人，对现代企业而言显得过于窄小。面对瞬息万变的环境，现代企业要求富有更大的弹性及应变能力，因此，为了缩短决策与行动者之间的距离，保持信息畅通无阻，使企业目标更为清晰与和谐，降低巨额管理成本，充分意识与捕捉到发展机遇，扁平型组织结构应运而生，并成为现代企业管理体制变革的主流。

6. 精简高效原则

组织机构是否精干直接影响到组织效能。所谓精干就是在保证完成目标，达到高效率和高质量的前提下，设置最少的机构，用最少的人完成组织管理的工作量，真正做到人人有事干，事事有人干，保质又保量，负荷都饱满。为此，要克服“人多好办事”的偏见，树立“用最少的人办最多的事”的新观念。根据这一原则，就应当改变过去片面强调“上下对口”设置组织机构的现象，改变随意滥设临时机构的现象，消除机构臃肿、人浮于事等现象，使组织轻装前进，高效运转。

五、组织结构设计时机的把握

组织结构设计主要针对三种情况：一是新建组织需进行组织结构设计；二是原有组织结构出现较大问题或组织目标发生变化；三是组织结构需进行局部的调整和完善。在这三种不同的情况下，组织结构设计的基本程序是一致的。组织结构的设计一般按下述程序进行。

（1）确定目标。即按组织的性质和宗旨来提出设计的要求和原则。如公司一级的管理层面是宽些还是窄些，是实行集权式管理还是实行分权式管理等。

（2）收集和分析资料。包括调查研究同类组织的组织结构，结合上述目标分析它们的优缺点，为以下步骤的设计工作提供参考和借鉴。

（3）从组织自身的宗旨、目标和计划出发，对必须从事的工作和业务活动加以确认和分类归组，明确各类活动的范围和大概的工作量。

（4）设计组织结构框架。即设计承担这些管理职能和业务的各个管理层次、部门、岗位及其权责。按照划分的各类活动，设置组织机构，形成层次化、部门化的结构，绘制出组织图。这是组织结构设计中的关键性步骤。

（5）确定职务、岗位、职责和权限。即首先规定各层次、机构的职责；然后对机构内部的工作或业务进行分工，确定相应的职务、岗位和职责；最后按权责对等原则，规定各层次、机构、职务、岗位所拥有的权限。

（6）设计联系方式。即设计纵向管理层次之间、横向管理部门之间的协调方式和控制手段。设计信息沟通和协作方式，如信息的发出者、接收者，信息传递的内容、方式、频率等。协作方面特别要处理好跨单位的工作，防止无人负责。

（7）建立各项有关组织结构的规章制度。即设计管理规范，确定各项管理业务的管理工作程序、管理工作应达到的标准和管理人员应采用的管理方法等，以及部门和人员的考评制度、激励制度和培训制度等。

（8）人员配备和管理训练。即为组织结构运行配备相应的管理人员和工作人员，并训练他们适应组织结构的各要素运作方式，使他们了解企业内的管理制度或掌握所需技术等。

（9）评价和批准组织结构设计方案，然后付诸实施，或对现有结构进行调整。即要在组织运行过程中，根据出现的新问题、新情况，对原有组织结构适时进行修正，使其不断完善。

组织结构受到多种因素的影响，绝非一成不变的。在影响因素发生重大变化时，必须对组织结构进行改革和创新。同时，对此应采取严肃态度和慎重步骤，有领导、有计划地进行。

即问即答5-5

组织设计是基于什么情况进行的？

六、职务设计

职务设计是将职务任务组合起来构成一项完整职务的过程。职务设计是对现有职务的认定、修改或产生新的职务。职务设计的方法有：职务专业化、职务轮换、职务扩大化、职务丰富化等。

1. 职务专业化

20世纪50年代以前，受亚当·斯密和泰勒等人理论的影响，职务设计基本上是按职务专业化的模式进行的，即把职务简化为细小的、专业化的任务。职务专业化的基本工具就是时间—动作研究，即通过分析工人的手、臂和身体其他部位的动作，工具、身体和原材料之间的物理机械关系，寻找工人的身体活动、工具和任务之间的最佳组合，实现工作的简单化和标准化，以使所有工人都能够达到预定的生产水平。

按职务专业化思路设计出来的职务简单、可靠、安全，但由于它很少考虑工人的社会需要和个人成长需要，产生了很大的副作用，包括工作的单调乏味，工人对工作产生厌倦和不满情绪，管理者和工人之间产生隔阂，离职率和缺勤率增高，怠工和工作质量下降等。

2. 职务轮换

避免职务专业化缺陷的一种努力是职务轮换，即通过让员工工作多样化，从而避免产生工作厌倦。职务轮换有两种类型：纵向的和横向的。纵向轮换指的是升职或降职。但我们一般谈及职务轮换指的都是横向轮换。横向轮换往往被视为培训的手段，并有计划地进行。职务轮换的优点是明显的。首先，它拓宽了员工的工作领域，给予他们更多的工作体会，减少其工作厌倦感和单调感。其次，其带来更广泛的工作体会，可以使员工对企业中的多种活动有更多的了解，为其承担更大责任做更好的准备。

职务轮换设计的缺点是：将一名员工从先前的职位上转入一个新的职位，需要增加培训成本，还会导致生产效率的下降。此外，职务轮换可能会使那些偏爱在所选定的专业领域中寻求更大发展的员工的积极性受到打击。国外一些企业的经验还表明，非自愿的职务轮换可能导致旷工和生产事故的增加。

3. 职务扩大化

避免职务专业化缺陷的另一种努力是职务扩大化，即通过增加某职务所完成的不同任务的数量，实现工作多样化。职务扩大化所增加的任务往往与员工以前承担的任务内容具有类似性，因此，它只是工作内容在水平方向上的扩展。

职务扩大化的结果并不尽如人意。因为职务扩大化只是工作内容在水平方向上的扩展，不需要员工具备新的技能，因此它并不能改变员工对工作的枯燥感。正如一位经历过职务扩大化设计的员工所说的“以前，我只有一份烦人的工作；现在，我有了三份烦人的工作!”职务扩大化试图避免职务专业化造成的多样性缺乏，但它并没有给员工的活动提供多少挑战性和兴趣。

4. 职务丰富化

职务丰富化是指赋予员工更多的责任、自主权和控制权。根据赫兹伯格的保健激励理论，公司政策和薪酬等属于保健因素，如果这方面的因素达到了员工可以接受的水平，只能使员工没有不满，但产生不了激励作用。能够产生激励作用的因素是员工的责任感、成就感和个人成长。因此，在工作中增添激励因子，使工作更有趣、更有自主性和挑战性，就成为职务丰富化的基本思想。例如，在一般情况下，商店的营业员的职责主要是导购，如果还让他们负责处理退货和订货，就是将他们的职务丰富化了。

职务丰富化的途径有：①实行任务合并，即让员工从头到尾完成一项完整的工作，而不是只让其承担其中的某一部分。②建立客户关系，即让员工有和客户接触的机会，出现问题也由其负责处理。③让员工规划和控制其工作，而不是由别人控制，员工可以自己安排工作进度，可以自己处理遇到的问题，并且自己决定上下班时间。④建立畅通的反馈渠道，使员工能够迅速地评价和改进自己的工作绩效。

职务丰富化作为现今职务设计的主流思想而备受推崇，但职务丰富化也是有缺陷的，主要表现在：①如果绩效低下不是由于激励不足导致的，而是由于员工技能不够、工作环境恶劣等问题所致，职务丰富化就没有多大意义了。②职务丰富化必须在经济上、技术上是可行的。③员工必须愿意接受具有挑战性的工作。

5. 工作团队

工作团队作为职务设计的一种方案正被越来越多的组织接受。当职务是围绕小组，而不是围绕个人来进行设计时，就形成了工作团队。在工作团队中，每位员工都具有多方面的技能，他们不再从事某一特定的任务。当一系列任务被分派给团队后，由团队决定谁在什么时候做什么工作，并在需要时轮换工作。团队可以有管理者，也可以没有管理者。有管理者的团队，被称为综合性工作团队；没有管理者的团队，被称为自我管理式工作团队，在这类团队中，成员间的关系是协助式的，成员可以自主决定工作时间和合作伙伴，并让成员相互评价工作绩效。

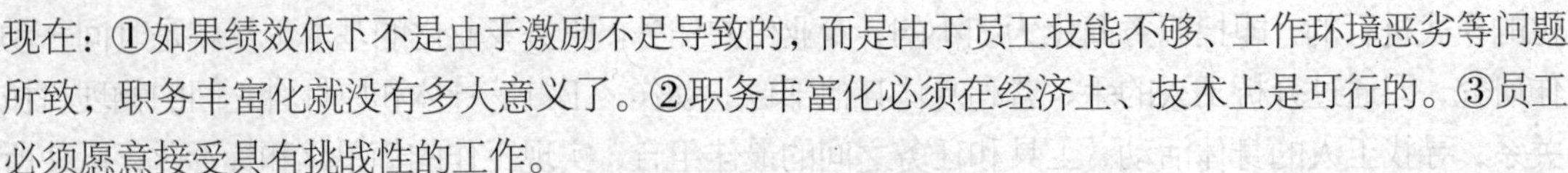

5.3 人员配备

在确定了组织内的文化和职位后，就可以通过选拔、招聘、安置和提升职位来配备所需的管理者。要根据组织的实际要求和受聘者应具备的素质和能力进行选聘。

5.3.1 人员选聘

一、人员选聘的含义

人员选聘就是指组织利用合格的人力资源对组织结构中的职位进行不断填充的过程。具体来说，人员选聘是指在职位分类和定编定员基础上，选择和配备合适的人员去充实组织中的各项职务，通过培训上岗，以保证组织活动的正常进行，进而实现管理目标。选聘是竞选和聘用的总称，也就是通过各种信息途径寻找和确定组织成员候选人，从候选人中挑选最有可能胜任工作的组织成员。通过人员选聘，组织可以根据发展的需要吸收新成长起来的劳动力、技术人员和管理人员等组织所需要的人员。

二、人员选聘的意义

作为组织工作的基本内容之一，人员选聘对于组织的存在与发展有着极其重要的意义。

（1）人员选聘满足了组织发展对人员的需求。组织在发展的任何时期都会需要不同类型、不同数量的人员，即使在组织生命的成熟期或衰退期，也要不断地调整各类人员的结构和比例，使人力和物力达到最佳的结合状态。人员选聘正是满足了这种要求，依据组织所处的发展阶段来确定所需人员的类型、数量。

（2）人员选聘是确保组织人员具备较高素质的基础。在人员选聘的过程中，本着严格选择的原则进行层层选拔，最后被录用的人员一般都是组织认为最合适的人员，他们的知识、技能往往是符合组织需要的。通过选聘，组织最起码可以保证自己的队伍处于目前所拥有的人力资源的最高水平上。

（3）人员选聘能在一定程度上保证组织的稳定性。在变幻莫测的当今社会，组织成员具有很大的变动性，人员流动是难以避免的。在利益、价值观等因素驱动下，人员流动呈现出日益加快的趋势。一般来说，任何组织都不希望自己的成员变更过于频繁，特别是当组织成员的变更会给组织带来损失的时候。所以，在人员招聘这个环节上就需要对此问题给予注意，即注意审查应聘者的背景和经历，以断定他们是否会很快离开而给组织带来损失，从而消除不稳定因素。

（4）人员选聘的过程也是组织树立自身形象的过程。选聘需要准备材料，这些材料中必然会包括关于组织的基本情况、发展方向、方针政策等的介绍，并通过广告形式扩散出去。对此，除了应聘者外，其他许多人也会注意到这些内容，有意无意地使人们对组织情况有了一定的了解，从而有利于组织在公众中树立自身的形象。所以，这是组织对外宣传的一个极好机会。

当然，人员选聘应依据一定的标准来进行，而这些标准正是组织需求的一种反映。每一职位都有自身的要求，人员选聘就是要根据人力资源所包含的体力、智力、知识、技能四方面内容进行选聘，选出最适合某一职位要求的人员。所以，在人员选聘中，依据特定的职位制定相应的标准，是顺利开展选聘工作的基础。

三、人员选聘的过程

人员选聘是一个系统的逻辑过程，这个过程受组织内外部许多因素的影响。尽管如此，仍可以按一定的系统逻辑内容和程序来描述这一活动过程。

（1）确定需要的人员数量。人员选聘是在组织结构设计的基础上进行的。所需人员数量的确定主要以设计出的职务数量和类型为依据。一个组织中人员的需求量，基本上取决于组织的计划、组织结构的规模与复杂程度，以及组织的扩充发展计划和人员的流动率。

（2）选配人员。为了保证担任职务的人员具备职务要求的知识和技能，必须通过面向组织外部的招募和选拔，以及从组织内部的调整和提拔，筛选出最适合的人选并授予其相应职务。

（3）考核及评价。人员配备过程要对占据各个职位的人员的职务履行情况进行考核和评价。

（4）制订和实施人员培养计划。根据组织的成员、技术、活动、环境等特点，利用科学方法，有计划、有组织、有重点地进行全员培训，特别要加强对具有发展潜力的未来管理人员的培训。

5.3.2 选聘的途径

人员选聘有两种途径：一种途径是从组织内部选聘，另一种途径是从组织外部选聘。两种选聘途径各有自己的适用范围和优缺点，选聘者应将工作中的成功因素与人员选聘途径相联系，判定高素质人员的来源，从而根据组织发展的需求，来选择适当的人员，实现预期目标。

一、内部选聘

内部选聘是从组织内部挑选合适的人员加以聘用，具体包括内部提升、内部调动、内部招标三种方法。内部选聘途径是组织管理人员选聘的根本立足点，几乎所有的组织都乐于从组织内部选拔合适的人员。

当一个职位空缺时，选聘者首先想到的是从内部进行选聘，内部选聘具有以下优点：①内部选聘费用较低，手续简便，人员熟悉，组织对准备选聘的人员可以做长期细致的考察，掌握其能力和素质情况、优点和缺点，从而决定其最适合的工作。②从内部选聘的人员，由于已对组织的基本情况有所了解，能够比较快地进入角色。③内部提升给组织成员提供了更具挑战性的发展机会，也有助于增加成员的工作经验和新鲜感；同时，内部选聘提供了组织内公平竞争的机会，有利于调动成员的积极性。

但是，从组织内部选聘所需人员也有一些缺陷。主要包括：①内部选聘容易造成“自我封闭，近亲繁殖”。②内部选聘不易吸收组织外优秀人才，导致企业缺乏新鲜血液。③内部选聘对没有获得提升的人的积极性会有一定程度的挫伤。

内部选聘是人员选聘的主要途径。这种选聘能够从组织内部选出合适的人员安置到相应的职位上，也说明了组织前一阶段的人员选聘工作是成功的。但是组织的发展、所处环境的变化都会带来许多不可预测的不稳定因素，在这种情况下，要求人员选聘能够始终完美无缺是不太现实的，特别是那些对组织生存与发展有着重要影响的管理岗位，对人员的能力和素质要求较高，如果组织内部没有合适人选，绝不应当勉强在组织内部选拔，而应考虑从组织外部选聘。

二、外部选聘

外部选聘主要包括组织内的职工介绍推荐、利用职业介绍机构、从大学和院校选聘、通过广告公开选聘四种方法。

实践证明，由组织内的员工介绍推荐的被选聘人员一旦进入组织之后，流动的愿望就不会太强烈，较为可靠，值得信赖，但这种方法的缺点是易形成裙带关系。因此，要在组织成员推荐的基础上，认真审查和鉴别，严格把关，不要碍于人情或权力而勉强接受推荐，以至于影响到组织未来的发展。

职业介绍机构比较公正、公平，但这些机构往往鱼龙混杂，许多应聘者素质不高，不易选聘到合适的人员。而且，这种方法需要一定费用。所以，一旦决定求助于职业介绍机构，就要选择信誉较好的机构，以确保其提供的信息准确、充分，并在此基础上再一次对应聘者做出自己的测试，以决定是否聘用。

从大学和院校的毕业生中选聘是人员选聘的最佳途径，尤其是当组织需要专门人才时，可以在短期内选聘到大批受过一定训练、素质较好的人员。这种方法的不足之处是这些人员往往缺乏必要的工作经验，因而，在选聘后应为其提供相应的培训，使其满足组织的需求。

通过广告公开选聘是一种被广泛使用的方法，可以很容易地吸引大批量的各类人才，精心制作的广告可以让应聘者了解组织的基本情况及招聘要求，同时可以改善组织形象。但是广告选聘的费用往往较高，所产生的效果也会随着广告媒体的选择和形式的不同而有很大的差别，因此，要根据成本和收益以及拟选聘人员对组织的重要程度而慎重选择。

总体来看，外部选聘具有以下优点：①外部选聘扩大了选择的范围，有利于招聘到第一流的人才。②外部选聘实质上是吸收异质因素来克服组织停滞、僵化的危险，因为这些来自组织外部的人员常常能够带来一些新的观点和新的方法，能够为组织发展注入新的活力。③可以避免内部招聘由于嫉妒等原因带来的组织成员之间的不团结。④大多数应聘者都具有一定的理论知识和实践经验，因而可以节省大量的培训时间和费用。

外部选聘也具有一定的缺点，主要包括：①组织内部员工的士气和积极性会受到一定的影响。②应聘者对组织的历史和现状不了解，不能迅速地开展工作。③招聘过程中对应聘者的评价会过多地注重学历、文凭等，易产生偏差。

所以，现代组织往往把内部选聘和外部选聘结合起来，也就是为了进行内部选聘而把外部选聘提前，这是人力资源管理中的前瞻性行为，因为这种人员选聘方式具有良好的连续性。由于选聘者把从外部选聘人员的工作提前到若干年前进行，把可以培养的人员选聘进来加以培训，而使组织在需要的时候能够通过内部调动、内部提升等方式，把他安置到相应的职位，使外部选聘成为内部选聘的准备，保证管理活动有条不紊地进行。

三、人员选聘的标准

选聘人员时，必须明确选聘的依据是什么，也就是依据什么标准来选聘。总体来说，标准应该是德才兼备，但是从受聘者即将具体担任的职位来说，选聘的依据可以概括为两个方面：职位本身的要求以及人员应具备的素质和能力。

（1）职位的要求。为了有效地选聘人员，首先必须对职位的性质和目的有一个清楚的了解。

（2）人员应具有的素质和能力，包括个人素质和各项技能。

5.3.3 人员选聘步骤

人员选聘的步骤可视具体情况而定，同时要参照所设立的选聘标准和选聘方法。一般来说，选拔是按初次面试、审查申请表、录用面试、进行各种测试、综合评价这一系列程序进行的。

1. 初次面试

初次面试多半是根据招聘的一些标准与条件来进行筛选，决定对哪些人进行进一步考核，淘汰掉那些明显不符合职务要求的应聘者。在这一阶段，招聘者所提的问题大多直截了当。例如询问应聘者受过什么教育、接受过哪些培训等。初次面试可大大减少进一步选拔的工作量和费用，使选拔工作得以顺利进行。

2. 审查申请表

审查申请表是普遍使用的选拔手段，目的是帮助招聘人员具体了解应聘者，并根据其条件决定是否有必要对其进行进一步考核。申请表的内容依不同组织、不同招聘职务而定。一般来说，申请表的内容包括姓名、年龄、性别、家庭情况、受教育情况、特长、简历等。申请表的具体编排应依据企业及职务的要求而定，尽量做到与职务密切相关。同时，在用词上也应做到清晰明了，应使招聘者通过申请人所填的具体内容即可做出有效的初步判断。

3. 录用面试

录用面试是最常用的一个选拔步骤。有些企业可能不对应聘者进行选择测试，但几乎所有的企业在录用某人之前，都要经过面试这一程序。面试的目的是进一步获取应聘者的信息，在初次面试和审查申请表的基础上，加深对应聘者的认识，有助于对应聘者合格与否做出判断。同时，计划得当的面试还可以达到使应聘者了解企业和宣传企业形象的目的。

4. 测试

测试是指运用系统的标准及科学的规范化的工具，对不同人员的各种素质加以公正而客观的评价。它是选聘过程中重要的辅助手段，特别有助于测查那些使用其他手段无法确定的个人素质，如能力、个性特征、实际技能等。测试法是不可或缺的补充手段，因而逐渐被企业关注和应用。最常用的测试包括智力测试、知识测试、个性测试和兴趣测试等。

5. 人才评价

人才评价是让候选人参加系列管理情景模拟活动，让评价人员观察和分析受试者在各个典型的管理情境中如何工作，以考查其实际管理技能。这些活动除了上面介绍的常规的笔试、面试和心理测试之外，大多是工作情景模拟测试，如“公文处理模拟测试”。经过人才评价招聘企业高层管理人员时，通常可以让待选聘岗位的直属领导参与最后结论评估，并由评估小组集体讨论之后做出评价，作为上级审批的依据。

6. 对新员工进行上岗教育

上岗教育包括向新员工介绍企业的职能、任务和人员等情况。常规教育一般由人事部门来执行，但是对新聘任的管理人员进行上岗教育则是他们的直属领导的任务。上岗教育的另一个——或许更为重要的方面是如何使新聘任的管理人员适应工作。有组织地使新员工适应工作的上岗教育主要包括三个方面：学习工作所需要的知识和能力，执行任务采取的合适态度，适应本单位的准则和价值观念。

即问即答 5-6

为什么要进行人员选聘？人员选聘的途径有哪些？

5.3.4 人员的考评

人员考评是为了确定占据职位的人员是否确实符合要求，是否值得进一步提拔或是否应当加以调整，以检验员工培训和培养工作的效果，确定员工的薪酬是否合适等。通过考评，还可以起到相互学习、促进组织内部沟通的作用。因此，人员考评的目的有两大类：一是将考评作为决定人事提拔、调整工资或进行奖励的依据；二是将考评作为激励和改进人员配备的手段。

一、人员考评的内容

为确定工作报酬提供依据的考评着重于人员的现实表现，而为人事调整或组织培训进行的考评则偏重技能和潜力的分析。考评的内容应是尽可能全面的，而不能只侧重于某一方面。公平的考评应包括以下两方面。

（1）贡献考评。贡献考评是指被考评人员在一定时期内担任某个职务的过程中，对实现企业目标的贡献程度，即对比评价组织要求某个职务及其所辖部门提供的贡献与该部门的实际贡献之间的契合度。

（2）能力考评。能力考评是指通过考察人员在一定时间内的工作，来评估它的现实能力和发展潜力。根据对人员的工作要求来进行能力考评，不仅具有方便可行、能够保证得到客观结论的好处，而且可以促使被考评者注重自己的日常工作，根据组织的期望改进和完善自己的工作方法和艺术，从而起到促进被考评者能力发展的作用。

二、人员考评的程序与方法

公平的考评程序和方法应包括以下几个方面。

（1）确定考评内容。人员考评首先要根据不同岗位的工作性质设计合理的考评表，以合理的方式提出问题，通过被考评者对这些问题的回答得到考评的原始资料。

（2）选择考评者。以填写考评表的方式来确定考评者时，考评表应该由被考评者在业务上发生联系的有关部门的工作人员填写。

（3）分析考评的结果，辨识误差。为了得到正确的考评结果，首先要分析考评表的可靠性，剔除那些明显不符合要求的表格，并对考评表中所填写的内容进行认真的分析。

（4）传达考评结果。考评结果应及时反馈给有关当事人。反馈的形式可以是上级主管与被考评者直接单独面谈，也可以用书面形式通知当事人。

（5）根据考评结果，建立组织的个人档案。

5.3.5 人员的培训

由于人员是组织活动的主导力量，人员水平的高低直接决定着组织活动的成败，因而每一组织都应该把人员的培训工作看成是一项关系组织命运、前途的战略性工作来对待，要把培训工作作为组织的一项长期活动来看待。

一、人员培训的目标

为了提高员工队伍素质，作为促进个人发展的培训工作，必须实现以下四个方面的具体目标：

①传递信息；②改变态度；③更新知识；④发展能力。

二、人员培训的方法

人员培训，特别是主管人员的培训方法主要有以下几种：①理论培训；②职务轮换；③设立副职和助理职务；④临时职务代理；⑤研讨会；⑥参观考察；⑦角色扮演法。

5.4　组织变革

组织要想维持和发展，必须要根据外界环境的变化，不断地对组织进行变革。

组织的变革是指组织结构、组织关系、职权层次、指挥和信息系统所进行的调整与改变。组织的建立是为实现管理目标服务的，当管理目标发生变化时，组织也需要通过自身变革来适应这种新的变化要求。即使管理目标没有发生变化，但如果影响组织的外部环境和内部环境发生了变化，那么组织也必须对自身进行变革，这样才能保证管理目标的实现。因此，组织不是僵化的、一成不变的。管理目标的变化，或者影响组织存在和管理目标实现的各种因素的变化，必然会带来组织模式、组织结构、组织关系等的相应变化，否则，管理目标就无法实现。

一般来说，组织模式应力求稳定，频繁而不必要的变动对于管理目标的实现是不利的。但任何组织都处于动态的社会变动中，由于环境的变化，影响管理目标的各种因素的变化，组织也会通过变革而发生某些变化，一成不变的组织是不存在的，因为不变革的组织是没有生命力的，是必然要走向衰亡的。所以，组织的变革是绝对的，而组织的稳定是相对的。

即问即答 5-7

组织变革时可以对组织加以改造、改组和重建吗？

在组织的稳定与变革之间，管理者会不会陷入无所适从的状况？管理者如果极力维护组织的稳定，就有可能导致组织的僵化；如果积极推进组织的变革，又有可能造成组织不稳定和人心涣散。而且，管理者盲目地推行变革，也同样会使组织消亡，甚至会使组织消亡得更快。这就要求管理者在推动组织变革时要非常谨慎，必须首先确定组织的变革已经是非常必要的，之后才能展开变革的进程。在组织的变革中，还需要有正确理论的指导，有计划、有步骤地进行。也就是说，必须根据未来发展可能出现的趋势，在科学预测的基础上，有计划、有步骤地对组织进行变革。只有这样，才能使组织的变革获得成功，才能使组织得到生存和发展；反之，则可能使组织倒退或消亡。

5.4.1　组织变革的原因

对于管理者来说，应当在何种情况下维护组织的稳定和在何种情况下促进组织的变革，这是一个非常重要的问题。但是，组织变革大都不是突发性的，而是有先兆可循的。一般来说，如果在管理中发生如下几种情况，就必须认真思考组织的变革问题。

一、频繁的决策失误

表面看来，决策失误是由各种原因造成的，而实际上决策失误的根源是组织问题。例如，可能会发生由于信息不灵而造成决策失误，信息不灵可能是组织自身的原因，也可能是环境的原因。但是，既然某一信息对管理决策有着重大意义，那么环境的障碍能够成为托词吗？所以，决策失误归根到底还是组织自身的问题。又如，决策失误可能是由主管人员的主观原因造成的，但组织为什么没有在结构上、体制上给予决策以客观性的保证呢？从这种意义上说，一切决策失误都是由于组织的原因，组织结构的不合理、职权委任不合适、职责含糊、命令链混乱等，都会造成频繁的决策失误。但是，偶然的决策失误并不是变革组织的理由，因此，应当首先在变革的成本、组织目前的效率和决策失误的后果之间做出权衡然后，才能做出是否进行组织变革的决定。

二、组织成员之间沟通不灵

组织作为一个有机体，其运行依赖于成员间的沟通，有效的沟通可以使成员间的分工与协作都处在高效的状态，使纵向的上下级关系和横向的同级关系都处在高度协调的状态。但是，组织成员间的沟通是取决于组织的现状的。例如，如果命令链或信息链混乱，或者所采用的传递信息的手段不合适，就会造成沟通不灵；管理宽度过大，主管人员与下属之间就不可能存在有效的沟通；管理层次过多，也会增加命令和信息失真的可能性。这样组织成员之间协调和配合的主动性不强，反而会产生一些不必要的冲突、摩擦和误会。

三、管理业绩长期不理想

结构合理、职责分明、行动有序、信息通畅的组织，必然意味着较好的管理效益。如果一个管理系统中长期存在着士气不高、经营不善、业绩不理想，以至于管理目标总不能得到实现，那么就必须考虑对组织进行变革。组织业绩不理想的问题，在企业管理中是最容易发现的。例如，一个企业的生产部门的进度太慢、成本过高、产品质量不符合要求，销售部门的顾客减少或销售增长未能实现预期，财务部门的资金周转不灵，人事部门因为在职责、职权或报酬、待遇的安排上不当引起纠纷，等等。这些问题只要有一个存在而且比较严重，就有理由对组织进行变革前的全面审查。

四、缺乏创新

即使一个管理系统处在正常的运营状况下，如果长期没有创新，也需要进行变革。例如，一个企业虽然尚未遇到严重的困难，但在产品的品种、质量和数量方面，却长期保持在一个水平上，那就表明这个企业很快就会面临困境。因为任何一个管理系统都不是孤立的，都处在与环境的互动关系中，环境是一个不断变化着的因素，如果在变动的环境面前保持不动，很快就会僵化、萎缩和丧失生命力。一个组织只有不断地拥有突破性的战略预见、超前性的行动措施和创造性的新成果，才能有旺盛的生命力，否则就会滞后于环境，因而必须进行变革。

也许上述几种情况都已经很严重了，但人们却还没有意识到变革的必要性。不过，人们往往对于组织中存在的一些不良氛围会很敏感。组织内部官僚主义盛行，组织纪律涣散，组织成员情绪低落、缺乏工作热情、工作效率低，人浮于事严重，奖惩不明或奖惩得不到执行，职能部门频频出现问题（如人事部门任人唯亲，财务部门违反财务纪律，生产部门总是出现产品质量问题）等现象，就是最明确的变革先兆。一旦发现这些变革的先兆，组织的主管人员就应当考虑是否需要采取措施进行组织变革。

5.4.2 组织变革的方式

美国管理学家哈罗德·利维特提出，一个单位的组织变革一般都从3个方面着手：组织结构、技术和人事方面。

一、从组织结构着手进行变革

从组织结构着手进行变革就是对一个单位内部的部分或整个组织结构进行变革。它主要包括3个方面。

（1）组织内部门组织结构上的变革：①分权程度的变革；②管理幅度的变革；③协作方式的变革；④工作设计的变革；⑤工作进度的变革。

（2）整个组织规划的变革：①行政型与系统组织规划的变革；②简单式、机械行政式、专业行政式、部门化的变革；③矩阵组织结构方面的变革。

（3）其他组织结构方面的变革：①报酬制度的变革；②工作表现评价鉴定制度的变革；③控制指挥系统的变革。

二、从技术着手进行变革

一个组织的技术水平是指其把原料的投入转变成为产品的整个过程的能力。我们目前处于技术飞速发展的时代，因此，进行技术变革对一个组织来说就具有特别重要的意义。技术方面的变革主要有如下几个方面：①设备的更新；②工艺程序的改变；③操作顺序的改变；④情报系统的改革；⑤自动化的实施。

三、从人事方面着手进行变革

从人事方面着手进行变革，就是改变组织成员的态度、评价准则、作风、行为以及人与人之间的关系。这种方法假定人是推动变革或反抗变革的主要力量。贯穿于这种方法中的主线是组织成员之间的权力再分配。这种权力的再分配可以通过鼓励下级人员独立决策和开辟新的意见沟通渠道来实现。其实质是鼓励下级人员承担更多的责任，上级与下级部门共同享有管理的职权。它通过改变组织内影响个人行为的各种力量来实施组织变革。

5.4.3 组织变革的过程

组织变革，虽然从动因上看有主动性变革和被动性变革之分但就变革的过程而言，都贯穿着管理者的自觉性和主动性，因为任何一项变革，都是由管理者承担的，没有管理者的变革计划和变革方案，就不可能存在变革的行动。

组织变革的方案是在发现了组织存在的问题之后制订的对组织加以改造、改组和重建的计划。组织为了适应环境的变化和新的形势，就必须主动地进行有计划的改革或变革；只有主动的、有计划的变革，才能使变革的成功概率提高。一般来说，变革的方案有如下几种。

（1）打破原状，抛弃旧的一套，断然采取全新的办法。

（2）采取逐步改革的办法，即在原有框框内做一些小的改革。

（3）采取系统发展、统筹解决的办法，即由组织的领导或组织变革专家事先设想一个最佳变革方案；经有关人员共同研究，分析修改，建立变革的系统模型，确定解决问题的具体措施，以便进一步实施；最终达到组织高效化，有效地完成组织的各种任务。

总结组织变革的经验和教训可以发现：在上述三种变革方案中，第二种渐进性变革不能触及组织内根本性的问题，而且过程缓慢，显得零敲碎打，收效不大。第一种革命性的变革要彻底推翻现状，会产生很大的震荡，因而阻力也会很大。只有第三种系统发展的计划性变革，才能把领导和成员的聪明才智激发出来、组织起来，共同有系统地研究问题和制订改革方案，从而能在广大组织成员谅解、支持的基础上，朝着预定的目标顺利地推行组织的变革。

一般来说，每一个人作为个人，他的本性都是积极进取的。但是个人被集中起来形成组织之后，组织却往往会形成一种运行惯性，成为一切变革的阻力。所以，组织变革就是一个不断地消除阻力的过程。在这个过程中，要特别注意变革的策略，它们包括以下几个方面。

（1）选择好时机。组织变革前要重视舆论工作，做好各方面的准备。当有的成员抵触思想较大时，要加强工作，促使条件成熟，切不可武断行事。最好避开工作和任务特别繁忙的季节，以免影响任务的完成。

（2）明确从何处着手。组织的变革必须来自上层，自上而下才能推行；即使不是从最高层开始变革，也需要在获得上层许可的条件下，从中层或从基层的某一点发动。

（3）弄清变革的范围和深度。组织变革准备涉及多大的范围，准备进行几个阶段，每个阶段需要达到什么样的深度、解决哪些重点问题等，都要做到心中有数。

（4）始终把握组织变革的目标。组织变革的最终目标在于使组织与其所处的环境相适应，不断提高组织治理水平；同时，要改造组织成员的行为方式，激发成员的积极性，使组织充满活力。

（5）注重组织精神塑造。在组织领导者的倡导下，根据组织的特点、任务和发展走向，使建立在组织价值观念基础上的内在的信念和追求，通过组织群体行为和外部表象而外化，形成组织的精神状态。

当然，最为关键的问题还是思想问题。如果组织中的每一个成员都积极支持变革和踊跃要求变革，那么所有的变革策略都会变得多余了。所以，在组织变革的过程中，首先要了解组织成员的思想状况，看一看他们有什么顾虑，然后加以解决。大致说来，组织成员抵制变革是由如下思想问题造成的：第一，不确定感。无法预计变革对自己带来的影响。第二，缺乏理解和信任。因为尚未认识到变革的必要性，对变革目标抱怀疑态度。第三，害怕失去既得利益。第四，对变革的内容、方式等有不同看法。这就要求组织变革的领导者及时解决这些问题。

此外，组织变革的概念中常常包含着组织发展的内涵。因为组织的任何变革都是自觉的，是有目的、有计划的主动变革，这种变革必然意味着组织的进一步发展。再者，组织变革不是偶然的、一次性完成的，而是长期的和不断地进行的，这就意味着在连续的变革中包含着发展的方向性。所以，变革本身就是发展，变革和发展是对同一事件的两种称谓。当然，人们一般把发展看作一个过程，而把变革看作发展中的一个个环节，每一次变革都是发展中的一个关节点，每一次变革都推动了组织的发展，从而促使组织结构和组织关系的改进，促使组织中个人的发展和管理水平的提高。在这种意义上，组织的发展意味着能够取得积极成果的组织变革。也就是说，组织的发展是在组织变革中实现的。因此，为了推动组织的发展，组织变革应当力求做到：第一，实事求是，从实际出发进行变革和寻求变革的途径，因为任何脱离现实的变革，其结果都会适得其反；第二，变革要有计划、有步骤，要把变革的愿望和理想与现实结合起来，以求使变革的代价较少而收获较大。

即问即答 5-8

海尔集团于1995年收购青岛线星电厂后，没有额外投入资金，却救活了这条“休克鱼”，秘诀就在于应用了海尔的组织文化。这说明了什么？

本章内容小结

本章主要讲述了组织及其职能的概念，对组织的结构类型进行了阐述；提出组织结构设计的原则和程序；对组织构成的价值观、信念、符号、处事方式等特有的文化形象进行了诠释；在此基础上提出组织文化建设的内涵与方法；组织在千变万化的环境中会产生组织的变革，变革的因素有多种，提出了组织变革的技术；在组织目标发生变化时进行人员的选拔方式与步骤。

案例思考

教授的建议

H市宇宙冰箱厂近几年来有了很大的发展，该厂厂长周冰是个思路敏捷、有战略眼光的人，早在前几年“冰箱热”的风潮中，他已预见到今后几年中“冰箱热”会渐渐降温，变畅销为滞销，于是督促该厂新产品开发部着手研制新产品，以保证企业长盛不衰。果然，不久冰箱市场销量急转直下，各大商场的冰箱都存在着不同程度的积压。好在宇宙厂早已有所准备，立即将新研制生产出的小型冰柜投入市场，这种冰柜物美价廉且很实用，一上市便立即受到广大消费者的欢迎，宇宙厂不仅保住了原有的市场，而且又开拓了一些新市场。

但是，近几个月来，该厂产品销售出现了一些问题，用户接二连三地退货，要求赔偿，影响了该厂产品的声誉。究其原因，原来问题主要出在生产上，主管生产的副厂长李英是半年前从H市第二轻工业局调来的。她今年42岁，是个工作勤恳、兢兢业业的女同志，工作认真负责，口才好，有一定的社交能力，但对冰箱生产技术不太了解，组织生产能力欠缺，该厂生产常因所需零部件供应不上而停产。加之质量检验部门没有严格把关，尤其是外协件的质量常常不能保证，故产品接连出现问题，影响了宇宙厂的销售收入，原来较好的产品形象也受到一定程度的破坏。这种状况如不及时改变，该厂几年来的努力也许会付诸东流。周厂长为此很伤脑筋，有心要把李英撤换掉，但又觉得为难，因为李英是市二轻局派来的干部，和上级联系密切，并且她也没犯什么错误，如硬要撤，搞得不好，也许会弄僵上下级之间的关系（因为该厂由市二轻局主管）。不撤换吧，厂里的生产又抓不上去，长此以往，企业很可能会出现亏损局面。

周厂长想来想去不知如何是好，于是就去找该厂的咨询顾问某大学王教授商量。王教授听罢周厂长的诉说，思忖一阵后对周厂长说：“你何不如此如此呢……”周厂长听完，喜上眉梢，连声说“好办法、好办法”，于是便按王教授的意图回去组织实施。果然，不出两个月，宇宙厂又恢复了生机。

王教授到底是如何给周厂长出谋划策的呢？原来他建议该厂再设一个生产指挥部，把李英升为副指挥长，另任命一位懂生产、有能力的管理干部赵翔为生产指挥长主管生产，而让李英负责抓零部件、外协件的生产和供应。这样既没有得罪二轻局，又使企业的生产指挥得到了强化，同时还充分利用了李、赵两位同志的特长，调动了两人的积极性，解决了一个两难的难题。

小刘是该厂新招聘的大学生，他看到厂里近来一系列的变化，很是不解，于是就去问周厂长：“厂长，咱们厂已经有了生产科和技术科，为什么还要设置一个生产指挥部呢？这不是机构重复设置吗？我在学校里学过有关组织设置方面的知识，从理论上讲组织设置应该是因事设人，咱们厂怎么是因人设事，这是违背组织设置原则的呀！”周厂长听完小刘一连串的提问，拍拍他的肩膀说：“小伙子，这你就不懂了，理论是理论，实践中并不见得都有效。”小刘听了，仍不明白，难道是书上讲错了吗？

讨论题

1. 在企业中如何设置组织机构？到底应该“因事设人”还是应该“因人设事”？
2. 你认为王教授的建议是否合适？
3. 你认为应该如何看待小刘的提问？
4. 如果你是厂长，你将如何处理宇宙厂面临的难题？

管理者价值点分享

1. 改变企业文化应从个人做起，而非由上至下命令。
2. 安排自己的团队与机构的其他部门做社交联谊。
3. 鼓励成员分工合作，形成紧密的合作关系。

4. 以良好的决策塑造公司的文化。

5. 培育恭贺成功但不指责失败的公司文化。

6. 建立一个团队时，须考虑技术组合的需求。

7. 考虑团队中每个人的技能与特质，给予每个人合适的任务。

8. 须知有些人很害怕变革。

9. 你若发觉自己抗拒变革，最好自问原因。

10. 当出现职位空缺时，要全面总结工作团队中的工作情况。

推荐阅读

不拉马的士兵

一位年轻的炮兵军官上任后，到下属部队视察操练情况，发现有几个部队操练时有一个共同的情况：在操练中，总有一个士兵自始至终站在大炮的炮筒下，纹丝不动。经过询问，他得到的答案是：操练条例就是这样规定的。原来，条例因循的是用马拉大炮时代的规则，当时站在炮筒下的士兵的任务是拉住马的缰绳，防止大炮发射后因后坐力产生的距离偏差，减少再次瞄准的时间。现在大炮发射早已不再需要这一角色了，但条例却没有及时调整，于是出现了不拉马的士兵。这位军官的发现使他受到了国防部的表彰。

故事点评：管理的首要工作就是科学分工。只有每个员工都明确自己的岗位职责，才不会产生推诿、扯皮等不良现象。如果说公司像一个庞大的机器，那么每个员工就是一个个机器零件，只有他们爱岗敬业，公司这台机器才能得以良性运转。公司是发展的，管理者应当根据实际动态情况对人员数量和分工及时做出相应调整。否则，队伍中就会出现“不拉马的士兵”。如果队伍中有人滥竽充数，给企业带来的不仅仅是人力成本的损失，而且会导致其他人员的心理不平衡，最终导致团队整体工作效率下降。

练习与应用

本章练习

一、单选题

1. 组织是管理的基本职能之一，从其定义中可以看出，它由（　　）这三个基本要素构成。

A. 目标、原则和结构　　B. 目标、部门和效率

C. 目标、部门和关系　　D. 目标、结构和效率

2. 管理幅度是指一个主管能够直接有效地指挥下属成员的数目。经研究发现，高层管理人员的管理幅度通常以（　　）人较为合适。

A. 4～8　　B. 8～15　　C. 15～20　　D. 20～25

3. 组织结构是由两套组织部门联合组成的双重组织结构，其中一套是在组织职能基础上形成的部门，另一套是在组织特定业务基础上形成的部门，这两个部门在组织中以纵横两个方向设

置所构成的状态。这种组织结构被称为（　　）。

A. 事业部制组织结构　　B. 职能制组织结构

C. 直线职能制组织结构　　D. 矩阵制组织结构

4. 管理幅度与管理层次的关系是（　　）。

A. 正比关系　　B. 反比关系　　C. 等比例关系　　D. 没有联系

5. 组织理论上把管理层次多而管理幅度小的结构称为（　　）。

A. 高耸结构　　B. 扁平结构　　C. 直线结构　　D. 矩形结构

二、多选题

1. 组织设计的原则包括（　　）。

A. 目标明确原则　B. 分工协作原则　C. 权责统一原则　D. 集权与分权原则

E. 合理宽度原则　F. 精简高效原则　G. 弹性结构原则

2. 未来组织结构的变化趋势包括（　　）。

A. 企业组织结构扁平化趋势明显　　B. 组织结构要保持一定的弹性

C. 管理层次会越来越多　　D. 传统等级森严的垂直系统逐渐失效

E. 越来越多的企业将会采用网络型组织结构形式

3. 在确定管理幅度时需考虑的因素包括（　　）。

A. 上下级的能力　　B. 信息传递的便捷程度　　C. 组织内部制度完善状况

D. 下级工作的相似性　　E. 组织环境的稳定性

4. 组织结构设计主要针对的三种情况是（　　）。

A. 新建组织需进行组织结构设计

B. 原有组织结构出现较大问题或组织目标发生变化

C. 组织的负责人变化

D. 组织结构需进行局部的调整和完善

5. 以下各种说法正确的有（　　）。

A. 非正式组织中的成员往往有共同的价值观和兴趣爱好

B. 企业中不允许出现非正式组织

C. 要对非正式组织进行引导以发挥其积极作用

D. 非正式组织一般是由具有相似经历或背景的人组成的

E. 非正式组织的凝聚力较强

F. 非正式组织中存在自然形成的领袖人物

三、思考题

1. 什么是组织？你能否分别从动词和名词两个角度去理解组织的含义？

2. 不同类型组织结构的优缺点分别是什么？

3. 如何判断组织的集权和分权程度？

4. 组织结构设计应该考虑哪些因素？

本章应用

企业文化在组织变革中涅槃

青岛啤酒拥有百年基业，其文化积淀厚重精深，特别是金志国走马上任后，他的“激情成就梦想”，在全国范围内快速掀起了新一轮的“跑马圈地”运动，拉开了青岛啤酒发展的新纪元。

1999 年，青岛啤酒兼并×城啤酒厂，青岛啤酒（×城）有限公司挂牌成立。2000 年，青岛啤酒淮海事业部正式成立，青啤×城公司划归淮海事业部管理。因为青啤实行产销分离的经营管理体制，产销分离的经营体制使得×城公司成为青岛啤酒淮海事业部下的一个啤酒生产型企业，作为啤酒生产单位的×城公司只能根据事业部下的订单组织生产而不能直接干涉市场。在这种情况下，原来的市场部归并入生产部，人员分流到其他部门，全力服务一线，埋头组织生产。淮北地区啤酒市场的竞争是非常激烈的，“三孔”、“无名”牢牢地占据着一定的低档酒份额，“银麦”与×城啤酒平分秋色，距×城啤酒 50 千米以内还有两家青啤的生产厂 TZ 公司和 TEZ 公司，距淮海事业部所在地徐州也不过 80 千米，徐州当地也有两家青啤生产厂徐州公司和彭城公司，年产能都在 10 万吨以上。此外还有济南的“趵突泉”，“燕京”，“蓝带”，安徽的“无名”，重庆的“天日泉”，以及若干品牌假酒的冲击，整个淮海地区的啤酒市场竞争可谓惨烈。×城啤酒想垄断当地市场几乎是不可能的，根深蒂固的地区保护主义也限制着公司大范围进攻外围市场。在这种情况下，青啤淮海事业部统筹规划，按各公司啤酒的市场占有率来分配生产任务。因此，×城公司分得的生产任务与其产能相差甚远，旺季时尚能维持温饱，等到了淡季几乎是全线停产，员工全部放假回家，这使得具有 12 万吨年产能的×城公司几乎有一半以上的资源处在闲置状态，企业连年亏损。

青啤公司为了改善这一现状，在 2001—2004 年的 3 年时间里，先后派去了 5 届领导，每一届领导到任后都不约而同大刀阔斧地对组织机构进行了调整，于是，部门间分分合合，岗位设置频繁更替，一次又一次的裁员，一次又一次的竞岗，导致公司风气日益恶化，员工怨声载道，青啤文化也受到了前所未有的抵制。加之市场萎缩，人心涣散，企业形象受到严重影响，这个因青啤入驻而一度激情澎湃、焕发勃勃生机的当地支柱性企业又处在倒闭的边缘。青啤文化在×城公司频繁的组织变革中无奈地叹息，这种情况直至第 5 任的 Y 经理上任才所有改观。第 5 任的 Y 经理到任后，抵制住一些压力进行了大幅度的调整，内部实行服务链管理，按照生产流程确定部门之间的权责关系，倡导“上级服务下级、部门服务一线”的管理理念，并明确提出“创建青啤在鲁西南地区的精益加工基地”的企业使命，公司发展状况日渐好转。

案例思考讨论题

1. 根据青岛啤酒×城公司的案例，分析企业文化与组织变革的关系。
2. 组织变革过程中会遇到无数阻力，其最大阻力来自哪里？

管理实务研讨

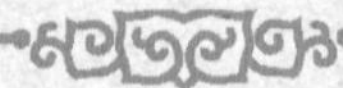

本章分组研讨主题：组织技能实施问题

1. 在企业中，某项任务交由一个部门独立负责，基本都能完成，即便出问题，也能自己消化；如果需要两个部门共同完成，出现问题一定互相推卸责任；如果是三个部门合作，这个任务基本上就无法落实了。请研讨原因和对策。

2. 管理者应如何对待“正式组织”中的“非正式群体”？

第6章

领　　导

学习目标

知识目标：了解领导的概念、职能、作用。

素质目标：熟悉领导的影响力，了解领导的基本素质要求。

技能目标：掌握几种领导理论在实践中的应用，学习领导艺术。

能力目标：能够运用所学知识提高自身影响力。

开篇故事

刘厂长的无奈

苏南某化工厂是一家拥有职工2000多人、年产值5000万元的中型企业。厂长刘强虽然年过半百，但办事仍风风火火，厂里的大小事无事不包，人们每天都能看见他奔波于厂里厂外，他也因此在厂里的威信很高。刘厂长的生活的确过得很累，可他认为：我作为一厂之长，职工的事就是自己的事，我不能坐视不管。刘厂长是这么说的，也是这么做的。为了把工厂办好，刘厂长一心扑在工作上。

在厂里，刘厂长事必躬亲，大事小事都要过问，能亲自办的事决不交给别人；可办可不办的事也一定自己去办；交给下属的工作，也总担心下属办不好，常常插手过问。有一次，厂里职工小吴夫妻间闹别扭，闹到了厂长那里，当时刘厂长正忙着开会，就让工会主席去处理。工会主席在了解情况后，做了双方的思想工作，事情很快就解决了。可刘厂长开完会后又跑来重新了解情况，结果本来已经平息的风波又闹起来了。像这样的例子在厂里时有发生。

虽然刘厂长的事业心令人钦佩，可刘厂长的苦劳并没有得到应有的回报。随着市场环境的变化，厂里的生产经营状况每况愈下，效益不断下滑。刘厂长无奈，只好在厂里推行成本管理，历行节约。但职工并不认真执行，考核成了一种毫无实际意义的表面形式。刘厂长常感叹职工没有长远的眼光，却总拿不出有力的监管措施。后来，厂里决定与一家外国公司合作，如果合作成功，厂子就能摆脱困境，因此大家都对此充满信心。经多方努力，合作的各项准备工作已基本就绪，就等双方领导举行签字仪式了。

举行签字仪式的前一夜，刘厂长亲自在医院陪生病住院的职工。第二天，几乎一夜未眠的刘厂长又到工厂查看生产进度，秘书几次提醒他晚上有重要仪式，劝他休息一下，但他执意不肯，结果得了重感冒。晚上，刘厂长带病出席仪式，但最终没能支撑下去，被送进了医院。对方在了解情况后，对刘厂长的能力产生怀疑，决定推迟合作事宜。

互动游戏

建　绳　房

形式：将 15 人分成 3 个小组，每小组 5 人
时间：30～40 分钟
材料：3 条绳子，长度分别为 20 米、18 米、12 米；15 个眼罩
场地：教室

活动目标

锻炼团队成员的领导能力，增强成员之间的沟通能力，从而完成团队任务。

操作程序

1. 第一阶段

① 老师先把 15 人分成 3 个小组。

小组 1 拿到 20 米的绳子。

小组 2 拿到 18 米的绳子。

小组 3 拿到 12 米的绳子。

② 老师发出单向指令。

小组 1 根据指令用绳子圈成一个三角形。

小组 2 根据指令用绳子圈成一个正方形。

小组 3 根据指令用绳子圈成一个圆形。

2. 第二阶段

当完成第一阶段后，老师告诉 3 个小组的全体成员，要他们共同合作建一个绳子做成的房子。

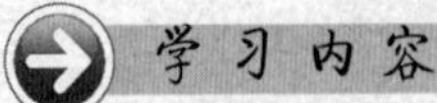

6.1 领导概述

6.1.1 领导的含义

领导在汉语中可以作为名词用（即“领导者”的简称），同时也可以作为动词用（即“领导者”的一种行为过程）。管理学所指的领导是后者，是作为管理的一种职能来理解的。在《中国企业管理

百科全书》中，领导的定义是“率先和引导任何组织在一定条件下实现一定目标的行为过程”。

从管理学意义上讲，领导的定义可概括为：领导是一种影响力，是领导者在一定的组织或群体内带领和引导追随者的行为，从而使人们情愿地、热心地为实现组织或群体的目标而努力的艺术过程。

此定义包括以下几个方面内容。

（1）领导是一种管理活动过程。领导工作包括三个必不可少的要素：领导者、被领导者、客观环境。领导者就是在一定的组织体系中处在组织、决策、指挥、协调和控制地位的个人和集体。在领导活动中，他们处于主导的重要地位。被领导者就是为实现领导目标，按照领导者的决策和意图，从事具体实践活动的个人和集团。它构成领导活动的主体，是实现预期目标的基本力量。一般来说，领导者和被领导者的关系就是权威和服从的关系。环境是指独立于领导之外的客观存在，是对领导活动产生影响的各种因素的总和。领导者只有正确认识环境、适应环境、利用和改造环境，才能实现自己的预定目标。

（2）领导的目的是推动组织目标的实现。领导就是要能使一切活动植根于组织之上，并通过领导行为来保证组织活动的顺利进行，保证组织目标的实现。

（3）领导是一种影响力，这种影响力来源于正式的权力和个人魅力。

正式权力也就是职权，是一种法定权，它是由组织正式授予领导者，并受法律保护的权力，是正式权力，包括支配权、报酬权和惩罚权等。

个人魅力也就是威信，是指由领导者的能力、知识、品德、作风等个人因素所产生的影响力，包括专长和品质等。

领导者影响下属，使其能够富有热情地努力工作，凭借的是多方面的权力。权力是领导者对下属施加影响的基础。领导权力的来源主要有以下5种。

（1）法定权力。法定权力是指企业各领导职位所固有的、法定的、正式的权力。法定权力是企业正式组织所赋予的，在这一职位的领导者组织指挥调度下属的权力。这一权力不随任职者的变动而变动。

（2）奖赏权力。奖赏权力是指领导者所拥有的对下属行为认可满意时实施奖励、赞赏手段的权力。包括赞扬、提薪、升职、发奖金、给予培训的机会和提供其他任何令人愉悦的东西的权力。每一领导职位都拥有相应的奖赏权。

（3）强制权力。强制权力是指领导者凭借其领导职位、法定权力向下属实施惩罚性措施的权力。包括批评、降职、扣发工资奖金、给予处分或其他令人感到压力、不悦惩罚的权力。

（4）专家权力。专家权力也称专家影响力，是指由于领导者个人的特殊能力或某些专业知识技能而产生的权力。一个有着丰富知识和经验，处理问题能力突出的领导者，会使下属由衷地感到敬佩、信服和和尊重，其指示、命令更容易得到贯彻。

（5）感召权力。感召权力是指由于领导者个人的品质、智慧、经历、背景等产生的权力，也称个人影响权。

以上5种权力可以归纳为两大类：制度权力（正式权力）和个人权力（个人魅力）。我们把与职位有关的法定权力、奖赏权力和强制权力统称为制度权力，把与个人因素相关的专家权力、感召权力统称为个人权力。领导效能的高低主要不是取决于领导者拥有的制度权力的大小，而在于其个人权力和个人影响力。

相关链接 6-1

中国古代四大名著之一的《西游记》讲述了唐三藏西天取经的故事。唐三藏受唐王李世民的委托，这是正式的授权，且是如来钦定了的，是一种身份；同时唐三藏是一个修行的人，这是他的道德基础和品质；再加上他有一个法宝——会念紧箍咒，孙悟空不听话的时候他就可以念，这就是强制力。从这种身份、道德、授权和强制力当中，我们可以看到权力的最初来源。

6.1.2 领导的功能与作用

领导工作在组织中起着协调个人需求和组织要求的作用。在一个组织中，一方面有着周详的计划、精心设计的组织结构和有效的控制系统；另一方面组织的成员有被人了解和激励的需求，有为实现组织目标尽其所能做出贡献的需求。领导工作就是将这两方面结合起来，在带领、引导和鼓励下属人员实现他们的个人需求的同时，完成组织目标。在组织中，领导的功能和作用主要有以下几个方面。

（1）指挥作用。指挥作用是指在人们的集体活动中，领导者需要头脑清醒、胸怀全局、高瞻远瞩、运筹帷幄，对组织环境和组织资源等有更清晰的认识和了解，确定组织目标，制定战略；同时帮助下属认清所处的环境，指明活动的目标和达到目标的途径。领导者只有站在群众队伍的最前面，身先士卒，用自己的行动带领人们为实现企业的目标而努力，才能真正起到引导和指挥作用。

（2）协调作用。在组织系统中，即使有了明确的目标，由于组织成员个人的理解能力、工作态度、进取精神、性格、地位等不同，人们对事物的认识也会产生各种分歧，行动上出现偏离目标的现象是不可避免的。协调作用就是指领导者需要在各种因素的干扰下，协调部下之间的关系和活动，把大家团结起来朝着组织的目标前进。

（3）激励与沟通作用。在现代组织中，大多数员工都具有积极工作的热情和愿望，但要长期地保持就需要有通情达理、关心群众的领导者来为他们排忧解难，激发和鼓励员工斗志并与他们保持有效沟通，发掘、充实和加强他们积极进取的动力。激励与沟通作用就是领导者通过为下属积极创造发展空间、为其设计职业生涯发展规划并保持有效沟通等领导行为，影响下属的内在需求和工作动机，引导和强化下属为组织目标而不断努力的行为活动。

（4）控制作用。控制作用是指在领导过程中，领导者有对下级和职工以及整个组织活动的驾驭和支配的作用。在实现组织目标的过程中，“偏差”是不可避免的。这种“偏差”的发生可能源于不可预见的外部因素的影响，也可能源于内部不合理的组织结构、规章制度或不合格的管理人员。纠正“偏差”，消除导致“偏差”的各种因素是领导的基本功能。

即问即答 6-1

领导活动的全过程主要有哪些构成要素？

6.1.3 领导者的素质要求

一、领导者应具备的基本素质

1. 领导者应具有出众的品格

领导者只有具有出众的品格，形成独特的人格魅力，才能被追随者折服和拥戴。

2. 领导者应具有渊博的知识

领导者要能站在统筹全局的高度上，协调各方面以实现对组织的领导和控制，这就要求领导者必须拥有一颗清醒的头脑，必须具备渊博的知识和丰富的阅历。

3. 领导者应具备优雅的风度

领导者是组织的首脑，其一举一动都影响着组织的发展方向，一个举止优雅、行事有风度的领导者，必然会影响到组织及其成员的处世风格，形成一个良好、和谐的文化环境氛围。

二、领导者应具备的基本能力

1. 领导者应具有社交和协调能力

组织不是一个封闭的集合，组织与组织间是相互交流与合作的，这就要求领导者能够协调好组织内外的各个方面，同时也要求组织的领导者应具有良好的社交能力和协调能力。

2. 领导者应具有良好的表达能力

一个优秀的领导者应使其决策的思想完整无误地传达给员工，这就要求领导必须具有良好的语言表达能力。

3. 领导者应具有敏捷的应变能力

市场经济风云莫测，其变化之快可以用瞬息万变来形容，一成不变的组织是跟不上时代的节奏和步伐的，是必将被时代所淘汰的，所以领导者要能在风云万变的环境中迅速做出反应，一个优秀的领导者必须具备敏捷的应变能力。

6.1.4 领导者与管理者

一、领导与管理

领导与管理有着本质的区别。从共性上看，两者都是一种在组织内部通过影响他人的活动来实现组织目标的过程，两者基本的权力都来自于组织的岗位设置。从差异性上看，管理包括领导，领导只是管理工作中的一项职能。管理的权力是建立在合法的、强制性权力基础上的，而领导的权力既可以建立在合法的、强制性的基础上，也可以建立在个人的影响力和专家权力等基础上。

管理的对象包括人、财、物、时间等多种资源及企业的一切生产经营活动过程；而领导的对象只是人，领导的实质就是一种人际影响力，其主要职责功能就是指挥、引导、沟通、激励、影响和带动人们做出杰出贡献。领导职能比管理中的计划、组织、控制职能更注重人的因素及人与人之间的相互作用。

管理的目的是充分利用各种资源，提升企业竞争力，提高企业经济效益；领导的目的是充分调动起人们实现管理目标的热情、主观能动性和积极性。可见，领导是开展有效管理工作必不可少的一项职能，也是最能充分体现管理工作艺术性的一项职能。

二、领导者与管理者

管理者是指从事与管理相关的工作的人员，他们要履行计划、组织、领导、控制职能以确保组织目标实现。其中基层管理者的工作内容以业务活动为主，并不直接管理人。而领导者都负有领导的职责，即对下属的引导、影响和推动。管理者除领导职责，还负有计划、组织、控制的职责。

可见，领导者不一定是管理者，管理者也并不一定是领导者。两者既可以是合二为一的，也可以是相互分离的。有的管理者可以运用职权迫使人们去从事某一工作，但不能影响他人的工作，他就不是领导者；有的人并没有正式职权，却能以个人的影响力去影响他人，如非正式组织中的首脑，那么他就是一位领导者。为了使组织运行更有效，应该选取领导者来从事管理工作，或者把管理者培养成好的领导者。

相关链接6-2：领导与管理

换了12任厂长也没能摆脱亏损的一家国有企业，在王义堂手里起死回生了。1994年5月，当王义堂接手河南某县水泥厂时，该厂亏损123万元。到这年年底，王义堂却使该厂赢利80万元，第二年实现利税525万元。

当年水泥厂面临连年亏损的困境，任命谁为厂长呢？有人说：让王义堂试试吧!这提议让大家一愣：他是水泥厂所在地的农民，怎么能当国有企业的厂长呢？可再一想，王义堂确实有本事，他与人合伙开办的公司个个赢利。于是县里与王义堂签订了委托经营协议。王义堂预交10万元抵押金，企业亏损，抵押金没收；企业赢利，退还抵押金本息，还可按30%的比例得到奖励。

谈起当时厂里的情况，王义堂至今记忆犹新：厂里413名职工，其中行政管理人员113人，厂长一正八副，各自为政。一个科室有五六个人，天天没事干。来一两个客人，要一两桌的人相陪，20个月吃掉30多万元！王义堂上任后，把原来的9个正副厂长全部免掉，但没有改变原来的规章制度，只是不让原来的制度成为挂在墙上的空口号。他规定：职工只允许犯三次错误，第四次就开除。不过他最终也没能开除一个人，倒是有二三十个"光棍"主动要求调走了，因为实行计件工资后，这些人再也不能像以前一样光拿钱不干活了。于是，企业每小时生产水泥的产量从过去的5～6吨提高到10多吨。

针对"王义堂现象"，一位经济学家评论说：这是一个有普遍意义的典型个案，厂长、经理个人的道德境界在相当程度上决定着整个企业的兴衰生死，这不是经济学所能研究和解决的问题。

6.2 领导的本质探究

6.2.1 领导的本质

领导的本质就是一种对他人的影响力，即管理者对下属及组织行为的影响力。这种影响力能影响下属或组织成员的心理与行为，使其为实现组织目标服务。

从领导的性质来看，领导具有"自然属性"和"社会属性"的双重性。领导的本质主要是由它的社会属性决定的。

领导的自然属性是指领导活动中的指挥和服从关系的属性。领导是社会共同劳动和共同生活的自然需求。人类改造世界的实践活动，都是有意识、有目的、有组织地进行的，它需要领导者以统一的意志来引导、指挥、组织、协调、监督被领导者的思想、认识和行动。领导的社会属性是指由社会生产方式决定的领导者与被领导者之间的经济、政治等利益的对立或者一致关系的属性。领导活动不仅是社会生产力发展的需要，而且是生产关系的表现。

6.2.2 领导权威与危机管理

一、领导权威

领导权威包括领导者的职权和威信。职权是领导者在特定的组织里因占有正式职位而形成的权力，是领导者为实现组织目标在实施领导的过程中对被领导者施行的强制性支配和控制力量，包括支配权和奖惩权。威信是领导者出众的个人因素导致的影响力，主要包括专长和品质。

领导与权力是有差别的：权力只需要依赖性，并不要求构成权力关系的双方具有一致的目标；领导则要求领导者与被领导者有一致的方向，否则领导工作就失去了意义。权力对于领导工作是极为重要的。首先，领导者在领导过程中影响他人的基础是权力，任何领导者的影响力都是依赖于正式权力或非正式权力来实现的。其次，组织中权力的配置决定了领导工作的方式。管理制度中权力的集中与分散是造成集权式领导者与民主式领导者之间差异的重要原因。最后，正确地对待权力是领导工作成功的保证。

1. 领导权力的类型

在不同的行业、单位或部门，领导权力的构成不尽相同，就其共性而言，领导权力大体上包括以下几种类型。

（1）决策权。这是各种领导权中最重要和最基本的权力。从某种意义上说，领导的过程也就是制定和实施决策的过程，或者说“领导就是决策”。

（2）组织权。领导者根据事业或工作的需要，对机构设置、权力分配、岗位分工、人员安排等做出决定的权力叫作组织权。这是领导者的意图得以实现的组织保证。

（3）指挥权。领导者（或领导机关）为实现其决策或规划，对下属（人员或机构）下达命令或指示等的权力叫作指挥权。这是领导者实施领导决策或规划的基本保障。

（4）人事权。领导者对其下属人员有选拔、录用、教育、培养、升降职位、调配、使用、任免等权力，这就叫作人事权。这是领导者的职权充分发挥作用的客观基础。

（5）奖惩权。领导者根据其下属的功过表现，对其进行奖励或惩罚的权力叫作奖惩权。这种一正一反相辅相成的权力，是领导者对其下属进行统辖和控制的重要手段。

（6）调控权。领导者根据实际情况的要求，对其所属的机构、人员、工作等进行及时的调整控制，使全局的工作能相互配合、协调一致，以便更好地完成预定任务、达到既定目标，这叫作调控权。

2. 领导用权的原则

（1）民主原则。领导权力属于人民，来自人民。人民群众可以直接或间接地授予领导者以一定的权力，也可以因其不称职而收回这种权力。领导者在行使权力的过程中要善于倾听、了解人民群众的意愿、建议和意见。

（2）为民原则。领导者是代表人民掌握和行使权力的，只能运用权力全心全意为人民谋利益，而不能用来牟取私利或达到任何个人目的。

（3）合法原则。合法原则要求将权力的各个方面、各个环节、各种内容都用法律和制度加以明确规定，使权力的设置、运行和操作有法可依，有章可循。领导者只能在法律和制度允许的范围和程度之内使运用权力。

（4）适时原则。适时原则就是要把握住权力行使的时机。时机是社会活动过程中普遍存在的现象，是否善于抓住时机，直接影响权力实施的效果。

3. 领导权力的制约与监督

要保证领导者正确行使权力，必须加强对领导权力的制约和监督。

加强对权力的制约和监督，要靠组织教育和领导者的自我修养。通过教育和学习，使领导者提高思想境界和道德水平，破除“官本位”意识，肃清封建主义思想的残余，牢固树立马克思主义的世界观、人生观、价值观，牢固树立正确的权力观、地位观、利益观，自觉摆正同人民群众的关系，一心一意、千方百计地为人民谋利益。

加强对权力的制约和监督，关键是加强制度建设，建立起结构合理、配置科学、程序严密、制约有效的权力运行机制。

在实际工作中，领导者要正确运用权力就必须遵循以下原则。

首先，慎重用权，不可滥用权力。领导者一旦滥用权力，不但会阻碍组织目标的实现，还会导致人际关系恶化、组织凝聚力下降，最终会导致领导者权力的丧失。

其次，客观公正用权。领导者运用权力最重要的原则是廉明，要客观公正地使用权力，即运用权力时不徇私情、不牟私利，按照组织条例规定办事。

最后，例外处理。规章制度是组织成员应当共同遵守的行为准则，领导者必须维护规章制度的严肃性，按照规章制度的要求来正确使用手中的权力。但在特殊情况下，领导者也应当有权对特殊事件进行特殊处理。例外处理不是破坏规章制度，而恰恰是为了使规章制度在执行过程中表现得更加合理、更加符合实际情况。

即问即答 6-2

为了使领导工作有效，领导者下的命令应该符合哪些基本条件？

二、危机管理

在西方国家的教科书中，通常把危机管理（Crisis Management）称为危机沟通管理，原因在于，加强信息的披露与公众的沟通，争取公众的谅解与支持是危机管理的基本对策。

对一个企业而言，可以称为企业危机的事项是指企业面临与社会大众或顾客有密切关系且后果严重的重大事故。而为了应付危机的出现，在企业内预先建立防范和处理这些重大事故的体制和措施，则称为企业的危机管理。

危机管理是指企业通过危机监测、危机预警、危机决策和危机处理，达到避免、减小危机产生的危害，总结危机发生、发展的规律，科学化、系统化地处理危机的一种新型管理体系。危机管理的要素包括以下几种。

（1）危机监测。危机管理的首要一环是对危机进行监测。企业在顺利发展时期，就应该有强烈的危机意识和应变危机的心理准备，建立一套危机管理机制，对危机进行检测。企业越是面临风平浪静的局面越应该重视危机监测，因为平静的背后往往隐藏着杀机。

（2）危机预警。许多危机在爆发之前都会出现某些征兆，危机管理关注的不仅是危机爆发后各种危害的处理，而且要建立危机警戒线。企业要在危机到来之前，把一些可以避免的危机消灭在萌芽之中，对于另一些不可避免的危机，则要通过预警系统及时加以解决。这样，企业才能从容不迫地应对危机带来的挑战，把企业的损失降低到最低的程度。

（3）危机决策。企业在调查的基础上制定正确的危机决策。决策要根据危机产生的来龙去脉，对几种可行方案的优缺点进行对比后，选择出最佳方案。方案定位要准，推行要迅速。

（4）危机处理。危机处理的过程包括：第一，企业确认危机。确认危机包括将危机归类，收集与危机相关信息，确认危机程度以及找出危机产生的原因，辨认危机影响的范围和影响的程度及后果。第二，控制危机。确认某种危机后，要遏制危机的扩散，使其不影响其他事物，紧急控制，刻不容缓。第三，处理危机。处理危机最关键的是速度。企业能够及时、有效地将危机决策运用到实际中化解危机，可以避免危机给企业造成更大的损失。

6.2.3 领导者的人格魅力

领导者的人格魅力主要来自于领导者的个人影响力。

个人影响力是领导者以自身的威望影响或改变被领导者的心理和行为的力量。它不是组织所赋予的，不具有法定性质。构成领导者个人影响力的因素包括品德、知识、才能和情感。

（1）品德。品德是个人的本质表现，它反映在人的一切言行之中。优秀的品格会使领导者产生巨大的影响力，使人产生敬爱感，而且能吸引人、诱导人模仿。对于领导者来说，“其身正，不令则行；其身不正，虽令不从”。这句古语告诉我们领导者的品格对他人的重要影响作用。因此，优秀的品格修养不仅是领导者必须具备的素质，也是领导影响力的重要组成部分。

（2）知识。知识是一个人的宝贵财富。它本身就是一种力量，是科学赋予的力量。知识素养是领导者发挥领导功能的重要条件。特别是领导者如果拥有了本行业的技术和专业知识，就能得到下属的尊敬和信任，与下属也会有更多的共同语言，有利于加强沟通。

（3）才能。才能是决定领导者影响力大小的主要因素，是指领导者运用自己的知识、经验分析和解决实际问题的综合能力。它不仅反映在领导者能否胜任自己的工作上，更重要的是反映在工作结果是否成功上。才能是通过实践来表现的，一位有才能的领导者会给组织带来成功，使人们对其产生敬佩感，并能吸引人们自觉地去接受其影响。

（4）情感。情感是人的一种心理现象，它是人对客观事物好恶倾向的内在反应。人与人之间建立了良好的情感关系，就能加大彼此的吸引力和影响力。作为领导者，如果能体贴、关怀下属，融洽与下属的关系，影响力往往就比较大，反之则会形成负面的影响力。

由品德、知识、才能、情感等因素构成的个人影响力，是由领导者自身的素质与行为造成的。其在领导者从事管理工作时，能增强领导者的影响力；在领导者不担任管理职务时，仍能对人们产生较大的影响。

相关链接6-3：刘备、宋江的“无能”之能

《三国演义》中的刘备、《水浒传》中的宋江，文才武略都不如别人，但却都能让别人追随自己，得到自己想要的东西，这不能不说他们还是很有能力的，这个能力就是领导才能。

先说刘备。他从一个卖草席的破落皇族起家，先后依附卢植、刘表等人，在此期间先后网罗了关羽、张飞、赵云、诸葛亮等武将谋士，最后时机一到，玩了个“空手道”，取得了天府之地。

再看宋江。他广交天下英雄，积累了雄厚的人才资源，后因为浔阳江头题写了反诗下狱，后来在法场上被众兄弟救起，终于决心上梁山。此时，追随他的新人已超过晁盖的旧有人马。

为什么那么多有才能的人愿意死心塌地地跟着这两个没什么文才武略的人冒险呢？因为他们具备一定的政治资源。刘备、宋江讲义气、“够朋友”，这在封建社会是很有号召力的。另外，他们都披上了合法的外衣：刘备是皇室之后，他曾多次亮出这一身份；宋江有童谣“耗国因家木，刀兵点水工。纵横三十六，播乱在江东”。这些都使得追随他们的人心里有了底，相信跟着他们将来会有好的前途。

6.3 领导理论

一个组织事业的成败——也就是能否实现既定的目标——关键在于领导。领导理论就是研究关于领导有效性的理论。领导理论主要由三大部分组成：领导特性理论（领导品质理论）、领导行为理论、领导权变理论。

（1）领导特性理论。领导特性理论着重研究领导的品行、素质和修养；其目的是要说明好的领导者应具备怎样的素质。

（2）领导行为理论。领导行为理论着重分析领导者的领导行为对其组织成员的影响；其目的是找出所谓“最佳的领导行为”。

（3）领导权变理论。领导权变理论着重研究影响领导行为和领导行为有效性的环境因素；其目的是要说明在某种情况之下，哪一种领导方式才是最好的。

小资料：领导效能与领导方式

领导效能的概念：领导效能就是领导者设定的目标被接受和实现的程度。领导效能=领导设定目标的实现值÷领导者设定目标的预定值。

领导效能的决定因素包括领导者的因素、被领导者的因素、领导情境的因素。领导效能=f（领导者，被领导者，领导情境）。

6.3.1 领导特性理论

领导特性理论研究的主要是领导者应具备的素质。

这一理论的出发点是：领导效率的高低主要取决于领导者的特质，那些成功的领导者也一定有某些共同点。根据领导效果的好坏，找出好的领导者与差的领导者在个人品质或特性方面的差异，由此确定优秀的领导者应具备的特性。

领导特性理论侧重于研究领导者的性格、品质方面的特征，以此作为预测其领导成效的标准。研究的目的是区分领导者与一般人的不同特点，以此来解释他们成为领导者的原因，并作为选拔领导者和预测其领导有效性的依据。实际上就是研究什么样的人才能成为良好的、有效的领导者。

研究者认为，只要找出成功领导者应具备的特点，再考察某个组织中的领导者是否具备这些特点，就能断定他是不是一个优秀的领导者。这种归纳分析法成为研究领导特性理论的基本方法。

传统的领导特性理论认为：领导者的品质是与生俱来的，生来不具有这种品质的人就不能当领导。显然，这种理论带有唯心主义色彩。现代的领导特性理论强调领导者的品质并非与生俱来，而是在领导活动中逐步形成的，即可以通过训练和培养加以造就。

一、斯托格蒂尔提出的六类领导特性

（1）身份特性，如精力、身高、外貌等。根据迄今为止的发现，这一特性并不足以说服人。

（2）社会背景特性，如社会经济地位、学历等，这方面的发现也缺乏一致性和说服力。

（3）智力特性，如判断力、果断力、知识的深度和广度、口才等。成功的领导者在这些方面较突出，但相关性还较弱，可见还需要考虑一些附加因素。

（4）个性特征，如适应性、进取性、自信、机敏、见解独到、正直、情绪稳定、不随波逐流、作风民主等。

（5）与工作有关的特性。有些特性已经被证明具有积极的效果，如对高成就的追求、愿意承担责任、毅力、首创性、工作主动、重视任务的完成等。

（6）社交特性。研究表明，成功的领导者具有善交际、广交友、积极参加各种活动、愿意与人合作等特性。

二、包莫尔的领导特质论

（1）合作精神，即愿与他人一起工作，能赢得人们的合作，对人不是压服，而是感动和说服。

（2）决策能力，即依赖事实而非想象进行决策，具有高瞻远瞩的能力。

（3）组织能力，即能发掘部属的才能，善于组织人力、物力和财力。

（4）精于授权，即能大权独揽、小权分散。

（5）善于应变，即机动灵活，善于进取，而不抱残守缺、墨守成规。

（6）敢于求新，即对新事物、新环境和新观念有敏锐的感受能力。

（7）勇于负责，即对上级、下级、用户及整个社会抱有高度的责任心。

（8）敢担风险，即敢于承担企业发展不景气的风险，有创造新局面的雄心和信心。

（9）尊重他人，即重视采纳别人的意见，不盛气凌人。

（10）品德高尚，即品德为社会人士和企业员工所敬仰。

6.3.2　领导行为理论

领导者的领导才能和领导艺术都是以领导方式为基础的，领导者个人的特性难以说明其与领导有效性之间的关系。所以，后来许多学者在研究领导艺术时，开始从研究领导者的内在特征转移到研究其外在行为上，即对领导者的各种领导行为进行研究，以找出何种领导行为、领导方式最为有效，这就是领导行为理论。领导行为理论成果众多，这里仅介绍以下几种。

一、X—Y理论

麦格雷戈认为，领导方式取决于领导者对人性的基本认识。管理史上，对人性的假设有两种，即X假设和Y假设。

1. X假设

X假设的内容：

（1）人天生懒惰，总是千方百计地逃避工作。

（2）大多数人的个人目标与组织的目标都是互相矛盾的，为了实现组织目标，必须用强制和惩罚的方法严格管制。

（3）大多数人没有什么雄心壮志，也不喜欢负责任，而甘愿服从别人的领导；大多数人缺乏理智，难以克制自己，易受别人的影响。

基于上述认识，持有X假设观点的领导者采取集权式领导方式，通常是“胡萝卜加大棒”的领导方式，即一方面用金钱收买和刺激员工，另一方面靠严密的监控和惩罚来迫使员工为组织效力。

麦格雷戈认为，在现代工业的实践过程中，这种X理论曾经是企业领导人中非常普遍的一种信念，对美国的企业管理工作有过重大影响。以X理论为指导思想的管理人员把人和物等同，忽视人的自身特征和多种需要，只注意人的生理需要和安全需要，常常以金钱作为管理工具，对不符合要求的行为则采取惩罚手段。显然，在这种人性假设基础之上的管理方法对属于“社会人”的人们来说是难以激发其工作热情的。

2. Y假设

Y假设的内容：

（1）工作中体力和脑力的消耗就像游戏和休息一样自然，厌恶工作并不是人的本性。

（2）外在的控制和惩罚并不是使人努力达到组织目标的唯一手段，而且通常也不是最好的手段，人们愿意实行自我管理和控制来完成自己应当完成的目标。

（3）人是有责任心的。人们在适当的条件下，不但愿意接受和承担一定的责任，而且还可能会追求责任，逃避责任、缺乏雄心壮志通常是经验的结果，而不是人的本质。

（4）人们在解决组织的各种问题时，有着较高的想象力和创造力。

（5）在现代社会中，人们的智力和潜能仅得到了部分发挥。

基于上述认识，持有Y假设观点的领导者倾向于采取员工自我控制和自我指挥的领导方式，通常给员工创造一个和谐的指导性工作环境，让员工从事富有挑战性的工作，便于员工自主管理和发挥潜能，提高员工的参与度和积极性。

Y理论给管理人员提供了一种对于人的乐观主义的看法，而这种乐观主义的看法是争取员工的协作和热情支持所必需的。有人指出，Y理论有些过于理想化了，所谓自我指导和自我控制，并非人人都能做到。人固然不能说生来就是懒惰而不愿负责任的，但是，在实际生活中也的确有部分人是这样的，而且他们坚决不愿改变。对于这些人，采用Y理论进行管理难免会遭遇失败。

二、勒温（K.Lewin）的领导风格理论

勒温是德国心理学家，他将权力定位为基本变量，把领导者在领导过程中表现出来的极端工作作风分为三种类型：独裁专断型、民主参与型和自由放任型。

（1）独裁专断型领导是指领导者个人决定一切，布置下属执行。这种领导者要求下属绝对服从，并认为决策是自己一个人的事。

（2）民主参与型领导是指领导者发动下属讨论、共同商量、集思广益，然后决策。这种领导者要求上下级关系融洽，能团结一致进行工作。

（3）自由放任型领导是指领导者撒手不管，下属愿意怎样做就怎样做，完全自由。领导者的职责仅仅是为下属提供信息并与企业外部进行联系，以便下属开展工作。

勒温于1939年对这三种不同类型的领导群体影响进行了研究，结果表明：自由放任型领导的工作效率最低，所领导的员工在工作中只达到了社交目标，而没有达到工作目标，产品的数量和质量都很差；民主参与型领导的工作效率较高，所领导的员工在工作中不仅达到了社交目标，也达到了工作目标，工作积极主动，显示出较主动的创造性；独裁专断型领导借助于严格的控制也达到了工作目标，但人际关系紧张，员工的消极态度和对抗情绪在不断增长，缺乏主动性。

三、密歇根大学的研究

密歇根大学的研究由伦西斯·利克特（Rensis Likert，1903—1981）及其同事在1947年开始进行，试图比较群体效率如何随领导者行为的变化而变化。这项研究的目的是确定领导者的行为特点与满意水平和工作绩效的关系。研究小组的研究结果发现了两种不同的领导方式。

一种是工作（生产）导向型的领导行为。这种领导方式关心工作的过程和结果，并用密切监督和施加压力的办法来获得良好绩效、满意的工作期限和结果评估。对这种领导者而言，下属是实现目标或任务绩效的工具，而不是和他们一样有着情感和需要的人，群体任务的完成情况是领导行为的中心。

另一种领导方式是员工导向型领导行为。这种领导方式表现为关心员工，即重视人际关系。员工导向型领导者不是把他们的行为集中在对员工的监督上，而是集中在对生产的提高上。他们关心员工的需要、晋级和职业生涯的发展。

密歇根大学的研究人员发现，在以“员工导向型”作为领导方式的组织中，生产的数量要高于以“工作导向型”作为领导方式的组织。另外，这两种群体的态度和行为也根本不同。在“员工导向型”的生产单位中，员工的满意度高，离职率和缺勤率都较低；在“工作导向型”的生产单位中，产品产量虽然不低，但员工的满意度低，离职率和缺勤率都较高。

在这种经验观察的基础上，密歇根大学领导行为方式研究的结论是“员工导向型”的领导者与高的群体生产率和高满意度成正相关，而“工作导向型”的领导者则与低的群体生产率和低满意度成正相关。

四、俄亥俄州州立大学的研究

大约在与密歇根大学对领导方式展开研究同时，美国俄亥俄州州立大学的研究人员弗莱西曼（E. A. Fleishman）和他的同事们也在进行关于领导方式的比较研究。他们的研究结果本来罗列了十种不同的领导方式，但最后，他们把这十种类型进一步分为两个维度，即领导方式的“关怀维度”和“定规维度”。

“关怀维度”代表领导者与员工之间以及领导者与追随者之间相互信任、尊重和友好关系，即领导者信任和尊重下属的倾向。

“定规维度”代表领导者构建任务、明察群体之间的关系和明晰沟通渠道的倾向。

通过对两种维度的问卷调查，可以将领导方式分为四种基本类型，即高关怀高定规、高关怀低定规、低关怀高定规和低关怀低定规，如图 6-1 所示。

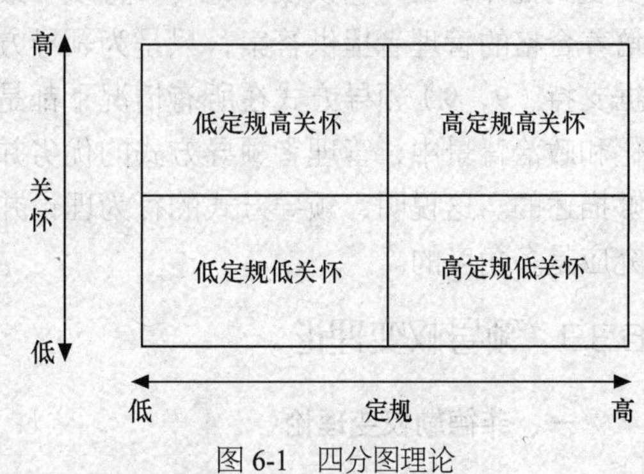

图 6-1　四分图理论

俄亥俄州州立大学的这项研究发现：在两个维度方面皆高的领导者，一般更能使下属达到高绩效和高满意度。不过，“高—高”型风格并不总是产生积极效果；而其他三种维度组合类型的领导者行为，普遍与较多的缺勤、事故、抱怨以及离职有关系。

五、管理方格理论

密歇根大学和俄亥俄州州立大学的研究结果发表以后，引起了学术界对理想的领导方式的广泛讨论。一般的看法是，理想的领导行为既要是绩效型又要是关怀型的。对这种理想的领导方式加以结合的重要成果，是美国得克萨斯大学的布莱克（Blake）和穆顿（Mouton）提出的关于培养领导方式的管理方格理论。

这一理论充分概括了上述两项研究所提炼的员工导向和生产导向维度。在这种领导理论中，首先把管理人员按他们的绩效导向行为（称为对生产的关心）和维护导向行为（称为对人员的关心）进行评估，给出等级分值。然后以此为基础，把分值标注在两个维度坐标界面上，并在这两个维度坐标轴上分别划出 9 个等级，从而生成 81 种不同的领导类型。

如图 6-2 所示，代表性的领导方式为：（1，9）型，又称为乡村俱乐部型管理，表示领导者只注重支持和关怀下属而不关心任务和效率；（1，1）型，又称为贫乏型管理，表示领导者付出最小的努力完成工作；（5，5）型，又称为中庸之道型管理，表示领导者维持足够的任务效率和令人满意的士气；（9，1）型，又称为任务型管理，表示领导者只重视任务效果而不重视下属的发展和士气；（9，9）型，又称为团队型管理，表示领导者通过协调和综合相关工作活动而提高任务效率与士气。他们认为，（9，9）方式的管理者工作是最佳的领导方式，并提出：原则上达不到（9，9）等级的管理人员，要接受如何成为一个（9，9）等级领导人的培训。

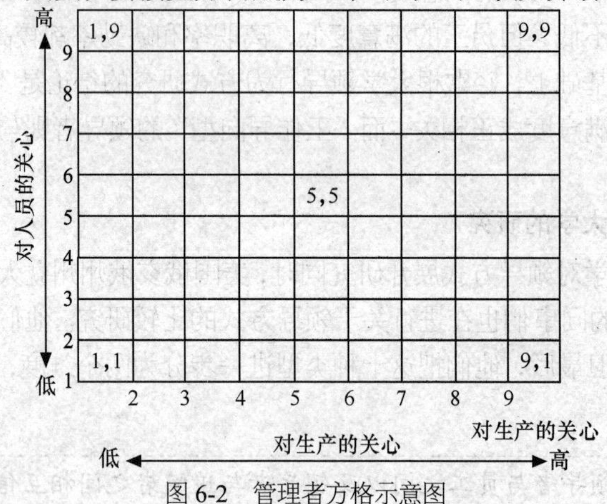

图6-2　管理者方格示意图

20世纪60年代，管理者方格培训受到美国工商界的普遍推崇。但在后来，这一理论逐步受到批评，因为它仅仅讨论一种直观和最佳的领导方式。而且，管理方格理论并未对如何培养合格的管理者提供答案，只是为领导方式的概念化提供了框架。另外，也没有实质性证据支持（9，9）领导方式在所有情况下都是最有效的方式。例如，在不同的社会、经济、文化和政治背景中，管理者领导方式的优劣并不是简单地通过中性或平衡的（9，9）分布就能够描述的。这说明，领导方式的行为理论并不是对某种领导方式的最佳选择，领导方式的研究应是多角度的。

6.3.3　领导权变理论

一、菲德勒权变理论

权变理论认为不存在一种一成不变的、普遍适用的、最好的管理理论和管理方法。领导方式和领导工作强烈地受到领导者所处的客观环境的影响。因此，管理必须随着所处的内外环境的变化而随机应变。领导者应做什么以及怎样做，要取决于当时的具体情况。或者说，领导和领导者是某种既定环境的产物。

菲德勒的领导权变理论是一种比较有代表性的权变理论。该理论认为各种领导方式都可能在一定环境内有效，这种环境是多种外部与内部因素的共同作用体。

菲德勒提出了一个全面的领导权变模型。菲德勒认为，良好的群体绩效只能通过如下两种途径取得：要么使管理者与管理环境相匹配，要么使工作环境与管理者相匹配。菲德勒模型是将确定领导者风格的评估与情景分类联系在一起，并将领导效果作为二者的函数进行预测。

1．确定领导者风格

菲德勒设计了LPC问卷，即最难共事者问卷，来测试领导者个体基础的行为风格。菲德勒让答卷者回想一下自己共事过的同事，找出一个最难共事者，用16组形容词中的1～8等级对他进行评估，从最消极的评价到最积极的评价，得分依次增高。

最难共事者量表

➢ 令人愉快的	8	7	6	5	4	3	2	1	令人不愉快的
➢ 友好的	8	7	6	5	4	3	2	1	不友好的
➢ 随和的	8	7	6	5	4	3	2	1	不随和的
➢ 乐于助人的	8	7	6	5	4	3	2	1	使人泄气的
➢ 热情的	8	7	6	5	4	3	2	1	冷淡的
➢ 轻松的	8	7	6	5	4	3	2	1	紧张的
➢ 密切的	8	7	6	5	4	3	2	1	疏远的
➢ 温暖人心的	8	7	6	5	4	3	2	1	冷若冰霜的
➢ 易合作的	8	7	6	5	4	3	2	1	不好合作的
➢ 支持的	8	7	6	5	4	3	2	1	敌意的
➢ 有趣的	8	7	6	5	4	3	2	1	讨厌的
➢ 和谐的	8	7	6	5	4	3	2	1	爱争执的
➢ 自信的	8	7	6	5	4	3	2	1	优柔寡断的
➢ 效率高的	8	7	6	5	4	3	2	1	效率低的
➢ 兴高采烈的	8	7	6	5	4	3	2	1	低沉阴郁的
➢ 开诚布公的	8	7	6	5	4	3	2	1	怀有戒心的

菲德勒相信，在LPC问卷回答的基础上可以判断他们的最基本的领导风格，如果以相对积极的词汇描述最难共事者，LPC得分不低于64分，回答者很乐于与同事形成良好的人际关系。也就是说，如果你把最难共事的同事描述得比较积极，菲德勒就认为你是关系取向型。相反，如果得分低于57分，就说明你感兴趣的主要是工作，为任务取向型。另外，大约有16%的回答者分数处于58～63分之间，属于中间水平，很难被划入任务取向型或关系取向型中进行测试，因而下面的讨论就是只针对其余的84%进行的。

2. 确定情景

在LPC问卷的基础上，菲德勒列出评价领导有效性的关键要素，即职位权力、任务结构和上下级关系。

所谓职位权力，是指领导者所处的职位具有的权威和权力的大小，或者说领导的法定权、强制权、奖励权的大小。权力越大，群体成员遵从指导的程度越高，领导的环境也就越好，反之就越差。

所谓任务结构，是指任务的明确程度和部下对这些任务的负责程度。这些任务越明确，部下责任心越强，则领导环境越好，反之就越差。

所谓上下级关系，是指下属乐于追随领导者的程度。下级对上级越尊重，越乐于追随，则上下级关系越好，领导环境也越好，反之就越差。

3. 领导者与情境的匹配

菲德勒根据情境中的三个变量组合成八种不同的环境条件。根据关于领导情境的八种分类和关于领导类型的两种分类（高LPC值的领导和低LPC值的领导），对1 200多个团体进行了抽样调查，得出以下结论：领导环境决定了领导的方式。菲德勒认为环境的好坏对领导的目标有重大影响。对低LPC型领导来说，他们比较重视工作任务的完成。如果环境较差，他们将首先保证完成任务；当环境较好，任务能够完成时，这时他们的目标将是搞好人际关系。对高LPC型领导来说，他们比较重视人际关系。如果环境较差，他们首先将人际关系放在首位；当环境较好，人际关系也比较融洽时，他们将追求工作任务的完成，如图 6-3 所示。

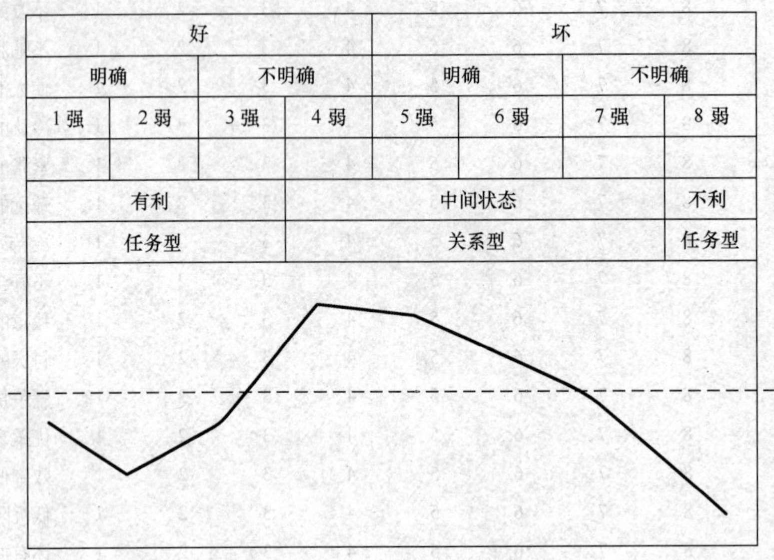

图 6-3　菲德勒权变领导模型

在环境较好的 1、2、3 和环境较差的 7、8 情况下，采用低 LPC 领导方式，即工作任务型的领导方式比较有效；在环境中等的 4、5、6 情况下，采用高 LPC 领导方式，即人际关系型的领导方式比较有效。

4. 菲德勒模型的发展

菲德勒和乔·葛西亚在原来的模型基础上进一步提出了认知资源理论。这一理论基于两个假设：第一，睿智而有才干的领导者比德才平庸的领导者能制订更有效的计划、决策和活动策略；第二，领导者通过指导行为传达他们的计划、决策和策略。

在此基础上，菲德勒和葛西亚阐述了压力和认知资源（如经验、奖励、智力活动）对领导有效性的重要影响。其结论如下：第一，在支持性、无压力的领导环境下，指导性行为只有与高智力结合起来，才能产生高绩效水平；第二，工作经验与工作绩效之间成正相关；第三，在领导者感到无压力的情景中，领导者的智力水平与群体绩效成正相关。

即问即答 6-3

权变理论中的“随机应变”指的是什么？

二、路径—目标理论

路径—目标理论是罗伯特·豪斯（Robert House）发展出的一种领导权变理论。该理论认为，领导者的工作是帮助下属达到他们的目标，并提供必要的指导和支持，以确保各自的目标与群体或组织的总体目标一致。“路径—目标”的概念来自于这样的观念：有效领导者能够明确指明实现工作目标的方式来帮助下属，并为他们清除各种障碍和危险，从而使下属的相关工作容易进行。

根据路径—目标理论，领导者的行为被下属接受的程度，取决于下属是将这种行为视为获得当前满足的源泉，还是作为未来满足的手段。领导者行为的激励作用在于：①使下属的需要、满足取决于有效的工作绩效；②提供有效绩效所必需的辅导、指导、支持和奖励。

为考察这些陈述，豪斯确定了四种领导行为：指导型领导者让下属知道他对他们的期望是什么，以及他们完成工作的时间安排，并对如何完成任务给予具体指导，这种领导类型与俄亥俄州州立大学的定规维度相似；支持型领导十分友善，表现出对下属需要的关怀，它与俄亥俄州州立大学的关怀维度相似；参与型领导则与下属共同磋商，并在决策之前充分考虑他们的建议；成就导向型的领导设定富有挑战性的目标，并期望下属发挥出自己的最佳水平。与菲德勒的领导方式学说不同的是，豪斯认为领导者是灵活的，同一领导者可以根据不同的情境表现出任何一种领导风格。

路径—目标理论提出了两类情境变量作为领导行为：结果关系的中间变量，即环境因素（任务结构、正式权力系统和工作群体）和下属的个人特点（控制点、经验和知觉能力）。控制点是指个体对环境变化影响自身行为的认识程度。根据这种认识程度的大小，控制点分为内向控制点和外向控制点两种。内向控制点是说明个体充分相信自我行为主导未来而不是环境控制未来的观念，外向控制点则是说明个体把自我行为的结果归于环境影响的观念。依此可将下属分为内向控制点（internal locus of control）和外向控制点（external locus of control）两种类型。环境因素和下属个人特点决定着领导行为类型的选择。这一理论指出，当环境因素与领导者行为不一致或领导者行为与下属特点不一致时，效果皆不佳。

以下是路径—目标理论引申出的一些假设范例。

（1）相对于具有高度结构化和安排完好的任务来说，当任务不明或压力过大时，指导型领导产生更高的满意度。

（2）当下属执行结构化任务时，支持型领导可使员工产生高绩效和高满意度。

（3）指导型领导不太适于指导能力强或经验丰富的下属。

（4）组织中的正式权力关系越明确、越层级化，领导者越应表现出支持行为，降低指导型行为。

（5）内向型控制点的下属比较喜欢指导型风格。

（6）当任务结构不清时，成就导向型领导将会提高下属的努力水平，从而达到高绩效的预期。

三、领导生命周期理论

另外一种领导情景理论是由美国管理学者保罗·赫塞（Paul Hersey）和肯尼斯·布兰查德（Kenneth Blanchard）提出的。他们补充了另外一种因素，即领导行为在确定是任务绩效还是维持行为更重要之前应当考虑的因素——成熟度（maturity），并以此发展为领导方式生命周期理论。这一理论把下属的成熟度作为关键的情境因素，认为依据下属的成熟度水平选择正确的领导方式，决定着领导者的成功。

赫塞和布兰查德把成熟度定义为个体对自己的直接行为负责任的能力和意愿。它包括工作成熟度（job maturity）和心理成熟度（psychological maturity）。工作成熟度是下属完成任务时具有的相关技能和技术知识水平。拥有高工作成熟度的员工可以独立完成其工作任务而不需要别人的指导。心理成熟度是下属的自信心和自尊心。心理成熟度高的人不需要太多的外在鼓励，他们主要是靠自我实现的动机工作。高成熟度的下属既有能力又有信心做好某件工作。

生命周期理论提出任务行为和关系行为这两种领导维度，并且将每种维度进行了细化，从而组合成四种具体的领导方式：①指导型（telling）领导（高任务低关系），领导者定义角色，告诉下属应该做什么、怎样做以及在何时何地做；②推销型（selling）领导（高任务高关系），领导者同时提供指导行为与支持行为；③参与型（participating）领导（低任务高关系），领导者与下属共同决策，领导者的主要任务是提供便利条件和沟通；④授权型（delegating）领导（低任务低关系），领导者提供不多的指导或支持。

在此基础上，领导方式和任务成熟度之间的关系如图 6-4 所示。

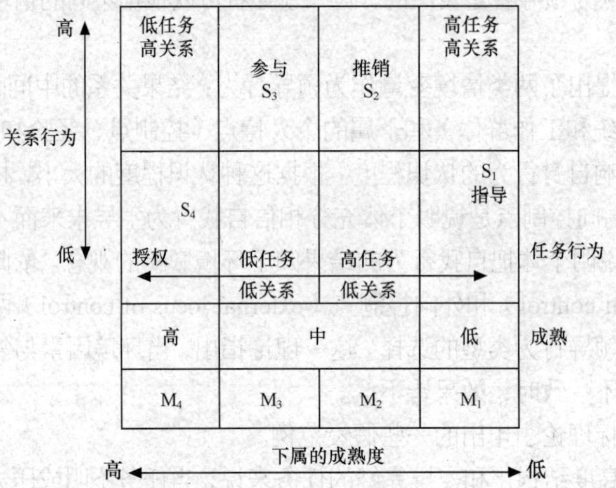

关系行为（高—低）

低任务高关系	参与 S_3	推销 S_2	高任务高关系
S_4			S_1 指导
授权	低任务低关系	高任务低关系	任务行为
高	中		低 成熟
M_4	M_3	M_2	M_1

下属的成熟度（高—低）

图 6-4　领导生命周期理论

图 6-4 中，S 代表四种领导方式，分别是授权、参与、推销和指导，它们依赖于下属的成熟度 M，M_1 表示低成熟度，M_4 表示高成熟度。

这样一来，赫塞和布兰查德就把领导方式和员工的行为关系通过成熟度联系起来，形成一种周期性的领导方式。当下属的成熟度水平不断提高时，领导者不但可以减少对活动的控制，而且还可以不断减少关系行为。

（1）指导型领导方式 S_1，是对低成熟度的下属而言的，管理者采用任务导向的领导风格最为合适。管理者要告诉下属组织的规则和运行程序，告诉他们怎样进行工作。在此阶段，管理者如果不能及时地发出命令，则会带来组织的混乱，其他的领导风格和高度重视人际关系等在此阶段是不适当的。

（2）推销型领导方式 S_2，是高任务高关系行为，试图使下属在心理上领悟领导者的意图，希望激发起他们更大程度的努力。管理者要加强对员工的信任与支持，加强关系导向的领导行为。

（3）参与型领导方式 S_3，表示可以运用支持性、非指导性的参与风格有效地激励下属，管理者不再需要像开始那样直接指挥了，下属开始产生更高的成就动机，开始积极寻求承担更大的责任。领导者应该积极地转变角色，因为过多的指挥会引起他们的不满；领导者要与下属共同决策，主要任务是提供便利条件。

（4）授权型领导方式 S_4，它是对高成熟度的下属而言的，表示下属既有意愿又有能力完成任务。下属越来越希望按自己的意愿行事，领导者可以降低支持与鼓励的比重，领导者的任务就是授权，不需要做太多事情。

和菲德勒的权变理论相比，领导方式生命周期理论更容易理解和直观。但它只考虑了下属的特征，而没有包括领导行为其他情境的特征。因此，这种领导方式的情境理论算不上完善，但它对于深化领导者和下属之间关系的研究，具有重要的基础性作用。

6.4 领导艺术

领导艺术是富有创造性的领导方法的体现。在履行领导职能的过程中，科学与艺术是相互结合、彼此交织在一起的。领导者要具备灵活运用各种领导方法和原则的能力与技巧，才能率领和引导下属克服前进道路上的障碍，顺利实现预定的目标。

领导艺术是指建立在一定的知识、经验基础上的，非规范的，有创造性的领导技能，是领导者的智慧、学识、才能、胆略、经验的综合反映。

小资料：领导艺术与权术的区别

第一，领导艺术出于公心，而权术则是为了谋私利，是为了个人、小集团的私利而行事。

第二，领导艺术公开运作，而权术则在暗地里进行。领导艺术具有公开性、透明性的特征，而权术则具有神秘性。历史上有“明法暗术”之说，暗术就是搞阴谋，西方叫作“under table”。权术家都是阴谋家、伪诈家。

第三，艺术可以公开示人，权术则是秘而不宣的。权术之所以秘而不宣，是因为它极端无道德性，权谋密经一旦泄露、被他人掌握，就会失效。所以，权术只做而不说。

第四，领导艺术的理论基础是辩证法，权术的理论基础是诡辩论。领导艺术和权术都是一种灵活性。现实生活中有两种灵活性，客观地运用灵活性是辩证法，主观地运用灵活性是诡辩论。权术是主观地运用灵活性，“今说今有理，明说明有理，总是我有理”，这就叫诡辩论。

领导艺术具有随机性、经验性、特殊性、多样性、灵活性、创造性等特点。同时，它是因人、因事而异，因地、因事而变的。因此，领导者必须从实际出发，只有具体问题具体分析，随机应变、灵活运用，才能适应不断变化的形式。领导艺术归结起来，有决策艺术、用人艺术、授权艺术、正确处理人际关系的艺术和科学利用时间的艺术等。

6.4.1 领导的决策艺术

决策是领导的基本职能，是领导活动的灵魂，它是领导者众多活动中最频繁、最主要，同时也是影响最大的一种活动。著名经济学家赫伯特·西蒙指出：“决策是管理的心脏，管理是由一系列决策组成的，管理就是决策。”要做到正确和科学的决策，应遵循以下几点要求。

（1）要有获取、加工和利用信息的艺术。决策的艺术性和各种方案的可行性，在很大程度上取决于信息是否及时、准确和完善。因此，要善于获取、加工和利用信息，而这需要有高超的艺术。

（2）针对不同的决策问题采取不同的决策方法，这本身就需要良好的艺术和技巧。正如管理学家杜拉克所说的：“决策的一条基本原则是在有不同意见的情况下做出决策。如果人人赞成，你就根本不用讲清楚做出的决策是什么，也许完全没必要决策了。所以，要听取不同意见。”

（3）要有程序化决策艺术。决策是按照事物发展的客观要求分阶段进行的，它具有科学的程序。决策一般是按“提出问题—确定决策目标—设计决策方案—优选决策方案—方案的实施与反馈”的顺序进行的。

6.4.2 领导的用人艺术

领导者要善于发现和掌握部属的优点和长处，在工作中用其所长并将其发扬光大。用人时，不应求全责备。金无足赤，人无完人，德、才、智、信、义兼备的理想人物在现实中是不可能存在的。“尺有所短，寸有所长”讲的就是这个道理。

用人应遵循“用人不疑，疑人不用”的原则。

相关链接 6-4：他们都是出类拔萃的人

在一次工商界的聚会上，几位老板正大谈自己的经营心得。其中一个说：“我有三个不成才的员工，我准备找机会将他们炒掉。”另一个老板问：“他们为什么不成才？”他说：“一个整天嫌这嫌那的，专门吹毛求疵；一个杞人忧天，老是害怕工厂有事；一个整天在外面闲荡鬼混。”有一个老板听后，想了想说：“既然这样，你就把这三个人让给我吧。”那三个人第二天就到新公司报到了，新老板给他们分配工作：喜欢吹毛求疵的人负责质量管理，害怕出事的人负责安全保卫，整天在外面闲荡的那个人负责产品宣传和推销。三个人都很高兴。过了一段时间，两个老板又遇到了一起。抱怨员工不成才的那个老板问：“这三个人是不是也让你头痛了？”新老板回答说：“哪里，他们都是出类拔萃的人。”

知人善任应该是一个管理者最重要的素养。知人就是要了解人才的特长，善任就是为人才安排最适当的工作。只有知人才能善任，只有善任，知人才有意义。

即问即答 6-4

企业在用人方式上应吸取怎样的经验教训？

6.4.3 授权的艺术

一、授权的含义

授权是指领导者将一定的权力授予自己直接领导的下属，使之在自己的领导和监督下，自主地对本职范围内的工作进行精心决断和处理。

二、授权的意义

授权是领导者智慧和能力的延伸和扩展。授权是最大的信任，给下属提供了建功立业的舞台，因而能够极大地调动下属的积极性；敢于授权，领导者才能集中精力议大事、抓协调、管全局。

三、授权的原则

授权是一种领导艺术，不同的领导者，其授权效果各不一样。要做到科学授权，必须遵循以下原则。

（1）因事择人原则。这是领导者授权最基本的一条原则，即一切以被授权者的才能大小和工作水平的高低为依据。

（2）明确权责原则。授权必须明确交代所授权力的性质、目的、范围、限度、责任以及完成任务的时间和质量，不可含糊其辞，模棱两可。

（3）适度授权原则。领导者在授权时要掌握好“度”，凡是下级职责范围内的权力，都需要下放给下级；对于自己工作范围内的，但下级也能办好的事情要授权给下级；凡是涉及有关全局的事，如组织发展的方向、目标，干部任命和变动等问题，就不可轻易放权，而应由领导集体讨论决定。

（4）有效控制原则。对于授权对象既不可过多地干涉，也不可放任自流，要健全控制制度，制定工作标准和考核办法，加强监督、检查，发现问题要及时指导、及时纠正。

四、不可授权的权力

管理工作中，以下三种权力是不可授权的。

（1）关乎企业前途命运的最后决策权。

（2）直接下级和关键岗位的人事的任免权。

（3）下级部门相互关系的调控权。

6.4.4 正确处理人际关系的艺术

讲求人际关系的艺术是强化管理和激发员工积极性的重要内容。由于人际关系具有复杂性和微妙性，处理的方法也是多种多样的，没有一套能适用于不同素质的员工和不同环境的通用方法，而应当因人而异，随机应变。

（1）组织与员工目标的处理。组织内的员工都是为了实现具体的目标而组合起来的，如何用企业发展的总目标把所有的员工组织起来，这是一种重要的技巧。目标既是员工共同努力的方向，又是有效协调人际关系的出发点。

（2）建立制度规则。这是指建立健全组织内部各种生产服务标准、流程和经营管理制度，使领导和员工、员工和员工之间都能依照规章制度进行自我约束、自我调整，以减小摩擦和冲突。

（3）注意员工的心理状态。尽管目标、制度对处理员工之间的关系有重要的作用，但员工之间的心理冲突对人际关系的影响往往是看不见、摸不着的，它的潜在性较强，又不容易很快消除。因此，必须注意员工的心理状态。

（4）注重处事的技巧。领导者如果能积极稳妥地处理问题，就有利于搞好领导者与员工之间的关系。在技巧的运用上，可以采用转移法、换位法、缓冲法、模糊法、糊涂法等。

6.4.5 科学利用时间的艺术

一、科学分配时间的艺术

做任何事情都需要占用时间和精力。“时间就是金钱，时间就是生命”，这是一条实实在在的真理。领导者要想节约自己的时间、做时间的主人，就要科学地组织管理工作，合理地分层授权，把大量的工作分给副手、助手、下属去做，以摆脱烦琐事务的纠缠，腾出时间来做应该由自己做的事；按制度时间的规定，科学合理地给各个部门单位分配定额，并要求他们在执行中严格按计划进行，做到按时、按质、按量完成。

就领导者个人来讲，分配时间的艺术可以有以下几种。

（1）重点管理法。这是指领导者必须从众多的任务中抓住重要的事情，集中时间和精力把它做好，把有限的时间分配给最重要的工作。

（2）最佳时间法。这是指领导者应该把最重要的工作安排在一天中效率最高的时间段去完成。

（3）可控措施法。这是指领导者应该把自己不可控的时间转化为可控时间，以提高管理效率。

二、合理节约时间的艺术

领导者要成为自己时间的主人，就要做好以下几点。

（1）要养成记录自己时间消耗情况的习惯。为了把有限的时间用在自己应该做的领导工作上，领导者要养成记录自己时间消耗情况的习惯。每做一件事就记一笔账，写明从几点到几点办了什么事。每隔一两周对自己的时间消耗情况进行一次分析。这时，往往就会发现自己在时间的利用上有许多惊人的不合理之处，从而找到合理利用时间的诀窍。

（2）学会合理地利用时间。时间的合理使用因人而异，受组织的特点、管理体制和基本架构，领导者的分工以及各人的职责和习惯的影响，因此很难有统一的标准。下面根据我国一些优秀的企业家的经验列出领导者每周工作时间的分配表，如表6-1所示。

表6-1　　领导者每周工作时间的分配

工 作 内 容	小时数	时间使用方式
了解情况，检查工作	6	每天1小时
研究业务，进行决策	12	每天2～4小时
与主要业务骨干交谈，做人的工作	4	每天0.5～1小时
参加社会活动（接待、开会等）	8	每天0.5～2小时
处理组织与外部的重大业务关系	8	每天0.5～2小时
处理内部各部门的重大业务关系	8	每天0.5～3小时
学习与思考	4	集中进行一次

一般来说，这样的时间分配是较为合理的。

即问即答6-5

管理者要想高效合理地利用时间，第一步要做的是什么？

6.4.6　提高领导艺术的途径

一、提高领导者的综合素质

提高领导者的综合素质是提高领导者领导艺术的必由之路。一个领导者要有强烈的事业心、高瞻远瞩的思想境界、辩证思维的头脑，才能在领导活动中有灵活机动的战略、战术和运用自如的技巧。领导者在领导艺术中表现出来的智慧，往往是他思想水平的集中表现。

掌握客观规律是提高领导艺术的一条基本线索。不掌握客观事物的发展规律和领导活动的规律，是驾驭不了扬帆远航的组织之舟的。提高领导艺术，就要在认识事物客观规律的基础上，充分发挥主观能动性，使领导活动按照客观规律办事，取得最佳的领导效果。

加强领导者的素质修养是提高领导艺术的前提。领导艺术是知识、智慧和才能的结晶，只有具备一定文化素质和道德修养的领导者，才能表现出一定的领导艺术。领导者运用领导艺术的过程，也是综合表现领导个人知识水平和发挥才能的过程。一个有聪明才智、知识渊博、经验丰富、风格高尚、素质优良的领导者，在领导工作中就会显示出非凡的领导艺术。

不断总结经验是提高领导艺术的基础。领导艺术不是生来就有的，而是从经验中得来的。因此，领导者要想提高领导艺术水平，就要不断总结自己的经验，特别是学习领导经验时要消化运用，以求达到一个新的艺术境界。

二、培养社会实践能力

社会实践能力不仅是对领导者素质的基本要求，也是培养领导者创新能力的重要条件。因为，人的创新能力不可能仅仅依靠书本知识获得，更需要通过实践获得。

三、增强团队意识

团队意识是指通过人际沟通、群体活动、参与管理和智力开发等多种形式和手段，为组织成员创造良好的工作氛围，使群体产生巨大的凝聚力、向心力，进而激发出无限创造力。对企业领导者来说，具有善于培养团队意识的能力十分重要。一个具有魅力和威望的领导，自然会成为团队的核心与灵魂，全体成员会自觉地团结在其周围，否则就会人心涣散。领导核心能否形成，主要看领导者的素质、品格和思想作风。一个合格的领导者必须有较高的业务水平、民主的工作作风、无私奉献的人格魅力。

本章内容小结

领导就是领导者在一定的组织或群体内，为实现组织预定目标，运用其法定权利和自身影响力，指挥、带领、引导和鼓励被领导者或追随者实现组织目标的活动和艺术。领导的作用有指挥、协调和激励。

领导与管理不同。管理是建立在合法的、有报酬的和强制性权力的基础上对下属命令的行为；而领导更多的是建立在个人影响权以及模范作用的基础上。

领导者对个人和组织的影响力来自两个方面：法定权力和个人影响力。法定权力有决策权、组织权、指挥权、人事权和奖惩权；个人影响力有品德、知识、才能和情感。

领导理论的产生与发展经历了三个阶段：特性理论、行为理论和权变理论。领导特性理论着重于研究领导者的个人特性对领导有效性的影响。行为理论重点研究领导者的行为及其对下属的影响，以期寻求最佳的领导行为；它包括 X-Y 理论、勒温（K.Lewin）的领导方式理论、“工作中心”与“员工中心”理论、四分图理论、领导方格理论。领导权变理论集中研究特定情境中最有效的领导行为，它包括菲德勒权变理论、路径—目标理论、领导生命周期理论。

领导者的工作效率和效果在很大程度上取决于他们的领导艺术，它包括决策艺术、授权艺术、用人艺术、正确处理人际关系艺术和利用时间艺术。

案例思考

领导风格

某市建筑工程公司是个大型施工企业，下设 1 个工程设计研究所、3 个建筑施工队，研究所由 50 名拥有中高级职称的专业人员组成。施工队有 400 名正式职工，除少数领导、骨干外，多数职工文化程度不高，没受过专业训练。在施工旺季，公司还要从各地招收 400 名左右农民工补充劳动力的不足。

张总经理把研究所的工作交给唐副总经理直接领导、全权负责。唐副总经理是位高级工程师，知识渊博，作风民主，在工作中总是认真听取不同意见，从不自作主张或硬性规定。公司下达的施工设计任务和研究所的科研课题，都是在全所人员共同讨论、出谋献策并取得共识的基础上做出具体安排的。他注意发挥每个人的专长，尊重个人兴趣、爱好，鼓励大家取长补短、相互协作、克服困难。在他的领导下，科技人员积极性很高，聪明才智得到了充分发挥，年年超额完成创收计划，科研方面也取得了显著成绩。

公司的施工任务由张总经理亲自负责。张总是工程兵出身的复员转业军人，作风强硬，对工作要求严格，工作计划严密。他要求下级必须绝对服从自己，不允许他们自作主张，以防计划实施走样变形。不符合工程质量要求的，要坚决返工、罚款；不按期完成任务的扣发奖金；在工作中相互打闹、损坏工具、浪费工料、出工不出力、偷懒耍滑等破坏劳动纪律的都要受到严厉的批评、处罚。一些人对张总的这种不讲情面、近似独裁的领导方式很不满意，背地里骂他“张军阀”。张总深深地懂得，若不迅速改变职工素质低、自由散漫的习气，企业将难以长期发展下去，于是他亲自抓职工文化水平和专业技能的提高。在张总的严格管教下，这支自由散漫的施工队逐步走上了正轨，劳动效率和工程质量迅速提高，第三年还创造了全市优质样板工程，受到市政府的嘉奖。

张总经理和唐副总经理这两种完全不同的领导方式在公司中引起了人们的议论。

讨论题

1. 你认为这两种领导方式孰优孰劣？
2. 为什么两人都能在工作中取得好成绩？

管理者价值点分享

1. 将目标全部告知员工，可以使他们表现得更好。
2. 思考不同类型的领导风格产生的影响力。
3. 要用知识赢得听众。
4. 鼓励天生具有领导才能的人，并引导和培养他们的领导技巧。
5. 尽可能多地授权给团队成员。
6. 使用授权管理可以激励员工、建立自信、减轻压力。
7. 切莫因你做得比较好就事必躬亲——这是很糟糕的管理方法。
8. 若有人对奖励制度不满，就须查明原因。
9. 利用不同的沟通方式，强化你所要传递的信息。
10. 保持团队成员间熟稔的关系以易于沟通。

推荐阅读

说三国，话领导——诸葛亮之败与领导错位

“功盖三分国，名成八阵图。江流石不转，遗恨失吞吴。”在这首诗中，大诗人杜甫对诸葛亮的敬仰与惋惜之情跃然纸上。千百年来，诸葛亮是作为智慧与道德的双重象征留在中国人心目中的。他未出茅庐，先知三分天下，他草船借箭，火烧赤壁，赚荆州，取成都，夺汉中，七擒孟获，助刘备从“房无一间，地无一垄”到完成三分天下的蜀汉基业。他六出祁山，知不可为而为之，直至积劳成疾，病死军中，他的“鞠躬尽瘁，死而后已”一度成为后世文人为官的最高准则。

然而，诸葛亮不仅没能实现匡复汉室的理想，而且蜀汉集团还是三国中最先破产的一个。诸葛亮是个有得有失的人物，他的“得”在于他的“小我”，即作为个人的诸葛亮；他的“失”在于他的“大我”，即作为一人之下、万人之上的诸葛亮。蜀汉的霸业真可谓“成也诸葛，败也诸葛”。

诸葛亮之败，败在错位。用管理学的话说，就是没有明确领导者的定位。

领导者的定位，就相当于把握着梯子，要确定靠到哪一面墙才是对的，还要让别人相信自己的选择是正确的，愿意沿着梯子向上，直到“手可摘星辰”。这除了需要敏锐的判断力和超凡的战略眼光外，用好人才、充分授权、选好接替自己的人，恐怕就是领导者最重要的任务了。

现在我们从管理学的角度来看看诸葛亮在用人、授权和接班人选择这三个方面做得如何。

一、用人

用人之道，是领导才能的最重要组成部分，它是领导者实施领导过程的重要工作。正确用人必须实现能者上、平者让、庸者下、劣者汰，达到“人尽其才，才尽其用”。

马谡才气过人，有一定的军事理论知识，是个不可多得的参谋人才。建兴三年，诸葛亮征南中，马谡为其献计：“夫用兵之道，攻心为上，攻城为下，心战为上，兵战为下，愿公服其心而已。”诸葛亮采纳马谡的计策，七擒孟获，平定南方，使南方多年不敢复反。马谡还曾献计离间魏帝与司马懿，暂时为蜀汉除却一心腹大患。

马谡虽然跟随诸葛亮多年，却一直仅是“高参”，从未担任过主将，他精于战略，拙于战术，也有言过其实的缺点。刘备向诸葛亮指出过这点，说马谡“不可大用”。然而，由于诸葛亮与马谡有着深厚的个人交情，诸葛亮不仅对刘备之言不以为然，而且一意孤行。蜀汉建兴六年；诸葛亮出军向祁山，时有宿将魏延、吴懿，诸葛亮力排众议，令马谡为先锋。马谡统军在前，与魏将张郃战于街亭，为郃所破，士卒离散。诸葛亮如果能接受大家的意见，令魏延等为先锋，可能不至于会有街亭惨败。街亭之败，不仅使蜀汉遭到重创，使首次北伐以失败告终，也断送了一位良好的参谋人才。马谡这样一个善出奇计的谋士在街亭惨败，从表面看是马谡无知所致，而实质上是诸葛亮用人不当所致。诸葛亮在斩马谡后哭曰：“吾想先帝在白帝城临危之时，曾嘱吾曰：‘马谡言过其实，不可大用。’今果应此言。”他想到的仍然只是把庸才当成了人才用，始终没有明白自己用人失当才是失街亭的根本原因。

二、授权

在团队协作中，时常有这样一种现象：很多领导者看到员工做工作不如自己，总是忍不住要加以指点，甚至“越俎代庖”。殊不知，这种指点在团队成员看来已经成了一种干涉。每个人都有自己的空间，领导者过多的干涉会挤压这种空间，员工有可能变得消极、怠惰、唯命是从，一旦失去主观能动性，团队更不会有战斗力可言。

诸葛亮作为蜀汉丞相，工作勤勤恳恳，事事亲历亲为，“自校簿书”，“罚二十以上亲览”，以至积劳成疾，年仅54岁就病死在五丈原。其在上后主的《自贬疏》中道：“街亭违命之阙，箕谷不戒之失，咎皆在臣授任无方。”其对手司马懿也评价诸葛亮说：“孔明食少事烦，其能久乎！”

西汉时期，陈平任左丞相，一日皇帝刘恒问全国一年审决了多少案件、全国一年的财政收支有多少，右相周勃答不出来，陈平说：“这些事有人主管。”刘恒问：“谁主管？”陈平答道：“陛下要了解司法问题，可以问廷尉；陛下要了解财政收支，应该问治粟内史。”刘恒又追问：“如果什么工作都有人主管，那么你管什么？”陈平答道：“宰相者，上佐天子，理阴阳，顺四时，下遂万物之宜；外镇抚四夷诸侯，内亲附百姓，使卿大夫各得任其职也。”刘恒听了感到很满意。

陈平、诸葛亮都是高官，作为领导者，需要遵循的一个重要原则是“授权原则”，把精力集中在重要事务，下属获得一定的职权和责任，就能独立地发挥自己的才能并取得成就，能在成就感的激励下取得更大的成就。一个优秀的领导者不一定要在各个方面都比别人强，而要具有调动下属积极性的能力。不授权的领导者不仅对领导者本人不利，他的下属还会感到自己不被信任，独立创造力不能得到发挥，因而会失去工作的积极性。另外，这种领导方式还会失去发现人才、培养人才的机会。

因此，领导者不妨暂时把自己比员工多出的那些能力储存起来，把更多的精力用于拓展员工的发挥空间、激发他们的创造性上，赋予下属充分的职权，同时创造出每一个人都能恪尽职守的环境。

企业处在起步期时，往往呈现出一个三角形的状态，领导人就像站在三角形顶端的将军，发号施令、呼风唤雨，强有力地推动企业朝前发展；但当企业趋向成熟后，就应该变为一个同心圆，领导人应隐含在这个圆形体中，成为“主心骨”，宛如灵魂一般，这时，他虽然弱化了自己，但组织更强大了。如此，以个人的“弱治”实现一个组织的“强治”。

诸葛亮鞠躬尽瘁，死而后已，其精神可嘉，其做法则不足取。毕竟，没有团队的整体战斗力，只有一个诸葛亮是很难实现“天下计”的。管理层如果能施行黄老之术，让团队达到“无为胜有为”的状态，那么他们收获的将不仅是充裕的时间和精力，还有整个团队的和谐及坚强的战斗力。

三、育人

培养人才是领导者的重要职责，正如松下幸之助所说：“松下首先是生产人，其次才是生产电器。”培养人才，对于被培养人而言是一种激励，有利于加强下属的参与管理。将烦琐的工作交给下属完成，领导可抽出更多时间从事组织的战略及策略研究。

蜀汉建国初期，诸葛亮所领导的集团还勉强算是一支实力比较雄厚的人才队伍，有五虎上将关羽、张飞、赵云等人，又有魏延、王平等人。然而，由于诸葛亮长期的亲历亲为，蜀汉的人才梯队最终没有形成，最后诸葛亮指定降将姜维为帅，也只因朝中无能人、不得已而为之。诸葛亮非常清楚蜀汉人才状况，但并没有引起诸葛亮对培养人才的高度重视。

首先，未选拔任用才能超过自己之人。虽然他从基层提拔了蒋琬、董允、杨洪等人，但这些人比诸葛亮更谨小慎微，更没有开拓进取的精神。《三国志》的作者陈寿评蒋琬、费祎“咸陈诸葛亮之成规，因循而不革”，姜维“黩旅，明断不周，终致陨毙”。

其次，不给人才改过自新的机会。第一次北伐，因失街亭而斩马谡。第四次北伐，李严负责督运粮草，由于北伐劳师远征，得汉中并未得民，粮草皆得从险难的蜀道运送，加上天降大雨，李严运粮不济，情有可原。可诸葛亮厉斥李严“受恩过量，不思忠报，横造无端，危耻不办”，并撤销李严一切职务。

再次，不锻炼人才。仅以诸葛亮第一次用兵博望坡为例，诸葛亮以“恐关、张二人不肯听吾号令”为由向刘备“乞假剑印”而掌握军政大权，之后的战术分工更是让常人琢磨不透，张飞只管“纵火烧之”，关羽则“放过中军”“纵兵袭击后军”，关平、刘封负责“预备引火之物”，赵子龙领受绝对不抵抗的命令——“只要输，不要赢”，刘备原来的师爷孙乾则是“安排功劳簿”，这种战术完全漠视民主决策及将帅锻炼精神，取而代之是诸葛亮个人的智慧垄断。这种领导习惯导致了后来蜀汉政权内部对诸葛亮的绝对依赖，广大谋士及将士缺乏谋略的锻炼，难以为蜀汉政权造就和培养后续人才。

最后，公开嫉妒下属或同事才能。嫉妒别人才能，特别是比自己高明的人，是人的一种本性，但是领导不能嫉妒下属或同事才能，即使有这种心思，也应将其转变成忧患意识，努力提高自己的能力，特别是领导能力，因为领导不需要亲自冲锋陷阵，只要能驾驭下属即可。但诸葛亮却不能善待有才能、特别是有可能在一方面或多方面超过自己的人才，像李严、魏延等有才、有功之人，都遭到排斥打击甚至被杀戮的命运。

诸葛亮之败，败在定位。《道德经》曰：“知人者智，自知者明；胜人者力，自胜者强。”能够成为领导者的人，往往都是能人，是能人往往就会有一种难以抑制的一试身手的念头，然而，成功的领导者都是能清醒地认识自己的人，他们应该是把握梯子方向的人，而不是在所有方面都最强的人。正如汉高祖刘邦所说：“谈到运筹帷幄之中，决胜千里之外，我不如张良；镇守国家，安抚百姓，供给粮饷，保持运粮道路畅通无阻，我不如萧何；统帅百万大军，战必胜，攻必克，我不如韩信。这三位都是人中豪杰，而我能任用他们，这就是我所以能取得天下的原因”。但是遗憾的是，项羽至死也没有找到自己失败的原因，把失败的原因归结于“天亡我，非用兵之罪也”。项羽是公认的英雄，而刘邦则是公认的成功领导者。

因此，身为领导者应该牢记：自己不需要做最强者，而要让最强者为自己工作，不要成为英雄，而要成为成功领袖。

练习与应用

本章练习

一、单选题

1. 领导和非领导的差异在于领导具有一些可被确认的领导特性。持这种观点的理论被称为（　　）。

A. 权变理论　　B. 领导方格理论　　C. 领导特性理论　　D. 归因理论

2. 以员工为中心的领导行为最关心的是（　　）。

A. 职工的成长与参与　　B. 下属的执行情况

C. 职权与奖励权力　　D. 对工作过程的集中控制

3. 下列各种具有独裁式、指示性领导风格的是（　　）。

A. 民主型领导者　　B. 关心型领导者

C. 以职工为中心的领导者　　D. X理论领导者

4. 生命周期理论中的低任务低关系的领导方式是（　　）。

A. 推销型领导　　B. 指导型领导　　C. 授权型领导　　D. 参与型领导

5. 情景理论将下属的成熟程度作为领导选择正确领导风格的重要依据，领导者同时提供指导行为与支持行为的领导风格被称为（　　）。

A. 推销（高任务高关系）

B. 指示（高任务低关系）

C. 参与（低任务高关系）

D. 授权（低任务低关系）

二、多选题

1. 菲德勒在领导方式测评的基础上，将领导工作所面临的环境具体分解为以下情景因素：（　　）。

A. 制度现状　　B. 职位权力　　C. 任务构成

D. 下属素质　　E. 上下级关系

2. 领导工作必须包含的要素是（　　）。

A. 领导者　　B. 被领导者　　C. 组织目标

D. 环境　　E. 管理的制度

3. 俄亥俄州州立大学的研究根据领导方式的（　　）将领导者分为不同的类型。

A. 绩效　　B. 关怀维度　　C. 定规维度　　D. 满意程度

4. 下列关于领导与管理的说法错误的有（　　）。

A. 领导就是管理　　B. 领导包括管理

C. 领导是管理的一项职能　　D. 所有的领导都是管理

5. 权力就是影响别人行为的能力，这种能力包括（　　）。

A. 个人的专长权　B. 个人影响权　　C. 指示（高任务低关系）

D. 授权（低任务低关系）　　E. 个人往高职位晋升的能力

F. 管理岗位所赋予的管理制度权力

三、思考题

1. 领导的含义和作用是什么？权力与领导的关系是什么？

2. 影响领导者个人权力发挥的因素是什么？

3. 领导方格理论的内容是什么？

4. 领导权变理论的要点是什么？

5. 领导生命周期理论的含义是什么？

6. 影响沟通的障碍有哪些？

本章应用

一次重大的人事任免

某钢铁公司领导班子会议正在研究一项重大的人事任免案。总经理提议免去公司所属的有2000 名职工的炼钢一厂厂长姚成的厂长职务，让其改任公司副总工程师，主抓公司的节能降耗工作；提名炼钢二厂党委书记林征为炼钢一厂厂长。姚、林二人都是公司的老同志了，从年轻时就在厂里工作，大家对他们的情况可以说是了如指掌。

姚成，男，48 岁，中共党员，高级工程师，20 世纪 60 年代从南方某冶金学院毕业后分配到炼钢厂工作，一直搞设备管理和节能技术工作，勤于钻研，曾参与主持了几项较大的节能技术改造，成绩卓著，在公司内引起较大震动。1983 年他晋升为工程师，先被任命为一厂副总工程师，后又任生产副厂长，1986 年起任厂长至今，去年被聘为高级工程师。该同志属技术专家型领导，对炼钢厂的生产情况极为熟悉，上任后对促使炼钢一厂能源消耗指标的降低起了巨大的推动作用。他工作勤勤恳恳，炼钢转炉的每次大修理他都亲自督阵，有时半夜入厂抽查夜班工人的劳动纪律，白天花很多时间到生产现场巡视，看到有工人在工作时间闲聊或乱扔烟头总是当面提出批评，事后通知违纪人所在单位按规定扣发奖金。但群众普遍反映，姚厂长一贯不苟言笑，没听姚厂长和他们谈过工作以外的任何事情，更不用说和下属开玩笑了。他到哪个科室谈工作，一进办公室大家的神情便都严肃起来，犹如“一鸟入林，百鸟压音”，大家都不愿和他接近。他对自己特别在行的业务，有时甚至不事先征求该厂总工程师的意见，就直接找下属布置工作，总工对此已习以为常了。姚厂长手下有几位很能干的“大将”，却都没有发挥多大的作用。据他们私下说，在姚厂长手下工作，从来没受过什么激励，特别是当他们个人生活有困难需要厂里帮助时，姚厂长一般不予过问。用工人的话说是“缺少人情味”。久而久之，姚厂长手下的骨干都没有什么积极性了，只是推推动动，维持现有局面而已。

林征，男，50岁，中共党员，高中毕业。在基层工作多年，前几天才转为正式干部，任车间党支部书记。该同志脑子灵活，点子多，宣传、鼓动能力强，具有较突出的工作协调能力。1984年出任炼钢二厂厂办主任，1986年调任公司行政处副处长，主抓生活服务，很快就打开了局面。1988年炼钢二厂党委书记离休，林征又回炼钢二厂任党委书记。林征长于做人的工作，善于激励部下，据说对行为科学很有研究。他对下属非常关心，周围的同志遇到什么难处都愿意和他说，只要是厂里该办的，他总是很痛快地给予解决。他的民主作风好，工作也讲究方式方法，该他做主的事从不推三阻四。由于他会团结人（用他周围同志的话说是“会笼络人”），工作能力强，因此在群众中享有一定的威望。他的不足之处是学历低，工作性质几经变化，没有什么专业技术职称（有人说他是“万金油”），对工程技术理论知之不多，也没有独立指挥生产的经历。

姚、林二人的任免事关炼钢一厂的全局工作，这怎么能不引起公司领导们的关注？公司领导们在心里反复掂量，考虑着对炼钢厂厂长这一重大人事变动的提议应如何表态。

案例思考讨论题

1. 根据姚成的性格特点和技术专长，你认为对他的这次任免是否合适？

2. 你认为在工作中，厂长应具备怎样的领导素质和领导风格？林征会成为一名合格的厂长吗？

管理实务研讨

本章分组研讨主题：提升领导能力问题

1. 新任管理者应如何塑造个人影响力？
2. 优秀领导者应具备哪些关键素质和必备能力？
3. 谈谈如何树立领导者的个人权威。
4. 谈谈企业应如何加强危机管理。

第7章 激励与沟通

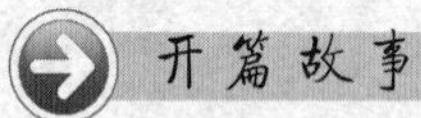

学习目标

知识目标：了解激励的实质和原则，了解沟通的含义与过程。

素质目标：熟悉激励与沟通的知识与技巧。

技能目标：掌握双因素理论、期望理论和强化理论在管理中的作用，掌握克服沟通障碍的方法。

能力目标：能够运用所学的激励与沟通知识，分析企业管理存在问题，能够有效利用激励与沟通手段。

开篇故事

有效鼓励

广州某公司为开拓东北市场，派一名市场开拓人员前往。半年后该市场得到大力开发，销售量猛增，帮助企业迅速扩大产销量，公司决定予以该员工5万元奖励。

年终之际，公司总经理在表彰大会上给予他5万元奖金，该市场开拓人员表示很感谢，表示今后要更加努力工作。总经理然后问道："你家里有些什么人？"他回答说："妻子、五岁的女儿和瘫痪卧床的老母。"总经理又问："半年多你回过广州几次？"他回答说："一次。我到东北忙了两个月进行市场调查，做出了市场开拓方案后回公司汇报，第二天就又返回了东北。"总经理感慨地说："明天我和你一起去看望她们，感谢她们对你工作的支持，并代表公司送给他们2万元钱感谢她们对公司的支持。"这位员工竭力控制着自己的感情，哽咽着对总经理说："多谢公司对我的奖励和总经理对我家庭的关爱，我今后要加倍努力地工作。"在场的所有员工都深受感动。

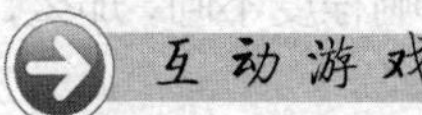

互动游戏

动机练习

对象：全体学生

时间：10 分钟

形式：体验与互动

材料：几张十元钞票，这些钞票需要事先随机贴到部分学生的椅子下面。

场地：教室

活动目标

让学生体验到动机是内在的，感受到动机与激励的关系，认识到激励与行为之间的关系。

操作程序

（1）老师对学生说："请大家举起右手，谢谢!"，保持一会儿后，再次谢谢大家。问学生：你们为什么会举起手？

（2）老师对学生发布指令："大家站起来，并把椅子举过头顶。"观察学生的行为。

（3）老师对学生说："如果我告诉你们，椅子下有钞票，你们会不会站起来并举起椅子看看？"继续观察学生行为和表现。

（4）老师对学生解释说："好吧，我如实告诉大家，有几张椅子底下真的有钱。大家可以看看自己椅子底下到底有没有。"继续观察学生行为和表现。

（5）讨论不同行为出现的原因。

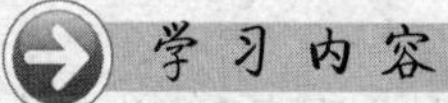

学习内容

7.1 激励的含义与过程

7.1.1 激励的内涵

一、激励的含义

激励（motivation）是指发现和引导员工内心的需要，通过各种有效的内外部措施，最大限度地激发员工的工作积极性、主动性和创造性，从而有效地实现组织目标和满足个人需要的过程。作为组织的各级管理人员，为了引导人的行为，达到激励的目的，既可以在了解人的需要的基础上，创造条件促进这些需要的满足，也可以通过采取措施，改变个人行为的环境。

心理学家曾经做过一个有关激励的"警觉性实验"，实验将被观察人员分成 A、B、C、D4 个人数相等的组，让他们分别辨别并指出光源的发光强度变化，若认为有变化就向实验者报告。对 A 组不给予任何奖励的暗示；对 B 组正确辨别一次奖励 5 分钱，每报错一次罚款 1 角钱；在 C 组实行个人竞赛，比谁的觉察力最强；对 D 组实行集体竞赛，说明小组正在与别的组比赛，比哪一组觉察能力最强。实验结果是：未实行激励的 A 组绩效明显低于其他实行激励的三个组，而尤以个人竞赛组绩效最高。

从实验结果可以看出，有激励比没有激励强，不同的激励方式对结果的影响程度不同，那么，到底什么是激励呢？

激励，就是激发、鼓励的意思。美国著名的学者斯蒂芬·罗宾斯提出："激励就是解决个体在实现目标过程中努力的强度、方向与持续期的过程。从管理的角度而言，激励就是主体通过运用某些手段或方式引导并促进工作群体或个人产生有利于实现组织目标的行为过程。激励的目的是调动组织成员的工作积极性，激发他们工作的主动性和创造性，以提高组织的效率。"

管理心理学家在对激励进行研究的过程中积累了大量资料，认为在激发员工行为动机方面存在着很大的潜力。威廉·詹姆士教授认为，一般员工仅能发挥20%～30%的能力，如果受到充分激励，则可发挥80%～90%的能力，可见组织的绩效与员工的受激励程度密切相关。一个人的工作绩效可用下面的数学函数式表示：

$$工作绩效=f（能力·激励）$$

由此可见，人的工作绩效是受其能力和激励水平影响的。当能力一定时，激励因素越强，工作绩效越大。同时，激励也是通过个人努力达到绩效的，它决定着个人努力的程度、方向及持续时间。能力固然是取得绩效的基本保证，但是不管能力多强，如果激励水平低，就难以取得好的绩效。

二、激励的心理机制

激励是一种心理过程，从某种角度说，也就是根据人的需要进行良性刺激、使其产生某种需要的动机和行为的过程。一个人有无积极性是一种个人行为，在这种行为背后，支配这种行为的是动机，一个人之所以有这种或那种动机，是个人最初的需要催生的，因此，认识到人的需要、动机和行为是研究激励观的前提。

1. 需要

人的需要是产生行为动机的前提，需要是个体缺乏某种东西时产生的一种主观姿态，也是人对某个目标产生的欲望。

需要是指当个体生存和发展所必须具备的内在需求或外在条件得不到满足时，其大脑神经中枢所感知的生理失衡或心理紧张状态。需要是人类与生俱来的，人类只要存在，就离不开需要，人的一切活动最终都是为了满足自己的某种需要。需要是人们行动的出发点，管理者的关键任务是调动人们的积极性，那么就必须了解员工的需要，进而根据不同需要采取相应的激励措施，从而调动员工的工作积极性。

（1）需要的特征。

① 目标性：需要总是指向一定的目标，不存在无指向物的需要。

② 无限性与不满足性：人的需要是多种多样、丰富多彩的，个体总是处于需求不满状态之中，永远不会停止需要。

③ 共同性与个体性：人都需要空气、金钱、尊重，这些都体现了需要的共同性；在这种共同性之下，每个人的需要又各不相同，面对同一种东西，每个人的需要程度也不同。

（2）需要的分类。

① 按需要的性质不同，需要可分为天然需要与社会需要。天然需要是人与生俱来的，如衣、食、住、行的需要，它反映了人对延续和发展自己生命所必需的客观条件的需要量。在社会生产

与交往过程中，人在天然性需要的基础上形成了人类所特有的社会需要，如对知识的需要、对尊重的需要、对追求理想的需要等。

② 按照需要的对象不同，需要也可分为物质需要和精神需要。物质需要主要包括前述的天然性需要和社会需要及物质用品的需要；精神需要是人对智力、道德、审美等发展需要的反映，如对地位、成就、归属感的需要，属于观念对象的需要。

③ 按照需要的满足方式不同，需要可分为外在性需要和内在性需要。外在性需要由外界环境所支配，即靠组织所提供的资源来满足，如工资、奖金、表扬、尊重、友谊等。内在性需要不能靠外部资源来直接满足，它包括人自身对工作的兴趣、对组织目标的认同、责任心和工作的挑战性等。

2. 动机

动机是指个体试图通过某种行为满足其需要的直接动力，是一个人产生某种行为的直接原因，动机是在需要的基础上产生的，同时需要外部的诱导刺激，动机是行为的直接原因。没有需要便不会产生动机，但需要一般并不直接引起行为，只有当需要转化为动机后，才能引起和维持行为。

（1）动机的特点。

① 动机是一种内在的力量，具有内隐性。我们无法直接了解别人的动机，而只能通过观察其行为来判断一个人的动机。

② 动机是高度个性化的。同样的行为，不同的人可能具有不同的动机，因为不同的需要可以通过同样的行为来得到满足。

③ 动机是受目标控制的。人之所以愿意做某事，是因为做这件事本身能满足其个人的某种需求，或完成这件事能给他带来某种需要的满足。

（2）动机的功能。

动机在人类活动中有唤起、维持、强化人的行为这三大功能。

① 动机能唤起人的行动。人的行为总是由一定的动机引起的，动机可驱使一个人产生某种行为。

② 动机能维持人的行为趋向一定的目标。动机不仅能唤起行为，而且能使人的行为具有稳固和完整的内容，沿着一定的方向前进。

③ 动机能巩固或修正行为。动机会因为良好的行为结果使行为重复出现，从而使行为得到加强；动机也会因不好的行为结果，而使这种行为减少以至于不再出现。

3. 行为

行为是人类在日常生活中所表现的一切动作的总称。人的行为主要取决于两个因素：内因和外因。内因是根本，起决定作用；外因是条件，对行为起着加速作用。心理学家认为，当人受到某种刺激后会产生一定需要，而动机和行为则受个体的内在因素和所处的客观条件影响，内在因素是根本，外在因素是条件。同样的需要，催生的行为可能截然不同。例如，每个人对物质都有需要，但社会上人们追求满足这些需要所采取的行为却有很大的差异。

4. 需要、动机、行为之间的关系

一般来说，当人们产生某种需要而未能得到满足时，就会产生坐立不安和紧张的状态，在遇到能满足需要的目标时，这种紧张的心理状态就转化为动机，推动人们去从事某种活动以实现目标。人们的目标实现后，紧张心理消除，需要得到满足，这时人又会产生新的需要，进而转化为新的动机、产生新的行为等。这样不断循环往复，推动人类向着新目标前进。这一过程如图 7-1 所示。

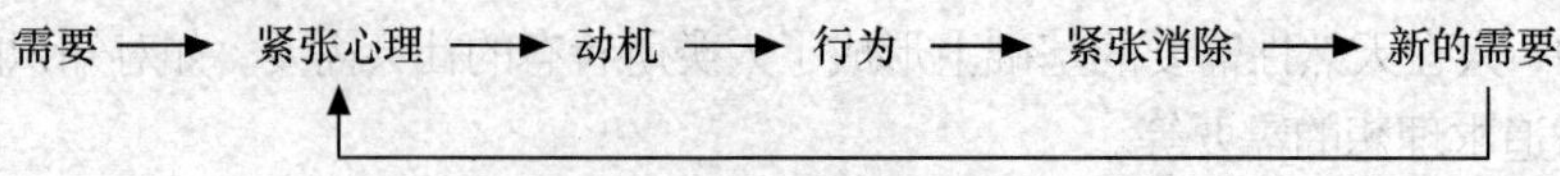

图 7-1　需要、动机与行为之间的关系

7.1.2　激励的过程

激励的过程也就是动机的激发过程。激励就是要把需要、内驱力、目标这三个相互影响、相互依存的要素衔接起来，构成动机激发的整个过程，从而最终影响人们的行为，是一个由需要开始，到需要得到满足为止的连锁反应。如前所述，人未得到满足的需要是产生激励的起点，因此人就会产生心理和生理上的反应，并有一种改变现状的欲望和动机。进而会思考能满足需要的途径，确定实现的目标，在动机的驱动下采取行为向目标努力。之后人的行为结果有两种可能：其一，目标实现，需要得到满足；其二，目标未得到实现，遭受挫折。人在遭受挫折时，不同生活态度的人，采取的行为有所不同。生活态度积极的人会主动调整目标和行为，努力满足需要，并确定更高目标、自觉追求；生活态度消极的人放弃努力，甚至产生绝望情绪，进而在行为上不思进取。激励不仅在刺激动机产生行为的各环节促进人们积极努力，而且对人们遭受挫折时的消极态度也有防御作用，能避免或减少消极行为。

激励的实质过程就是在外界刺激变量（各种管理手段与环境因素）的作用下，使内在变量（需要、动机）产生持续不断的兴奋，从而引起被管理者积极的行为反应（实现目标的努力）。激励可以被看作是这样一种过程，即从满足人的多层次、多元化“需要”出发，针对不同个体设定绩效标准和奖酬，以最大限度地激发组织成员的工作“动机”和热情，调动个人的精神动力，使他们按照组织所要求的“行为”方式，积极、能动和创造性地运用其人力资源，从而最大化地实现组织的预期目标。

7.1.3　激励的作用

管理学主要关注的是与组织工作相关的行为，当组织成员的行为和努力的方向与组织目标一致时，其行为结果对组织才有利。在管理实践中，管理者就是要围绕组织目标，对成员那些符合组织整体利益的动机行为进行激发和鼓励。激励在组织管理中起积极促进作用，主要表现在以下方面。

（1）有利于充分调动员工的工作积极性。通过激励，一方面可以把那些有才能的、组织需要的人吸引过来为组织工作；另一方面，可以使员工从懒惰消极转为积极努力地工作。

即问即答 7-1

有了激励之后，是否任何消极因素都会转化为积极因素？

（2）有助于将员工的个人目标与组织目标相统一，从而达到个人目标与组织整体目标的共同实现。个人目标及利益是员工行为的原动力，激励的功能就在于在满足个人利益和需要的同时，诱导员工把个人目标统一于组织的整体目标中，激发员工为完成工作任务做出贡献。

（3）有助于加强组织的凝聚力，促进组织内部各部门、层次的协调统一。组织能够有效、协调运行，一方面要建立科学合理的组织结构和严格规范的规章制度；另一方面还需了解员工的不同需要，运用激励的方法满足这些需要，进而增强组织的凝聚力、向心力。

7.2　激励理论

激励问题已经成为管理的重要内容之一，众多学者也致力于这一问题的研究。他们从各个角度去分析个人在工作、生活中会有哪些需要；为了满足这些需要，他们会如何萌发动机，进而采取何种行动；需要满足了会怎样，需要没有被满足又会怎样；为了获得组织所需要的个人行为，管理者又应采取哪些方式，去帮助员工缩短这个转变过程。西方管理学家围绕人的需要的实现及其不同特点，提出了不同类型的激励理论，主要包括：①内容型激励理论，着重探讨决定激励效果的各种基本要素，研究人的需要的复杂性及其构成，包括需要层次理论、双因素理论、成就激励理论等。②过程型激励理论，侧重于研究激励实现的基本过程和机制，包括公平理论、期望理论等。③行为改造型激励理论，对一个人行为评价所产生的激励作用，包括强化理论、挫折理论和归因理论。

即问即答 7-2

社会中的每一个成员是否都需要激励？

7.2.1　内容型激励理论

一、需要层次理论

需要层次理论是由美国社会心理学家亚伯拉罕·马斯洛（Abraham Maslow）提出来的，因而也称为马斯洛需要层次论。马斯洛的需要层次论有两个基本出发点：第一，只有尚未满足的需要才能够影响人的行为，即已得到满足的需要不能起激励作用；第二，人的需要有轻重层次之分，只有排在前面的那些属于低一级的需要得到满足之后，才能产生更高一级的需要。为此，马斯洛认为每个人都有五个层次的需要：生理需要、安全需要、社交需要、尊重需要、自我实现需要，如图 7-2 所示。

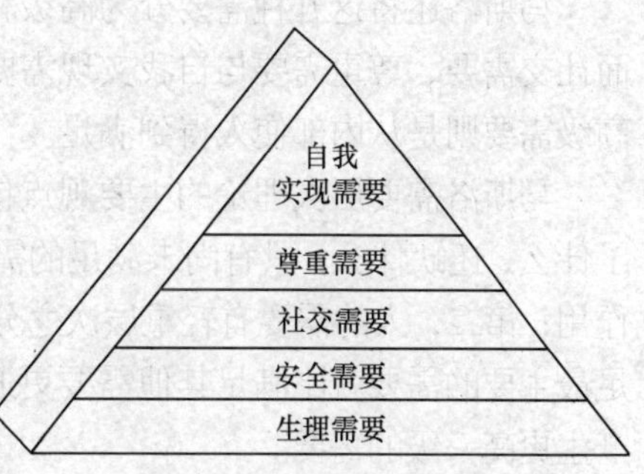

图 7-2　马斯洛的需要层次

1. 需要层次理论概述

（1）生理需要：指维持人类生存的最基本的、最原始的需要，包括食物、水、住所、睡眠、行动等，这些需要如不能得到满足，人类就存在生存危机了。从这个意义上说，生理需要是推动人们行动的原动力。如马斯洛所说："如果所有的需要都不能得到满足，这个人就会被生理需要所支配，而其他的需要都要退到隐蔽的地位。"在组织中，管理者要关注员工的生理需要，满足其最基本的需要。同时，马斯洛更强调："当人的生理需要得到满足后，这个人将被其他更高级的需要所支配。"

（2）安全需要：指对人身和财产安全、工作和生活环境安全的追求及规避各种社会性、经济性损害的倾向。当个人的生理需要得到解决或满足后，他的安全需要就变得强烈起来。人们开始关注自己的人身安全、职业保障、稳定等问题，他们要求摆脱失业威胁，要求将来生病或衰老时有保障，要求避免职业病的侵害，希望解除严厉监督的威胁等。

（3）社交需要：包括爱、被接纳和友谊的需要。人是社会人，社交需要主要产生于人的社会性。马斯洛认为，人的社交需要有两方面内容：其一是爱的需要，即人都希望同事之间、伙伴之间的关系融洽，保持友谊和真诚，希望爱或被爱；其二是归属的需要，每个人都有一种归属感，都希望归属一个集体或群体，成为其中一员，成员之间能互相关心、照顾，相互之间建立友谊，否则他会感到被弃或孤独。

（4）尊重需要：指一种来自自尊和受尊重的心理需要，包括自尊、受尊重、被关注、被认可、地位和成就。人在社会上都希望自己有一个稳定的地位，个人能力、成就被认可，受到别人尊重等。尊重需要得到满足，可导致自信的情感，因而使人对社会充满热情，感觉自己在社会上存在有价值。一旦这种需要未被满足，人则会产生自卑、软弱无能之感，对生活失去基本信心。

（5）自我实现需要：这是一种随着个人不断成长、发展、开发自己潜力和创造性的心理需要，是最大限度地发挥自己潜能，实现个人理想、抱负的需要，属于最高层次的需要。自我实现需要是一种追求个人能力极限的内驱力。这种需要一般表现在两个方面：一是胜任感方面。有这种需要的人力图控制事物或环境，不是等待事物被动地产生与发展，而是希望事物在自己的控制下进行。二是成就感方面。对拥有这种需要的人来说，工作的乐趣在于成果和成功，他们需要知道自己工作的结果，成功后的喜悦比其他任何报酬更重要。但是，当一个人满足了自我实现的最高层次需要时，对行为的激励是无限的，任何人都不可能完全自我实现。

2. 需要各层次之间的关系

马斯洛还将这五种需要分为高级和低级两种需要。生理需要与安全需要称为较低级的需要，而社交需要、尊重需要与自我实现需要称为较高级的需要。低级需要主要从外部使人得到满足，高级需要则是从内部使人得到满足。

马斯洛需要层次理论的主要观点包括：第一，人是有需要的动物，其需要取决于他已经得到了什么、还缺什么，只有尚未满足的需要才能够影响其行为，即已得到满足的需要不能起到激励作用；第二，人的需要有轻重层次之分，在特定时刻，人的一切需要如果都未得到满足，那么满足最主要的需要就比满足其他需要更迫切，只有排在前面的那些低一级的需要得到满足后，才能产生更高一级的需要。

需要层次理论还认为，当一种需要得到满足后，另一种更高层次的需要就会占据主导地位。从激励的角度来看，没有一种需要会得到完全满足，但只要其得到部分的满足，个体就会转向追求其他方面的需要了。按照马斯洛的观点，如果希望激励某个人，就必须了解这个人目前所处的需要层次，然后着重满足他在这一层次上的需要。

马斯洛的需要层次理论易于理解，给管理领域带来了重大影响。从管理理论上说，它为行为科学激励理论的发展打下了坚实的基础；从管理实践上说，它为管理者如何针对不同需要来调动下级员工的积极性提供了依据，促进了“民主参与式管理方式”的兴起。

随着时代的发展，世界范围内各企业员工的需要层次普遍提高，戴维斯根据马斯洛的需要层次理论，对美国工人优先需要的变化进行估计，具体如表 7-1 所示。

表 7-1　对美国工人优先需要变化的估计

需要种类 年份	生理需要	安全需要	社交需要	尊重需要	自我实现需要
1935 年	35%	45%	10%	7%	3%
1995 年	5%	15%	24%	30%	26%

3. 对马斯洛的需要层次理论的评价

（1）马斯洛需要层次理论的巨大贡献。马斯洛的需要层次理论指出人的需要是分层次的，要从人的需要出发来研究人的行为，这为我们研究人的行为提供了一个比较科学的理论框架，成为激励理论的基础。他将人类千差万别的需要归为五类，揭示了一般人在通常情况下的需要与行为规律，指出了人们的需要从低级向高级发展的趋势，这符合心理发展的过程，有助于管理者设置有效的正强化。

马斯洛对各层次的需要都提出了具体内容，指出了需要的多样性，由此产生了激励方式的多样性。他认为，不仅要给人基本需要的满足，而且要给人以高级需要的满足。特别是基本生理需要得到一定的满足以后，精神需要的满足更为重要、更为有效。在基本需要已经满足时，管理者应该更加关注个人发展和自我实现的需要，这样才能实现更为长久的驱动力。

（2）马斯洛的需要层次理论的缺陷。该理论对需要层次的分析简单、机械。人类需要的发展不带有自然成熟的色彩，往往不是非经过某一层次才能有下一层的需要，而是随着环境和个体情况的变化同时存在着若干种需要。在顺序上，特别是在后三种需要的顺序上，有些人着重社交需要，有些人自我实现的需要最强烈，有些人则只停留在前两种需要上，而后三种需要很少。实际上，人同时存在几种需要，这几种需要同时产生动机；动机之间不仅有强弱之分，而且是有斗争性的，不讲多种需要和动机的斗争是该理论的一个缺陷。中国古代流传至今的名句，如“贫贱不能移，富贵不能淫，威武不能屈”、“不为五斗米折腰”等，都是“递进规律”无法解释的。

马斯洛需要层次理论的前提——人性是自私的，不是一种科学的假设。需要层次理论是以人本主义为其理论基础的。他认为人的需要都是本能的活动，都是生来具有的，生理的需要是为了维护自己的生存，安全的需要是出于趋利避害的本能，社交的需要是为了自己享受生活的乐趣，自尊和自我实现的需要是为了出人头地。总之，人的一切行为都是出于人的利己本能。马斯洛把无私解释成“以健康的方式自私”，否认无私行为的真实性，这种看法不符合社会实际。

二、双因素理论

双因素理论也叫“保健—激励理论”，是美国心理学家弗雷德里克·赫兹伯格（Frederick Hertzberg）于20世纪50年代后期提出的。赫兹伯格提出，影响人们行为的因素主要有两类：保健因素和激励因素。

1. 双因素理论的实验基础

20世纪50年代末期，赫兹伯格和他的助手们在匹兹堡地区对9个企业中的203名工程师和会计师进行调查，结果发现，对工作感到满意的因素与不满意的因素是有明显区别的。当调查者对工作满意时，他们倾向于认可与工作内在有关的因素，诸如富有成就感，工作成绩得到认可，工作本身具有挑战性，负有重大责任，充满晋升机会，具有成长发展前景等；而当感到不满意时，他们则倾向于抱怨那些属于外在条件方面的因素，如公司政策不合理，监督管理不当，与主管关系不协调和工作条件有问题等。根据调查结果，赫兹伯格提出了双因素理论。

2. 双因素理论的内容

（1）赫兹伯格把影响工作动机的种种因素分为两类，会使员工感到不满意的因素称为保健因素，能够使员工感到满意的因素称为激励因素。

保健因素是指防止人们产生不满的因素，多与工作环境和工作条件相关，包括公司政策、上司监督、薪金、人际关系、工作条件等，这类因素若不改善，就会导致员工不满。员工这方面的需要得到满足后就会消除不满。因此这类因素并不能对员工起激励的作用，只能起到保持人的积极性、维持工作现状的作用，所以保健因素又称为“维持因素”。

激励因素多是与工作本身性质有关的因素，多与工作内容联系在一起，包括成就感，得到认可和赞赏，工作本身的挑战性和趣味性，个人的成长与发展、责任、晋升等。与激励因素有关的工作处理得好，能够使人们产生满意情绪；如果处理不当，其不利效果顶多只是没有满意情绪，而不会导致不满。

（2）赫茨伯格认为，“满意”的对立面是“没有满意”，“不满意”的对立面是“没不满意”。赫兹伯格打破了传统观念的认为满意的对立面就是不满意，认为满意与不满意是质的差别。激励的确要以满足需要为前提，但并不是满足需要就一定能产生激励作用。给予赞赏、责任和发展机会（有激励因素），员工感到满意；不表扬、不授权（无激励因素），员工也不会感到不满意，而只是没有满意感。提供工作报酬（有保健因素），员工不会感到满意，而只是没有不满意感；但若只干活而无报酬（不具备保健因素），员工就会不满意。由此可见，保健因素的满足只能防止人们产生不满情绪，消除工作中的“不满意”因素，并不必然带来工作“满意”。

（3）激励因素的满足，才能真正激发人的积极性。激励因素是以人对工作本身的要求为核心的，如果通过激励因素的改善使工作本身富有吸引力，那么往往能给员工以很大程度的激励。因此，只有强化成就感、认可度、敬业精神、责任心和晋升机会等，令人“满意”的“激励因素”才能发挥有效的激励作用。

双因素理论对企业管理具有多方面的启示，具体包括：①管理者要调动和维持员工的工作积极性，首先要注意保健因素，以防止不满情绪的产生。但更重要的是利用激励因素去激发员工的工作热情，因为只有激励因素才会增加员工的工作满意感。②激励因素可以由工作本身产生，工作对员工的吸引力才是主要的激励因素，管理者应从工作本身来调动员工的内在积极性。当员工受到很大激励时，对外部因素引起的不满意感受具有很强的耐受力；相反，当员工经常处于保健状态时，则会对周围事物感到极大的不满意。所以，员工从事具有潜在激励因素的工作本身就有激励作用。③要调动人的积极性，不仅要注意物质利益和工作条件等外部因素，更为重要的是要注意工作的安排，注意对人进行精神激励，给予表扬和认可，给人以成长、发展和晋升的机会，这样的内在激励作用更大，维持的时间更长。

3. 对双因素理论的评价

（1）双因素理论的贡献。

双因素理论的贡献有以下3个方面。

① 赫兹伯格的双因素理论提醒管理者，采取某项激励措施以后也不一定就能带来满意，更不等于劳动生产率就能够提高。

② 满足各种需要所引起的激励深度和效果是不一样的。物质需求的满足是必要的，没有它会导致不满，但是即使获得满足，它的作用往往也是很有限的、不能持久的。

③ 提醒管理者不要期望只通过外在奖励就能激励员工，必须重视内在激励。要注意工作的安排，量才录用，使员工各得其所；注意对人进行精神鼓励，给予表扬和认可；注意给人以成长、发展、晋升的机会。随着温饱问题的解决，只有内在的激励才可以更持久地维持一个人的积极性。

（2）双因素理论的不足，主要有以下4个方面。

① 取样的数量和对象缺乏代表性。事实上，不同职业和不同阶层的人对激励因素和保健因素的反应是各不相同的。

② 赫兹伯格在调查时，问卷的使用方法和题目设计有缺陷。首先，人们总是把好的结果归结于自己的努力而把不好的结果归咎于客观条件或他人，问卷没有考虑这种一般的心理状态。其次，赫兹伯格没有使用满意尺度的概念。人们对任何事物总不是那么绝对（要么满意，要么不满意），一个人很可能对工作一部分满意一部分不满意，或者比较满意，这在他设计的问题中也是无法反映的。

③ 实践证明，高度的工作满足不一定就产生高度的激励。许多行为科学家认为，不论是有关环境的因素或工作内容的因素，都可能产生激励，而不仅是使职工感到满足，这取决于环境和职工心理方面的许多条件。

④ 赫兹伯格将保健因素和激励因素截然分开的观点是不妥的。实际上，保健因素和激励因素、外部因素和内部因素都不是绝对的，它们相互联系并可以互相转化。

相关链接 7-1：斯伦贝谢国际石油公司的工作轮换制

著名的斯伦贝谢国际石油公司有一条明文规定：公司在一个国家或地区的经理，一般任期为两年，最多五年，期满后必须轮换其他岗位，即使干得再好也要轮换。公司认为，岗位轮换可以使人才始终保持开拓进取、不容懈怠的最佳工作状态；通过企业内部人才流动，先进的技术和管理也跟着流动和交流；通过专业流动、地区流动和岗位轮换，可以让企业核心人才不断接受新的责任，可以使其眼光、长远观念开放，有利于提高他们的工作能力和水平。

三、成就激励理论

成就激励理论是哈佛大学心理学家大卫·麦克利兰提出的。麦克利兰对生理需要基本得到满足的人们进行需要状况调查后，提出了这一理论。他认为，有三种需要推动着人们从事工作：权力需要、归属需要和成就需要。

（1）权力需要：指影响或控制他人且不受他人控制的需要。那些具有较强权力欲望的人，往往希望得到更大的权力，希望发挥影响力控制别人。这类人重视地位与威望，总是追求领导者的地位。他们常喜欢争辩、健谈、乐于讲演，直率而头脑冷静，善于提问题和要求，喜欢教训别人。

（2）归属需要：指建立友好和亲密的人际关系的需要。具有较高层次的人都有寻求友谊的渴望，他们喜欢与别人保持一种融洽的关系，享受亲密无间和相互谅解的乐趣，从充满友爱、情谊的社交中得到欢乐和满足，随时准备安慰和帮助危难中的伙伴。

（3）成就需要：指达到标准、追求卓越、争取成功的需要。高成就需要者有三个主要特征：①喜欢能够发挥独立解决问题能力的工作环境。他们喜欢独自面对挑战性问题，如果某一问题不是他们能独立解决的，他们就不会有成就感。只有当问题是靠他们自己的努力解决的，他们才会感到满足。因此，高成就需要的人愿意对其行动承担责任，在工作中相信自己的能力，敢于做出个人决断。②喜欢设置自己的目标，追求个人成就，喜欢具有挑战性的工作。他们不满足于漫无目的地随波逐流和随遇而安，而总是想有所作为。他们精心选择自己的目标，很少自动地接受别人为其选定的目标。除了请教能提供所需技术的专家外，他们不喜欢寻求别人的帮助或忠告。他们喜欢研究、解决问题，而不愿意依靠机会或他人取得成果。同时，他们设定目标时会回避选择难度极大的目标，他们是理性而又实际的人，愿意接受挑战，勇于承担责任，但是，他们喜欢中等难度的目标，会考虑目标可能实现的程度。③高成就需要者希望得到对他们工作业绩的不断反馈。目标对他们非常重要，他们希望尽快知道结果。如果能够从上级那里得到嘉奖或表扬，他们就会感到莫大的满足。

成就激励理论对组织掌握管理人员的高层次需要具有一定的积极作用。

7.2.2 过程型激励理论

过程型激励理论着重研究人们选择其所要进行的行为过程，以及行为是怎样产生的，是怎样向一定的方向发展的，如何使这个行为保持下去，以及怎样结束行为的发展过程。其主要代表理论有公平理论、弗鲁姆的期望理论、波特和劳勒的激励模型等，这里着重介绍前两种理论。

一、公平理论

公平理论是心理学家亚当斯（J. S. Adams）在 1965 年首先提出来的，也称为社会比较理论。这种理论的基础在于：员工不是在真空中工作，他们总是在进行比较，比较的结果对于他们在工作中的努力程度有影响。大量事实表明，员工经常将自己的付出和所得与他人进行比较，而由此产生的不公平感将影响到他们以后付出的努力。这种理论主要讨论薪酬的公平性对人们工作积极性的影响。他指出，人们将通过横向和纵向两个方面的比较来判断其所获薪酬的公平性。

员工选择的与自己进行比较的参照类型有三种，分别是“其他人”、“制度”和“自我”。“其他人”包括在本组织中从事相似工作的其他人以及别的组织中与自己能力相当的同类人，包括朋友、同事、学生甚至自己的配偶等。“制度”是指组织中的工资政策与程序以及这种制度的运作。“自我”是指自己在工作中付出与所得的比率。

公平理论认为组织中的员工不仅关心从自己的工作努力中所得的绝对薪酬，而且还关心自己的薪酬与他人薪酬之间的关系。他们对自己的付出与所得和别人的付出与所得之间的关系进行比较，做出判断。如果发现这种比率与其他人相比不平衡，就会感到紧张，这样的心理是进一步驱使员工追求公平和平等的动机基础。

即问即答 7-3

社会发展过程中有没有绝对的公平？

假如当事人 A 以 B 作为参考对象进行比较，则其过程如下。

① OA——自己对所获报酬的感觉。

② OB——自己对他人所获报酬的感觉。

③ IA——自己对个人所做投入的感觉。

④ IB——自己对他人所做投入的感觉。

第一种情形如下：

$$\frac{OA}{IA} < \frac{OB}{IB} \rightarrow \text{不公平感} \rightarrow \text{行为改变}$$

说明此人认为自己与他人相比付出的多，收获的少，因而会产生不公平感。他可能会要求更多报酬或者自动地减少投入（消极怠工）以便达到心理上的平衡，甚至是离职。

第二种情形如下：

$$\frac{OA}{IA} = \frac{OB}{IB} \rightarrow \text{公平感} \rightarrow \text{不改变行为}$$

说明此人认为自己的所得与付出之比和别人相当，这时员工会有公平感，他可能会为此而保持工作的积极性和努力程度。

第三种情形如下：

$$\frac{OA}{IA}>\frac{OB}{IB}\rightarrow \text{不公平感}\rightarrow \text{改变行为}$$

说明此人认为自己与他人相比得到的多，付出的少，在这种情况下，员工也会产生不公平感。一般来说，他不会要求减少报酬，而会自觉地增加投入量。但过段时间，他就会因重新高估自己的投入而对高报酬心安理得，于是其产出又会恢复原先的水平。

如上所述，员工除了会进行横向比较外，还会自然而然地进行纵向比较。员工在进行纵向比较时，对结果的态度和反映与横向比较时基本相似，但是有点不同，即如果员工现在的所得与付出之比高于过去，他可能会认为是自己的经验积累和能力提高的结果，因此，员工的积极性不会有明显的提高。

公平理论指出，在管理激励的过程中，管理者必须对员工的贡献（投入）给予恰如其分的承认，否则员工就会产生不公平感受。感受到“不公平感受”的不同当事人就可能会产生逆向的或消极的行为，以消除由此而产生的紧张不安，如“怠工”、“拆台”、“窝里斗”或干脆“走人”等。公平理论为企业管理者带来很多重要启示，这些启示主要有以下几个方面。

① 管理者应考虑员工进行公平性比较时的参照对象，了解其他可比人员的报酬状况。

② 企业的报酬分配政策应公平合理，执行过程要公开，以确保报酬分配的客观公平。

③ 公平性与主观判断有关，大多数人会倾向于过高地估计自己的付出，而过低地估计自己的所得，对别人的投入量以及所得报酬的估计则与此相反。因而，管理者应帮助员工树立正确的公平观。

公平理论说明，公平感是人们行为倾向和激励强度的一个极为重要的社会因素，在管理激励的过程中必须给予高度重视。

即问即答 7-4

某大学管理学院院长带领其他五位老师为某企业做咨询项目，赚了 30 000 元，就按每人 5000 元分了下去。结果分发报酬的当天晚上，有一位老师跑到院长家，说自己工作做得比较少，不能拿那么多钱，自己拿 2000 元就够了，要返回 3000 元。如果您是院长，打算怎么办？

二、期望理论

相比较而言，对激励问题进行比较全面研究的是激励过程的期望理论，这一理论主要是由心理学家弗鲁姆（Victor Vroom）在 20 世纪 60 年代中期提出并形成的。期望理论认为，只有当人们预期到某一行为能给个人带来有吸引力的结果时，个人才会采取特定的行动。它对于组织通常出现的这样一种情况给予了解释，即面对同一种需要以及满足同一种需要的活动，为什么不同的组织成员会有不同的反应——有的人情绪高昂，而另一些人却无动于衷。

该理论的基本观点如下。

① 人是理性的，一个人决定采取何种行为与这种行为能够带来什么结果以及这种结果对他来说是否重要紧密相关。个人从事某项工作的动机强度是由其对完成该项工作的可能性、获取相应的外在报酬的可能性（期望值）的估计和这种报酬的重要程度（效价）来决定的，即人的努力与其期待的最终奖酬有关。

② 激励效应取决于个人通过努力达到组织期望的工作绩效（组织目标）与由此而得到的满足个人需要的奖酬（个人目标）相一致、相关联的程度。一致程度或关联性大，则激励效应就大，否则就小。

③ 激励是一个动态的过程，当个人对期望值、效价的估计发生变化时，其积极性也将随之发生变化。个人从事某项活动的动力（激励力）的大小，取决于某项活动成果的吸引力的大小和

获得预期成果的可能性（概率）的大小这两个因素，用公式表示如下：

$$激励力(M)=期望值(E) \times 效价(V)$$

式中，激励力是指个人所受到激励的程度，期望值是指通过特定的活动所达到组织预期成果的概率，效价是指个人对组织设立的奖励或工作成果的偏爱程度。

期望理论揭示了个人努力、个人绩效、组织奖赏以及个人目标四者之间存在的三种联系，简化的期望模式如图 7-3 所示。

个人努力——▶个人绩效——▶组织奖赏——▶个人目标

图 7-3　简化的期望模式

（1）努力—绩效联系，即“我必须付出多大努力才能达到组织所要求的某一业绩水平？我真的可以达到这业绩水平吗？”

（2）绩效—奖赏联系，即“当我达到某一业绩水平后会有什么奖赏？这种奖赏能够及时兑现吗？”

（3）奖赏—目标联系，即“这种奖赏对我有多大吸引力？它是否有助于实现我的个人目标？”

即问即答 7-5

高目标高激励是否就必然带来高激励性？

期望理论的关键在于弄清以上三种联系。要准确地理解和运用期望理论来指导企业的管理实践，还应注意以下几个方面问题。

（1）企业设定的工作目标难度应适宜。目标过低，工作本身就会缺乏激励性；目标太高，根据期望理论，可能会使员工的期望值降低，从而缺少激励性。

（2）企业设立的奖酬应该很好地满足员工的个人需要。管理者应注意了解员工的个人需要，将组织目标与个人目标进行有效的融合。

（3）没有一种普遍适用的激励手段，因为员工的个体需要是因人而异的；对同一个体而言，在不同的情况下其需要也是复杂多变的。

（4）员工的工作结果应该是可以被衡量的，管理者也应让员工知道企业将如何评价他们的工作效果。

（5）无论是期望值还是效价，都是员工主观评价的结果，因此，期望理论关心的是人的知觉，而人的知觉可能与客观实际情况存在很大差异。管理者应通过广泛沟通来影响员工的主观感受，从而提高目标的激励性。

7.2.3　行为改造型激励理论

行为改造型激励理论是从另一方面对激励行为进行有益的探讨和研究。这类理论具有代表性的主要有强化理论、挫折理论和归因理论。

一、强化理论

强化理论又称为修正理论，是心理学家、行为科学家斯金纳提出的。斯金纳研究了动物和人的行为后发现，人或动物为了达到某个目的，会采取一定的行为。当这种行为的结果对其自身有利时，这种行为就会重复；当这种行为的结果对其自身不利时，这种行为就会减弱或消失。由此产生了强化理论。

强化理论认为，人的行为重复出现的概率取决于人们对以往行为结果价值的主观认识有利还是不利。人的行为具有有意识条件反射的特点，即可以对环境起作用，促进其产生变化；环境的变化又反过来对行为发生影响。对他有利，则这种行为就会重复出现；若对他不利，则这种行为就会减弱直至消失。但这种认识是可以改变的。例如，当一个人的某种行为受到领导及同事的称赞、奖励时，他会感到他的行为很有价值、值得再干，尽管他原来并不这样认为；而当行为结果受到别人指责、惩罚时，他也可能会认为这种行为是不好的、以后不能再干了，尽管可能没认识到这一点，它至少在一定程度上决定这种行为在今后是否重复发生。能影响行为后果的刺激物均称为强化物，如奖酬、表扬、处罚等。

强化的具体方式包括正强化、负强化、惩罚和忽视四种。

（1）正强化。所谓正强化，就是奖励那些符合组织目标的行为，以便使这些行为得到进一步加强，从而有利于组织目标的实现。正强化刺激物既应有物质方面的刺激，也应有表扬、提升、安排担任挑战性工作等精神方面的刺激。为了使强化达到预期的效果，可以实施不同的正强化方式。一种是连续的、固定的正强化，如每次符合组织目标的行为都给予一定数量的强化。尽管这种强化有及时刺激、立竿见影的效果，但久而久之，人们就会对这种正强化有越来越高的期望或者认为这种正强化是理所当然的。管理者需要不断地加强这种正强化，否则其作用会减弱甚至不再起到刺激行为的作用。另一种是间断的、时间和数量都不固定的正强化，即管理者根据组织的需要和个人行为在工作中的反应，不定期、不定量地实施强化，使每次强化能起到较大的效果。实践证明，后一种正强化更有利于组织目标的实现。

（2）负强化。所谓负强化，就是惩罚那些不符合组织目标的行为，以使这些行为削弱直至消失，从而保证组织目标的实现不受干扰。负强化包含给予行为当事人某些他不喜欢的东西或者取消他所喜欢的东西，如减少奖酬或罚款、批评、降级、解聘等。实际上不进行正强化也是一种负强化，如过去对某种行为进行正强化，现在不再需要这种行为了，但基于这种行为并不妨碍组织目标的实现，这时就可以取消正强化，使行为较少或不再重复出现。实施负强化的方式与正强化有所差异，应以连续负强化为主，即对每一次不符合组织需要的行为都应及时予以负强化，消除人们的侥幸心理，减少直至完全避免这种行为重复出现的可能性。

（3）惩罚。惩罚是指对那些不符合组织目标的行为予以惩处，如批评、斥责、调换员工担任不喜欢的工作、解雇等。管理者在实施惩罚时，要根据公司的政策、规章制度以及员工的情绪和场合来进行。

（4）忽视。忽视是指对不符合组织要求的行为进行“冷处理”以达到“无为而治”的效果。其目的是使动机弱化、行为减退或消除。因为这种弱化过程不需要管理的干预，故称自然消退。

在实践中运用强化理论时，必须注意以下几个方面的问题。

（1）必须针对行为的结果给予及时的强化。不管是表扬、奖励，还是批评、惩罚都不能事隔太久进行。

（2）必须针对行为给予明确的强化信息，应该明确针对某行为进行强化时不能因人而异，不管谁这样做都会得到奖励或处罚。

（3）强化的频率不能太高，经常表扬或批评都会降低强化的力度和效果，间断性的强化会更加有效。

（4）正强化比负强化的激励效果更大，要多用正强化，慎用负强化。正强化给人以愉快的刺激，使人们产生一种强大的进取效应。负强化给人以不愉快的刺激，人们对不愉快的刺激具有一种抑制情绪。例如，给予同个人过多的负强化，他往往不从自身找原因，反而认为管理者故意跟他过不去，或形成“逆反心理”，偏偏和管理者对着干。所以，管理者在必须进行负强化时，要特别注意技巧。

强化理论在管理实践中的运用主要体现在如何有效地运用奖惩对员工进行激励。强化理论揭示了行为塑造与修正的客观规律，但其过多强调外在激励的作用，而忽视了内在激励的作用。

即问即答 7-6

日本一家公司对员工强化激励方法与效果做过分析，如表 7-2 所示，可见对员工的表扬奖励采取公开的方式效果较好（变好的要占 87%，变差的只占 1%）；对员工的指责批评采取个别的方式效果较好（变好的 66%，变差的只占 11%）。采取公开的方式对员工体罚效果明显不好。在提倡人性化管理的今天，企业应逐步改变过去动辄惩罚、较少奖励的局面，而代之以多奖励、适当惩罚的做法。

表 7-2　　员工强化激励方法及其效果分析

效果 激励方法	行动变化的比重		
	变　好	无变化	变　差
公开表扬	87%	12%	1%
个别指责	66%	23%	11%
公开指责	35%	27%	38%
个别体罚	28%	28%	44%
公开体罚	12%	23%	65%

二、挫折理论

挫折理论是有关挫折行为研究的理论。所谓挫折，是指人类个体在从事有目的的活动过程中，指向目标的行为受到障碍或干扰，致使其动机不能实现、需要无法满足时所产生的情绪状态。挫折理论主要揭示人的动机行为受阻而未能满足需要时的心理状态及由此而导致的行为表现，力求采取措施将消极性行为转化为积极性、建设性行为。

挫折对人的影响具有两面性：其一，挫折可增加个体的心理承受能力，使人吸取教训，改变目标或策略，从逆境中重新奋起；其二，挫折也会使人们处于不良的心理状态中，出现负面情绪反应，并采取消极的防卫方式来对付挫折情绪，从而导致不安全的行为反应，如不安、焦虑、愤怒、攻击、幻想、偏执等。人受到挫折后还可能产生一些远期影响，如丧失自尊心、自信心、自暴自弃、精神颓废、一蹶不振等。人面对挫折时的行为反应如表 7-3 所示。

表 7-3　　面对挫折时的行为反应

<table>
<tr><td rowspan="2">面对挫折时的行为反应表现</td><td>防卫性适应方式</td><td>自我解脱
逃避现实
压抑欲望
转移替代
反向行为</td></tr>
<tr><td>不良适应方式</td><td>攻击
固执
冷淡
退化</td></tr>
</table>

挫折感是一种普遍存在的心理现象，在管理中，组织应正确对待人的挫折行为。通过改变环境、分清是非、心理咨询等各种方法引导员工行为，避免消极甚至对抗行为发生。

三、归因理论

归因理论是社会心理学中有关人们如何解释、推测他人或自己行为的过程和原因的理论。所谓归因，就是人们对他人或自己的所作所为进行分析，指出性质或推断原因的过程。在管理过程中，管理者可以利用归因理论来改变人的认识，达到改变人的行为的激励效果。

归因理论认为，人们的行为获得成功或遭到失败主要归因于四个方面的因素：努力、能力、任务难度和机遇。这四个因素可以按内外因、稳定性和可控性三个难度来划分。从内外因方面来看，努力和能力属于内部因素，而任务难度和机遇属于外部因素；从稳定性来看，能力和任务属于稳定性因素，努力和机遇属于不稳定性因素；从可控性来看，努力和能力是可控制因素，任务难度和机遇则不以人的意志为转移。人们把成功和失败归于何种因素，对以后工作积极性有很大影响。也就是说，如果把失败的原因归结为相对稳定的因素、可控的因素或者内部因素，就很容易使人动摇信心，而不坚持努力行为；相反，如果把失败的原因归结为相对而言不稳定的因素、不可控制因素或外部因素，人们就比较容易继续保持努力行为。因此，归因理论可以给管理者很好的启示，让其明确当员工在工作中遭到失败时，如何帮助他们寻找正确的原因，引导他们保持信心，继续努力，调动工作积极性，以争取下一次行动的成功。

7.3　管理实践中的激励策略

前述的各种激励理论都只是针对一般人的现象特征研究的，但是，随着社会的不断进步发展，人的思维也在不断变化发展。每个员工都存在个性特征，他们的需求、期望、目标各不相同。所以，在管理实践中，管理者不应孤立、片面地使用某种理论，而应根据企业所处的社会、经济背景以及自身的实际情况、特征，采用不同的激励方式与方法。激励是一种力量，给人以行动的动力，使人的行为指向特定的方向。激励的方法是实现激励目标的途径和具体形式。

7.3.1　激励的方式

在组织管理实践中，激励的方式有很多，这里讲述常用的几种方式。

一、物质激励与精神激励

根据激励手段的内容不同，激励方式分为物质激励与精神激励。

物质激励是管理者以物质财富作为激励手段，激发员工行为和工作热情的激励方式。它包括工资、住房、保险等。

精神激励是管理者运用精神奖励或惩罚，影响和改变员工工作行为，激发其工作动机的激励方式。它包括表扬、批评、记功、颁发荣誉奖章等。其中，学术声望的给予以及专业同行的认可也是重要的精神激励方式。

二、外部激励与内部激励

根据激励方式的导向不同，可分为外部激励与内部激励。

外部激励通过改变外部影响因素来激发员工的工作动机，强化员工劳动和工作结果，进一步强化其劳动与工作行为。外部激励的方式很多，包括各种形式的物质激励和部分精神激励，如认可、表扬、通报等。

内部激励则是通过改变个体内在心理和知识水平或倾向来激发员工的工作动机，即通过提高员工的综合素质，使其业务水平、职业兴趣、心理水平得以提升，从而达到激励目的，如组织有计划地进行员工技能培训、职业道德培训等。相比较而言，外部激励在提高员工绩效上具有明显的短期效应，而内部激励的特点是隐性的，需要较长时间才能提高绩效，并具有持续性。

三、正激励与负激励

根据激励方式的性质不同，可分为正激励和负激励。所谓正激励，就是一种正强化。组织通过各种激励方法使员工有利于组织的行为动机态度得到巩固和深化。所谓负激励，就是一种负强化。组织通过惩罚性的措施，使员工的那些不利于组织的行为、动机、态度得以遏制、削弱、减少甚至消除。

即问即答 7-7

物质激励是否在任何情况下都比精神激励更重要？

7.3.2 激励的原则

一、组织目标与个人目标相结合的原则

目标设置是激励的一个重要环节，设置的目标必须与组织目标相符，否则员工的工作结果将偏离组织目标。同时，组织目标的实现还必须能够满足员工个人的需要，有助于员工个人目标的实现，否则无法提高员工的目标效能，也就达不到理想的激励程度。只有将组织目标与个人目标有效地结合，才有可能收到良好的激励效果。

二、物质激励与精神激励相结合的原则

每个员工都有物质层面和精神层面两个方面的需要，企业所提供的激励措施和手段也应以满足员工这两方面的需要为原则。物质激励是基础，在此基础上，随着人们生活水平的提高和人员素质的提升，作为管理者还应关注员工社会交往、自尊以及自我实现这些较高层次的需要，注意精神方面需要的满足。

三、外在激励与内在激励相结合的原则

外在激励主要是指来自工作本身以外的激励，如收入增加、工作环境改善等；内在激励主要是指来自工作本身的激励，如提供晋升和发展的机会，增加工作的自主性等。实践中，管理者往往重视外在激励相关因素的改善和提高，而容易忽视对员工的内在激励。实际上，相对于外在激励而言，内在激励对员工更有激励性，如工作适合员工的兴趣，工作具有挑战性和新鲜感，工作本身具有重大意义，工作能够发挥员工的个人潜力，工作能实现自我价值等。这些因素都能够激励员工努力工作，提高其工作积极性。因此，管理者应重视内在激励的重要作用。

四、正强化与负强化相结合的原则

管理实践中，正强化和负强化都是必要而有效的。通过树立正面的榜样和负面的典型奖优罚劣，扶正去邪，有助于提高组织绩效，形成良好的企业文化。但由于负强化有一定的消极作用，容易使员工产生挫折心理和负面行为，因此，管理者应把正强化和负强化巧妙地结合起来，一般以正强化为主要手段，以负强化为辅助手段。

五、按需激励的原则

有效的激励应以满足员工的需要为前提，但是员工的需要存在着个体差异和动态性，因人而异、因时而异。员工在同一时间也会有多种需要，只有满足最迫切的需要，其效能才高，激励强度才大。因此，对员工进行激励不能过分依赖经验和惯例。激励不存在一劳永逸的解决方案，要深入调查研究，不断了解员工变化了的需要，从而采取有针对性的激励措施。

六、客观公正的原则

每个员工心里都有一杆秤，企业管理者应该让员工感到自己的付出和所得是对等的。如果不能做到奖罚分明，出现奖不当奖、罚不当罚的情况，就不可能收到真正意义上的激励效果，反而会适得其反，产生消极作用，挫伤员工的工作积极性，甚至造成更严重的后果。因此，管理者在采取激励措施的时候，一定要做到认真、科学、严谨；在执行激励方案的时候，一定要做到客观、公平、公正。

7.3.3　激励措施

一、合理设计、分配工作

根据激励理论，一个人的投入产出取决于其所从事工作是否与其所拥有的能力、动机相适应。通过合理设计和分配工作，能极大地激发员工内在的工作热情，提高其工作业绩。这就要求在设计和分配工作时，做到分配给员工的工作与其能力相一致，所设计的工作内容符合员工的兴趣，所提出的工作目标富有挑战性。

二、工作内容要考虑员工的特长和爱好

每个人都是一个不同于他人的独特的个体，其所拥有的知识水平和工作能力各不相同，而且不同的工作对于人的知识和能力的要求也各不相同，要做到人尽其才，就必须根据每个人不同的知识和能力来设计和安排工作，把人与工作有机地结合起来。这就要求管理者在设计和安排工作前，要事先对每个员工的才能结构有一个比较清楚的认识，这是合理安排人力资源的前提。为此，管理者在平时要注意观察员工个人的工作情况，通过工作轮换，从实践中了解每一位员工的才能结构。与此同时，在设计和分配工作时，要从最大限度地发挥员工的才能出发来考虑问题。每一位员工都有其特定的优势和劣势，这是因为一方面人的精力有限，一般人只能把自己有限的精力集中于一个或少数几个领域，因此，水平再高的人也总有自己的不足之处；另一方面水平再低的人也总有些独到之处。况且，由于分工的不同，工作对人的要求也是不尽一致的。合理地使用人力资源，扬长避短，使每一个人都从事其最擅长的工作，是一个管理者的基本任务。

由于一个人的工作业绩与其动机强度有关，因此设计和分配工作时，还要求在条件允许的情况下，尽可能地把一个人所从事的工作与其兴趣爱好结合起来。当一个人对某项工作真正感兴趣并爱上此项工作时，他便会千方百计地去钻研，去努力克服困难，努力把这项工作做好。

三、工作目标应具有一定的挑战性

设计和分配工作时，不仅要使工作的性质和内容符合员工的特点和兴趣，而且要使工作的目标和要求具有一定的挑战性，这样才能真正激发员工奋发向上的精神。根据“成就激励论”，人们的成就需要只有完成了具有一定难度的任务时才会得到满足，如果管理者为了保险起见，把一项任务交给一位能力远高于任务要求的员工去做，这位员工凭实力可以马上开展工作。但当他了解到任务的实质后，就会感到自己的潜力没有得到充分的发挥。随着时间的推移，他会对该项工作越来越不感兴趣、越来越不满意，工作积极性也随之下降。

与此相反，管理者或许会从迅速提高员工的技术水平和工作能力出发，把这项任务交给一位工作能力远远低于该项工作要求的员工去做。那么，根据期望理论，这位员工也许一开始就觉得自己不可能完成这项任务而放弃一切努力；即使这位员工在管理者的鼓励下，开始努力去做，也会在经过几次努力而未获得成果后灰心丧气，不愿再做新的尝试。

正确的方法是：把这项任务交给一个能力略低于工作要求的员工，或者说，应该对一位员工提出略高于其实际能力的工作要求与目标。如果这位员工努力，那么这项工作就有可能完成，目标就有可能实现。这样，不仅能在工作中提高员工的工作能力，而且能使员工获得一种成就感，从而能较好地激发出员工的内在工作热情。

四、薪酬的设计应能调动员工积极性

狭义的薪酬概念仅指货币类报酬。薪酬是一个组织对其成员进行激励的最基本手段之一。薪酬对员工极为重要，它不仅是员工的一种谋生手段，而且能满足员工的价值感。因此，薪酬在很大程度上影响着一个人的情绪、积极性和能力的发挥，它本身是非常重要的激励因素和手段。当一名员工处于较低的岗位（薪酬）时，他会积极表现、努力工作，一方面提高自己的岗位绩效，另一方面争取更高岗位级别。在这个过程中，他会体验到由于晋升和加薪所带来的价值实现和被尊重的喜悦，从而更加努力工作。因此，合理有效的薪酬体系，对于组织成员会产生巨大的激励作用，直接影响其积极性的发挥。

薪酬体系设计是整个组织激励制度安排中至关重要的组成部分，明确的薪酬体系能够为组织内外部利益相关者提供有效的信息，薪酬的分配和发放可以有力地说明每一个组织成员的价值及其对公司的重要性，由此产生巨大的激励作用，并最终促成预期的经营绩效。另外，组织在进行薪酬体系设计时必须考虑多种因素，才能发挥薪酬的激励效应，使薪酬与绩效之间紧密关联。

1. 绩效工资制

绩效工资制是指在绩效测量的基础上支付员工工资的一种薪酬制度。绩效工资制的前身是计件工资，但它不是简单意义上的工资与产品数量挂钩的工资形式，而是建立在科学的工资标准和管理程序基础上的工资体系。它的基本特征是将员工的薪酬收入与个人业绩挂钩。业绩是一个综合的概念，比产品数量和质量的内涵更为宽泛，它不仅包括产品数量和质量，还包括员工对企业的其他贡献。企业支付给员工的业绩工资虽然也包括基本工资、奖金和福利等几项主要内容，但相互之间不是独立的，而是有机地结合在一起。

即问即答 7-8

实行绩效工资是否对企业的每一个岗位来说都是最好的薪酬形式？

与传统工资制相比，绩效工资制的主要特点如下。

（1）有利于雇员工资与可量化的业绩挂钩，将激励机制融于企业目标和个人业绩的联系之中。

（2）有利于工资向业绩优秀者倾斜，提高企业效率和节省工资成本。

（3）有利于突出团队精神和企业形象，增强激励力度和员工的凝聚力。

绩效工资的实施需要具备一些条件，这些条件主要包括以下几点。

（1）工资水平跨度足够大，各档次之间能拉开距离。

（2）业绩标准要制定得科学、客观，业绩衡量要公正有效，衡量结果与工资结构挂钩。

（3）有浓厚的企业文化氛围支持业绩评估系统的实施和运作，使之达到奖励先进、约束后进的目的。

（4）将业绩评估过程与组织目标实施过程相结合，将工资体系运作纳入整个企业的生产和经营系统之中。

绩效工资体系的不完善之处和负面影响主要是：容易导致对绩优者奖励有方、对绩劣者的约束欠缺的现象，而且在对绩优者奖励幅度过大的情况下，容易造成一些员工虚报业绩的行为，因此，对员工业绩的准确评估和有效监督是绩效工资实施的关键。

当前，绩效工资制的应用已经越来越普及。罗宾斯在其所著的《管理学》第七版中提到："20 世纪 90 年代来，72%的美国大型企业或多或少地对非管理层员工采用绩效工资方案。而且这种方案也日益在其他国家盛行起来，如加拿大和日本，目前 35%的加拿大公司以及 21%的日本公司在整个公司范围内使用绩效工资方案。"

目前，绩效工资制在我国的应用也非常普遍，虽然还没有准确的统计数据，但事实上，绝大多数企业已经全部或部分地采用了绩效工资制。绩效工资制不但在企业中得以广泛应用，甚至政府相关部门和事业单位中也开始推行绩效工资制。

2. 基于能力的薪酬制

以能力为基础的薪酬是奖励员工获得与工作相关的能力、知识或技术，而不是奖励他们成功的工作绩效。通常是指两种最基本的以人为本的薪酬方案，即知识薪酬和技能薪酬。有时以能力为基础的薪酬方案同时包括了这两种分别奖励员工成功获得知识和技术的以人为本的薪酬制度。有时，公司是根据雇员展示其能力的工作表现增加他们的薪酬，从而使以能力为基础的薪酬方案和传统的业绩薪酬方案相结合。

知识薪酬计划用于奖励成功学习了某些课程的管理、服务或专业人员。我国许多企业在薪酬设计时，使处于同样职位但学历水平不同的员工获得不同的薪酬，努力让职工获得更高的学历，提高员工的知识水平。例如，联邦快递公司的知识薪酬方案，就是奖励那些学会计算运费和处理从美国发往国外的包裹的员工。技能薪酬大多用于从事体力劳动的员工，在他们掌握了新技术以后就增加他们的薪酬。例如，工会和承包商对木匠都采取技能薪酬方案。只要木匠掌握了更多高级的木工技术，如制作橱柜的技术，就可以赚到更多的工资。

技能和知识薪酬方案都是用来奖励员工可以应用到工作中以提高生产力的技术和知识的范围、深度和种类，这一特征体现了知识薪酬和绩效薪酬的差别，绩效薪酬是奖励员工的工作绩效。换句话说，知识薪酬是奖励员工做出工作贡献的潜能。根据美国薪酬协会的统计，知识薪酬方案是目前美国发展最快的人力资源管理项目之一。从 1990 年起，在《财富》500 强企业中，包括通用电器公司、戴姆勒克莱斯勒公司在内的半数的企业都在一部分员工中实行了知识薪酬或技能薪酬方案。

3. 灵活的福利机制

福利也是激发员工积极性的一种手段。广义的福利包括工资以外的所有实物和非实物补贴，目前西方一些国家的工资与福利的比例已接近 1∶1。在我国这一比例也逐年增大，在 1∶0.5～1 之间。如何使这部分庞大的支出产生更大的激励效果？既要使之与员工绩效挂钩，又要使其满足员工的不同需要，实行弹性自助福利计划不失为一种解决方式。

即问即答 7-9

职工福利属于激励范畴吗？

受生活中的自助餐形式的启发，在西方许多企业中出现了一种“自助餐式”的福利体系，即由企业给予员工一份可选择的福利项目清单，员工根据自己的绩效选择感兴趣的项目及相应的福利总金额。“自助餐式”的福利体系不仅符合任何激励方式都要与员工的表现绩效相关这一激励原则，同时也一改传统福利项目的刚性，提供的是一种灵活的个性化的满足员工需要的方式。传统福利体系下，不管什么人，一律面对同样的福利形式，这样就失去了与员工需要的吻合度，也就失了激励的动力。不仅如此，由于员工觉得福利是免费的，所以当得到的东西不是自己所需要时，还会产生一种对企业浪费的抱怨心理。

如何为员工制定一份可供选择的福利“菜单”呢？企业可以在调查了解员工实际需要的基础上，结合企业自身的实际情况以及国家法律法规，设计出有针对性的福利项目，以备员工进行个性的选择。常见的福利项目如下。

（1）经济性福利。经济性福利包括：①住房性福利：以优惠价向员工出售住房、承担房租补贴等。②交通性福利：免费班车、免费月票、通勤补贴等。③饮食性福利：免费午餐、午餐补贴、员工食堂、伙食补贴等。④教育性福利：脱产进修、特别培训、学费补贴等。⑤保健性福利：免费体检、打预防针、特别疗养等。⑥文化性福利：生日礼物、旅游、赠送体育锻炼设施、健身补贴等。⑦金融性福利：低息贷款、各项保险等。⑧时间性福利：付加班费、带薪休假、有资事假、恋爱婚假、探亲假等。⑨生活性福利：困难补贴、喜事红包、白事慰问金、抚恤金、服装津贴、节日津贴、优惠券赠送、实物赠送等。

（2）非经济性福利。非经济性福利包括：①咨询性服务：免费为员工提供法律、投资、心理健康等咨询。②保护性服务：免费帮助解决员工私人问题，提供种族、性别、年龄等方面的平等援助。③工作性服务：弹性工作时间、参与民主化管理、有奖建议等。

常见的自助福利有三种类型：附加型，即在现有福利计划之外再提供其他不同的福利项目以供选择；核心加选择型，即核心福利是每个员工享有的基本福利，此外还要附加一些项目供任意选择；套餐型，即推出不同项目组成的多种搭配，员工可根据需要选择其中某一套。

企业推出福利措施取决于本身的经济实力。由激励系统原理可知，如企业效益好，应该多拿出一部分回馈给员工，以利于员工以更高的积极性投入到工作中去；同时，企业福利也应服从于该组织文化特色，福利项目的形式可以为组织文化建设服务。

福利作为一种丰富而具有柔性的薪酬成分，需要考虑如下一些做法作为改善的方向。

① 提高“保健性”常规福利的质量，使大多数人不至于因不满意而抱怨。

② 根据员工需要增设新型福利，这种创新符合新形势的变化，有利于吸引人才，留住人才。

③ 增加教育培训福利的项目，这能适应市场竞争不断激烈化的需要。

④ 关注对关键人才的福利吸引，这需要建立在对人才需求充分调查的基础上。

⑤ 在推出福利项目时加强与员工的沟通，这是企业组织文化建设的一种重要手段。

4. 股权激励

一些公司推行了股权激励机制，股权是一种薪酬设计安排。按照基本权利和义务关系的不同，股权激励可分为三种类型：现股激励、期股激励、期权激励。所谓现股激励，就是通过公司奖励或参照股权当前市场价值让经理人即时地直接获得股权的方式，同时规定经理人在一定时期内必须持有股票，不得出售；所谓期股激励，就是公司和经理人约定在将来某一时期内以一定价格购买一定数量的股权，购股价格一般参照股权的当前价格确定，同时对经理在购股后再出售股票的期限做出规定；所谓期权激励，就是公司给予经理人将来某一时期内以一定价格购买一定数量股权的权利，经理人到期可以行使或放弃这个权利，购股价格一般参照股权的当前价格确定，同时对经理人在购股后再出售股票的期限做出规定。不同股权激励方式对受激励的经理来说，权利义务不同，其价值也不同。对不同股权激励进行比较可以看出，现股和期股激励的基本特征是"权益共享，风险共担"，即经理人在获得股权增值收益的同时，也承担了股权贬值的风险，因此，这种激励方式将引导经理人努力工作，并以较为稳健的方式管理企业，避免过度的冒险。由于经理人承担风险能力和实际投资能力有限制，这种股权激励形式下股权的数量不可能很大，相应的也可能会影响激励的效果。在股票期权激励方式中，经理人不承担风险，因此，期权数量的设计不受其风险承担能力的限制，通过增加期权的数量，可以产生很大的杠杆激励作用，这种激励方式一方面将鼓励经理人"创新和冒险"，另一方面也可能使经理人过度冒险。

股权激励的最大优点是将企业价值作为经营个人收入的一个变量，从而作为一个长期激励约束机制，实现了所有者与经营者利益的一致性。股权激励对于明确人力资本价值具有非常重要的意义，是企业经营者制定激励约束机制的重要方式。

5. 员工持股激励

西方国家实行的职工持股制度，是为改善劳资对立关系而提出的，后被逐渐实施并获得成功。1952年，美国辉瑞公司第一个推出面向所有雇员的职工持股计划。近年来职工持股计划风行世界大多数的国家。

职工持股的具体做法主要有两种：一种是由公司出一部分股份或拿出资金，提交给职工信托基金会，该基金会购买本公司的股票，然后根据职工工资水平分配这些股票。这种分配相当于公司给职工劳动股的投资凭证，职工以自己的劳动获得这种投资凭证，并根据这种凭证获得公司利润。另一种是由公司担保，从银行借款购买本公司股票以分到个人名下。这两种方案都不需要职工自己掏腰包。员工持股的主要作用表现在以下几个方面。

（1）有利于通过低成本激励在职员工。持股计划实施以后，职工的收入不再是传统的工资加奖金，而是工资加股权收入，这就将公司对职工的激励由间接奖金变成了直接的股权收入方式。如果公司经营较好，也在职工工资不变的情况下，不仅由于股票的增加可以使其收入增加，而且股票业绩较好，也可使公司股票价格上涨，从而使职工受益。后者的变动往往比业绩上升带来的变动更大。采用职工持股方式没有增加公司的支出，就可以使职工更具有工作积极性，从而实现了低成本激励。

（2）有利于降低管理费用，减少管理环节。由于实施职工持股计划后，职工的收入与公司经营业绩更加紧密地联系起来，他们将更加自觉地工作，使一些管理部门的工作量逐渐减小，甚至使有些部门失去存在的意义而可以撤销。所以，实施职工持股计划有利于精简机构，减少管理的中间环节，从而降低管理费用，提高经营业绩。

（3）促使职工参加公司日常管理，监督经理人员经营业绩。由于实施职工持股计划后，公司经营好坏与职工收入更加紧密相关，职工不仅将更有积极性参加公司的日常管理，为公司发展出谋划策，而且由于公司内部人员对公司情况更加熟悉，这种监督的力度与效率都比外部监督更高，从而有利于管理绩效的提高，使企业经营效率得到改善。

（4）提高职工的工作效率和创新精神，避免短期行为。与传统激励方法相比，实行职工持股计划可以使广大员工更富有创新精神，工作更有效率，能够有效克服其短期行为。因为，职工的工作效率和创新行为如果产生效益，将使其股价提高更快，其自身获利更多；同时，损害企业长远利益而提高短期利益的行为对职工持股来说也将是不经济的。

可见，实施职工持股方式不仅能解决企业普遍员工的激励问题，使他们的利益与公司利益更紧密结合起来，提高其工作效率与积极性，而且还可以有效解决对公司管理人员的监督问题，有利于企业效益提高，也有利于企业改革的顺利进行。

即问即答 7-10

员工持股激励与发给现金激励，你更愿意选择哪一种？为什么？

相关链接 7-2：亚马逊公司的利润分享制度——“低工资＋一个承诺”

亚马逊网上书店员工的收入比市场标准还要低，甚至连短期奖金也没有，并且要自己掏腰包负担大部分医疗保险费。可是为什么一批优秀的人才心甘情愿地留在亚马逊呢？这个诱惑就是股票!1997年5月，亚马逊股票上市，以每股9元的价格开盘。1998年年底最高峰时突破300元!每个员工的认股权是公司对他们的一个美好承诺。只要公司一开始赢利，立即会创造出一大批富翁来，这就是亚马逊的未来利润分享制。和其他公司的利润分享制不同的是，亚马逊的所有员工，包括仓库员工、公司职员以及最高主管、行政经理，全部纳入公司的该项计划。在亚马逊，人人能感觉到自己的责任、自己的重要性。亚马逊总裁贝索斯宣称：“公司是大家的，是每一个人的”。这个信念甚至连打扫卫生的老大妈也深深铭记在心。

7.4 沟通概述

7.4.1 沟通的含义

沟通是指信息从发送者到接收者的传递和理解的过程。“千金易得，知音难求”就说明了人们对理解的渴望。但理解的前提是进行沟通，没有彼此间的沟通就很难获得对方的理解，甚至会带来许多麻烦。因此，我们说沟通是协调各成员、各要素，使组织成为一个有机整体的凝聚剂；是领导激励下属，实现领导职能的基本途径；是企业与外部环境之间建立联系的桥梁。沟通有以下三个方面的含义。

（1）沟通是双方的行为，必须有信息的发送者和接收者。其中，双方既可以是个人，也可以是群体或组织。

（2）沟通是一个传递和理解的过程。如果信息没有传递到对方，就意味着沟通没有发生。信息在被传递之后还应该被理解。一般来说，信息经过传递之后，接收者感知到的信息与发送者发出的信息完全一致时，才是一个有效的沟通过程。

（3）要有信息内容，并且这种信息内容不像有形物品一样由发送者直接递给接收者。在沟通的过程中，信息的传递是通过一些符号来实现的，如语言、身体动作和表情等。这些符号经过传递，往往都附加了传送者和接收者一定的态度、思想和情感。

7.4.2 沟通的过程

在沟通中，发送者制作信息并传递信息给接收者，接收者收到信息后，立即将信息加以破解，然后再采取行动。如果他的行动符合信息发送者的原意，沟通就是成功的。沟通过程如图7-3所示。

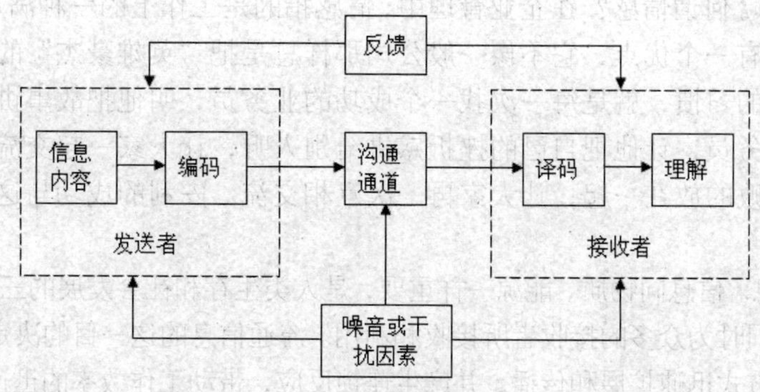

图 7-3　沟通过程示意图

沟通过程主要包括以下几个部分。

（1）发送者。发送者是信息的来源，也是信息沟通的起点。发送者首先确定所要传递的信息内容，然后将传送的意思用某种方式（比如文字、语言、图表、动作等）表达出来，即转换成符号信息，这一过程称为"编码"。编码时需注意所选的方式应是接受者可以理解的符号。

（2）沟通通道。沟通通道是指信息从发送者传递给接收者的路线，是由发送者发出信息和接受者接受、反馈信息的手段。其主要任务是保证沟通双方的信息所经过的线路畅通，因而沟通通道是实施沟通过程、提高沟通功效的重要一环。沟通通道很多，如会议、座谈、电话、报告等。

（3）接收者。接收者的主要任务是接收发送者的信息，将信息加以理解，译出信息中原有的思想和情感，并及时地把自己的思想和情感反馈给对方。

（4）反馈。反馈是接收者对发送者所发出的信息进行消化吸收后，再将产生的反应传递给发送者。

（5）噪声或干扰。在很多情况下，信息沟通都会受到"噪声"或其他干扰因素的影响，它是阻止理解和准确解释信息的障碍，从而影响沟通的效果。其表现形式有：难以辨认的字迹、接收者的疏忽大意以及现场的干扰物等一切防止信息沟通、阻止信息传递或扭曲信息的因素。

7.4.3　沟通的目的和分类

一般来说，沟通的目的体现在以下几个方面。

（1）控制成员的行为。你的下属有没有按照你的意思去做，这件事情不沟通你是不会知道的，所以沟通的第一个目的是控制成员的行为。换句话说，下属到底有没有按照你的意思去做，如果他不知道，那么你是否注意到了？讲得简单一点，沟通就是人与人的接触，只有接触才能了解组织中的成员以及他们的行为。

（2）激励员工改善绩效。沟通就是一种激励。管理者在治理公司时，下属一般不太知道你在忙什么，你也不知道他在想什么，你的痛苦他未必了解，他在做什么你也不见得知道，其实，这就失去了激励。尤其对那些采用隔间与分离的办公室的公司。作为一个主管，你应该要弥补这个问题，常常出来走动走动，哪怕是上午、下午各用十分钟，对你们公司和你的下属都会有非常大的影响。这在管理学上叫作走动管理。很多大公司反对把每个人关在一个小房间里面，其管理上的情与理也就在于此。

（3）表达情感。何谓情感？在企业管理中，情感指的是工作上的一种满足感或者挫败感。著名的安利公司有一个优点，它不像一般公司那样总是把“英雄豪杰”的照片挂在墙上。该公司有个很好的习惯，就是每一次找一个成功的业务员，叫他把故事讲给其他人听，再找一个失败的业务员，让他把自己的挫折感讲给别人听，让大家一起交流，最后再把五个成功的和五个失败的放在一起，让大家再一次互相交流。安利的成功与这种情感分享有很大的关系。

（4）流通信息。信息同物质、能源一样重要，是人类生存和社会发展的三大基本资源之一，信息的流通可以同时为众多的接收者所接收和利用。流通信息的这一目的决定了沟通能够以无成本或低成本的方式迅速扩展和传播，并产生连锁反应，带动工作效率的迅速提高。对于流通信息，日本人的经验特别值得推介。首先日本是一个非常团结的民族。日企的主管在移交工作时，很少是同一天移交的，他们中间还要在一起工作一段时间，通常是半个月，至少也得一个星期，这表示这个沟通不会断裂。其次，日企的老职员很少有丢下新的职员不管的现象。在日本公司里经常会发现一个年纪大的日本人带着一个年纪小的日本人，这叫作“母鸡带小鸡”。第三，日本人很少在离开的时候，一句话都没有讲、什么东西都没有留下。他们一般都会有一本备忘录，留给后面接任的人继续阅读。在我们国内这么多企业中，很少看到有哪家企业主管在交接工作的时候，会留下一本备忘录给后面的人阅读。第四，日本人还力图使所有留下的关系统统不会断掉，所以他们在业务交接的时候，都会带着新的干部去拜访政府官员、同行，甚至是竞争对手与大客户，他们称之为关系。日本企业的崛起与兴盛，与他们从来不让信息的沟通断裂有很大关系，因为信息一旦断裂，什么东西就都将从头来过，一个公司好不容易培养了一个经理，结果他拍拍屁股一走，另外一个就要从头来过。在他们身上投资，不是白投了吗？这就是最值得我们深思的地方。

按照不同的分类标准，可将沟通分为不同的类别。

1. 按照信息传递的方法划分

按照信息传递的方法划分，沟通可分为口头沟通、书面沟通、非语言沟通、电子媒介沟通等，这是组织中使用最为普遍的方式，如表 7-4 所示。

表 7-4　沟通方式

沟通方式	举例	优点	缺点
口头沟通	交谈、讲座、讨论会	快速传递、快速反馈、信息量大	传递中经过层次越多，信息失真越严重，核实越困难
书面沟通	报告、备忘录、信件、文件、内部期刊	持久、有形、可以核实	效率低、缺乏反馈
非语言沟通	声、光信号、体态、语调	信息意义明确、内涵丰富、含义表达灵活	传递距离有限、界限模糊、只能意会不能言传
电子媒介沟通	传真、闭路电视、计算机网络、电子邮件	快速传递、信息容量大、廉价	信息交流对技术、网络依赖较强

2. 按照组织系统划分

按照组织系统划分，沟通可分为正式沟通和非正式沟通。

正式沟通是通过组织明文规定的渠道所进行的信息传递与交流。正式沟通畅通无阻，组织的各项活动才能井然有序。正式沟通正规、权威性强、沟通效果好，参与沟通的人员具有较强的责任心和义务感，从而易保持所沟通的信息的准确性和保密性。

非正式沟通是指在正式沟通渠道以外信息的自由传递与交流。这类沟通主要是通过个人之间的接触来进行的。非正式沟通不受组织监督，由组织成员自行选择沟通途径，如员工中的人情交流、生日聚会、各种文艺活动、走访等。非正式沟通能表露人们的真实想法和动机，还能提供组织没有预料的或难以得到的信息。与正式沟通相比，非正式沟通具有信息交流速度快、信息较准确、沟通效率较高、可以满足员工的需要等特点。

即问即答 7-11

非正式沟通产生的原因有哪些？

3. 按照信息传递的方向划分

沟通的方向可以是垂直的，也可以是水平的，还可以是斜向的。按照信息传递的方向划分，沟通可分为垂直沟通、水平沟通和斜向沟通。垂直维度还可以进一步划分为自上而下和自下而上两种。

下行沟通是指信息自上而下的沟通，如上级的战略目标、管理制度、政策、命令等传达给下属。下行沟通可以帮助下级明确工作任务、目标和要求，增强其责任感和归属感，加强上下级之间的联系。

上行沟通是指自下而上的沟通，如下级向上级反映意见、汇报工作情况、提出意见和要求等。上行沟通能使各级管理人员及时了解工作进展的真实情况，了解员工的需要和要求，体察员工的不满和怨言，了解工作中存在的问题，从而有针对性地做出相应的决策。

平行沟通是指组织内部平行机构之间或同一层级人员之间的信息交流，如组织内部各职能部门之间、员工之间的信息交流。平行沟通是加强各部门之间的联系、了解、协作与团结，减少各部门之间的矛盾和冲突，改善人际关系的重要手段。

斜向沟通是指处于不同层次的，没有直接隶属关系的人员之间的沟通。这种沟通方式有利于加速信息的流动，促进理解，并为实现组织的目标而协调各方面的工作。

4. 按照是否进行反馈划分

按照是否进行反馈划分，沟通可分为单向沟通和双向沟通。

单向沟通是指在沟通过程中，信息发送者与接收者之间的地位不变，一方主动发送信息，另一方主动接收信息，如广播电视信息、报告等。

双向沟通是指在沟通过程中，发送者和接收者的地位不断变化，信息在双方间反复流动，直到双方对信息有了共同理解为止，如讨论、谈话、协商、谈判等。

7.5 沟通障碍与克服

7.5.1 沟通障碍

在人们沟通信息的过程中，常常会受到各种因素的影响和干扰，使沟通受到阻碍。

沟通阻碍从原因来看，主要来自3个方面：发送者的障碍、接收者的障碍、沟通通道的障碍。

一、发送者的障碍

在沟通过程中，信息发送者的情绪、倾向、个人感受、表达能力、判断能力等都会影响信息的完整传递。它主要表现为：表达能力不佳，信息传送不全，信息传递不及时或不适时，知识经验的局限，对信息的过滤等。

二、接收者的障碍

从信息接收者的角度看，影响信息沟通的因素主要有：信息译码不准确；对信息的筛选，造成信息的不完整或失真；对信息的承受力不够；心理上的障碍，歪曲或拒绝接收信息；过早地评价信息，不利于了解信息所包含的真实意义；在情绪激动时进行沟通，不利于信息的接收。

三、沟通通道的障碍

沟通通道的障碍主要表现在：选择沟通媒介不当，几种媒介相互冲突，沟通渠道过长，外部的干扰等。

7.5.2 沟通障碍的克服

沟通障碍是客观存在的，它影响了沟通的效果。各级管理人员都要有目的、有意识地克服沟通的各种障碍，提高沟通的有效性。改善沟通的常用方法有以下几种。

一、提高沟通的有效性

（1）正确选择沟通的媒介。

（2）力求表达清楚。

（3）注意非语言提示。

（4）积极倾听。

（5）运用反馈。

（6）创造良好的沟通环境。

二、提高发送者传递信息的技能

信息发送者传递信息的技能在整个沟通过程中具有至关重要的作用，对沟通效果也有重要影响，因此，必须提高发送者传递信息的技能。主要内容包括以下几个方面。

（1）正确地编码，即把信息内容进行有效地整理，并编成信息码。

（2）有效地发布信息，即在沟通过程中，要根据情况来发布信息，掌握合适的发布频率。

（3）正确地使用语言和符号，要做到让信息接收者理解、明自信息的意思。

（4）提高信任度，即提高信息接收者对发送者的信任程度，缩短“信任差距”，建立相互信任的氛围。

三、提高信息接收者接收信息的技能

作为信息接收者要具备较高的接收技能，这也是提高沟通效果的重要环节。其技能主要包括以下几个方面。

（1）要有较强的信息解码技能，即能准确无误地把所传递的信息译成自己能理解的信息。

（2）要了解发送信息者可能使用的媒介，掌握多种媒介沟通技术。

（3）在信息反馈方面，要学会正确地反馈信息，使发送者知晓接收者准确无误地接收到了信息。

（4）提高接收者的知识、语言及符号技能，确保其能正确理解信息的内容。

7.6 沟通技巧

组织中的每一个人都将大量的时间用于沟通，而沟通必须要讲求技巧才能更为有效。

一、沟通要目的明确、思路清晰、以诚相待

在信息沟通之前，信息发送者应考虑好自己将要表达的意图，抓住中心思想。在沟通过程中要使用双方都理解的用语和表现形式，措辞要清晰、明确，力求准确，使对方能有效接收到传递的信息。

信息发送者要心怀坦诚，言而可信，向对方传递真实、可靠的信息，同时要以自己的实际行动维护信息的说服力。真诚是最有效的心灵钥匙，但坦率真诚并不等于百无禁忌，在说话时应尽量避免提及对方忌讳的事。如莫罗阿所说：真诚不在于说出自己全部的思想，而在于表达的时刻，永远表达当时所应该说的。

二、沟通要选择有利的时机，采取适宜的方式

沟通效果不仅取决于信息的内容，还要受环境条件的制约。影响沟通的环境因素很多，如组织氛围、沟通双方的关系、社会风气和习惯做法等。在不同的情况下要采取不同的沟通方式，要注意沟通的有利时机。

三、沟通要注重“说”的技巧

西班牙作家塞万提斯说过：“说话不考虑等于射击不瞄准。”那么，如何做说话前的准备工作呢？古人云：“知己知彼，百战不殆。”在说话时要注意以下几点。

1. 因人而异

人际交往中，由于语言交流的对象在年龄、性格、思想、习惯、爱好等方面都有很大的差异，因此“因人而异”地进行沟通才能达到预期的目的，即“见什么人说什么话”。就其积极意义而言，与他人对话时，事先要把握对方的个性，随机应变地采用不同的说话方式，以达到良好的沟通目的。

2. 寻找共同点

众所周知，让聆听者感兴趣的不仅是你本身，更重要的是你讲的话题。与人进行沟通时，可以先利用一些常见的话题打开沟通的局面，之后再进入要讲的话题。

3. 语言诙谐幽默

在日常的沟通中，人们不可避免地会碰到些难题、尴尬事等，此时运用诙谐幽默的话语避开锋芒，就能化解尴尬气氛。

四、沟通要讲求“听”的技巧

人们常说：“善言，能赢得听众；善听，才会赢得朋友。”善于言辞是一门艺术，善于聆听更能体现一个人的修养。善于聆听的人不仅能得到朋友的信任，而且较易受到领导的器重。在聆听时要做到以下几点。

（1）神态要专注。人们在沟通时，总是不由自主地用目光表达各种思想和感情。如果听者很认真地看着说话者，这不仅有利于听者集中注意力，而且也表聆听者对所讲内容感兴趣，这会引起对方的谈话兴趣。而凝视或斜视往往会使说话者对聆听者产生不良印象。

（2）积极呼应和配合。聆听要保持坦然直率的姿势，手臂不要交叉，不要僵硬不动；要随着说话人的话做出反应，如当说话者所讲的内容与自己的观点一致时，轻轻地点头以示赞同；坐着的时候，要面向说话人，身体略向前倾。

（3）不要中途打断对方，让对方把话说完。当对方说话时，随意打断对方或随便插入其他话题都是很不礼貌的，如因特殊原因确需打断的，要适时示意，致歉后再插话。

（4）不急于做出评价或判断。由于人的思维速度远远快于说话的速度，因此，我们要想听清对方所要表达的全部内容，就要随时保持精力集中，用全部的精神去聆听。

（5）善于捕捉要点。捕捉到有用的信息，是听话的基本目的之一。当自己还不能摸透对方意图时，切不可随意附和赞同，最好能得到对方的确认，如你可以问“我理解你的意思是……”与此同时，还要善于从说话人的语气、手势变化中捕捉信息，如说话人会通过放慢语速、提高声调、突然停顿等方式来强调某些重点。

（6）学会恰当鼓励。倾听时，仅仅投入是不够的，还应经常鼓励说话者表达或进一步说下去。正确的启发和提问可以达到这个目的。

五、要注重应用非语言沟通技巧

非语言沟通是指通过某些媒介而非语言或文字来传递信息。在沟通过程中，人们常常通过面部表情、手部动作等身体姿态来传达各种情绪或意图。例如，在你很忙碌的时候，有人与你聊天，你内心非常希望停止交谈，可是出于礼貌你又只能专注地听着，这时你往往会通过不停地变换姿势，来暗示这位谈话者“该离开了”。

沟通者的服饰往往也扮演着信息发送源的角色。人们习惯上认为，身着西装是工作严谨、态度庄重的表示。如果一位领导穿着运动服训斥下属，那么他说话的权威性将大大降低。

据有关资料显示，在面对面的沟通过程中，来自语言文字的沟通不超过 35%，而 65%是以非语言方式进行沟通的。

在非语言沟通中，表情是最常用的一种非语言符号，其中的眼神和微笑又是最常见的交际符号。①眼神。注视的时候要掌握好时间。对于不太熟悉的人，注视时间要短；对于谈得来的人，可适当延长注视时间。交谈中，目光应投放在对方的额头至两眼之间。②微笑。微笑的基本特点是不发声、不露齿，肌肉放松，嘴角两端向上略微翘起，最重要的是要出自内心，发自肺腑。

保持合理的空间距离。与对方只有一臂之遥的距离只有较亲密的人在进行较敏感的沟通时才适合。

在沟通时要保持一种优雅的态势。如在正式场合站着说话时，身体要伸直，挺胸、收腹，重心放在两腿之间，两臂自然下垂，形成一种优美挺拔的体态，使对方感觉到你的有力和潇洒，留下良好的印象。坐着说话时，上身要保持挺直，可轻靠在椅背上，以自然、舒适、端正为原则，双手可以放在腿上。

相关链接 7-3：沟通延伸至员工家庭

阿斯利康公司注意到中国人有较强的家庭理念和家庭意识，因而把企业作为一个大家庭来塑造。既然是大家庭，除了员工本人之外，还包括他的家人。因此，阿斯利康公司把管理和沟通延伸到员工家庭。例如，员工过生日时，阿斯利康公司不仅会送上贺卡、蛋糕，而且送出的贺卡上面还有同事、上司的贺言。公司还邀请员工家属到工厂参观，让他们全面了解、真切感受公司的具体情况。另外，阿斯利康公司定期举办丰富多彩的欢乐家庭日活动，活动包括儿童绘画、欢乐家庭游戏、智力答题和各类体育比赛等。这些富有亲和力的做法，增强了企业员工们的凝聚力。

相关链接7-4：东西方沟通文化的区别

中国人沟通交流，其主要观点反映在其他话题中，有时谈话是话中带话，富有极为深刻的内涵；而西方人沟通交流是开门见山式，直接提到沟通要点。

中国人沟通，话不一定非要挑明了说，要通过揣摩来理解对方完整的思绪；而西方国家的人沟通中有一说一，有二说二，其所说的话都是很重要的话。

中国人的沉默并不代表是赞同的意思，其沉默有可能是不想讨论如此敏感的话题，也并非是赞同或默认所谈之事；而西方人在沟通过程中，沉默就意味着赞同、默认的意思。

中国人在沟通中，人与意见是不可分的；而西方式沟通中，人与意见是可分的。

中国人善于统筹各方，把不同的意见整合起来，统一意见，努力使之达成一致；而西方人喜欢各种意见差异分化，最后取相对好的一个意见。

中国人交流是首先攀关系，先谈个人问题再谈论公事；而西方人必须先谈论公事，他们觉得公事比私事更加重要。

中国人是群体至上，如果一个组织有着优异的业绩，其表扬的对象是组织中的全体人员，而很少着重表扬突出个人；西方的观念是个人至上，西方式的赞扬也是突出赞扬个人的。

本章内容小结

激励即鼓励，是调动人的积极性向期望的目标前进的心理过程。心理学研究表明，未满足的需要是行为人产生行为动机的根本原因。激励理论主要包括内容型激励理论、过程型激励理论和行为改造型激励理论。内容型激励理论侧重于研究用什么样的激励因素调动人的积极性，比较典型的理论有需要层次理论、双因素理论以及成就激励理论。过程型激励理论是研究激励过程的理论，主要包括期望理论、公平理论和目标管理理论。具有代表性的行为改造型激励理论主要包括强化理论、挫折理论和归因理论。在激励实务中，应该遵循正确的激励原则，即物质激励与精神激励并重的原则，强调以激励为主的原则，注重内外激励相结合的原则。正确运用激励的方法，调动职工的主观能动性。

沟通是指信息从发送者到接收者的传递和理解的过程。要能区别沟通类型，克服沟通中存在的障碍，掌握沟通的技巧。

案例思考

摩托罗拉的激励策略

1. 提供福利待遇

摩托罗拉公司在每年的薪资福利调整前，都对市场价格因素及相关的、有代表性企业的薪资福利状况进行比较调查，以便使公司在制定薪资福利政策时，与其他企业相比能保持优势和竞争力。摩托罗拉员工享受政府规定的医疗、养老、失业等保障。在中国，摩托罗拉公司为员工提供免费午餐、班车，并成为向员工提供住房的外资企业之一。

2. 建立公正评估制度

摩托罗拉公司制定薪资报酬时遵循“论功行赏”原则，员工有机会通过不断提高业绩水平、为公司多做贡献而获得加薪。摩托罗拉业绩报告表参照美国国家质量标准制定，员工根据报告表制定自己的目标。个人评估一个月进行一次，部门评估一年进行一次，根据业绩报告表的情况，公司在年底决定员工的薪水涨幅及晋升情况。

3. 尊重个人人格

在摩托罗拉，人的尊严被定义为实质性的工作、了解成功的条件、有充分的培训并能胜任工作、在公司有明确的个人前途、及时中肯的反馈、无偏见的工作环境。每个季度员工的直接主管会与其进行单独面谈，就以上六个方面或在更广阔的范围内进行探讨，谈话中发现的问题将通过正式渠道加以解决。此外，员工享有充分隐私权，员工的机密档案，包括病例、心理咨询记录等都与员工的一般档案分开保存。公司内部能接触到员工所有档案的仅限于“有必要知道”的相关人员。

4. 实现开放沟通

员工可以通过参加总经理座谈会、业绩报告会或在《大家庭》报、公司互联网页上畅所欲言等形式反映个人问题，进行投诉或提出合理化建议，也可以与管理层进行直接沟通。管理层也可以根据存在的问题及时处理员工事务，不断促进员工关系，创造良好的工作氛围。

5. 提供发展机会

摩托罗拉的经理级别为初级经理、部门经理、区域经理（总监）、副总裁（兼总监或总经理）、资深副总裁。摩托罗拉中国公司的经理中，72%是中国员工，比5年前上升了60多个百分点。目前，女经理人数已占到经理总数的23%。

该公司亚太总部还制定了一项新规定，即女性管理者要占所有管理者总数的40%。而且今后在中层领导的招聘中，每三个面试者中至少要有一个女性。在现代社会中，除极个别的行业外，绝大多数职位男女都可以胜任。在男女员工的聘用上，摩托罗拉一视同仁。

在摩托罗拉，技术人员可以搞管理，管理人员也有做技术的，做技术的和做管理的在工资上具有可比性。许多公司看重职业经理人的位置，是因为职业经理人拿钱多。而在摩托罗拉，做技术和做管理完全可以拿一样多的工资。

讨论题

1. 摩托罗拉的激励策略有何特点?
2. 应用激励理论谈谈“尊重个人人格”对调动职工积极性有何作用。
3. 简略评价摩托罗拉的激励策略。

管理者价值点分享

1. 运用说服和影响力来激励下属自我激励。
2. 确定员工的需要是什么，同时在会见他们时给予他们帮助。
3. 尝试利用自发的社交和体育活动来激励员工。
4. 利用小组竞争刺激士气。
5. 谨记不同的人需要不同的激励方式。
6. 对任何批评，都要寻求正面的响应——这是员工在激励中的正面表现。
7. 询问你的员工，明确工作中的每一个改变是否有助于激励他们。
8. 让工作尽可能的多样，可以预防怠惰情况产生。
9. 鼓励员工持反对意见——这通常是意见一致的先声。
10. 花时间去和员工聊天，而不只是和员工道声早安。

推荐阅读

你是胡萝卜、鸡蛋，还是咖啡豆

女儿对父亲抱怨她的生活，抱怨事事都那么艰难。她不知该如何应付生活，想要自暴自弃了。她已厌倦抗争和奋斗，好像一个问题刚解决，新的问题就又出现了。

她的父亲是一位厨师，他把她带进厨房。他先往 3 只锅里倒入一些水，然后把它们放在旺火上烧。不久锅里的水烧开了。他往一只锅里放些胡萝卜，第二只锅里放入鸡蛋，最后一只锅里放入咖啡豆。他将它们浸入开水中煮，一句话也没说。

女儿咂咂嘴，不耐烦地等待着，不知道父亲在做什么。大约 20 分钟后，父亲把火熄灭，把胡萝卜捞出来放入另一个碗内，然后又把咖啡舀到一个杯子里。做完这些后，他才转过身问女儿："亲爱的，你看见什么了？""胡萝卜、鸡蛋、咖啡。"她回答。他让她靠近些，并让她用手摸摸胡萝卜。她摸了摸，注意到它们变软了。父亲又让女儿拿一只鸡蛋并打破它。她将壳剥掉后，看到的是一只煮熟的鸡蛋。最后，他让她啜饮咖啡。品尝到香浓的咖啡，女儿笑了。她怯声问道："父亲，这意味着什么？"

父亲解释说：这三样东西面临同样的逆境——煮沸的开水，但其反应各不相同。胡萝卜入锅之前是强壮的，结实的，毫不示弱；但进入开水后，它变软了，变弱了。鸡蛋原来是易碎的，它薄薄的外壳保护着它呈液体的"内脏"；但是经开水一煮，它的"内脏"变硬了。而粉状咖啡豆则很独特，进入沸水后，它们倒改变了水。"哪个是你呢？"他问女儿。

女儿愣住了。父亲接着说："我的女儿，当逆境找上门来时，你该如何反应？你是胡萝卜、鸡蛋，还是咖啡豆？你是看似强硬，但遭遇痛苦和逆境后畏缩了、变软弱了、失去了力量的胡萝卜吗？你是内心原本可塑的鸡蛋吗？你先是个性情不定的人，但经过磨难、分手、离异或失业，是不是变得坚强了，变得倔强了？你的外壳看似从前，但你是不是因有了坚强的性格和内心而变得严厉、强硬了？或者你像是咖啡豆吗？豆子改变了给它带来痛苦的开水，并在它达到华氏 212 度的高温时让它散发出最佳香味。水最烫时，它的味道最好。如果你像咖啡豆，你会在情况最糟糕时，变得有出息，并使周围的情况变好了。"

女儿点点头，然后微笑地对父亲说道："我明白了，我要做咖啡豆。"

练习与应用

本章练习

一、单选题

1. 小红上班总迟到，老板扣了她的奖金，这种激励是（　　）。

A. 正强化　　B. 负强化　　C. 自然消退　　D. 惩罚

2. 在马斯洛的需要层次理论中最基本的需要是（　　）。

A. 生理需要　　B. 安全需要　　C. 社交需要　　D. 尊重需要

3. 双因素理论认为（　　）不能直接起到激励作用但能防止人们产生不满情绪。

A. 保健因素　　B. 激励因素　　C. 成就因素　　D. 需要因素

4. 高成就需要者设置目标时（　　）。

A. 喜欢高难度目标　　B. 喜欢中等难度目标

C. 喜欢低难度目标　　D. 不喜欢设置目标

5. 员工产生公平的心理是由（　　）引起的。

A. 认为自己比他人付出的多收获的少

B. 认为自己所得与付出和别人相当

C. 认为自己现在付出比以前多，收入没变

D. B 和 C

二、多选题

1. 人们受挫折后的行为表现为（　　）。

A. 改变目标　　B. 不安　　C. 焦虑　　D. 偏执

2. 行为改造激励理论包括（　　）。

A. 双因素理论　　B. 强化理论　　C. 期望理论

D. 归因理论　　E. 公平理论

3. 对普通员工一般采用的激励形式有（　　）。

A. 金钱　　B. 带薪　　C. 股权

D. 惩罚　　E. 表扬

4. 对员工的非经济福利包括（　　）。

A. 免费午餐　　B. 弹性工作时间　　C. 探亲假

D. 有奖建议　　E. 提供投资和心理健康咨询

5. 能调动积极性的“保健因素”有（　　）。

A. 公司政策　　B. 上司监督　　C. 工作条件

D. 人际关系　　E. 个人成长发展

三、思考题

1. 简述激励的含义与过程。
2. 激励有哪些作用？
3. 简要说明公平理论的内容，并思考公平理论结合实际给管理者提出了什么新问题。
4. 结合实际谈一谈对各种激励理论的解释。
5. 常见的沟通障碍有哪些？为什么说沟通对管理者十分重要？

本章应用

一次战略方案制订引起的风波

天讯公司是一家生产电子类产品的高科技民营企业。近几年，公司发展迅猛，然而，最近在公司出现了一些传闻。公司总经理邓强为了提高企业的竞争力，在以人为本、创新变革的战略思想指导下，制订了两个战略方案：一是引人换血计划，年底从企业外部引进一批高素质的专业人

才和管理人才，给公司输入新鲜血液；二是内部人员大洗牌计划，年底通过绩效考核调整现有人员配置，从内部选拔人才。

邓强向秘书小杨谈了自己的想法，让他行文并打印。中午在公司附近的餐厅吃饭时，小杨碰到了副总经理张建波，小杨低声对他说道："最新消息，公司内部人员将有一次大的变动，老员工可能要下岗，我们要有所准备啊。"这些话恰好又被财务处的会计小刘听到了，他又立即把这个消息告诉他的主管老王。老王听后，愤愤说道："我真不敢相信公司会做这样的事情——换新人，辞旧人。"

这个消息传来传去，两天后又传回邓强的耳朵里。公司上上下下的员工都处于十分紧张的状态，唯恐自己被裁，根本无心工作，有的甚至还写了匿名信和恐吓信对这样的裁员决策表示极大的不满。

邓强经过全面了解，终于弄清了事情的真相。为了澄清传闻，他通过各部门的负责人把两个方案的内容发布给全体员工。他把所有员工召集在一起来讨论这两个方案，员工们各抒己见，但一半以上的员工赞同第二个方案。

最后邓强说："由于我的工作失误引起了大家的担心和恐慌，很抱歉，希望大家能原谅我。我制定这两个方案的目的就是想让大家来参与决策，来一起为公司的人才战略出谋划策，其实前几天大家所说的裁员之类的消息完全是无稽之谈。大家的决心就是我的信心，我相信公司今后会发展得更好。谢谢！关于此次方案的具体内容，欢迎大家向我提问。"

通过民主决议，该公司最终采取了第二个方案，由此，公司的人员配置率得到了很大的提高，公司的运作效率和经营效益也因此大幅度地增长。

案例思考讨论题

1. 案例中的沟通方式有哪些？
2. 案例中邓强的一次战略方案的制订为什么会引起如此大的风波？
3. 如果你是邓强，从中应吸取什么样的经验和教训？

管理实务研讨

本章分组研讨主题：激励措施

1. 请每人分享一个在自己的学习生活（或成长经历）中感到最受激励的一次体验。请问：当时是什么样的情况让你大受激励（理由）？在当时被高度激励的情况下，你展现出哪些行为（行动）？共同讨论激励要素发挥作用的路径。

2. 目前，包括邮政在内的许多国有企业都存在多种用工制度，有传统机制下的正式合同工，有针对近几年新进大学生普遍采用的人事代理用工，也有流动性较大的劳务工、委代办。多种用工形式就带来了管理和激励的多种现实问题。请各组研讨：除了外在的物质激励，管理者还可以采用哪些办法来充分调动这些不同用工机制人员的积极性、提高其归属感？

第8章 控　制

学习目标

知识目标：了解控制职能的含义，理解控制机制与要领。

素质目标：掌握管理控制的几种基本类型，掌握控制的基本程序。

技能目标：理解预算控制与作业控制、审计控制的主要技术与方法，特别是现代方法。

能力目标：学会有效控制的方法。

开篇故事

魏文王问扁鹊

魏文王问名医扁鹊说："你们家兄弟三人，都精于医术，到底哪一位最好呢？"

扁鹊答说："长兄最好，中兄次之，我最差。"

文王再问："那么为什么你最出名呢？"

扁鹊回答说："我长兄治病，是治病于病情发作之前。由于一般人不知道他事先能铲除病因，所以他的名气无法传出去，只有我们家的人才知道。我中兄治病，是治病于病情初起之时。一般人以为他只能治轻微的小病，所以他的名气只及于本乡里。而我扁鹊治病，是治病于病情严重之时。一般人都看到我在经脉上穿针放血、在皮肤上敷药等大手术，所以以为我的医术高明，我的名气因此响遍全国。"

文王说："你说得好极了。"

以上故事告诉我们一个道理：预防总是比治病要简单，成本也要低。能让人不生病，这才是真正的医家高手。能在病初之时及时发现并治疗，这也是了不起的。当病重时再治，是没有办法的事，要花大力气。而且，万一已经病入膏肓，纵是神医，也无力回天。

从管理学上看，最重要的是设计好的制度，能够不产生大的问题，或者能将问题解决在萌芽状态。当问题非常严重时，解决起来就很费劲，代价也大。有时问题积累得多，时间拖得太长，可能就很难解决了。

有许多人往往看不到预防为主的重要性，总舍不得花成本来预防问题的产生。他们存在着种种侥幸心理，以为问题不会产生。事实上，管理学上有个著名的墨菲定理，说的是：事情如果有变坏的可能，不管这种可能性有多小，它总会发生。这也就是说，你如果没有做最坏的打算，那么最坏的结果一定会来到。

想想看，当最坏的结果来到的时候，你要花多大的代价才能弥补呢？而且很有可能已经解决不了了。那么，为什么不事先做打算呢？事先预防，要省力得多，也可靠得多。

互动游戏

踏　数　字

形式：全体学生

道具：彩色粉笔若干支、秒表。

时间：30分钟。

活动目标

感受前馈控制和现场控制的重要性。

操作程序

（1）按照班级成员进行分组，每6～8人为一组。

（2）小组商讨如何快速且按规则踏数字。

（3）在活动场地画正方形、起始线及写数字。

（4）比赛：秒表计录每组从起始线起跑开始到踏完33个数字又回到起始线为止所用时间，不违反规则且速度最快的小组获胜。

注意事项：

（1）按1～33的顺序踏数字；

（2）在任意时间点，正方形内都只能出现一只脚；

（3）每位同学至少要踏四个数字。

学习内容

8.1　控制概述

8.1.1　控制的含义

组织在经营活动过程中，由于受外部环境和内部条件变化的影响，实际执行结果与预期目标往往不完全一致。对管理者而言，重要的问题不是工作有无偏差，或者是否可能出现偏差，而在于能否及时发现已出现的偏差或预见到潜在的偏差，采取措施予以预防和纠正，以确保组织的各项活动能够正常进行，确保组织预定的目标能够顺利实现。

控制是管理工作过程中一项不可缺少的职能。所谓控制，就是组织在动态的环境中为保证组织目标的实现而采取的各种检查和纠偏等一系列活动或过程。斯蒂芬·罗宾斯曾对控制下这样的定义："控制是保证企业计划与实际作业动态相适应的管理职能。控制就是监视各项活动以保证它们按组织计划进行并纠正各种重要偏差的过程。"

8.1.2 控制的作用

就整个组织而言，控制的作用可以归纳为两大方面。

（1）防止和纠正偏差的发生。使计划执行结果符合计划目标的要求，这是控制确保组织的稳定运行的作用。

控制与计划既是相互区别，又是紧密相连的。计划为控制工作提供标准，没有计划，控制也就没有依据。但如果只编制计划，不对其执行情况进行控制，计划目标就很难得到圆满实现。控制与计划两职能之间的关系不仅体现在计划提供控制标准，而控制确保计划实现这一"前提"与"手段"的关系上，而且有些计划本身的作用就已具有控制的意义。例如，政策、程序和规则，它们在规定人们行动的准则的同时，也对人的行为产生极大的制约作用。又如，预算和进度表等形式的计划，它们既是作为计划工作的一个重要组成部分而加以编制的，同时又可以直接作为一种有效的控制工具。可见，某些计划形式实际上涵盖了控制的内容。

（2）修改原订计划或重新制订新的计划。通过积极调整计划目标来保证组织对内外环境的适应性，这是控制确保组织的应变能力的作用。

广义的控制职能实际上也包含了对计划的修改和重订。计划在执行过程中产生结果与目标之间的偏差，其原因除了执行不力外，还可能是计划制订之初对外部环境和内部条件估计出现失误，造成了目标设定过高或过低，或者是计划执行中所面临的内外环境条件出现了重大变化，导致目标脱离现实。这时，改变计划本身就是控制工作的一大任务。

8.2 控制机制与控制类型

8.2.1 控制系统的构成

控制是管理的一项基本职能，有时，人们制订出良好的计划，也有了适用的组织结构，但由于没有把握有效的控制这一环节，最后可能导致前功尽弃，达不到组织预期的目标。为了能够有效地实施控制，必须建立一个有效的控制系统。有效地控制活动必须满足以下条件：

1. 具有明确的控制目的

控制工作的目的性，可以表现为使实际成绩与计划标准、目标相吻合，或者使计划标准、目标获得适时的调整。有效的控制系统不仅要能使执行偏差得到及时纠正，还应该能够促使管理者在现实情况（内外环境条件）发生较大变化时对原定目标或标准做出及时的修正和改变。

2. 具有及时、可靠、适用的信息

信息是控制的基础。只有掌握了有关执行偏差或环境变化的足够信息，管理者才有可能做出有针对性的决策来。

3. 具有行之有效的行动措施

管理者应能够通过落实所拟定的措施方案，使执行中的偏差得到尽快纠正，或者形成新的控制标准和目标。

总之，控制系统是由控制标准、偏差信息以及纠正偏差的行动措施三部分要素构成的。这三个构成要素共同决定了控制系统的效率和效能，因此，它们也就构成了有效控制的基本条件。

8.2.2 控制的基本类型

一、前馈控制、同期控制与反馈控制

根据控制信息获取的方式和时间点的不同，可将控制划分为前馈控制、同期控制和反馈控制三类。

1. 前馈控制

前馈控制亦称事前控制或预先控制，是在工作正式开始前就对工作中可能产生的偏差进行预测和估计，并采取防范措施，将可能的偏差消除于产生之前的控制方式。

2. 同期控制

同期控制也称同步控制或现场控制，是与实际工作同步进行的控制。同期控制是基层主管人员的主要控制工作方法，因此也是控制工作的基础。

3. 反馈控制

反馈控制又称事后控制，是在工作结束或行为发生之后进行的控制活动。

二、间接控制与直接控制

按照控制的原因与结果分类，控制可以分为间接控制与直接控制。

1. 间接控制

所谓间接控制，是指着眼于发现工作中的偏差，分析偏差产生的原因，并追究其个人责任使之改进未来的工作。

2. 直接控制

直接控制是通过提高管理人员的素质来进行的控制工作。

三、任务控制、管理控制和战略控制

根据问题的重要性和影响程度的不同，控制可划分为任务控制、管理控制和战略控制。

1. 任务控制

任务控制亦称运营控制，主要是针对基层生产作业和其他业务活动进行的。其控制的主要任务是确保按质、按量、按期和按成本完成工作任务。

2. 管理控制

管理控制是一种财务控制，即利用财务数据来观测企业的经营活动状况，以此考评各责任中心的工作成绩，控制其经营行为。管理控制也称为责任预算控制。

3. 战略控制

战略控制是对战略计划实现程度的控制。

四、集中控制与分散控制

按照控制的集中程度不同，控制可以分为集中控制与分散控制。

1. 集中控制

集中控制是对组织的重大项目与事务成立专门的控制机构以有重点地集中控制。

2. 分散控制

分散控制是将日常的一般性和常规性事务分散到各部门、各岗位及全体员工，由其自行控制。

8.2.3 控制的基本过程

控制是根据计划的要求，确立工作标准，衡量工作绩效并将它与工作标准进行比较，对出现的偏差采取必要的措施进行纠正以实现组织目标的过程。虽然控制的类型各有不同，但是控制工作的过程是基本一致的，大致可分为三个步骤：一是确定标准，二是衡量绩效，三是纠正偏差。

一、确定标准

控制标准是控制工作得以开展的前提，是检查和衡量实际工作的依据和尺度。如果没有控制目标、标准，便无法衡量实际工作，控制工作也就失去了目的性。为确定控制标准，必须正确地选择控制对象和关键控制点，并根据控制对象的具体特征采用科学的方法制定控制标准。

1. 确定控制对象

标准的具体内容涉及需要控制的对象。那么，企业经营与管理中的哪些事或物需要加以控制呢？这是在建立标准之前首先要加以分析的。要保证企业管理取得预期的结果，必须在成果最终形成以前进行控制，纠正与预期成果要求不相符的活动。因此，需要分析影响企业经营结果的各种因素，并把它们列为需要控制的对象。

2. 选择控制重点

控制对象确定后，还必须选定控制的关键点。例如，在酿造啤酒的过程中，啤酒质量是控制的重点对象。影响啤酒质量的因素很多，但只要抓住了水的质量、酿造温度和酿造时间，就能保证啤酒的质量。因此，就可以对这些关键控制点制定出明确的控制标准。在任何组织活动中都存在着此类关键点，只要对这些主要的关键点进行控制，就可以控制组织活动的整体状况。

3. 制定标准的方法

控制的对象不同，为它们建立正常水平标准的方法也不一样。一般来说，企业可以使用的建立标准的方法为：利用统计方法确定预期结果，根据经验和判断来估计预期结果，在客观的定量分析的基础上建立工程（工作）标准。比如财务业绩的标准一般由利润率、现金比率、杠杆比率、周转率等指标来确定。

4. 标准应满足的要求

所制定的控制标准应满足以下几个方面的要求。

（1）简明性。标准的量值、单位、可允许的偏差范围要有明确说明，表述要尽量通俗，便于理解和把握。

（2）适用性。建立的标准都应该有利于组织目标的实现。对每一项工作的衡量都必须有具体的时间幅度、具体的内容和要求，以便准确反映组织活动的状态。

（3）一致性。建立的标准应尽可能体现协调一致、公平合理的原则。管理控制工作覆盖组织活动的各个方面，制定出来的控制标准实际上就是一种规章制度，应该彼此协调，不可互相冲突。同时，控制标准应在所规定的范围内保持公平。如果某项控制标准适用于每个组织成员，那么就应该一视同仁，不允许个别人搞特殊化。

（4）可行性。建立的标准应是经过努力后可以达到的，既具有挑战性，又具有可行性。建立标准的目的，是用它来衡量实际工作，并希望工作达到标准要求。

（5）可操作性。标准要便于对实际工作绩效的衡量、比较、考核和评价；要使控制便于对各部门的工作进行衡量，当出现偏差时，能找到相应的责任单位。例如，成本控制时，不仅要规定总生产费用，而且要按成本项目规定标准，为每个部门规定费用标准等。

（6）相对稳定性。标准建立起来后，应当在一定时期内保持不变，但它又要具有一定的弹性，对环境变化有一定的适应性。

（7）前瞻性。建立的标准既要符合现实需要，还应与未来的发展相结合。控制标准实际上是一种规范，反映了管理人员的期望，也为人们提供了努力的方向，因此，它应将组织当前运行的需要与未来发展的方向有机结合起来。

二、衡量绩效

企业经营活动中的偏差如能在产生之前就被发现，则可预先采取必要的措施以求避免，这种理想的控制和纠正方式虽然有效，但其实现可能性不高。并非所有的管理人员都有远见，同时也并非所有的偏差都能被预见。在这种限制条件下，最满意的控制方式应是必要的纠偏行动能在偏差产生之后迅速采取。为此，要求管理者及时掌握反映偏差是否产生、并能据以判定其严重程度的信息。用预定标准对实际工作成效和进度进行检查、衡量和比较，就是为了提供这类信息。

为了能够及时、正确地提供能够反映偏差的信息，同时又符合控制工作在其他方面的要求，管理者在衡量工作成绩的过程中应注意以下几个问题。

1. 确定适宜的衡量方式

对照标准衡量工作成效是控制过程的第二步，实质上是收集控制对象的有关信息。这就需要明确衡量什么、如何衡量、间隔期限和由谁衡量等问题。

2. 建立有效的信息反馈系统

衡量实际工作情况的目的是为管理者提供有用的信息，为纠正偏差提供依据。然而，并不是所有衡量绩效的工作都直接由负责纠偏的主管人员和部门进行，这就应该建立有效的信息反馈网络，使反映实际工作情况的信息既能迅速地收集上来，又能适时地传递给恰当的主管人员，并能迅速地将纠偏指令下达给有关人员以便解决问题。

3. 衡量成绩、检验标准的客观性和有效性

衡量工作成效是以预定的标准为依据的，但利用预先制定的标准去检查各部门在各个阶段的工作，这本身也是对标准的客观性和有效性进行检验的过程。

检验标准的客观性和有效性，是要分析对标准执行情况的配量能否取得符合控制需要的信息。在为控制对象确定标准的时候，人们可能只考虑了一些次要的非本质因素，或只重视了一些表面的因素，因此，利用既定的标准去检查人们的工作，有时候并不能够达到有效控制的目的。衡量过程中的检验就是要辨别并剔除那些不能为有效控制提供必需的信息及容易产生误导作用的不适宜标准，以便根据控制对象的本质特征制定出科学的控制标准。

由此可见，控制过程的第三阶段就是将实际工作成绩与控制标准进行比较，并做出客观的评价，从中发现二者的偏差，为进一步采取有效的控制措施提供全面、准确的信息。

三、纠正偏差

对实际工作成效进行衡量之后，就应将衡量结果与标准进行对比。如果有较大偏差，则应该分析造成偏差的原因并采取矫正措施；如果没有偏差，则应首先分析控制标准是否有足够的先进性，在认定标准水平合适的情况下，将其作为成功经验予以总结并积累，以便指导以后的工作。

在需要纠偏的情况下，为了保证纠偏措施的针对性和有效性，必须在制定和实施纠偏措施的

过程中注意下述问题。

1. 找出偏差产生的原因

实际上，并非所有的偏差都会影响企业的最终成果，有些偏差可能是由于计划本身和执行过程中的问题造成的，而另一些偏差则可能是由于一些偶然的、暂时的、局部性因素引起的，从而不一定会对组织活动的最终结果产生重要影响。因此，在采取纠偏措施以前，必须首先对反映偏差的信息进行评估和分析。评估和分析偏差信息时，首先要判别偏差的严重程度，判断其是否会对组织活动的效率和结果产生影响。在管理活动中，偏差是在所难免的，因此一般要确定可以接受的偏差范围（range of variation）。如果偏差超出了范围，就应该引起注意。其次要探寻导致偏差产生的主要原因。

2. 确定措施的实施对象

在纠正偏差过程中，需要纠正的不仅是企业的实际活动，也可能是指导这些活动的计划或事先确定的衡量标准。因此，纠偏的实施对象可能是组织进行的活动，也可能是衡量的标准，甚至是指导活动的计划。

3. 选择适当的纠正措施

针对产生偏差的主要原因和确定的纠正对象，在控制工作中采取的纠偏措施主要如下。

（1）对于由工作失误造成的问题，控制的办法主要是通过加强管理、监督，确保工作与目标的接近或吻合。

（2）若计划目标不切合实际，控制工作主要是按实际情况修改计划目标。

（3）若组织的运行环境发生重大变化，使计划失去客观的依据，则控制工作主要是启动备用计划或重新制订新的计划。

8.3 控制技术与方法

8.3.1 有效控制的特征

一、适时控制

企业经营活动中产生的偏差只有及时采取措施加以纠正，才能避免偏差的扩大，或防止偏差扩散对企业产生更多的不利影响。及时纠偏，要求管理人员及时掌握能够反映偏差产生及其逐渐严重化发展的信息。纠正偏差的最理想方法应该是在偏差未产生以前，就意识到偏差产生的可能性，从而预先采取必要的防范措施，防止偏差的产生。

预测偏差的产生虽然在实践中有许多困难，但在理论上是可行的，即可以通过建立企业经营状况的预警系统来实现。我们可以为需要控制的对象建立一条警报线，反映经营状况的数据一旦超过这个警报线，预警系统就会报警，提醒人们采取必要的措施防止偏差的产生和扩大。

二、适度控制

适度控制是指控制的范围、程度和频度要恰到好处。

1. 防止控制过多或控制不足

有效的控制应该既能满足对组织活动检查的需要，又要防止与组织成员发生强烈的冲突，适度的控制应能同时体现这两个方面的要求。

控制程度适当与否，要受到众多因素的影响，判断控制程度或频度是否适当的标准，通常要随活动性质、管理层次以及下属受培训程度等多方面的因素而变化。

2. 处理好全面控制与重点控制的关系

一般而言，全面系统的控制不仅成本极高，而且也是不必要的。适度控制要求企业在建立控制系统时，利用ABC分析法（Activity Based Classification，又称帕累托分析法）和例外原则等工具找出影响企业经营成果的关键环节和关键因素，并据此在相关环节上设立预警系统或控制点，进行重点控制。

3. 使付出一定成本的控制得到足够的控制收益

任何控制都需要付出一定成本，衡量工作成绩，分析偏差产生的原因，以及为了纠正偏差而采取的措施，都需支付一定的成本费用；同时，任何控制，只要纠正了组织活动中存在的偏差，就都会带来一定的收益。一项控制，只有当它带来的收益超出其所需成本时，才是值得的。控制费用与收益的比较分析，实际上是从经济角度去分析上面考察过的控制程度与控制范围的问题。

三、客观控制

控制工作应该针对企业的实际状况，采取必要的纠偏措施，或促进企业活动朝着原先的方向继续前进。因此，有效的控制必须是客观的、符合企业实际的。客观的控制源于对企业经营活动状况及其变化的客观了解和评价。为此，控制过程中采用的检查、测量的技术和手段必须能正确地反映企业经营实际情况的变化程度和分布状况，准确地判断和评价企业各部门、各环节的工作与计划是否与现实要求相符合。

四、弹性控制

企业在生产经营过程中经常可能遇到某种突发的、无力抗拒的变化，这些变化使企业计划与现实条件相背离。有效的控制系统在这样的情况下应仍能发挥作用，维持企业的运营，也就是控制要具有弹性。

弹性控制通常与控制的标准有关，同时也与控制系统的设计有关。通常组织的目标并不是单一的，而是多重目标的组合。由于控制系统的存在，人们为了避免受到指责或是为了突出业绩，会故意采取一些行动，从而直接影响一个特定控制阶段内信息系统所产生的数据。一般而言，弹性控制要求企业制定弹性的计划和弹性的衡量标准。

除此之外，一个有效的控制系统还应该站在战略的高度，抓住影响整个企业行为或绩效的关键因素。有效的控制系统往往会将精力集中于例外发生的事情，即遵循例外管理原则。凡已出现过的事情，皆可按规定的控制程序处理，第一次发生的事例，则需投入较大的精力和物力。

8.3.2 控制方法

一、预算控制

1. 预算

预算是一种计划，是用数字编制的反映组织在未来某一时期的综合计划，预算通过财务形式把计划数字化，并把这些计划分解落实到组织的各层次和各部门中去，这样预算和计划相联系，且与组织系统相适应，能达到实施管理控制的目的。预算就是把计划紧缩成一些数字以实现条理化，明确资金的使用，以及用实物计量投入量和产出量等。主管人员明确了这些，就可以进行人员和任务的委派、协调和组织等活动，并在适当的时间，将组织活动的结果和预算进行比较，发现偏差并及时采取措施纠正偏差，以保证组织在预算的限度内去完成任务。

2. 预算的种类

按照标志的不同可以把预算分成不同的类型。按综合程度不同可将预算分为一般预算和全面预算；按预算的内容不同可将预算分为收支预算、实物预算、基本建设费用预算、现金预算和资产负债预算。

（1）一般预算（传统预算）。一般预算是以货币及其他数量形式反映的有关组织未来一段时期内局部的经营活动、各项目标的行动计划与相应措施的数量说明。

（2）全面预算。全面预算是以货币及其他数量形式反映的有关组织未来一段时期内全部经营活动、各项目标的行动计划与相应措施的数量说明。在现代管理实践中，全面预算处于承上启下的地位，即它以经营决策的结果为依据，是决策的继续；同时又是控制的先导与考核业绩的前提条件。它的意义在于：第一，可以使决策目标具体化、系统化、定量化，从而可以全面地协调、规划企业内部各部门、各层次的经济关系与职能，使之服从于未来经营总体目标的要求；第二，由于全面预算是计划的数量说明，能够明确规定企业有关生产经营人员各自职责及相应的奋斗目标，可以使人人事先做到心中有数；第三，全面预算量化指标可作为日常控制的依据；第四，经过分解落实的预算规划目标能与个人业绩考评结合起来，成为奖勤罚懒、评估优劣的准绳。

（3）收支预算。这是以货币来表示的组织经营管理的收支计划。其中最基本的是销售预算，它是表示销售预测的详细、正式说明。由于销售预测是计划工作的基石，因而销售预算是预算控制的基础。

（4）实物预算，包括时间、空间、原材料和产品产量预算等，因为在计划和控制的某个阶段采用实物单位比采用货币单位更有意义。常用的实物预算单位有：直接工时数、台时数、原材料的数量、占用的面积、空间和生产量。此外，用工时来预算所需要的劳动力的做法也是很普遍的。

（5）基本建设费用预算。由于基本建设费用的来源不是随意的，也由于要从经营中收回投资于厂房、机器设备等方面的费用往往需要很长的时间，因此，基本建设费用应尽量与长期计划工作结合在一起。

（6）现金预算。这实际上是一种现金的收支预测，它可用来衡量实际的现金使用情况。还可显示可用的多余资金，因而有可能编制剩余资金的投资计划。从某种意义上来说，这种预算是组织中最重要的一种控制。

（7）资产负债预算。它可用来预测将来某一特定时期的资产、负债和资本等账户的情况。这个预算表是其他预算的一个综合统计，编制此预算的目的在于描绘出组织机构的财务情况，显示全部预算是否恰当。

3. 编制预算的步骤

一个组织要编制预算，首先必须建立一套预算制度。满足建立预算制度的先决条件有：建立和健全权责分明的组织机构；拟定完善的组织政策，以作为编制预算的基础；建立有关预算项目的预测制度，以获得编制预算的资料；建立有效的记录，以便能估计各部门的费用并能根据过去的记录检查目前的情况。建立预算制度必须估计预算制度的效益和限制，要选择好预算类型，决定预算的期限和分类，要遵循预算的编制步骤。

预算的步骤一般如下。

（1）上层主管人员将可能列入预算或影响预算的计划和决策提交预算委员会。预算委员会在考虑了以上种种因素后，就可估计或确定未来某一时期内的销售量或生产量（或业务量）。根据预测的销售量、价格与成本，又可预测该时期的利润。

（2）负责编制预算的主管人员，向各部门主管人员提出有关预算的建议，并提供必要的资料。

（3）各部门主管人员根据企业的计划和其所拥有的资料，编制出本部门的预算，并相互协调可能发生的矛盾。

（4）企业负责编制预算的主管人员将各部门的预算汇总整理成总预算，并预拟资产负债表及损益表计算书，以表示组织未来预算期限中的财务状况。

（5）将预算草案交预算委员会和上层主管人员核查批准。

（6）预算批准后，在实施过程中，必须经常检查和分析执行情况，必要时可修改预算，使之能适应组织的发展。

4. 几种常用的预算编制方法

（1）固定预算与弹性预算。弹性预算并非独立的预算，而只是与传统预算程序相对立存在的一种预算编制的方法。在传统预算过程中，某预算期成本费用和利润都只是在一个预定的产销业务量水平的基础上编制预算的，这种百分之百地依赖一种业务量编制预算的方法叫固定预算。显然，一旦这种预算赖以存在的前提——预算业务量与实际水平相距甚远（这种情况在当今复杂的市场环境中屡屡发生），就必然导致有关成本费用及利润的实际水平与预算水平因基础不同而失去可比性，不利于开展控制与考核。例如，预计业务量为生产能力的100%，当实际为120%时，那么在成本方面实际脱离预算的差异就会包括本不该在成本分析范畴内出现的非主观因素——业务量增长造成的差异（对成本来说，只要分析单位用量差异和单位差异就够了，业务量差异根本无法控制，分析也没有意义）。弹性预算正是为了克服固定预算的缺点而设计的，它是在成本分析的基础上，按一系列可能达到的预计业务量水平（如按一定百分比间隔）编制能适应多种情况预算的方法。由于它能规定不同的业务量条件下的预算收支，适用面宽，机动性强，具有弹性，故称为弹性预算，也有人称之为变动预算或滑动预算。

（2）增量预算与零基预算。零基预算是区别于传统的增量预算而设计的一种编制费用预算的方法。所谓增量预算，一般是以现有成本费用水平为出发点，结合预算期业务量水平及有关降低成本的措施，调整有关费用项目而编制预算的方法。这种预算往往不加分析地保留或接受原有成本项目，或按主观臆断平均削减，或只增不减，容易造成浪费，并使不必要的开支合理化。零基预算不是以现有费用为前提的，而是一切从零做起，从实际需要和可能出发，像对待决策项目一样，逐项审议各种费用开支是否必要合理，进行综合平衡，从而确定预算成本。

5. 预算的局限性

预算是一种普遍使用的行之有效的计划和控制方法，但它也存在着一些不足之处。

（1）容易导致控制过细。某些预算控制计划是如此全面和详细，以致束缚了主管人员在管理本部门时所必需的自主权，出现了预算过细、过死的危险。

（2）容易导致本位主义。预算目标有时会取代组织目标，因为有些主管人员只把注意力集中在尽量使自己部门的经营费用不超过预算，而忘记了自己的职责首先是要千方百计地去实现组织的目标。

（3）容易导致效能低下的缺点。预算通常是在往年成果的基础上按比例增长来编制的，所以，许多主管人员也常常以过去所花的费用作为今天预算的依据；同时他们知道他们的申请多半是要被削减的，因而预算费用的申请数总要大于它的实际需要数。

（4）预算的最大缺陷也许是它缺乏灵活性。实际情况常常会不同于预算，这种差异可以使一个刚编出来的预算很快过时。若这时主管人员还受预算约束的话，那么预算的有效性就会减弱或者消失。

二、作业控制

当作业系统设计完成，作业计划制定并实施之后，作业控制工作就成了作业管理工作的重点。如果没有有效的作业控制工作，再完美的作业系统也可能由于一些意想不到的事情而无法达到预期的目标。一般制造业的作业控制工作包括许多内容，本节选择其中主要的几项进行讨论，它们分别为成本控制、采购控制和质量控制。

1. 成本控制

所谓成本控制，就是指以成本作为控制手段，通过制定成本总水平指标值、可比产品成本降低率以及成本中心控制成本的责任等达到对经济活动实施有效控制的目的的一系列管理活动与过程。

成本控制首先需要控制的标准。企业通常可以采用预算成本或标准成本作为成本控制的标准。预算成本是用财务数字的形式为各部门或各项活动规定的在资金、劳动、材料、能源等方面支出的额度，它是通过计算和预计得到的。标准成本则是根据企业过去一段时间各成本项目的实际情况，去除其不合理成分，通过分析确定的。对于一时无法制定标准成本的企业，可以采用过去几个月的平均水平作为各类成本项目的标准成本，待积累经验后再确定更适宜的标准成本。当然，无论通过何种方法确定的成本控制标准，当新的技术组织措施采用后，都应该对其进行必要的调整，以适应新的控制需要。在控制方法上，可以采用成本中心法来控制成本。各部门、分厂或车间都可以被当作独立的成本中心，其主管人员对其产品的成本负责。由于构成产品成本的不变成本或固定成本与产品生产数量无关，因此，这部分成本不列入各成本中心的控制范围，成本中心的负责人只对其单位所有直接成本负有责任。对于生产比较稳定并建立了比较完善的计算机应用系统的企业，也可以采用分级成本控制法。这种方法要求根据各成本费用发生的情况，把所有成本项目分成几级，分别由企业、分厂、车间、工段等负责，各负责单位除了保证产品成本控制在标准成本范围内之外，还有责任探求不断降低成本的方法。

加强成本控制，必须建立健全有关的基础性工作。成本控制的基础性工作主要有以下内容。

（1）建立分级控制和归口控制的责任制度。为了调动全体职工对成本控制的积极性，企业必须明确各级组织（厂部、车间、班组等）和各归口职能管理部门（如财会、生产、技术、销售、物资、设备等）成本控制方面的权限与责任，建立健全成本控制的责任制度。因此，企业要将成本计划所规定的各项经济指标，按其性质和内容进行层层分解，逐级落实到各个车间、班组和各个职能科室，实行分级归口控制。各个归口职能部门，既要完成其他部门分配下达本部门的各项费用指标，也要负责完成企业下达的归口指标，并进一步把归口管理的指标分解下达到有关执行单位和部门，从而形成一个上下左右、纵横交错、人人负责的成本控制体系。

根据权、责、利三者结合的原则，在建立成本控制责任制的同时，必须赋予责任单位和部门以一定的经济权限和利益，使其有搞好本单位责任成本的相对的自主权。这些自主权一般包括：压缩流动资金定额的权限，以减少利息支出；上交多余固定资产的权限，以减少固定资产占用费和折旧费的支出；上交多余劳动力的权限，以减少工资支出；本单位奖金分配的权限，以调动职工的积极性。

（2）建立严格的费用审批制度。一切费用在开支以前都要经过预算申请、批准手续后才能支付，即使是原来计划上规定了的，也要经过申请和批准。这样做，有利于一切费用在将要发生前再进行一次深入的研究，根据新的变化了的情况，再一次确定费用的合理性，以保证一切费用的使用效果。

（3）加强和完善成本实际发生情况的收集、记录、传递、汇总和整理工作。成本控制要把费用和消耗发生的情况与成本控制标准进行对比分析，这就需要有反映成本发生情况的数据，就要进行收集、记录、传递、汇总和整理工作。数据的收集和记录必须正常、准确、齐全，需要有科学合理的收集方法和记录方式，符合监督程序的需要；数据的传递要有正确路线，做到迅速及时；汇总和整理工作要有科学合理的统一规定。以上成本控制数据的收集和汇总整理，通常是通过企业中的业务核算、统计核算和会议核算来实现的。

（4）组织发动广大职工开展各种降低成本的活动，如“小指标竞赛”，降低成本技术攻关活动等。这是成本控制中带有根本性的基础性工作。只有注意开展这方面的活动，成本控制才有坚实的群众基础。

2. 采购控制

对于制造企业来说，它需要输入大量的物料，然后通过转换变成各种产品。物料构成了产品成本的重要成分，在部分行业物料成本甚至高达70%左右，因此，有效地控制物料成本自然就成为企业降低成本和增加利润的重要渠道。而企业物料获取是通过采购职能实现的，所以控制物料成本很大程度上依靠采购控制。

企业采购控制的主要内容是供应商交付的物料的性能、质量、数量和价格等，和与之相关的寻找、评价、决定能够提供最好产品或服务的供应商。采购控制的目标是确保输入可以得到、质量可以接受、来源可靠，同时降低成本。目前，国内一些企业采用“比价采购”的方法，对企业的采购工作进行价格控制以降低采购成本，多数都收到了比较好的效果。后向一体化（是指企业通过收购或兼并若干原材料供应商，拥有和控制其供应系统，实行供产一体化）也是一种选择，它可以带来物料成本降低、质量稳定和交货及时等好处，但也存在一定风险。为此，日本许多大公司在采购和一体化之间找到了一个“中间地带”，他们通过所有关系或借款给转包商等方式，使转包商成为公司联合体的一部分，并与之保持长期的合作关系，像合伙人一样运作，极大地保证了物料的有效供应。对于企业来说，可以多选择一些有能力的供应商，通过他们的竞价使企业获得价格上的实惠，但真正通过购买获得竞争优势只能通过良好的供应商关系才能得到，将供应商看作对手是不对的。现在，制造业中一个迅速发展的趋势就是使供应商转变为合作伙伴，不是采用10～12家供应商并使他们相互竞争来获得公司的生意，而是只选择2～3家供应商并与他们密切配合工作来提高效率和质量。例如，摩托罗拉公司在过去几年中已与10 000家供应商中的70%终止了关系，而对那些准备长期合作的供应商，公司会派自己的设计与制造工程师去供应商那里帮助处理一些难题，以提高供应商的供货能力。现在全世界的公司都正在发展与供应商的长期关系。许多公司发现建立这种长期的合作关系，能使他们获得质量更优、次品更少和成本更低的输入。

3. 质量控制

作业控制工作中另一项重要的任务是质量控制。通过有效的质量控制，企业可以及早发现作业系统中出现的各种问题，防止不合格物料进入生产过程，杜绝有缺陷的零部件流入下一道工序，保证向市场提供合格产品等。总之，质量控制是通过对作业系统运行全过程的监控，确保产品质量满足预先制定的标准。严格地讲，质量控制应该对所有的产品质量特性进行监控，但由于现实条件限制，质量控制往往不能采取一视同仁的办法，而只能对容易发生问题的特性和对产品质量具有决定性意义的特性进行重点控制，而对其他一些特性则采取一般性的控制办法。这样，既保证了质量，也减轻了质量控制的工作量。

在实施质量控制的过程中，首先，管理者应明确对产品是采用全数检测的方法还是采用抽样检测的方法。一般来说，如果连续检测的成本很低或者统计结果表明出错率很高，逐个检查每一件是十分有意义的，但毫无疑问，这需要花费更多时间和费用。抽样检测通常花费较少，也不需要很多的人员，有利于集中精力抓好关键质量问题，但它存在一定的风险。

其次，管理者应该确定何时、何地检测。通常，在制造业中，检测可以在以下六处实施：当供应商正在生产时在其厂中检测，从供应商处收到货时在自己厂里检测，在不可逆转的工序之前检测，依次在生产工序里检测，完工产品检测，装运之前检测。在有条件的地方，还应该尽量采用源头检测的方法，即在有可能产生缺陷之前检测。最后，管理者还要考虑是采用计数值检测还是采用计量值检测。前者是将产品简单地分成合格品和不合格品，并不标出缺陷的程度。例如，对灯泡的抽样检测，灯泡亮或不亮可能就决定了其合格或不合格。后者则需要设置一个可接受的偏差范围，然后衡量诸如重量、速度、尺寸或强度等指标，看检测指标是否落在可接受的范围内。任何样本在一定的指标范围之内是可以接受的，在一定范围之外则是不可接受的。

三、审计控制

审计是常用的一种控制方法，它包括财务审计和管理审计两大类。审计还有外部审计和内部审计之分，外部审计是指由组织外部人员对组织活动进行审计，内部审计是组织自身专门设有审计部门进行审计本组织的各项活动。

1. 财务审计

财务审计是由专职机构和人员，依法对审计单位的财务、财政收入及有关经济活动的真实性、合法性、效益性进行审查，评价经济责任，达到维护财经法纪、改善经营管理、提高经济效益、促进宏观调控等目标的独立性的经济监督活动。财务审计的主要方法有以下几种。

（1）审计检查方法。它是指在审计项目实施过程中所采用的各种检验、查证方法。按检查的对象不同，又分为资料检查法和实物检查法。资料检查法亦称查账法，它是对会计凭证、账簿、报表以及其他有关资料进行检查的方法。实物检查法是指收集书面以外的信息及其载体，证实书面资料及其反映的经济活动的真实性、合法性的一种方法。

（2）审计调查法。它是指审计人员通过调查，对被审计单位的会计资料和有关事实进行查证的一种方法。运用这种方法，针对一些重大问题，采用多种多样的具体方法，透过经济现象，发现带有倾向性的问题，有针对性地提出建议和措施，为各级领导进行决策提供依据。其具体方法包括审计查询法、观察法和专题调查法等。

（3）审计分析法。它是指审计人员利用各种分析技术对审计对象进行比较、分析和评价的一种方法。这种方法主要用来查找可疑事项的线索、验证和评价各种经济资料所反映经济活动的真实性、合法性和效益性。常用的审计分析方法有：账户分析法、账龄分析法、逻辑推理分析法、经济活动分析法、经济技术分析法和数学分析法等。

（4）抽样审计法，亦称抽查或试查法。它是先从被查总体中抽取一部分资料作为样本进行审查，然后根据审查结果来推断被查总体正确性和合法性的一种方法。常用的抽样审计方法有：任意抽样审计法、判断抽样审计法和统计抽样审计法。

2. 管理审计

管理审计是一个工作过程，它以管理原理为评价准则，系统地考查、分析和评价一个组织的管理水平和管理成效，进而采取措施克服存在的缺点或问题。管理审计目标不是评价个别主管人员的工作质量和管理水平，而是从系统的观点出发去评价一个组织整个管理系统的管理质量。值得注意的是，企业要把管理审计和经营审计区别开来，二者的差别类似于评价主管人员的管理能力及评价主管人员在制定和实现目标方面的能力。管理审计的方法与财务审计的一般方法基本一致，其中查明事实真相是管理审计工作的最基本任务，它主要包括如下内容：①熟悉被查单位或部门的组织、人事、业务性质、管理制度、业务操作程序及领导关系等；②确定需要取得的资料；③查明各种业务记录，如单据、合同、函电、规章制度、账册、会议记录、总结报告等；④向各级管理人和职工调查，完成书面记录；⑤核实所得材料并进行分析，形成清楚的调查记录。

3. 内部审计与外部审计

管理控制的另一个有效方法是内部审计，即人们所说的经营审核。从广义上说，经营审核就是企业内部的审计人员对企业的会计、财务和其他业务经营活动所做的定期的和独立的评价。内部审计提供了检查现有控制程序和方法能否有效地保证达成既定目标和执行既定政策的手段。

内部审计虽局限于对会计账户的审核，但就其最有用的方式而言，内部审计包括对经营活动的全面评价，即按预计的成果来衡量实际的成果。因此，内部审计人员除了要确实弄清会计账户是否反映实际之外，还要对政策、程序、职权行使、管理质量、管理方法的效果、专门问题以及经营的其他各个方面做出评价。

外部审计是由外部机构选派的审计人员对组织财务报表及其反映的财务状况进行独立的评估。

本章内容小结

本章首先介绍了控制的概念及作用，强调了控制是保证企业计划与实际作业动态相适应的管理职能；其次简单阐述了控制系统的构成、控制的基本类型和过程；然后具体讲述了控制的技术和方法；最后详细阐述了预算控制、作业控制和审计控制等方法。学习本章内容要求理解控制的概念和基本原理，掌握控制的类型、过程、技术和方法，认识和熟悉构建有效控制系统的基本工作。

案例思考

汤姆的目标与控制

汤姆担任某家工厂的厂长已经一年多了。他刚看了工厂有关今年实现目标情况的统计资料，厂里各方面工作的进展出乎意料，他为此气得说不出一句话来。他记得就任厂长后的第一件事情就是亲自制定了工厂一系列计划目标。具体地说，他要解决工厂的浪费问题，要解决职工超时工作的问题，要减少废料的运输问题。他具体规定：在一年内要把购买原材料的费用降低10%～15%，把用于支付工人超时工作的费用从原来的11万美元减少到6万美元，要把废料运输费用降低3%。他把这些具体目标告知了下属有关方面的负责人。

然而，他刚看过的年终统计资料却大大出乎他的意料之外：原材料的浪费比去年更为严重，原材料的浪费竟占成本总额的16%；职工超时费用也只降低到9万美元，远没有达到原定的目标；废料运输费用也根本没有降低。

他把这些情况通报了负责生产的副厂长，并严肃批评了这位副厂长。但副厂长争辩说："我曾对工人强调过要注意减少浪费的问题，我原以为工人也会按我的要求去做的。"人事部门的负责人也附和着说："我已经为消减超时的费用做了最大的努力，只有那些必须支付的款项才支付。"而负责废料运输方面的负责人则说："我对未能把运输费用减下来并不感到意外，我已经想尽了一切办法。我预测，明年的运输费用可能要上涨3%～4%。"

在分别和有关方面的负责人交谈之后，汤姆又把他们召集起来提出新的要求，他说："生产部门一定要把原材料的费用降低 10%；人事部门一定要把超时费用降到 7 万美元；废料运输费用即使要提高，也绝不能超过今年的标准，这就是我们明年的目标。我到明年底再看你们的结果！”

讨论题

1. 汤姆就任后所制定的计划属于什么计划？
2. 你认为导致汤姆控制失败的原因是什么？
3. 汤姆的控制标准属于什么标准？
4. 汤姆所制定的明年的目标能完成吗？为什么？

管理者价值点分享

1. 人是自觉的，但需要控制。
2. 计划未来目标时，要乐观也要实际。
3. 告知团队每位成员在设定的标准中有哪些评量的项目。
4. 确保目标能激发团队的斗志；如果不行，请改变目标。
5. 若有计划出错，一定要做全面性、公开化的分析。
6. 根据情况的变化和新信息的出现，不断变更工作的优先级。
7. 防止未来的风险，而不是坐视其发生。
8. 如果发展不符你的预期，就再检查一遍计划。
9. 定期研究市场，对结果采取行动。
10. 随时准备做改变，甚至计划的根本要素亦包含在改变的范围内。

推荐阅读

麦当劳公司的控制

麦当劳公司允诺：每个餐厅的菜单基本相同，而且“质量超群，服务优良，清洁卫生，货真价实”。它的产品、加工和烹制程序乃至厨房布置都是标准化的，受到严格控制的。它撤销了在法国的第一批特许经营权，因为它们尽管盈利可观，但在快速服务和清洁方面未达到相应的标准。

麦当劳的各分店都由当地人所有和经营管理。鉴于在快餐饮食业中维持产品质量和服务水平是经营成功的关键，因此，麦当劳公司在采取特许连锁经营这种战略开辟分店和实现地域扩张的同时，特别注意对连锁店进行管理控制。如果管理控制不当，使顾客吃到不对味的汉堡包或受到不友善的接待，其后果就不仅是这家分店将失去这批顾客及其周遭人不再光顾的问题，还会波及其他分店的生意，乃至损害整个公司的信誉。为此，麦当劳公司制定了一套全面、周密的控制方法。

麦当劳公司主要通过授予特许权的方式来开辟连锁分店。其考虑之一，就是使购买特许经营权的人在成为分店经理人员的同时也成为该分店的所有者，从而使其在直接分享利润的激励中形成了对其扩展中的业务的强有力控制。麦当劳公司在出售其特许经营权时非常慎重，总是要通过各方面调查了解，之后才挑选那些具有卓越经营管理才能的人作为店主，而且事后如发现其能力不符合要求就会果断撤回这一授权。

麦当劳公司还通过详细的程序、规则和条例，使分布在世界各地的麦当劳分店的经营者和员工们都进行标准化、规范化的作业。麦当劳公司对制作汉堡包、炸土豆条、招待顾客和清理餐桌等工作都事先进行详细的动作研究，确定各项工作开展的最好方式，然后再编成书面的规定，用以指导和规范各分店管理人员和一般员工的行为。公司在芝加哥开办了专门的培训中心——汉堡包大学，要求所有的特许经营者在开业之前都要接受为期一个月的强化培训，还要求他们回去之后对所有的工作人员进行培训，确保公司的规章条例得到准确的理解和贯彻执行。

为了确保所有特许经营分店都能按统一的要求开展活动，麦当劳公司总部 66 名管理人员还经常走访、巡视世界各地的经营店，进行直接的监督和控制。例如，有一次巡视中，公司总部管理人员发现某家分店自作主张，在店里摆放电视机和其他物品以吸引顾客，这种做法因与麦当劳的风格不一致，立即得到了纠正。

除了直接控制外，麦当劳公司还定期对各分店的经营业绩进行考评。为此，各分店要及时提供有关营业额、经营成本和利润等方面的信息，这样总部管理人员就能把握各分店经营的动态和出现的问题，以便商讨和采取改进的对策。

麦当劳公司的另一个控制手段，就是要求所有经营分店都塑造公司独特的组织文化，这就是大家所熟知的由“质量超群，服务优良，清洁卫生，货真价实”口号所体现的文化价值观。麦当劳公司共享价值观的建设，不仅在世界各地的分店及其上上下下的员工中进行，而且还将公司的一个主要利益团体——顾客也囊括进这支队伍中。麦当劳的顾客虽然要自我服务，但公司特别重视满足顾客的要求，如为他们的孩子们开设游戏场所、提供快乐餐和生日聚会等服务，以形成家庭式的氛围，这样既吸引了孩子们，也增强了成年顾客对公司的忠诚度。

练习与应用

本章练习

一、单选题

1. 控制过程中合理的顺序应该是（　　）。

A. 制定标准，衡量绩效，纠正偏差　B. 纠正偏差，制定标准，衡量绩效

C. 纠正偏差，衡量绩效，制定标准　D. 制定标准，纠正偏差，衡量绩效

2. 下面哪一项不属于有效控制应具备的特征？（　　）

A. 客观性　B. 及时性　C. 随意性　D. 弹性

3. 注重对已发生的错误进行检查改进属于（　　）。

A. 前馈控制　B. 现场控制　C. 反馈控制　D. 同期控制

4. 进行控制时，首先要建立标准。关于建立标准，下列四种说法中哪一种有问题？（　　）

A. 标准应该越高越好　B. 标准应考虑实际可能

C. 标准应考虑实施成本　D. 标准应考虑顾客需求

5. 适度而经济的控制要注意的问题包括（　　）。

A. 防止控制过多与不足　B. 处理好全面控制与重点控制的关系

C. 防止扼杀组织成果的积极性　D. A 和 B

二、多选题

1. 信息资源的控制包括（　　）。

A. 质量控制　B. 环境分析　C. 经济预测　D. 公共关系

2. 作业控制的内容主要包括（　　）。

A. 成本控制　B. 质量控制　C. 采购控制　D. 关系控制

3. 根据控制信息获取的方式和时点不同，可将管理控制划分为（　　）。

A. 前馈控制　B. 同期控制

C. 反馈控制　D. 结果控制

4. 下列属于控制手段的是（　　）。

A. 生产线终端检视　B. 宣讲员工行为规范

C. 期末考试　D. 走动式管理

5. 常用的预算编制方法包括（　　）。

A. 固定预算　B. 弹性预算　C. 增量预算　D. 零基预算

三、思考题

1. 什么是控制？它的作用是什么？
2. 简述控制的过程。
3. 控制的基本类型包括哪些？
4. 比较前馈控制、同期控制和反馈控制的优缺点。
5. 简述有效控制的特征。
6. 简述预算控制的方法。

本章应用

戴尔公司对电脑显示屏供应厂商的控制机制

戴尔公司创建于1984年，是美国一家以直销方式经销个人计算机的电子计算机制造商，其经营规模已迅速发展到当前120多亿美元销售额的水平。戴尔公司是以网络型组织形式来运作的企业，它联结有许多为其供应计算机硬件和软件的厂商。其中有一家供应厂商的电脑显示屏做得非常好，戴尔公司先是花很大的力气和投资使这家供应商做到每百万件产品中只能有1000件瑕疵品，并通过绩效评估确信这家供应商达到要求的水准后，戴尔公司就完全放心地让他们的产品直接打上Dell商标，并取消了对这种供应品的验收、库存。类似的做法也发生在戴尔其他外购零部件的供应中。

通常情况下，供应商需将供应的零部件运送到买方那里，经过开箱、触摸、检验、重新包装，经验收合格后，产品组装商便将其存放在仓库中备用。为确保供货不出现脱节，公司往往要储备未来一段时间内可能需要的各种零部件。这是一般的商业惯例。因此，当戴尔公司对这家计算机显示屏供应商说“该型显示屏我们今年会购买400万~500万台，贵公司为什么不干脆让我们的人随时需要、随时提货”的时候，业界人士无不感到惊讶，甚至以为戴尔公司疯了。戴尔公司的经理们则这样认为：开箱验货和库存零部件只是传统的做法，并不是现代企业运营所必需的步骤，完全可以将这些“多余的”环节取消。

戴尔公司的做法就是，当物流部门从电子数据库得知公司某日将从自己的组装厂提出某型号计算机×部时，便在早上向这家供应商发出配领相应数量显示屏的指令信息，这样等到当天傍晚时分，一台台组装好的电脑便可打包完毕分送到顾客手中。如此，不但可以节约检验和库存成本，也加快了发货速度，提高了服务质量。

案例思考讨论题

1. 你认为戴尔公司对计算机显示屏供应厂商是否完全放弃和取消了控制？如果是，那么戴尔公司的经营业绩来源于哪里？如果不是，那它所采取的控制方式与传统的方式有何实际的不同？

2. 戴尔公司的做法对于中国的企业有适用性吗？为什么？

管理实务研讨

本章分组研讨主题：应该怎样对待不适应公司发展的创业元老

某公司创办 20 多年，现在发展壮大了，但也同时遗留下一批跟不上公司发展需要的元老级人物，他们占据着公司不同部门的关键岗位，但这些人不但技能不足、观念落后，而且有些还会倚老卖老，成为公司发展的障碍。公司应该怎样对待这些元老级员工？

第9章

创　　新

学习目标

知识目标：了解创新的内涵和内容。

素质目标：熟悉创新的本质和思维。

技能目标：掌握创新的机会和过程。

能力目标：能够运用所学的创新思维和创新内容来抓住创新机会，进行实践性的创新活动。

开篇故事

就戳一个洞

20 世纪 40 年代，美国有许多制糖公司向南美洲出口方糖。因方糖在海运中会有受潮现象，这给公司带来了巨大损失。公司花了大把钞票请专家研究，但始终未能解决这个问题。

后来，有一位名叫科鲁索的制糖工人想出一个简单的防潮妙法：只要在包装纸上开一个小孔，使空气能够对流，方块糖就不会受潮了。它虽然十分简单，但不容易被人想到。科鲁索把自己的打孔发明申请了专利，后来，一家制糖公司得知后，出价 100 万美元买下了这个专利的使用权。戳个小孔就值 100 万美元，这是为什么呢？这就是创新的价值！

互动游戏

九　个　点

形式：全体学生以个人为单位独立完成
类型：创造力和解决问题
时间：5～10分钟
场地：教室

活动目标

使学生明确固有的思维模式会阻碍人们学习新事物。

关键在于要打破脑海中“九个点”形成的正方形，向外扩张。

操作程序

将9个点的图形对学生展示⁝⁝⁝，请大家各自动脑筋，只用4条相接的直线（每条直线必须连贯，而且不能相互重叠），将这9个点连接起来。

学习内容

9.1　创新的基本理论

9.1.1　创新的内涵

根据韦氏词典所下的定义，创新的含义为引进新概念、新东西和革新。

美国经济学家约瑟夫·阿洛伊斯·熊彼特在1912年出版的《经济发展理论》一书中首次提出了创新的概念。他认为创新是对“生产要素的重新组合”，具体来说，包括以下五个方面：①生产一种新产品（也就是消费者还不熟悉的产品）或是已有产品的一种新用途和新特性；②采用一种新的生产方法，也就是在有关的制造部门中未曾采用的方法，这种方法不一定非要建立在科学新发现的基础上，它可以是以新的商业方式来处理某种产品；③开辟一个新的市场，就是使产品进入以前不曾进入的市场，不管这个市场以前是否存在过；④获得一种原材料或半成品的新的供给来源，不管这种来源是已经存在的，还是第一次创造出来的；⑤实现一种新的企业组织形式，如建立一种垄断地位，或打破一种垄断地位。

而创造在《现代汉语辞典》里则被解释为：“想出新方法、建立新理论、做出新的成绩或东西。”这是对创造最一般的解释。在学术界，人们对“创造”有80多种表述，综合各种表述可以将创造概括为：创造是指人们首创或改进某种思想、理论、方法、技术和产品的活动。

创造可分为第一创造、第二创造和第三创造。第一创造通常是指首创，它是指人类历史中出现的重大发明和创建，如中国的“四大发明”、爱因斯坦的相对论、瓦特的蒸汽机等。第二创造通常是指改进，它是指人们在理解和把握某些理论与技术的基础上，根据自身的条件加以吸收和溶解，再创造出大量的具有社会价值的新事物。第三创造是较为广泛的社会性活动，与创新活动的内涵极为相似。

即问即答 9-1

创新与创造有何异同？创新与发明有何异同？

9.1.2 创新的本质

通过对创新内涵的理解，可以看出创新一般包括两个层面：一是社会价值的创新，它是指因个体的发现和创新为人类社会带来变革性的新因素；二是个人价值的创新，它是指个体发现和创新出相对于自己已有的知识和经验的新知识、新事物、新方法。因此，创新的本质是指人们充分发挥主观能动性，采用新颖独特的方式，发现和创造新的知识、事物和方法。对创新本质的理解，主要有以下几种观点。

1. 创新是一种理念

创新作为一种理念是基于知识经济的时代背景，将知识转化到社会生产方式和生活方式活动过程中。这一观点提出，社会主体应不断对自身进行多方位的思考，而且社会主体之间需要多渠道的交流。创新理念是针对传统理念而言的，具有新颖性、独特性和开放性等主要特性。

相关链接 9-1

1900 年，著名物理学家普朗克和儿子在自己的花园里散步，他神情沮丧，很遗憾地对儿子说："孩子，十分遗憾，我今天有个发现，它和牛顿的发现同样重要。"他提出了量子力学假设及普朗克公式，但又因这一发现破坏了他一直崇拜并虔诚地信奉为权威的牛顿的完美理论而沮丧。他终于宣布取消自己的假设。人类本应因权威而受益，却不料普朗克竟因权威而受害，他的决定使物理学理论停滞了几十年。

后来，爱因斯坦敢于冲破权威圣圈，大胆突进，赞赏普朗克假设并向纵深引申，提出了光量子理论，奠定了量子力学的基础。随后他又锐意破坏了牛顿的绝对时间和空间的理论，创立了震惊世界的相对论，一举成名，成了一个更伟大的权威。

2. 创新是一种精神

创新作为一种精神，是人类作用于自然、社会和人本身的各种主观反映，它集中体现出人的个性与社会性的统一性特性，主要包括创新意识、创新态度、创新情感、创新意志等。张武升教授在《教育创新论》中指出：创新精神是学生创新素质的重要组成部分，它包括七种要素，即创新意识、创新情意、创新思维、创新个性、创新品德、创新美感和创新技法。

3. 创新是一种能力

创新作为一种能力，它的特性包括敏锐性、变通性和原则性，创新能力的发展依托于个性的充分发展。创新作为一种能力，可以形成为创新力，包括学习力、探究力等，其核心是主体性、能动性与创造性。创新是人类改造自然与社会体现出的独有特质，作为一种人格特征的表现说明"创新人人都能，人人都能创新"。

相关链接 9-2

威廉是个画家，丢三落四是他改不了的毛病，作画时经常拿了铅笔丢了橡皮，找到了橡皮又不见了铅笔！恼火之余，威廉干脆用细线将橡皮绑在了铅笔上。威廉的朋友是个善于动脑的人，他觉得这是一个很好的创意。他经过改进设计，发明了橡皮头铅笔，此项专利每年收益 50 万美元。

4. 创新是一个过程

创新作为一个过程，需要不断探索，需要付出代价，是一个不断努力奋斗的过程。创新过程是复杂的，包括一个又一个环节，需要一个环节又一个环节的探索推动，它一般不可能是一蹴而就的。

即问即答 9-2

你具有创新习惯和观念吗？假如你在森林里偶然看到了一间小屋，里面有很多死尸，他们坐在一排一排的椅子上。发挥你的想象能力，猜猜发生了什么事情。

9.1.3 创新的思维

人们平时常说的"想一想"、"考虑一下"、"思考再三"、"沉思良久"、"思索一番"、"深思熟虑"、"设想"、"反省"、"抽象概括"、"判断推理"、"眉头一皱、计上心来"等都是指人们的思维活动。思维的"思"在字面上解释为想或思考，而"维"字则可解释为顺序或方向。因此，从字面上来解释"思维"，就是有一定顺序的想，或是沿着一定方向的思考。

从心理学的角度来讲，思维是人脑对客观事物间接的和概括的反映。间接反映是指通过事物的媒介来认识客观事物，即借助已有的知识经验间接地理解和把握那些没有直接感知过的或根本不能感知到的事物；而概括反映是指依据对客观事物规律性的认识，把同类事物的共同特征和本质特征抽引出来，加以概括，得出结论。因此，所谓思维，是指人脑利用已有的知识，对记忆的信息进行分析、计算、比较、判断、推理、决策的动态活动过程。思维是获取知识及运用知识来求解问题的根本途径，是人类区别于其他动物的最根本的特征。

即问即答 9-3

有一家公司招聘管理人员时给每位应聘者发了一根米尺，要求测出这幢20层大楼的高度。如果你是应聘者，你打算怎么做？

那么，何谓创新思维呢？美国心理学家科勒斯涅克认为，创新思维就是发明或发现一种新方式，用以处理某些事情或表达某种事物的思维过程。创新思维，首先是能够产生创造性后果或成果的思维；其次，是在思维方法、思维形式、思维过程的某些方面富有独创性的思维。因此，创新思维就是思维本身和思维结果均具有创造性特征的思维。创新思维并非是少数发明家、天才人物才具有的素质，而是任何一个正常人都具备的一种思维方式。

一、创新思维的特征

1. 新颖性和突破性

创新思维是以求异、新颖、独特为目标的，创新的过程和创新的结果都应体现出新颖性。而突破性是创造性思维一个最明显的特征。首先，突破性体现为创造者突破原有的思维框架，这是指在思考有待创新的问题时，要有意识地抛开头脑中以往思考类似问题所形成的思维程序和模式，排除以往固有的思维程序和模式对寻求新设想的束缚，这样就有可能取得意想不到的创新性的成功。其次，突破性还体现为突破已有的思维定势。最后，突破性也体现在超越人类既有的物质文明和精神文明成果上。

2. 灵活性

灵活性是针对一成不变的教条而言的，要根据不同的对象和条件，具体情况具体对待，灵活应用各种思维方式。尤其表现在视角上，要能随着条件的变化而转变，能摆脱思维定势的消极影响，善于变换视角看待同一问题，善于变通与转化，重新对信息进行解释，进行创新。

3. 发散性

发散性则表现为在时间和空间上敢于突破思维框架，使思维像阳光一样向外放射，从而可能发现不同之处和相同之处。发散性创新可以从材料、功能、结构、形态、组合、方法、因果、关系等方面为“发散点”进行具有集中性的多端、灵活、新颖的发散训练，以培养创新性思维的能力。

即问即答 9-4

从英文“food”、“friends”和“cars”中找出它们的共同特征，再从中文词汇“降落伞”、“瓶子”和“信封”中找出它们的共同特征。

4. 非逻辑性

非逻辑性是指创新思维往往是在超出逻辑思维，出人意料地违反常规的情形下出现。它不严密或者暂时还说不出什么道理，但是在创新思维活动中，新观念的提出、问题的突破，往往表现为从逻辑的中断到思维的跳跃，再到思想的飞跃。这通常都伴随着直觉、顿悟和灵感，从而使创新思维具有超常的预感力和洞察力。例如，德国科学家普朗克首创量子假说时，连他自己也感到茫然不知所措，甚至怀疑这个假说的正确性。

5. 综合性

创新活动本身是一种探索性的活动，从提出问题到成功的过程中势必包含许多曲折反复，因而，也肯定会有多种思维方式的参与：既有知觉的洞察和灵感的闪现，又有想象的驰骋和类比的启迪，更不乏演绎与归纳、发散与集中、假象与试探等。只有突破刻板思维的约束，灵活地综合运用多种创造性思维方法，才会有非同寻常的创新结果。另外，创新活动是在前人基础上进行的，必须综合利用他人的思维成果。科学技术发展史一再表明，谁能高度综合利用前人的思维成果，谁就能取胜，就能取得更多的突破，做出更多的贡献。据说，松下电视机就是在综合了各国400多项技术的基础上发展起来的。

相关链接 9-3

举世闻名的世界奥林匹克运动会（简称奥运会），1980年莫斯科举办第22届时，因耗资巨大（达90亿美元）而面临难以继续办下去的危机。1976年，加拿大的蒙特利尔市承办第21届奥运会，花费了35亿美元，亏损达10亿美元。数额如此庞大的支出，怎能不令人望而生畏？第23届奥运会将要在美国的洛杉矶市举办，洛杉矶市议会不准动用公共基金举办奥运会，市政府只好向美国政府求救。美国政府拒绝了这一请求，并表示不会提供一分钱。万般无奈之下，洛杉矶市政府只好破天荒地设想由民间力量来主办这届奥运会。困难这么大，有谁敢接手呢？

这时身为商人的彼德·维克多·尤伯罗斯站了出来，尤伯罗斯非常清楚这届奥运会举办的困难之大超乎想象，如果不在往届举办奥运会的运作模式上有所突破、有所创新，就不可能成功，而且还会巨额亏损。于是，尤伯罗斯巧妙地运用创新思维，使这届奥运会上体现出无数的新颖和突破。例如，采取改造已有体育场地（尽量少建新馆）、利用假期大学生宿舍办奥运村、选择赞助厂商、出售转播权与火炬传递接力权、专卖专利商品等开源节流的措施，尤其是在选择赞助厂商、出售转播权与火炬传递接力权等方面。

这届奥运会只招30家赞助厂商，而且一种行业只选一家赞助商，这样使得赞助竞争空前激烈。首先展开激烈竞争的就是百事可乐和可口可乐这对“欢喜冤家”。1980年的莫斯科奥运会上，百事可乐占了上风，并以此为契机，完成了企业形象和利润的双重飞跃，与具有传统优势的可口可乐形成了分庭抗礼之势。这次可口可乐为了一举击败百事可乐，报出了高出招标底价3倍多的天文赞助费数字，最终可口可乐的董事们笑着成为第23届奥运会饮料行业的独家赞助商。当然，笑得最开心的莫过于尤伯罗斯了。下一对展开激烈竞争的就是感光胶片行业的富士公司和柯达公司，富士公司出价700万美元成了这一行业的独家赞助商。另外在火炬传递接力权上，凡是参加美国境内的火炬传递接力跑的人，每人须交纳3000美元，虽然舆论指责不断，可是尤伯罗斯还是通过这样的手段筹集到了3000万美元。

尤伯罗斯负责筹办的这届奥运会，事事显新颖，处处有突破，最终取得了前所未有的成功，不但没有亏损，而且还从奥运会上挣到了2.5亿美元的财富。

二、创新思维的培养原则

1. 克服思维障碍的原则

思维障碍是指人们已经固有的思维惯性和思维定势。人的大脑对客观事物的思维有一个特点，就是一旦沿着一定方向、按照一定次序思考，久而久之就会形成一种惯性。遇到类似的问题或表面看起来相同的问题，不由自主地沿着上次思考的方向或次序去解决，这就是思维惯性。如果多次以这种惯性思维来对待客观事物，就形成了非常固定的思维模式，即思维定势。这种固有的思维惯性和思维定势阻碍了人们的创新性思维，对创新性问题的解决非常不利。要进行创新思维，首先必须克服和突破一些固有的思维障碍，这些思维障碍主要表现在从众型、习惯型、自我型、权威型、直线型、书本型等问题方面。

即问即答9-5

一杯冷水和一杯热水同时放入冰箱里，哪一杯水先结冰？

2. 多视角看问题的原则

视角指看事物或思考问题的角度，有时也称为眼光、眼界。我们生活中常见的一件小事，常常会出现公说公有理婆说婆有理的情景，这就是视角不同引起的。视角按不同标准可分为过去、现在和未来视角，肯定和否定视角，纵向和横向视角，功利和道德视角等。创新思维是一种多视角的思维，是一种开放的、搜索空间很大的发散思维。对于创新思维而言，应多注意转换视角和更换视角。转换视角就是把当前或即将到来的事情放在一个更大的或新的参照系中进行思维，而更换视角就是更换参照系统，进行换位思维。创新思维的这一原则就是鼓励人们善于从多种不同角度来研究同一问题，观察同一现象，思考同一对象，从而产生许多新的发现和创意。

相关链接9-4

英国有一家历史悠久的著名酒店，酒店的电梯不够用，准备增加一部电梯。于是酒店请来了建筑师和工程师研究如何增设新的电梯。专家们一致认为，最好的办法是每层楼打个大洞，直接安装新电梯。方案定下来之后，两位专家坐在酒店前厅商谈工程计划。他们的谈话被一位正在扫地的清洁工听到了，清洁工想到自己的工作量又要增大了，于是对他们说："每层楼都打个大洞，肯定会尘土飞扬，弄得乱七八糟，又影响正常的营业，我要是你们，就会把电梯装在楼的外面。"工程师和建筑师听了这话，相视片刻，不约而同地为清洁工的这一想法叫绝。于是便有了近代建筑史上的伟大变革，把电梯装在楼外，而且设计成透明的观光电梯。

3. 寻求多种答案的原则

人们鼓励追求目标的执着性，但是却不赞成思维的执着性。创新思维具有发散性的特征，对任何问题都不要追求或局限于一个答案，对同一问题可提出多种答案的设想，善于寻求多种答案。

许多父母都给自己的孩子出过这样的思考题：树上有 10 只鸟，被人用枪打死 1 只，还剩几只？孩子一般都回答“还剩 9 只”。此时父母往往哈哈大笑地说：打死的 1 只掉了下来，其余的全飞走啦！这是唯一正确的答案吗？当然不是。其实，此题的答案可以有很多个。

4. 善于探索问题的原则

法国著名文学家巴尔扎克认为：“打开一切科学的钥匙都毫无异议的是问号，大部分的伟大发现都应该归功于‘如何’，而生活的智慧大概就在于凡事都要问个为什么。”我们要从问为什么开始，通过观察、分析、归纳、概括、推理、判断等一系列的探索活动，来形成良好的创新思维品质和培养创新性分析问题与解决问题的能力。

即问即答 9-6

在茂密的树林中，太阳光透过树叶间的空隙照在地面上，形成许多圆形光斑，其明亮程度不一，位置交错重叠。为什么这许多光斑都是圆的呢？

9.1.4 创新的机会

我国著名教育家陶行知先生曾经讲道：“处处是创造之地，天天是创造之时，人人是创造之人。”这说明每个人的创新机会都时时存在、处处存在，但是，还要看我们是不是一个有心人，是不是有创新方面的意识，善不善于抓住机会。被称为“管理学之父”和“不朽的管理思想大师”的彼得·德鲁克曾系统地总结过创新的机会，他认为：创新机会是从易到难、从内到外、从可靠到不可靠、从可预测到难以预测的，归纳起来有几个方面的机会来源。创新的机会主要体现在以下几个方面。

一、意外发生的时候

在日常生活和经济生活中，人们通常只愿意观察和发现那些自己所熟悉的或者自己所希望出现的结果，但是，往往会有未曾预料或希望的结果出现。这种意外的结果可能是意外的成功，也可能是意外的失败。意外的成功虽然为创新提供了大量的机会，但是这种机会往往容易被人们视而不见而悄悄溜走，有时甚至被视为“异端”而遭到排斥。意外的成功容易被忽视，但意外的失败人们却不能不正视。因为人们通过精心的准备和努力的实施，最终还是失败了，这种失败必然隐含了某种变化，这种变化实际上就是某种创新机会的存在。另外，当意外的事件、突发的事件出现时，人们要冷静地意识到：积极面对、勇于担当，尽可能地把不好的机率降低，而创新性地转变或提高好的方面。

不管是意外的成功，还是意外的失败，或者是突发的事件，一旦发生，就要正视其存在，此时就是最好的创新机会。人们应该进行认真分析，努力搞清楚这几方面的问题：第一，究竟发生了什么问题？第二，为什么会发生这样的问题？第三，这种问题将会把发展引向何方？第四，采取什么应对策略才能充分地利用这种意外的或者突发的事情，使之成为更好的发展机会？

二、不协调的时候

不协调是指事物的状态与事物应该有的状态之间，或者事物的状态与人们假想的状态之间的不一致、不合拍，或出现的不正常现象。不协调就好比地质学的一个术语“断层”一样，表示出现了裂痕，出现了变化，与原有的、应该有的状态不一致了，这种征兆就是创新机会。当人们的日常消费与收入之间存在不协调，当大学的招生与就业之间存在不协调，当支付与价值和客户的期望之间存在不协调，当现状与设想之间存在不协调，当经济现状之间存在不协调，当程序的节奏或逻辑的内部不协调，当组织内外之间存在不协调，当管理系统内外之间存在不协调时，都存在着创新的机会，要有意识地利用这些创新的机会。

即问即答 9-7

如果没有了战争，动力强劲、武器先进、排水量大、耗资巨大的核动力航空母舰该作何用途？

三、流程不畅的时候

工作效率和办事效率不高，或工作效果和办事效果不好，一方面是由于人为的因素，另一方面则可能是流程的问题。一位刚刚上任的市长到该市的某药厂去搞调研，发现该药厂的一个改建项目已经立项两年多了还没有开工，原因是还有十多个手续没有办完，而已经办了几十个手续了。市长立刻要求相关的政府职能部门领导马上到现场，结果一个星期以后，该项目就开工了。此时，市长意识到该对市政府各职能部门的工作流程整改了，半年后，多个政府职能部门的工作流程得到了改善。

再比如2014年1月央视新闻报道的一则消息《广州商事登记制度改革，最快申办当天可领营业执照》，报道的是广州市有关部门简化审批程序、压缩审批时限、提高审批服务效能的事。此外，广州工商部门还打算推出了“商登易”APP应用软件，公众可以在手机、平板电脑等移动终端进行商事主体登记注册、年度报告，在线移动办理商事登记业务。这些举措不但方便了群众创业，也深度体现了党和政府高效行政的理念。

流程不畅主要是由于在现有的流程中存在多余的环节、薄弱的环节或者各个环节脱节、比较分散等。在实践中，如果对这些多余的环节、薄弱的环节以及脱节、分散的环节进行分析、改善和创新，就能很好地提高工作的效率和效果。有家民营饲料生产企业的老板，发现客户从进入厂里把饲料装上车到办完所有手续、把车开出厂门口，需要近两个小时，而大门外还有排起长队等装车买饲料的客户。有一天，一位请来给他们员工讲课的老师发现了这个情况，就问老板：是你们的生意特别好，还是你们的效率比较低？老板也意识到是效率的问题，于是他问：“如何解决呢？”老师认为问题的关键是他们的工作流程没有设计好，于是对他们的工作流程进行了一系列改进，其中包括把多个职能部门集中到靠近大门的地方办公，把称重的方式也改进了。这样，客户装车从进大门到出大门的时间只需要半个小时了。

四、结构变化的时候

结构变化主要是指市场结构和行业结构两大方面的变化，当这种变化出现时或者即将出现时，组织必须迅速做出反应，进行调整和创新，否则就可能影响组织在市场和行业中的地位，甚至带来生存危机。市场结构主要与消费者的需求特点有关，消费者的需求发生了变化，组织应及时地发现，并进行有效的创新来适应这种变化。例如，电视机的需求变化，由黑白电视机的需求转向彩色电视机的需求，由小的转向大的，进一步转向高清晰电视、等离子电视、液晶电视以及数字电视等。行业结构的变化主要指行业中不同组织的相对规模和竞争力结构以及由此决定的行业集中或者分散度的变化。这种变化不是突然出现的，而是慢慢在变化，当组织发现的时候，往往已经失去了往日的竞争优势和地位。例如，汽车行业的这种结构变化尤为突出，日本的丰田汽车公司在20世纪80年代，不肯以合资的形式而要以整车的形式进入中国的汽车市场，而德国的大众汽车公司则抓住机会率先以合资的形式进入中国市场，结果赢得了竞争。

任何一个行业或者市场都处在变动之中，参与者的数量、参与者的质量、行业的成熟度以及在国民经济和世界经济中的地位都在发生着巨大变化，只不过行业结构的变化为旁观者提供了一个清楚且可以预见的机会，而局内人则将这些变化视为威胁。面对市场结构和行业结构的变化，关键的问题是要迅速地进行创新活动，至于创新的形式或者方向则可以是多样化的。

五、人口变化的时候

人口因素是社会各项活动中必不可少的一种重要的资源，人口结构的变化直接决定着劳动力的供给，而作为产品的最终用户，人口的数量和结构又决定了市场的规模与结构。因此，人口结构变化的时候将是组织进行创新的良好机会。

人口结构变化的因素包括人口的总量、收入构成、年龄构成、受教育的程度以及就业水平等，对这些人口结构因素的分析，根据各种人口构成的统计资料来反映其变化趋势，有利于准确地创新。

西方国家在第二次世界大战后普遍出现了“婴儿潮”，20 世纪 60 年代青年人数量大大增加，80 年代以后中年人的数量稳步增加，21 世纪初到现在，老年人的比重则大幅上升。这种人口结构上的变化，给社会各组织造成了巨大的压力，同时也提供了很多的创新机会。德国人口的老龄化带来了一系列商机，如敬老院、保险、旅游、老人教育等产业的发展。梅尔维尔（Melville）本是美国一家默默无闻的小鞋店，20 世纪 60 年代初，也就是第一批生育高潮期出生的婴儿正好到达青少年阶段的时候，梅尔维尔开始涉足这个新市场。它专为青少年建立了新的、与众不同的商店，重新设计了鞋子的款式，向 10 多岁的青少年大做广告。除了鞋类外，它还向青少年男女提供时尚的服装。结果梅尔维尔成为美国发展最快、获利最多的零售商。10 年以后，其他零售商才开始跟进，迎合青少年的口味。但是，当时人口结构的重心已发生了新变化，梅尔维尔又将注意力转移到了新的年龄段客户群之中，进而取得了更大的成功。同样，中国的人口结构变化，如老龄化、独生子女以及大学生群体等方面的变化，都为各组织的创新带来了无尽的机会。

以中国为例，近年来，全国的创新养老点子纷至沓来，如以房养老、集中养老、自我养老、机构养老、“常回家看看”等，这些创新在一定程度上丰富了养老模式，纾解了我国的养老困境，但长效如何还有待观察。广州在探索养老模式上也一直不遗余力，走在全国前列。网格养老、“喘息服务”等均是首创。朝着居家养老的方向，广州即将在医养结合、引进社会化运作以及加大政府购买力方面下工夫。

即问即答 9-8

今天的同学们大多数是 20 岁左右的独生子女。如果你们的父母、爷爷奶奶没有社会保障，设想一下，10 年后你们的责任和负担有多大？具体有哪些？再进一步设想：如果你们没有社会保障，30 年后你们的孩子可能已经成家立业了，他们的情况又会怎样？

六、新知识应用的时候

知识创新是指通过科学研究——包括基础研究和应用研究——获得新的基础科学、技术科学和应用科学知识的过程，它是创新的基础，是新技术和新发明的源泉，是促进科技进步和经济增长的革命性力量。知识创新是为了追求新的发现、探索新的规律、创立新的学说、创造新的方法、积累新的知识，但是，这种创新无论是所花的时间、失败的概率，还是挑战的程度都是变幻莫测的。

由知识创新所产生的新知识不仅包括新的基础知识、技术知识，而且还包括更多的应用管理方面的知识。当这些新的知识已经产生，并且已经逐渐完善的时候，就要应用它，在应用中更好地抓住创新机会。网络计划技术是源于关键路线法（CPM）和计划评审法（PERT）两种新知识的创新应用。关键路线法是 1956 年美国的杜邦公司在制定企业不同业务部门的系统规划时制订的一套网络计划。这种计划借助于网络表示各项工作与各自所需要的时间，以及各项工作的相互关系。通过网络分析研究工程费用与工期的相互关系，并找出在编制计划及计划执行过程中的关键路线。而计划评审法是1958年美国海军武器部在制订研制“北极星”导弹计划时发明的，同样地应用了网络分析方法与网络计划方法，但它更注重对各项工作安排的评价和审查。1965年，著名的数学家华罗庚将网络计划技术引入我国，在计划管理中得到了广泛的创新应用。例如，在某钢铁厂的高炉大修理计划中，应用网络计划技术来进行大修理，比原计划提前21天完成。

9.2　创新职能的基本内容

创新是一种思想及在这种思想指导下的实践活动，是一种原则及在这种原则指导下的具体活动，这是管理的一种基本职能。它是因为管理系统是一个动态的系统，仅有属于管理“维持职能”的组织、领导和控制职能是不够的，还应该有能够随环境条件的变化而不断调整的“创新职能”。创新职能是管理系统中通过组织提供的产品或者服务的更新和完善以及其他管理职能的变革和改进来证明其存在的。对于一个有活力的组织来讲，创新无时不在，无处不在。创新贯穿于各项管理职能和组织的各个层次之中，是各项管理职能的灵魂和核心。

即问即答9-9

创新与维持的关系如何？

对于一个管理系统而言，创新涉及许多方面的内容，但其基本的内容主要表现在观念创新、目标创新、技术创新、环境创新和组织创新等方面。

9.2.1　观念创新

观念影响和决定着人们的精神和素质，在相同的客观条件下，由于人的观念不同，主观能动性的发挥就不同，具体行为也就不同，效果也就大不相同。改革开放之初，有人说温州人每一根头发都是捕捉、接收商业信息的天线。温州人为什么在发现、捕捉商机上能够独具慧眼、先知先觉呢？其根本原因就在于其思想上不保守，观念更新快。这是一个朴素的真理：“观念一新，万两黄金。”

即问即答9-10

你想用脖子以上赚钱，还是用脖子以下赚钱？

观念创新实际上就是转变观念，要用能够适应新形势和新变化的新观念去代替已经跟不上形势发展要求的旧观念。观念创新是最重要的，也是最关键的创新，是其他一切创新的基本前提，如果没有观念创新，就不可能有更好的其他创新。在当今市场经济和知识经济为主导的创新型社会，人们应该多注意在思想观念、思维观念、市场观念、竞争观念、择业观念、人才观念、团队观念和实践观念等方面有所创新。观念的创新不仅影响和决定一个人的命运，而且也是一个国家、一个民族兴旺发达的不竭动力，思想解放、观念创新在任何时期都是经济发展的先声。

9.2.2　目标创新

不论是工作、创业，还是规划未来的生活，首先需要确定目标，然后才能围绕这个目标制订行动计划。如果没有明确的目标，行动就失去了方向和指引，往往导致行动偏离目标的方向或者不足以支撑目标的实现。但是，由于环境条件的变化、主观和客观因素的影响，目标的确定往往具有一定的瑕疵，如目标太模糊、太理想，甚至是错误。沈阳某公司曾拥有几个市场前景非常好的产品，经营也很好，结果没过几年公司经营却很困难了。原因在于公司当时的目标是在追求利润最大化，而没有在目标的确定上进行创新。当时有人提醒该公司要注意自己的理性化目标，如生存目标、双赢目标以及可持续发展目标等，结果该公司根本没有在意。

正确的、明确的目标是成功的前提，是力量的源泉，那么怎样的目标才算得上正确、明确呢？这就涉及创新职能的另一个基本内容——目标创新的问题。目标创新要把握住以下几方面的基本特征。

一、目标创新的方向性

目标创新的方向性是指确定的目标是否正确和清晰，是否适应环境、顺应趋势并具有明确的导向作用。例如，在今天这样一个“互联网”的时代，常常是“百度干了广告的事，淘宝干了超市的事，微博干了媒体的事，微信干了通信的事，支付宝干了银行的事，直销干了传统店面的事”，这种明显“跨界”的目标创新，看似是外行干掉了内行，实则是趋势干掉了规模，先进取代了落后，创新战胜了保守。“跨界”的成功源于目标创新的方向正确，而目标创新的方向正确则得益于创新主体能够敏锐地把握趋势并顺势而为。

二、目标创新的挑战性和可达性

目标创新的挑战性和可达性是指确定的目标不要是太容易就可以实现的，也不要是太难才能实现的，甚至是根本无法实现的。太容易实现的目标，容易使人产生惰性，不能调动人的积极性和创造性。太难实现的目标，不是使人具有去挑战的勇气，而是容易使人一开始就可能放弃。因此，在进行目标创新时，要注意挑战性和可行性的结合。就如猩猩想把香蕉抓来吃一样，如果香蕉挂得太高，它看一眼转身就走；如果不太高，它就会努力想办法，最后跳一下，把香蕉抓来吃。

三、目标创新的系统性

目标创新的系统性是指确定的目标不应只是总目标或者目标框架，而应有具体目标和完善的目标体系。犹如剥洋葱要一层一层地剥，目标也应一点一点地分段实现，最后组合起来形成完善的目标体系。在 1984 年的东京国际马拉松邀请赛中，一个名不见经传的日本人夺得了世界冠军，震惊了所有的人。记者采访时，他说：“我是凭智慧战胜对手的。”很多人不解，直到 10 年后他才在自传中揭开谜底，原来，他事先把 40 多千米的赛程分解成了若干段，并且找好标志，如第一个标志是棵大树，第二个是个红房子，第三个是一个小山丘，直到最后的标志。比赛开始后，每一段他都以百米冲刺的速度来跑，在一次又一次的成功到达之后，冲向最后的一个目标。同样，在 2008 年的北京奥运会上，我国的不少金牌获得者在接受采访的时候几乎都说了同样的话：“开始没有去想得冠军的事，只是想把每一个动作做好、发挥好，结果成就了梦想。”而有些一心想得冠军的运动员最终因压力过大而没有得到。

四、目标创新的可量化性

目标创新的可量化性是指确定的目标不要定性化，而要定量化，包括时间上的定量，只有数字才能更好地说明问题。有一个青年人，他的人生目标是“这一辈子我要挣很多钱”。他的人生目标具有创新性吗？一辈子是多少年？十年、二十年，还是五十年？很多钱是多少钱？我国的一些大型企业的目标是成为世界级的知名企业，其目标同样没有在时间上量化，也没有在竞争地位上量化——如在世界500强中处于第几位。因此，在进行目标创新的时候，要尽量做到主观目标客观化，定性目标定量化，定量目标数字化，数字目标记录化。

相关链接 9-5

1979 年，哈佛大学在当年的应届毕业生中做了一个调查。在调查中，他们询问被调查者是否有明确的人生目标，结果只有 3%的人有明确的人生目标并且写在了日记本上，他们被列为第一组；另外有 13%的人在脑子里有人生目标但没有写在纸上，他们被列为第二组；其余84%的人都没有明确的人生目标，他们的想法是完成毕业典礼后先去度假放松一下，这些人被列为第三组。

10 年后，哈佛大学又把当初的毕业生全部召回来做一次新的调查，结果发现第二组的毕业生的年平均收入是那些 84%没有人生目标毕业生的 2 倍。而第一组的人，即那些 3%的把明确人生目标写在日记本上的人，他们的年收入是第二组和第三组人的收入相加后的 10 倍。也就是说如果那 97%的人加起来一年挣 1 000 万美元，那么这 3%的人加起来的年收入是一个亿。

9.2.3 技术创新

1999 年《中共中央、国务院关于加强快技术创新，发展高科技，实现产业化的决定》中明确指出："技术创新，是指组织应用新知识和新技术、新工艺，采用新的生产方式和经营管理模式，提高产品质量，开发生产新的产品，提供新的服务，占据市场并实现市场价值。"在这里技术创新已经不是单纯的技术概念，而是技术与经济结合的经济学范畴的概念，涵盖组织运行的全过程。技术创新是一项高风险的活动，同时又是一项高收益的活动。据资料显示，如果技术创新活动有 20%的成功率就可以收回投资并且能够赢利，因此，许多组织都愿意并舍得在技术创新方面进行投资。技术创新主要包括要素创新、要素组合创新和产品与服务创新三大方面。

一、要素创新

参与组织活动的要素创新主要包括材料创新、设备创新以及人员创新 3 个方面。材料创新是指开辟新的材料来源，开发和利用成本更低的替代性材料，提高材料的质量，改进材料的性能等方面。例如，用鲨鱼皮生产的游泳衣对水的摩擦力比用普通材料生产的游泳衣的摩擦力要小得多。设备创新则表现在：第一，将先进的科学技术成果用于革新和改造原有的设备，以提高设备性能和延长设备寿命；第二，利用创新的新设备提高组织的自动化和机械化程度；第三，有计划地更新设备，以更经济的、更先进的新设备来代替陈旧的、过时的老设备。人员创新是指组织应不断从外部吸纳高素质的人才，也应注重对组织现有人才的有效使用和继续培养，不断地对他们进行新知识、新技术的培训和改造，使之适应技术进步的要求。

相关链接 9-6

吉列（Gillette）公司成立于 1901 年，主要生产剃须产品、电池和口腔清洁卫生产品。掌握"全世界男人的胡子"的吉列剃刀产品，在美国市场的占有率高达 90%，占据全球市场的份额达到 70%以上。其在 2005 年评出的世界品牌 100 强中位列第 15 位，品牌价值 175.3 亿美元。但是，在 1998 年阿尔弗雷德·培恩担任 CEO 时，吉列公司的业绩开始出现下滑。迈克尔·霍利（Michael Hawley）接过帅印后，吉列公司业绩加速下滑，市场份额减少，利润率下降，股价下跌不止，员工士气低落。当时，包括著名投资者巴菲特在内的吉列公司董事会迅速采取行动， 2000 年 10 月，任职仅一年多的迈克尔·霍利被迫辞职。2001 年 2 月，詹姆斯·基尔茨（James Kilts）走马上任，这是当时吉列公司 70 年来第一位空降的 CEO，但虽然是外行，但擅长创新与成本控制。通过两年多的努力，吉列公司走出了低谷。

二、要素组合创新

组织活动中的要素除了材料、设备和人员以外，还包括市场、厂房等要素，要素组合创新就是利用一定的方式将不同的运营要素加以有机的组合，尤其是在时间和空间上加以创新，使得组合创新后的要素能发挥更大的效用。组织运营过程中充分利用不同空间的材料、设备、厂房以及技术人员与管理人员等多种要素资源，进行整合性的创新就能够产生更大的效用。同时，在时间上加以整合创新，可以提高劳动的效率，缩短运营的周期来提高各种要素的利用效率。很多组织都通过合作、兼并的方式来整合各种要素进行创新，这是一种行之有效的方法。例如康佳集团公司为了更好地占领东北市场，不是把在广东生产的产品运到东北，而是在黑龙江兼并了一家电视机企业，利用当地的厂房、技术人员、材料以及市场等多种要素，再结合自己在广东的各种优势要素来整合创新，从而有效地利用了两地的要素资源，取得了很好的效益。

即问即答 9-11

“虚拟”在企业的运营上是什么意思？

三、产品与服务创新

各类组织要想保持持久的竞争力和旺盛的生命力，必须不断地组织并实现产品与服务的创新，不断地为客户提供新的产品与服务。产品与服务创新主要是指组织在产品与服务的结构、品种以及效用等诸多方面进行创新。结构创新是指组织通过改进结构，使产品与服务的结构更合理、性能更提高、使用更安全、操作更方便、更具有市场竞争力。品种创新是要求组织根据市场需求的变化及时调整作业方案，开发受市场欢迎的、适销对路的产品与服务品种。而效用创新则是指组织通过了解客户的偏好，以此为依据改进原有产品，开发新产品，使产品能给客户带来更多满足，更受客户的欢迎和喜爱。

从新旧产品与服务的角度来讲，产品与服务创新主要包括旧产品与服务的改造和新产品与服务的开发两大方面，这两方面是指对产品与服务的结构、性能、技术特征等几方面进行改造、提高或者独创。产品与服务的这种创新，既可以利用新技术、新原理和新结构开发出一种全新的产品与服务，也可以在原有产品与服务的基础上，部分采用新的原理、技术而开发出来适合新用途、满足新需要的换代新产品与服务，还可以完善原有产品与服务的规格、性能、品种、款式以及包装等方面而进行创新。

相信乔布斯 2007 年发布 iPhone 的那场精彩讲演一定为众人所记忆。“这一天，我期待了两年半，”乔布斯说，“每隔一段时间，我们就会有一件革命性的产品横空出世，并彻底改变一切。今天，我们要推出三件类似级别的产品。”在众人的惊叹下，乔布斯给出了这三件产品的描述：一部宽屏触控的 iPod、一部革命性的手机、一台互联网通信设备。

对市场来说，大多数的情况下技术创新只是手段，只是为了实现产品与服务创新的一种手段，产品与服务创新才是目的。根据国内企业新产品研究开发的实践与经验，通过对国内外市场千姿百态的商品销售动向的观察与分析，产品创新的发展方向主要包括以下方面。

1. 创新不同领域且相互融合的“复合型”产品

所谓“复合型”产品，是指通过现有技术与高技术的融合，传统工艺与现代新技术的融合，自有技术与引进技术的融合，军用技术与民用技术的融合等，使原有产品具有新的使用性能和使用价值，从而成为“复合型”高新技术产品。如计算机与现代通信技术的融合产生具有各种新功能的信息技术产品。

2. 创新富有智能启发功能的“智力型”产品

所谓“智力型”产品，是指在创新产品的物质实体中具有演唱、奏乐、模仿、计算、学习和对话等功能，能给人以智力启迪的产品。当前市场上流行的掌上计算机、英语学习机等就是具有很大诱惑力的“智力型”产品。

3. 创新融机电为一体的“机电型”产品

所谓“机电型”产品，就是结合运用机械技术、电子技术和信息技术研制的机电一体化产品，它实现了机械装备的整体优化。具体创新的优先领域是数控机床及其他机械制造设备，如电子化量具量仪、过程检测控制仪表、工业机器人，做电子控制的轻工纺织、医疗器械等。具体创新的共性关键技术是检测传感、信息处理、自动控制、伺服传动、精密机械、系统总体等。

4. 创新高效且低耗的“节能型”产品

高效、降耗、省料的“节能型”新产品的开发创新，是国民经济发展的迫切需要，一旦创新成功并被社会广泛采用，就会有令人瞩目的社会价值和经济价值。因此，应用节能新技术改造旧设备和发展“节能型”创新产品，是工业生产领域的一个永恒主题。

5. 创新普遍需求的“安全型”产品

企业对安全装置、设施和设备的需求日益迫切，开发创新“安全型”产品，确保劳动者安全、健康、舒适、愉快地劳动，以提高工作质量和劳动效率，是企业生产的普遍需求。例如，覆盖火区、迅速灭火并能预防瓦斯爆炸的矿井灭火装置，能为井下工人带来福音，具有很大的市场潜力。

6. 创新档次不同的“系列型”产品

所谓“系列型”产品，是以技术先进、功能完善、结构相近的名优产品为基型，通过优先升级、提高，形成具有新的功能、能满足新的需求的系列化产品。例如，近年来市场上涌现的用途相同而档次不同的监控系列化仪表、系列化家用电器和汽车和摩托车系列等都具有旺盛的需求。

7. 创新代表新技术发展趋势的“轻微型”产品

微电子技术的发展，加速了“轻微型”产品的开发创新进程，“短、轻、精”的创新产品一经问世即称雄市场，使“长、大、重、厚、粗”的老产品相形见绌。例如，我国创新的一批微型机床、微型耕作机械、微型收录机和微型矿用机具等，迅速赢得了国外用户的喜爱。它们是一种耗料少、运输方便、价格便宜，低投入、高产出的新技术产品，代表了创新产品发展的趋势。

8. 创新符合环境保护的“环保型”产品

在当今世界，日益强烈的环境保护呼声已成为许多国家强化环保立法的推动力，作为抵制破坏环境的一项战略性手段，越来越多的国家开始重视发展环保型产品。为此，只有根据消费者的绿色消费意识尽早进行绿色产品的创新，方能驾驭未来的市场。

产品方面的创新除了以上的发展方向外，还有诸多的改进和更新方面的创新。产品创新的同时还伴随着诸多千姿百态的服务创新，未来竞争的关键不仅在于企业能创新什么产品，而且更在于企业能创新多少服务。例如，IBM公司不仅创新了无数的IBM产品，而且公司的服务还是世界最佳服务的象征，形成了 IBM 这一代表最佳服务的品牌。

9.2.4 环境创新

环境是人类生存发展的物质基础和制约因素，环境的承载能力和环境容量是有限的，如果不考虑环境条件的限制，超出了环境允许的极限，就会导致环境的污染与破坏，造成资源的枯竭和对人类的损害。环境问题的实质在于人类经济活动索取资源的速度超过了资源本身及其替代品的再生速度，以及向环境排放废弃物的数量超过了环境的自净能力。在环境科学中，一般认为环境是指围绕人群的空间以及可以直接或间接影响人类生活和发展的各种自然因素和社会因素的总称。相对于地理条件、资源状况、基础设施、基础条件等因素组成的硬环境而言，思想观念、文化氛围、体制机制、政策法规及政府行政的能力水平和态度等因素组成所形成的软环境才是人们应该特别重视的。

人们不仅能适应环境，而且还能开发和利用资源，甚至还能改造和创新环境，使环境更加适应人们的生存和发展要求。实践证明，一个地区的环境是否优化、是否宽松，直接关系到生产要素能否聚集、人才能否聚集、干部群众的积极性能否发挥，直接关系到一个地区、一个部门的生存和发展。环境创新是一个综合的概念，既要有产业环境、居住环境、交通环境、商业环境等硬件环境的创新，又要有政策环境、服务环境、信用环境、商务环境、法制环境、舆论环境等软件环境的创新。例如，近年来，扬州市重大基础设施建设取得重大突破，城市环境发生深刻变化，沿江开发、园区建设全面推进，搭建了发展的平台，拓宽了空间，硬件环境已有很大的改善，具备了吸纳各种生产要素、各种产业来扬州发展的承载能力和发展条件。但是面临的突出问题是发展软环境的改善，扬州需要继续秉承“亲商、安商、富商”的理念，需要坚持“信守承诺、诚信守约”的原则，营造让投资者投资安全、有利可图的发展环境，需要更加扎实地围绕项目落地做好审批、商务、关务、检务、事务等一系列服务，不仅需要服务者的笑脸，也需要服务的效率，更需要服务的规范，营造高效规范成本低的商务环境。扬州需要全民创业，进一步营造全民创业、创新、创优的氛围，让一切创造财富的积极性都能充分发挥，让一切创造财富的源泉充分涌流。扬州需要政府各个部门、各个工作人员都能牢固确立服务意识、大局意识、责任意识，服务经济、服务群众、服务基层；需要进一步改善生态环境、人居环境、治安环境，提高文化、教育、卫生、商业配套功能和服务水平，让生活在这座城市的老百姓包括在扬州投资发展的投资者都能生活得更加充实、更加踏实和更加殷实。

对于组织而言，环境既是组织生存与发展的基础和土壤，同时也制约着它的生存与发展。组织环境创新不是指组织为了适应外界环境的变化而调整内部结构或者活动，而是指通过组织积极的创新活动去改造、改善环境，去引导环境朝着有利于组织生存与发展的方向变化。根据波士顿咨询公司的最新调查，全球有 72%的企业在 2014 年加大了对创新的投资，尤其是对环境创新方面的投资。当全球企业希望通过创新追求更高的业绩目标时，善于创新的人才变得炙手可热而不可多得，在这种情况下，很多企业希望通过激发现有人员的创新能力来提高生产力。美国著名的设计公司 IDEO 就是其中的一员，其创立者认为：创新性潜伏于每个普通人的体内，公司所要做的就是把它们激发出来。每个人都有创新性的一面，如果你能够营造出一个允许冒险和疯狂想法以及容忍偶然失败的氛围，在这种环境氛围的刺激下，创造力就会旺盛地生长起来。

即问即答 9-12

2005 年高考前夕，攀枝花市有一对父母向他们的女儿许下诺言：如果女儿能考上她理想的大学——上海某重点大学，就送她一辆轿车。女儿一听就说："爸爸妈妈肯定是开玩笑。自从我上初中以来，我们就租房住，而且搬了几次家，家里也没有什么值钱的家具。即使我考上了，我们家也买不起轿车呀！"最后，女儿真的考上了她理想的大学，而她的父母也兑现了承诺。此时，她的父母才告诉她，家里其实并不穷，而且还很有钱。请问她的父母为什么要有意地给她创造这样的成长环境？

9.2.5 组织创新

组织创新是指组织中的管理者和其他成员为了使组织系统适应外部环境的变化，或者满足组织自身内在成长的需要，对组织内部各个子系统及其相互作用机制，或者组织与外部环境的相互作用机制进行创新性的调整、开发和完善的过程。具体来说，其是通过调整与优化各项管理要素，如人、财、物、时间、信息等资源的配置结构，提高现有管理要素的效能来实现的。

企业的组织创新可以包括新的产权制、新的用工制、新的管理机制，公司兼并和战略重组，对公司重要人员实行聘任制和选举制，企业人员的调整与分流等方面。企业组织创新的方向就是要建立现代企业制度，真正做到产权明晰、权责明确、政企分开和管理科学等四个方面。而企业组织创新的内容就是要全面系统地解决企业组织结构与运行，以及企业间组织联系方面所存在的问题，使之适应企业发展的需要。组织创新的主要内容表现在以下几个方面。

一、职能结构的创新

职能结构创新的主要思想是走专业化的道路，分离由辅助作业、生产与生活服务、附属机构等构成的企业非生产性主体，发展专业化社会协作体系，精简企业生产经营体系，集中资源强化企业核心业务与核心能力。同时，应加强对市场调研、技术开发、产品开发、市场营销和用户服务等过去长期薄弱环节的创新。

二、组织体制的创新

组织体制是指以集权和分权为中心，全面处理企业纵向各层次，特别是部门同上下级部门之间权责利关系的体系。在进行组织体制的创新时应注意以下三个方面的问题：第一，要在企业的不同层次，正确设置不同的经济责任中心，包括投资责任中心、利润责任中心、成本责任中心等，消除因经济责任中心设置不当而造成的管理过死或管理失控的问题。第二，突出生产经营部门的地位和作用，管理职能部门要面向一线，对一线既管理又服务，根本改变管理部门高高在上，对下管理过程中指挥监督多而服务少的传统结构。第三，基层实行管理中心下移，这一层次在较大的企业中还可分为分厂、车间、工段、班组等若干层次。可以借鉴国外企业的先进经验，调整基层的责权结构，将管理重心下移到工段或班组，推行作业长制，生产现场发生的问题由最了解现场的人员在现场迅速解决，从组织上保证管理质量和效率的提高。如邯郸钢铁厂实行的工长制就取得了巨大的经济效益。

三、机构设置的创新

考虑横向上每个层次应设置哪些部门，部门内部应设置哪些职务和岗位，怎样处理好他们之间的关系，以保证彼此间的配合协作。创新的方向是推行机构综合化，在管理方式上确保每个部门对其管理的业务流，能够做到从头到尾、连续一贯的管理，达到物流畅通、管理过程连续。具体做法就是把相关性强的职能部门归并到一起，做到一个基本职能设置一个部门，一个完整流程设置一个部门；另外，机构设置还应从领导岗位开始，推行领导单职制，即企业高层领导尽量少设副职，中层领导和基层领导基本不设副职。

四、横向协调的创新

横向协调的创新主要体现在三个方面：第一，实行相关工序之间的指挥、服从以及自我协调。第二，在设计各职能部门的责任制时，对专业管理的接合部和边界处，有意识地安排一些必要的重叠和交叉，有关科室分别享有决定、确认、协助、协商等不同责权，以保证同一业务流程中的各个部门能够彼此衔接和协作。第三，针对大量常规性管理业务，在总结先进经验的基础上制定制度标准，大力推行规范化管理制度。

五、运行机制的创新

建立企业内部的价值链，把上下工序之间、服务与被服务的环节之间，用一定的价值形式联结起来，相互制约，力求降低成本、节约费用，最终提高企业整体效益。废除原有自上而下进行考核的旧制度，加强创新，按照价值链的联系，实行上道工序由下道工序考核、辅助部门由主体部门评价的新体系。

六、跨企业联系的创新

前面几项组织创新的内容，都是属于企业内部组织结构及其运行方面的内容。除此之外，还要考虑企业外部相互之间的组织联系问题，重新调整企业与市场的边界，重新整合企业之间的优势资源，推进企业间组织联系的网络化，这是新世纪企业组织创新的一个重要方面。如 ERP 的创新应用以及虚拟化组织的创新应用等。

组织创新是一个系统过程，它不仅会受到组织内部个体创新特征、群体创新特征和组织特征的影响，还要受到整个社会经济环境的制约。组织创新行为又会直接影响组织绩效，包括市场绩效、竞争能力、赢利情况、员工的态度等。同时，组织创新是一个渐进过程，往往从技术与产品开发入手，逐步向生产、销售系统、人力资源、组织结构发展，进而进入战略与文化创新领域，表现为一种渐进创新的过程。那么，组织创新应该遵循哪些原则呢？

第一，一致性原则。所谓“一致性”，是指必须注意各要素之间的相互匹配，换言之，就是要竭力避免“自相矛盾”的情况发生。这种一致性不但包括组织结构和企业文化、制度设置等宏观方面的一致性，而且还包括各微观要素之间的一致性，如员工的举止规范与企业形象的一致性，核心价值观与管理制度之间的一致性。

第二，进步性原则。所谓“进步性”，是指组织的使命定位和价值取向是否符合历史发展的潮流，是否遵循与组织属性相关的规律法规，是否遵循人性的价值及其诉求。不少企业在创立伊始就拥有先进设备和充足投资，但是，企业因为组织创新能力偏弱，缺乏进步性，不久就走向死亡。只有创新的组织才是有生命力的组织，只有创新的组织才能由弱小走向强大、由被动走向主动、由困境走向辉煌。

第三，本土化原则。任何组织都会面临“落地生根”的问题，空中楼阁是没有生命力的。因为组织的核心构成要素是人，而人的基本属性是社会性，人的社会性当然与其所处的特定的社会环境密不可分。即使是同一种管理思想，甚至是同一种管理工具，在不同的国家，不同的企业，发生的效果都是不一样的。

第四，导向性原则。组织的导向决定着全体成员的注意力，从 20 世纪初开始，企业的导向经历了一个从生产导向、产品导向、促销导向、营销导向到服务导向的发展历程。企业必须根据自身的使命或战略确定明确的组织导向，处于不同的业态、竞争环境和市场地位中的企业需要不同类型的导向。同样，不同导向的组织形态会决定组织的注意力、财力和人力的投向，以及不同信息在组织内的传导方式和处理方式。

组织创新决定了一个组织的基本框架和发展的潜力，它决定了一个组织未来的命运，时时刻刻影响着组织发展的过程。一个结构混乱的组织可能导致职责不清，工作混乱；而一个结构理性、清晰，又时刻充满了创新精神的组织，就如同一个过滤器，会把组织中的一些小问题自动、自发地解决掉，从而使组织以良性的方式自动成长。所以说，组织创新可以使一个组织成为自动成长的生命体。

即问即答 9-13

请为一家只有 10 个员工的新型网络研发公司设计组织结构，讨论这家公司最适合采用哪种类型的组织结构。

9.3 创新的过程和模式

9.3.1 创新的过程

处处有创新，人人能创新，但是在人们的实际生活、学习和工作中常常又是“处处无创新，人人不创新”，很多人认为创新离得太远，创新有太多的困难。其实，这是对创新的一种误解。这些人没有掌握创新的一般规律和程序，可能是把创新看成是一个结果，而没有把创新看成是一个过程。创新往往不是一有好的点子，或者只要一干，就能有一个好的结果甚至能成功的，而是需要一个循序渐进的、科学合理的、持之以恒的过程。总结众多成功创新的经验可知：成功的创新需要经过培养创新意识、寻求创新机会、提出创新构想、制订创新方案、迅速行动和坚持忍耐等过程。

一、培养创新意识

创新意识是指创新的愿望和动机，是人们根据社会和个体生活发展的需要，引起创新前所未有的事物或观念的动机，并在创新活动中表现出的意向、愿望和设想。如果没有这种创新意识，或者这种意识还不够强烈，人们就不可能产生创新活动。因此，培养创新意识是创新活动的首要环节，是创新活动的第一过程。人类意识活动中的一种积极的、富有成果性的表现形式，是人们进行创新性活动的出发点和内在动力，它以感知、记忆、思考、想象等能力为基础，体现着智力品质的综合性，并表现出目的性、探索性、求新性和超越性等基本特征。创新意识是创新性思维和创新力得以发挥的前提条件，具有创新意识的人才能对已积累的知识和经验进行科学的加工创造，产生新知识、新思想、新概念、新成果或新产品。

二、寻求创新机会

在本书 9.1 谈到的创新机会主要表现在当突发的事件或者意外发生的时候，当系统内外不协调的时候，当业务流程需要改变的时候，当市场结构和行业结构变化的时候，当人口结构变化的时候，当新知识产生并应用的时候等，这些时候都是创新的契机。当然，除了在这些时候要把握住创新的机会外，人们在日常的生活和工作中遇到的一些不正常的事件甚至是正常的事件，都有

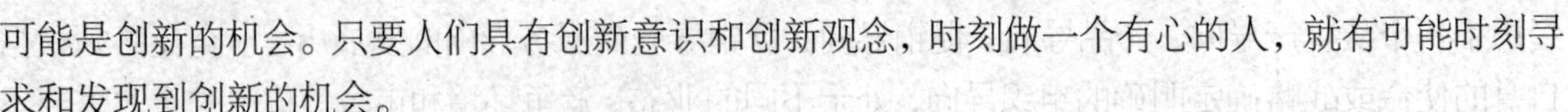

可能是创新的机会。只要人们具有创新意识和创新观念，时刻做一个有心的人，就有可能时刻寻求和发现到创新的机会。

三、提出创新构想

寻求到了创新的机会，发现了各种变化和需求的时候，就要透过现象去分析原因，并据此来分析和预测这种现象背后的变化和需求趋势，估计这种趋势可能带来的消极或者积极的东西，以便利用好这种趋势，从而提出能够符合实际的构想。这种构想的方向性、层次性、新颖性等方面都要体现创新的思想。

四、制订创新方案

提出的创新性构想一般只是粗略的框架，要想把这种构想变为现实，还要进一步制订具体可行的方案。方案应尽量细化，就所涉及的人、财、物、时间、信息、技术以及市场等多个方面进行计划、创新和论证。

五、迅速行动

不管是好的创新构想，还是完善、具体的创新方案，都必须付诸行动才有意义。只有通过具体的实践行动才能检验提出的创新构想是不是好的、制订的创新方案是不是具体和完善的。一般来说，再好的构想和方案都不可能是十全十美的，如果在提出构想或者在制订方案的时候就一味追求完美，而不是迅速行动、在行动中去逐步完善，就很有可能坐失良机，将创新的机会白白地送给自己的竞争对手。

六、坚持忍耐

创新的过程往往是在行动中不断尝试、不断完善、不断提高，甚至是不断失败、不断坚持忍耐的过程。创新行动往往不是一帆风顺的，有可能遇到因为各种各样的主观和客观因素的影响或者限制而造成的创新行动的缓慢甚至是失败。此时，必须要有足够的信心和较强的耐性，能够正确对待创新活动中出现的失败，具体深入地分析原因，采取必要的纠正和预防措施，减少失败或者消除失败后的影响。要知道创新的成功在很大程度上往往取决于最后的坚持。

即问即答 9-14

你进行过自我超越方面的修炼吗？

9.3.2 创新的模式

创新的过程涉及一系列的活动，所有的活动都是相互联系的。创新模式表述了创新过程中的这些创新活动或创新要素的联系与制约关系。自 20 世纪 60 年代以来，世界上先后出现过一些具有代表性意义的创新模式。

一、技术推动的创新模式

在早期阶段，人们对创新过程的认识是：研究与开发或科学发现是创新的主要来源，技术创新是由技术成果引发的一种线形过程。这一过程始于研究与开发，经过生产和销售，最终将某项新技术产品引入市场，市场是研究与开发成果的被动接受者。这种技术推动的创新模式包括基础研究、应用研究与开发、生产和销售，以及市场需求，然后再由市场的需求来促进基础研究。实际上，许多根本性创新确实来自于技术推动，对技术推动的认识会激发人们的创新努力，特别是新的发现或新的发明。

二、需求拉动的创新模式

需求拉动也称市场拉动。这种模式认为，在这种创新过程中，市场需求是研究与开发构思的来源，市场需求为产品和工艺创新创造机会，并激发为之寻找可行的技术方案的研究与开发活动；创新是市场需求引发的结果，只有市场需求才是推动创新的原动力。这种需求拉动的创新模式包括市场需求、消费信息反馈、研究与开发，然后再进行生产。但必须指出的是，由于消费者需求变化的有限性及其准确预测的困难，尽管市场需求可能会引发大量的技术创新，然而这些创新大都属于渐进性的创新。

三、一体化创新模式

一体化创新模式不是将创新视作从一个职能到另一个职能的序列性转换过程，而是将其看作同时涉及创新构思的产生、研究与开发、设计、制造与市场营销等环节的并行的全面过程。这种一体化创新模式强调创新过程中全部要素的参与以及所有创新要素之间存在的关系，在此基础上整合创新。创新的过程有可能划分为多个不同的阶段，而各个阶段之间常常由不同的职能小组或职能部门来完成特定的创新任务，这些小组或职能部门之间一般存在着一定的界限。由于这些界限很有可能形成对整体创新过程的协同障碍，从而在一定意义上影响或制约创新的效率。

即问即答 9-15

一体化创新模式中的“一体化”应怎样理解？

四、持续创新模式

持续创新过程是指在根本性创新产生以后，特定产业中各类型创新的分布形式以及创新对产业成长的作用方式。创新的分布形式是创新产品的生命周期在不同阶段内，各种创新及其后续创新之间的数量、强度及其频率。1973 年，美国哈佛大学的阿巴纳希教授和麻省理工学院的阿特拜克教授通过对以产品创新为主的持续创新过程的分析与研究，发现企业创新类型与创新程度在一定程度上取决于企业和产业的成长阶段。他们把企业创新的演化进程划分为三个阶段，即不稳定阶段、过渡阶段和稳定阶段，并将这一创新、演化进程与产品生命周期联系起来，提出了描述以产品创新为中心的产业创新分布形式的创新模式。这一创新模式表明：以产品创新为主的持续创新过程是产业内的企业在产品设计、生产工艺和企业组织等方面，从无序到有序、从离散到高度整合状态的转换过程。其创新过程中的各阶段在竞争重点、创新激励、创新类型、生产方式、生产工艺和组织管理等方面都显示出各自不同的特点。

五、能力创新模式

这种模式强调：为了应对整合上的需要，组织必须能够在现有的流程之外发展出一种新的模式，以便从整体、系统和动态适应性的角度来打造企业的核心竞争力。能力是由多种不同的能力要素所构成的综合体，这些能力要素主要包括战略与策略、财务状况、流程系统、人力资源系统、无形资源系统、技术与组织结构、系统外部环境等。只有当所有这些能力要素能够形成某种有机整合机制时，才能构建一个组织的综合竞争优势。能力创新的关键在于：能够把每种能力要素都深度开发出来，并且能够同时形成一种合理的能力结构。实际上，创新能力的结构复杂度越高，组织从能力创新中得到的创新价值就越大。

六、重新创新模式

在知识经济时代的创新型社会中，各类组织或者个人都处于一个高度动态的、复杂的和充满替代性的竞争环境之中，差别化的优势对所有的组织来说都是具有关键性的制胜法宝。然而，造就差别化的优势并不容易，竞争对手很快就能够学会昨天的发明并能够将其运用于竞争。为了防止被学习或者模仿，关键在于自身的快速反应能力、高度柔性的结构流程，尤其要有创新。因此，重新创新模式就成为当今各类组织都竭力追求的创新模式，这种模式的基本思路就是重新思考、重新组合、重新定序、重新定位、重新定量、重新指派和重新构建。只有这样，才能使竞争对手永远慢一步，从而使自己立于不败之地。

本章内容小结

本章主要从创新的基本理论、创新职能的基本内容以及创新的过程和模式三大方面来讲述了创新的相关知识和应用。介绍了创新的内涵和本质，创新思维的特征以及创新思维的培养原则；创新机会具体体现在意外发生的时候、不协调的时候、流程不畅的时候、结构变化的时候、人口变化的时候以及新知识应用的时候；创新职能的基本内容包括观念创新、目标创新、技术创新、环境创新以及组织创新；创新的过程包括培养创新意识、寻求创新机会、提出创新构想、制订创新方案、迅速行动以及坚持忍耐等方面；创新模式方面具体介绍了国际上先后出现的一些具有代表性意义的创新模式。

案例思考

宝钢——创新领域的“钢铁巨人”

钢铁作为工业的“粮食”，支撑着国民经济的发展和人民生活水平的提高。目前，中国是世界最重要的钢铁制造基地和创新基地之一，钢铁行业已成为我国率先迈入国际领先水平的行业之一。

新时代需要新钢铁。作为中国钢铁工业的领头羊，宝钢集团以钢铁报国为使命，以技术领先为战略，在引进、消化吸收与二次创新的基础上，以“在世界冶金发展史上留下宝钢人的印记”为目标，开展自主创新。自2002年起，宝钢连续11年获得“国家科技进步奖”，是国内唯一获此殊荣的企业。通过不懈努力，宝钢不断推动行业的技术进步与整体发展，为中国制造业的升级做出了突出贡献。

一、以市场需求为导向，实现钢铁与下游产业的协同升级

市场需求是宝钢技术创新的源泉。20世纪80年代，中国轿车生产所需的高等级汽车板全部需要进口。在装备与技术尚不成熟的情况下，宝钢以敏锐的市场洞察力和前瞻力，开始研发与制造高等级汽车板，并将目光投向当时质量要求最苛刻的大众桑塔纳轿车钢板的国产化，由此拉开了宝钢制造汽车板的序幕。随着汽车工业的迅猛发展对材料的要求不断提高，宝钢汽车板产品随之不断发展，已形成包括冷轧汽车板、镀层汽车板和先进高强钢在内的超过300多个牌号的汽车板产品序列，先后参与完成了汽车用钢领域内系列重要国家标准的制订，产品国内市场占有率达50%，有力地支撑了中国汽车工业的发展。目前，宝钢汽车板已处于全球“第一方阵”。2012年，宝钢被通用汽车公司（GM）授予全球唯一的钢铁类“年度供应商”称号。

宝钢在汽车板的发展过程中，构建了先期介入模式及产业链协同的创新平台，形成了钢铁行业与下游产业相互推动、同步发展的局面。“先期介入”，即在汽车新车型的前期研发阶段提前介入，为新车型用材提供成套解决方案，并引导材料新技术的应用。目前，宝钢汽车板已具备提供基于客户目标成本的一揽子解决方案的能力。同时，除成立“汽车用钢开发与应用技术国家重点实验室”外，宝钢还不断加强与汽车企业的战略合作，先后与上汽、一汽、东风等合作成立了汽

车用钢联合实验室，为宝钢把握创新方向与市场机遇起到了有力的促进作用。

近些年，随着国际上的技术封锁与宝钢自身技术的进步，通过引进获取高端技术几乎没有可能。因此，宝钢瞄准“全球首发”，开展原创性研究。作为国家汽车轻量化技术创新战略联盟钢铁业发起单位，宝钢对超高强钢开展研究，从工艺技术开发、产品研制到汽车用户使用技术研究，完全依靠自身力量。宝钢独创了多功能柔性化的高强度薄带钢专用生产线，首建了世界最高冷速冷轧薄带钢连续热处理机组，均达到该领域国际领先水平。

二、立足自主开发，构建高效协同的创新组织模式

科技创新离不开高效的创新组织模式。宝钢通过实践，形成了一套高效率的产、销、研协同自主创新组织模式，包括创新策划、从实验室到产业化的组织方式等。

在科技创新策划中，宝钢始终坚持以世界一流为目标，着眼长远、立足自主开发。硅钢是电力、电子和军事工业不可缺少的重要软磁合金。其中，取向硅钢被誉为钢铁中的“工艺品”，其产品质量常被认为是衡量一个国家钢铁制造技术水平的重要标志。1997 年，宝钢决定对取向硅钢开展自主研发，经历了实验室研发、产品验证、产线自主集成等阶段后，2008 年 5 月成功实现工业化生产。目前，宝钢形成了种类丰富的高端取向硅钢产品序列，并广泛应用于三峡水电站、西电东输等国家重大工程，将中国取向硅钢的自给率由不足50%提升到 80%以上，且大幅降低了市场价格，为国家的能源安全做出了贡献。

以大项目经理、“产、销、研”协同团队为代表的高效组织方式是实现成果快速转化的基础。当取向硅钢制造技术从实验室向大生产转移时，宝钢采取了大项目经理制推动科研攻关，强化了项目的目标与过程管理。而在工业化生产的实现过程中，宝钢将取向硅钢生产、研发、销售及集团内的相关资源整合，成立“产、销、研”一体化运营硅钢部，实现了研发与工程制造的高效协同。

三、以推动产业链整体减排为方向，实施环境经营战略

近年来，中国正面临着越来越严重的环境与资源约束。因此，创造新的应用空间，在“高碳”的钢铁行业找到一条“低碳”的发展道路，成为钢铁行业未来最大的创新方向。为在未来发展中占领制高点，自 2009 年始，宝钢正式将“成为绿色产业的驱动者”作为公司愿景，全面实施“环境经营”战略，将“绿色”与“经营”有机融合，不断推动创新。

为实现钢铁生产过程中的绿色制造，宝钢组建了清洁生产专业技术团队，通过系统研究与实践，形成了钢铁生产节能减排最佳可用技术（BAT）库，全面分析了钢铁生产过程中的节能减排潜力点，为钢铁行业节能减排提供了有力的技术支撑。2012 年，在中国钢铁行业面临全面亏损的严峻形势下，宝钢集团仍在节能减排项目上实现投资 15.2 亿元。

与制造过程相比，降低钢铁材料在使用过程中的排放对整体产业链的节能减排更加重要。为更科学地评价不同材料在设计、制造、运输、使用、回收、再利用全过程中的污染物排放，宝钢引入了产品生命周期评价的方法与工具，开始对钢铁产品的环境绩效进行定量评估。历经 7 年努力，初步完成了评估过程。在此基础上，将钢铁产品的价值重新定义，创造性地发布了钢铁产品绿色分类标准，并不断致力于推动具有优良环境绩效的绿色产品研发与生产销售。因为在该领域内的突出贡献，宝钢被美国《新闻周刊》选为“全球绿色企业 500 强”。“更好的钢铁，更好的环境，更好的生活”不再是口号。

四、引进与培养结合，建设富有活力的高水平创新人才队伍

“科学技术是第一生产力，人力资源是第一资源”，高质量的科技创新活动离不开一支高水平的创新人才队伍。宝钢通过富有特色的人才引进与培养方式，建设了一支拥有国际化视野的科技

创新人才队伍，营造了一个适应高水平创新人才发展的环境。

在科技人才的引进中，宝钢坚持“行动自由”、“短期交流”与“长期支持”相结合，从美、日、加等国引进了多名具有创新能力的行业高端人才。2012年，宝钢成功引进4名海外高层次人才，其中列入中组部“千人计划”的1名，列入“青年千人计划”的2名，实现了技术路线上创新人才的聚集。

2009年，宝钢推出“金苹果计划”，目标是培育在世界钢铁发展史上留下印记的创新技术，培养漫步国际舞台的技术领军人才。目前，“金苹果计划”已初显成效，在前瞻性重大技术突破、整体技术水平提升、现场重大技术质量难题解决等方面均取得了令人瞩目的成果。

为了创新人才的培养与发展，宝钢营造了良好的“生态环境”，包括推行弹性工作制和学术休假制，给予高端研发人员充分的自由度；重点奖励做出突出贡献的研发人员，推行研发人员中长期激励机制；实施研发人员驻海外技术跟踪、用户服务、学术交流、研修培训等。

五、产、学、研合作，构建全球视野下的开放式创新体系

宝钢自成立以来，即以世界一流为目标，并与浦项制铁、新日铁、台湾中钢等全球领先钢企建立了制度化的定期对标交流机制。通过对标交流以及公司情报中心、海外公司等渠道，宝钢实时跟踪掌握全球最新的冶金技术发展趋势与优势研发资源的分布状况，为构建拥有全球视野的开放式创新体系奠定了基础。

宝钢的开放式创新体系主要包括产业链协同创新与产学研协作创新。通过协同与协作，有效提升了企业技术“外部获取”能力。在海外，宝钢与澳大利亚昆士兰大学等4家顶尖大学签署协议，共同建立“宝钢—澳大利亚联合研发中心”，致力于冶金、新材料、新能源利用、环境保护等技术的研发。在国内，宝钢根据企业的发展需求，结合高校、科研院所的学科和领域优势，与上海交通大学等八所院校开展了战略合作，建立长期、稳定的科研和人才培养合作关系，共同探索和实践产、学、研合作新模式。此外，宝钢还聘请在相关领域享有国际声誉的专家作为“宝钢教授”，为公司技术发展提供高层次的外部资源支持；充分利用世界钢铁协会的研发项目和活动平台，分享项目信息及研究成果，提高创新能力。

通过承担政府重点计划项目，积极融入国家技术创新体系。宝钢充分利用中央和地方政府科技资助政策，积极参与政府资助项目，项目涵盖国家财政部国有资本经营预算专项、国家科技部863项目、上海市战略性新兴产业化课题等。

六、以自主知识产权培育为核心，强化创新支撑体系能力建设

从科技创新规划、知识产权战略、知识管理到一线工人的群众性创新活动，宝钢构建了一套完整的支撑体系，为技术创新提供了坚实的保障。

宝钢将提升技术创新能力作为加快公司发展的中心环节，提出建设“研究开发”、“工程集成”、“持续改进”三大技术创新子体系。近年来，公司研发投入率始终保持在2%左右，远高于国内同行水平。

系统构建了知识产权创造、防御、进攻体系。近年来，宝钢知识产权形成速度明显加快，截至2012年年底，宝钢拥有有效专利6687件，其中发明专利1554件，在行业内处于领先水平。在知识产权防御和进攻方面，宝钢建立了情报、研发与技术协同工作机制，强化了重大专有技术的知识产权策划和保护。2012年1月，宝钢股份被授予“全国专利工作先进单位”称号。

掌握标准就是掌握话语权。近年来，宝钢积极主持或参与国内外相关标准的制订、修订，加快新技术的标准化速度。“十一五”期间，共主持或参与了130多项各类标准的制订、修订。

技术创新离不开知识的传承与流动。宝钢全面构建了知识管理体系，通过组建公司知识管理委员会，从分享文化、组织体系、激励机制与信息平台建设四个方面深入开展知识管理。2012年，公司首次获得亚洲MAKE奖，为业界树立了标杆。

开展全员创新活动，“蓝领创新”成为宝钢的特色。宝钢的“工人发明”家孔利明拥有190项专利，直接创造的经济效益达上千万元；韩明明、王军等一线工人先后获国家技术进步二等奖……来自基层一线的力量成为宝钢创新力的坚实基础。

多年来，宝钢的自主创新实践不仅实现了自身稳健、持续的发展与跨越，而且正在引领中国钢铁工业迈向世界领先行列，为中国经济的转型升级做出重大贡献。未来，宝钢将以“成为钢铁技术领先者、绿色产业驱动者、企业和员工共同发展的典范”为愿景，以“在世界冶金史上留下宝钢人的鲜明印记”为目标，以创新为驱动，为把我国建设成制造业强国再创辉煌。

讨论题

1. 你认为宝钢公司的创新体现在哪些方面？
2. 怎样理解“蓝领创新”？它与管理体系中的其他方面有什么联系？
3. 你认为宝钢公司创新思想的核心是什么？

管理者价值点分享

1. 鼓励职员创新思维，找出立竿见影的变革之计。
2. 要让别人知道你善于提出有效的、具有创意和新意的想法。
3. 要不断鼓励崭新的思考方式。
4. 以赞美而不是责难的态度鼓励大家说出新的想法。
5. 寻找乐于接受变革者，并与之结盟。
6. 脑力激发出的意见，就算不采用，亦不得轻视。否则，会打击人的积极性，创意的流动也会因此停止。
7. 以行动协助别人创造新的思维。
8. 安排充裕时间用于研究开发新的思维。
9. 可以提倡周边想法，但要以合逻辑的方式发展。
10. 让大家以非传统方式思考可能会激发出不一样的想法。

推荐阅读

中国学生的一天

“叮铃铃……叮铃铃……”伴随着刺耳的上课预备铃声，同学们依次回到自己的座位上，规规矩矩地把课本翻到老师所讲的一页，眼光也是毫不保留地投射到黑板上老师所写的大纲上，边听老师讲还要边在课本上把书上所没有的知识点补充进来。虽然这些年来社会逐渐要求给学生减负，但是效果好像并不理想，课本是越减越薄，但是升学考试要考的知识点却是一点都不比减负前的少，甚至有过之而无不及。学生之间也相互流传着一句话：减负减负，越减负担越重。

“好了，同学们，关于什么是创新大家都记好了吗？”老师一边拿着厚厚的教案，一边拿着长长的教鞭指着黑板上写着的创新的定义对学生讲。老师伸出一根手指轻轻提了提眼镜框，再次用她洪亮的声音清楚地说道：“创新就是我国古代的四大发明；创新就是飞机、火箭、轮船、机器人……同学们好好记下笔记，这些就是我们这周要考试的内容。”

台下又是一片“沙沙”的写字声。

周考的成绩发下来了，有人欢喜有人愁。考卷所考的东西都是这周老师所标的知识点，但是大家的考试分数却又是拉开了不小的距离。

“老师，‘我对创新的理解’这一题我就是按照您的知识点背下来给写上去的呀，为什么还有错呢？”

“哦？把你试卷拿上来我看看。”老师接过考卷一看，然后沉思片刻，当即板着脸训斥这名学生：“你这个标点符号都标错了，我还不能扣你分？”

不久，又有另外一名学生举起手来。

老师问他有何事，学生拿出考卷，泪眼汪汪地说：“老师，我怎么在‘我对创新的理解’这一题没有分数啊？”

老师拿过他的考卷一看，脸当即拉长了，没好气地说：“试卷是问你‘创新’的含义，你写我上午给你们的知识点就行了，你写你自己的理解当然不行啦。”

从此学生们明白了：创新就是老师说的话，创新就是前人所做的发明和创造。

故事点评：本文反映了中国学生创造力的缺失的部分原因，即是应试教育模式所带来的。在应试教育模式下，学生所学的和老师所教授的知识，都是为了考试而设计的，其特点就是不允许有自己的看法和意见，一切遵循标准答案。在这种教育的引导下，学生的创造性思维和创新能力都被无情地扼杀了。

中国的大学生缺乏创新能力，这也是大学教育一直受到社会诟病的一大原因。我国著名科学家钱学森在一次与记者的谈话中曾说道：“今天，党和国家都很重视科技创新问题，投了不少钱搞什么‘创新工程’、‘创新计划’等，这是必要的。但我觉得更重要的是要培养具有创新思想的人才。问题在于，中国还没有一所大学能够按照培养科学技术发明创造人才的模式去办学，都是些人云亦云、一般化的，没有自己独特的创新东西。我看，这是中国当前的一个很大问题。我说了这么多，就是想告诉大家，我们不能人云亦云，这不是科学精神，科学精神最重要的就是创新。”可见培养创新型人才对国家发展的重要性。

练习与应用

本章练习

一、单选题

1.（　　）在1912年出版的《经济发展理论》一书中首次提出了创新的概念。

A. 彼得·德鲁克　　B. 哈罗德·孔茨

C. 约瑟夫·阿洛伊斯·熊彼特　　D. 斯蒂芬·P.罗宾斯

2. 思维就是有一定顺序的想，或是沿着（　　）的思考。

A. 某件事情　　B. 一定方向　　C. 一定规律　　D. 客观事件

3. 体现超越人类既有的物质文明和精神文明成果上创新的特征是指创新的（　　）。

A. 新颖性　　B. 发散性　　C. 灵活性　　D. 突破性

4.（　　）职能是各项管理职能的灵魂和核心。

A. 决策　　B. 计划　　C. 领导　　D. 创新

5. 创新的成功在很大程度上往往取决于（　　）。

A. 创新意识　　B. 创新构想　　C. 迅速行动　　D. 忍耐坚持

二、多选题

1. 创新精神和创新意识主要来自于（　　）。

A. 先天的智力　　B. 丰富的实践　　C. 科学的训练　　D. 知识积累

2. 在知识经济和经济全球化的推动下，组织创新主要呈现的趋势是（　　）。

A. 格式化　　B. 扁平化　　C. 网络化　　D. 复杂化

3. 约瑟夫·熊彼特的创新概念体现在（　　）。

A. 采用新的方法　　B. 使用新的原材料

C. 开辟新的市场　　D. 采取新的组织形式

4.（　　）的时候是创新的好时机。

A. 流程不畅　　B. 意外失败　　C. 更换管理者　　D. 知识应用

5. 技术创新主要表现在（　　）。

A. 要素创新　　B. 理论创新　　C. 思维创新　　D. 产品创新

三、思考题

1. 什么是创新？它的内涵表现在哪些方面？

2. 创新思维的特征表现在哪些方面？

3. 创新的契机表现在哪些时候？

4. 创新活动包括哪些过程？

本章应用

民族企业联想集团的不断创新之路

一、一个宗旨：以科研成果为国民经济做贡献

联想自成立起，始终坚持一个宗旨："以科研成果为国民经济做贡献。"当时，我国进口了几十万台PC微型机。由于文字障碍和懂得电脑科学的人员有限，大批微机闲置或只能当一台打字机用，原因在于电脑"汉化"这个国际难题难以解决。公司领导敏锐地看到微机汉化与各项事业的紧密关系，认为只要能使电脑网络彻底汉化，就能赢得用户、打开市场，为社会做出贡献。于是，他们五六个人挤在一间小房子里，废寝忘食、通宵达旦地干起来。1985年11月，"联想式中文卡"正式通过了中国科学院的鉴定。国外学者认为，"中科院计算所的汉字资讯处理技术居世界首位"，是"对中文发展的一大贡献"。联想集团公司最先由开发联想中文卡开始，公司也由此而得名。

经过几年奋斗，联想已开发出156项计算技术实用产品，产生明显经济效益的有27项，公司自制产品和二次开发的产品占总营业额的80%以上。公司开发生产的高技术产品广泛应用于各行各业，遍及全国各地，有些还远销国际市场。同时，公司的资产、人员、营业额、利润等也在迅速增长。但是，公司总裁柳传志却认为，联想"还只是一叶飘零小舟，经不起大风大浪的冲击"。他

明确提出："争取在几年内创办成全国第一流的外向型电脑企业，为国民经济做出更多的贡献。"为实现这一战略目标，1988年公司便制定并实施了一个海外发展战略，探索进军海外市场的途径。

二、进军海外市场

创建外向型高科技企业是联想的目标。为实现这个战略目标，联想制定了一个海外发展战略。这个战略主要包括"三步曲"和"三个发展"策略。

1. "三步曲"战略。

第一步，在海外建立一个贸易公司，进入国际流通领域，目的是了解市场行情，摸索商业规律，积累资金，特别是寻找开发外向型产品的突破口。第二步，建立一个有研究开发中心、有生产基地、有国际经销网点的跨国集团公司。这是整个外向型事业的重心所在，是关键的一步。1989年11月14日，北京联想电脑集团公司正式宣告成立，成为实现这一步的重要标志。第三步，在海外股票市场上市，形成规模经济，努力跻身于发达国家电脑产业之中，这三步曲最终于1993年实现。

2. 三个发展策略

"瞎子背瘸子"的产业发展策略。所谓"瞎子背瘸子"，即取其优势互补之意。香港联想公司是由三家各有优势的公司合资而成，其中，香港导远公司熟悉当地和稳定市场，有长期海外贸易经验。另一家中国技术转让公司能提供可行的法律保证和稳定的贷款来源。北京联想公司的优势在于技术和人才实力。在海内外产业结构上，联想也运用了互补原理。香港是国际贸易视窗，资讯灵敏，渠道畅通，适合于搞开发和贸易，而生产基地则需要建在中国内地，原因是香港地区的地皮、劳动力昂贵。同时香港地区的移民倾向严重，缺少高技术人才。基于这种情况，公司决定派一批高技术人员在香港成立研究开发中心，而把生产基地主要放在中国大陆地区。

"田忌赛马"的研究开发策略。战国时代，齐国有个田忌与齐威王赛马，以上马对中马，以中马对下马，最后三局两胜。现在联想的做法是：摸准市场需求，选准突破点，集中优势兵力，"断其一指"。当时286微机在欧美有极广阔的市场，而充斥这个市场的主要是中国台湾地区和韩国的产品，联想微机可以与他们较量。从技术上说，在国际市场上，286微机属于"中马"、"下马"的级别，联想决定拿出"上马"来和他们对阵。于是公司投入较为充裕的资金，调动一流技术人才，在认真分析了国际上各种类型的286微机之后，运用先进的设计思想，选用国际通用的、集成度最高的、最新生产的元器件，使设计出来的机器成为上乘产品，性能远远优胜于其他国家和地区的产品。

"汾酒与二锅头酒"的产品经营策略。联想公司领导几次去欧美电脑展览会，几乎没有看到中国的产品。由此他们认识到，要想跻身国际市场就必须优质低价。由于公司技术和人才实力强，国内劳动力便宜，生产成本低，完全可以做到这一点。联想286微机可以说达到了"汾酒"的质量，但卖的是"二锅头"的价格。这使联想产品挤进了国际市场。

经过几年进军海外市场的实践，联想亲身体验到开创海外事业的艰难。海外产品更新换代的突发性，海外用户对产品要求的苛刻程度，价格竞争之激烈，企业间竞争之残酷等等，都远远超出国内科技人员的想象力。海外电脑市场之战，说到底是技术的较量、智慧的较量、意志的较量，是真正的"刺刀见红"的拼杀。联想研制286微机时几乎投进去一半家产，整个过程也是几起几落。经过几个回合的较量，总算初步站稳了脚跟，但是，以柳传志为首的公司决策层清醒地知道，海外市场就像是一片汪洋大海，随时都会掀起惊涛骇浪。在这样的汪洋大海中，企业之"船"要想稳稳当当地到达胜利的彼岸，依靠短桨轻划的飘零"小舟"是绝对不行的，必须铸造能抗惊涛骇浪的"大船"。

三、“大船结构”管理模式

联想的决策者认识到，没有一支组织严密、战斗力很强的队伍，企业就成不了气候，进军海外市场也就无从谈起。在这样的背景下，他们提出了“大船结构”管理模式，使之产生 1+1＞2 的总体效益。

1. “大船结构”。这种模式的主要特点是“集中指挥，分工协作”，具体包括四层意思：

集中指挥，统一协调。公司以开发、生产、经营三大系统为主体，围绕这三大主体，公司设置了一个决策系统、一个供货渠道、一个财务部门，实行人员统一调动、资金统一管理。根据市场竞争规律，企业内部实行目标管理和指令性工作方式，统一思想，统一号令，实行接近半军事化的管理。

“船舱”实行经济承包合同制。1988 年起，公司按工作性质划分了各专业部，比如业务部下设中文卡、微机、网路、小型机、CAD 工控、软体、资料等专业部，实行“船舱式”管理，任务明确，流水作业，有利于提高工作质量和效率，有利于实现按劳分配、调动职工积极性，体现工人的企业主人翁地位。

逐步实现制度化管理。从 1998 年起，公司开始完善各种企业管理制度，比如财务制度、职工培训制度、干部聘任制度、库房管理制度等等，着力进行规范化企业管理，为创建大规模外向型企业做准备。实行制度管理，使各“船舱”衔接起来，既要提高各自的工作效率，又要顾全整体目标和利益，制度化管理使企业不但有了强大的动力机制，同时也建立起一套企业约束机制，以保证企业高速、正常运转。

实行集体领导。董事会下设总经理（总裁）室，总经理室的 4 名成员两个在香港地区，两个在大陆地区，实行统一指挥。公司高度重视领导班子的团结和带头作用。由于领导班子成员有共同的理想、共同的思想基础，又配合默契，使总经理一班人成为公司的坚强核心，在职工面前具有很强的号召力，并保证了企业决策的正确性，避免在竞争中产生失误和失利。

2. “大船文化”。“大船文化”是联想在改革开放的历史条件下，在创建新兴科技企业的过程中提炼升华而成的，大致包括 6 个方面的内容。

灌输全新的价值观。一是提出“讲功劳不讲苦劳”的价值观，即对科技人员的评价不是以学历、资历和成果鉴定会评价为依据，而是以实际贡献为依据，要求科技人员发挥实际作用，创造经济效益；二是提倡“研究员站柜台”，要求开发人员跟踪市场，完善产品，直到产生效益；三是要求开发人员强化市场观念、用户观念、时间观念、效益观念。另外，公司对职工的要求是德才兼备，综合评价，要求员工既忠诚又精明。公司任人唯贤，量才用人，亲仇不避，不计较个人恩怨。

树立事业上的共同理想。“创办电脑企业，跻身国际市场”是联想人共同的理想、共同的理想、宏伟的目标，是联想集团凝聚力的根源所在。

铸造集团公司的整体意识。“同舟共济”、“协同作战”、全局意识、合作意识等，是联想集团的主导思想。公司极力反对内部分裂，反对小山头、小摊贩、小作坊和部门所有制，倡导透明的人际关系，强调内部凝聚力，引发向心力，视团结如生命。

塑造高科技企业的社会形象。联想集团把产品质量、公司信誉和售后服务视为企业生存的三大基础。公司投入 2/3 的人力和相当大的财力用于保证产品质量和产品服务，并提出“用户是我们的皇后”、“信誉比金子还宝贵”，产品开发、生产、经销“全过程质量控制”等口号，并认真实施、坚决落实。

弘扬拼搏创业的公司精神。联想集团有句著名的口号：把“5%的希望变成 100%的现实”。公司制定目标、计划的时候，慎重小心，稳扎稳打。一旦目标确立，就要发扬不达目的绝不罢休的拼搏精神，公司号召大家“既然上了‘大船’，就要断绝退路，拼命向前！”

四、面向未来

为把联想办成一个长久的、有规模的高科技企业，最终成为具有世界级水平的高科技产业集团，联想制定了企业发展的近期、中期和远期目标，远期目标是在2015年之前以一个高技术企业的形象进入世界500家最大企业之中；中期目标是到2015年左右完成100亿美元的营业额，逐步逼近500家的入选范围；近期的目标是到2005年完成经营额30亿美元，进入世界计算机行业百强60名以内。

提出这一战略的依据有4个方面。

第一个方面是国内微机市场。由于IBM、COMPAQ这些世界级的公司受WINTEL模式的限制，在主要技术性能上已无法有大的发挥；而在次要的技术性能上，联想凭借其对中国用户特殊要求的掌握和在成本、服务网络上的优势，市场优势是十分明显的。

第二个方面是国内系统集成领域。在中国应用软体发展和服务网路的建设方面，国内公司比国外公司具有优势。又由于这是个技术性很强的领域，长期做下去会使这种优势扩大和难以动摇。

这三个方面是代理销售领域。在今后很长的时间内，外国公司的各种先进设备会源源不断地进入中国市场，代理这个行业将长期存在下去。

第四个方面是面向国际市场开发生产销售PC的主机板。这部分市场过去被认为是“鸡肋”，美国、日本等国的同行由于该产品人工成本较高都放弃了。实际上在晶片（CPU）发展到奔腾（586）以后，主机板的频率越来越高，每个元器件都成了一个小小的发射源，设计难度增加了，对生产设备的要求提高了，毛利也随之大幅增加。联想集团看准了这个机会，通过控制成本提高净利，以此为保底市场，以期进入晶片研发生产领域。这部分业务是联想集团凭借研发力量进入世界市场的试点。

这四个方面的业务是联想集团实现2000年30亿美元经营收入的最重要的途径。除此之外，精明的联想人还准备了两支“伏兵”，用以保证既定战略的顺利实施：第一是新开发的工业项目，如CDROM、可换盘组硬磁片、大屏幕显示器等等，在海外合资建厂并销售；第二是在广东惠阳建立了一个联想科技园并逐渐形成规模。

案例思考讨论题

1. 联想集团的管理创新涉及哪些方面？
2. 联想集团是如何进行管理上的创新的？
3. 作为一名在校大学生，你认为你的学习生涯中应如何进行创新？

管理实务研讨

本章分组研讨主题：创新还是“忽悠”？

一个管理者问他的老板什么是创新，老板举例说：例如，现在有个苹果，有些烂掉了，如果直接卖只能以很低的价格半价出售，如果把烂的部分切掉、把好的地方留下来制成果盘，则可以以更高的价格卖出去，这个价格可能是你打折买坏水果获利的10倍甚至更多，这就叫创新。请大家谈谈自己的认识，说说这种做法到底是“忽悠”还是创新。

第10章

管理的基本原理和方法

学习目标

知识目标：了解管理方法的含义与类型。

素质目标：理解管理的基本原理，掌握管理的基本方法。

技能目标：培养运用管理的基本原理分析实际问题的能力。

能力目标：学会运用管理的基本方法分析管理问题。

开篇故事

木桶效应

木桶效应借用木桶来形象地描述系统论思想：木桶代表系统，每块板是一个子系统，当木板长短不齐时，木桶盛水量的多少，显然要取决于最短的那块木板，而并不取决于最长的，因此木桶效应也叫短板效应。这就告诉我们系统论的一个基本道理：单一子系统最优，并不代表整个系统最优，整个系统功能的发挥往往受制于劣势子系统；子系统同步发展、动态均衡才有利于系统总体功能的实现。然而，即便木板质地优良且长短平齐，但如果板块之间存在缝隙，木桶中的水同样会漏掉，可见，它同时还说明这样的道理：子系统必须紧密配合、互动，才可能使系统总体功能更好地实现。

互动游戏

搭 积 木

形式：选出 6 位同学，分成三组，每组两人。
道具：三盒积木。
时间：30 分钟。

活动目标

比较不同的管理风格。

操作程序

（1）每个小组中的一个人是主管，另一个人充当下属。每个主管按照发放的材料（主管的卡片）内容指挥下属，下属听从主管的指示操作。

（2）小组 A 上台，主管 A 指挥下属活动。

（3）询问其他同学“主管 A 是如何领导下属的”。

（4）小组 B 上台，主管 B 指挥下属活动。

（5）询问其他同学“主管 B 是如何领导下属的”。

（6）小组 C 上台，主管 C 指挥下属活动。

（7）询问其他同学“主管 C 是如何领导下属的。”

（8）教师把发给主管们的材料与黑板上记录的学生的回答一一对比，并进行归纳、总结。

（9）由学生举手表决，选出最受欢迎的管理风格。

游戏规则

（1）主管 A 实行直接管理的方法，每一步都要给予特别的、详尽的指示，不允许下属做任何独立的决定。

（2）主管 B 只是简单陈述要做什么，不需要提供任何进一步的指导和反馈，下属可以做任何他想做的事。

（3）主管 C 为下属描述他需要做什么，让下属自己尝试各种技巧，必要的时候给予正确的反馈。

学习内容

10.1 管理的基本原理

管理的原理是对管理活动及其运动规律的概括，是对管理活动和管理过程的内在本质的反映，因而对组织的管理活动具有普遍的指导意义。管理学的基本原理主要有以下几个。

10.1.1 系统管理原理

一、系统的概念及其分类

所谓系统，就是相互联系、相互作用的若干要素的复合体。系统中的要素与系统整体具有不可分性。要素离开系统整体，就失去了存在的环境和意义；系统若缺乏相关要素，就失去了活力和效率，甚至导致系统瘫痪与崩溃。系统是复合体而不是组合体，构成系统的各要素之间有机地统一于一个系统中。每个系统都存在于某个环境中，这个环境就是它生存的大系统。

比如人体、组织、企业、国家等，都是系统，具备若干要素，各个要素间相互作用才能使系统健康地生存、良性发展。

任何事物都是以系统的形式存在的，根据存在方式不同可将系统划分为以下几类。

（1）封闭系统与开放系统。这是按照系统与周围环境有无交换关系而划分的。封闭系统是指那些与外界环境只有能量交换，但没有物质交换的系统；开放系统是指与外界既有能量交换，又有物质交换的系统。

（2）自然系统与人造系统。这是按照系统的要素属性划分的。自然系统是由自然物组成的系统，它的特点是自然形成的，是人造系统的基础。人造系统是人创造的系统，它又可以分成三类：一是工程技术系统；二是组织管理系统；三是科学技术系统。人造系统又称为社会系统，管理中所需研究的系统是人造系统。

（3）静态系统与动态系统。这是按照系统的状态是否随时间变化来划分的。静态系统是系统的状态参数不随时间改变的系统；动态系统是系统的状态随时间改变的系统。静态系统是动态系统的基础。

小资料：社会分工的类型

现代社会大致按下列 4 种类型进行分工。

1. 按社会功能进行专业化功能分工。现代社会是按照事物的社会功能及固有规律来进行分工和组织的。政治、经济、立法和司法，工农兵学商、科学实验等社会活动各成体系，同时各个体系构成也是有分工的，并且分工日益精细。

2. 按自然资源特点进行专业化区域分工。自然资源是生产力的重要构成，它的分布是不以人们的意志为转移的。现代管理只能且必须顺从自然规律，才能充分有效地利用自然资源，创造更大的生产力。

3. 按照产品及其构成进行专业化生产分工。现代工农业产品正以惊人的速度增长。一个企业、一个部门甚至一个国家为研究对象和进行生产分工，必须实行专业化，并且这种专业化生产已不是生产成套机组，而是更多地生产零部件。

4. 按照作业程序进行专业化作业分工。这类分工现在正日益在生产和科研的不同层次内深入进行。现代企业不再是传统意义上的工厂，而是包括了市场预测系统、研究开发部、生产工厂、技术服务和销售系统。

二、管理系统的特征

管理系统是人造系统，或者说是自然系统，但是是经过人们改造的系统。它有以下几个特征。

1. 目的性

每个系统都有明确的目的，而且通常只能有一个目的。不同的系统有不同的目的，没有目的的系统是不应当存在的，目的不明确或者混淆了不同目的，都必然导致管理的混乱。这是系统设计中一个非常重要的问题。例如，企业经营系统在限定的资源和现有职能机构的配合下，它的目的是达到规定的质量、成本和利润指标等。系统的目的决定着系统的功能性质。系统功能一般是通过同时或顺次完成一系列任务来达到的。这些任务的完成，其结果就是系统功能中间的或最终的目的。因此，有步骤地进行分析、规划和设计各系统的任务，以达到系统总目标的实现，这是管理系统的重要内容。

2. 集合性

管理系统至少是由两个或两个以上的可以相互区别的要素或部分所组成的。集合性又称为分离性，即一个系统可以分离出能独立存在的两个或两个以上的组成要素。这里所说的“相互区别”和“独立存在”是指各个要素或部分各自具有的特性以及在系统中发挥的独立功能。在工业企业中，各种各样的厂房、设备、工具、原材料、燃料、加工制品、工人、技术员、管理人员以及各种各样的信息、数据、指标、报表、规章制度等，就是组成工业企业的基本要素，它们在这个系统中各以自身独特的特征和功能相互区别。

3. 相关性

相关性是指管理系统中的各个要素或部分都是相互联系、相互作用的。例如，工业企业的生产、技术、经营过程中的各个要素之间存在着相互联系、相互作用的关系，因而可以组合。从生产过程来看，原材料的供应——供应部门，原材料的加工——机加工车间，工件的处理——热处理及表面处理车间，机件的组装——装配车间和产品的检验车间，产品的销售——销售部门，还有动力供应——机动车间，工具的加工——工具车间，以及后勤保障、思想政治部门等都是相互关联的。因此，管理者必须了解和掌握管理系统中各要素之间或部分之间的相关性。

4. 层次性

系统作为一个相互作用的总体，它有着一定的层次结构，并分解为一系列的分系统。分系统的功能是系统功能的一部分。各个分系统本身又是由更小的分系统组成的，这样，系统、分系统和要素就构成了一个阶层结构。这个阶层结构应当体现出目的性、集合性和相关性，从而构成系统的骨架。

5. 整体性

整体性是指具有独立功能的各个系统和要素之间必须逻辑地统一和协调于系统的整体之中，即任何一个要素不能离开整体去研究，要素间的联系和作用也不能脱离整体的协调去考虑。脱离了整体，各个要素的机能和要素间的相互作用也就失去了意义。系统中的各要素相互作用一定要服从于系统的整体目的。只有在发挥整体功能的基础上展开各要素及其相互之间的活动，才能形成系统整体的有机行动。这就是管理系统的功能应具有的整体性。

6. 环境的适应性

任何一个管理系统都处于一个更大的系统之中，它的存在和发展都受到外界环境的客观条件所制约，因此必须具有对环境的适应能力。工业企业是一个通过资源的获得和产品的销售与外界发生联系的系统，受到整个社会经济环境的影响，必须使自己的活动（产品）与社会经济活动协调一致、密切衔接，从而适应市场经济的要求和变化，以推动自身的发展。

三、系统管理的基本原则

根据系统原理进行管理，在实践活动中应遵循如下原则。

1. 整分合原则

现代高效率的管理必须在整体规划下明确分工，在分工基础上有效地综合，这就是管理的整分合原则。这里，整体观点是个大前提，不充分了解整体及其运动规律，分工必然是混乱而盲目的。但是分工是关键，没有明确分工的管理系统只能是混沌的、原始的，构不成现代有序的系统。协作是以分工为前提的，没有合理的分工，也就无所谓协作，在合理分工的基础上使组织严密有效地协作，才是现代化的科学管理。

分工并不是现代管理的终结，分工也不是全能的，它会带来许多新问题。分工特别容易在时间和空间、数量和质量等方面脱节。因此，必须采取强有力的组织管理，使多方面同步协调，有计划地按比例综合平衡发展，才能创造出现代化的科学生产力。合理的分工如果没有强有力的组织管理，其效能也是不高的。

2. 相对封闭原则

在任何一个系统内，其管理手段必须构成一个连续封闭的回路，才能形成有效的管理运动，从而自如地进行管理。

一个管理系统可以分解为决策中心、执行机构、监督机构和反馈机构。由决策中心（指挥中心）为管理的起点，决策中心的指令一方面通过执行机构去贯彻执行，同时又发向监督机构，由其监督执行情况。指令执行效果输入反馈机构，反馈机构对信息进行处理，比较效果与指令的差距，返回决策中心（司令部），便形成了管理的封闭回路。管理运动在封闭回路中不断往复，推动管理运动不断前进。如果管理系统缺少反馈机构，那么反馈的职能只能由执行机构代为行使，变成自己执行自己检查。

相关链接 10-1：系统管理方法

第二次世界大战之后，企业组织规模日益扩大，企业内部的组织结构也更加复杂，从而提出了一个重要的管理课题，即如何解决复杂大企业的效率问题。为了解决这一问题，系统方法产生了。

系统方法属于一般科学方法论，它为认识、研究和探讨结构复杂的客体确立必要的方法论原则。所谓系统方法，就是按照事物本身的系统性把研究对象放在系统的形式中认识和考察的一种方法。具体地说，从系统的观点出发，始终着重从整体与部分（要素）之间、整体与外部环境之间、部分（要素）与部分（要素）之间的相互作用和相互制约的关系中考察对象，从而达到最佳地处理问题的一种方法。

系统方法是一种满足整体、统筹全局、把整体与部分辩证地统一起来的科学方法，它将分析和综合有机地结合并运用数学语言定量地、精确地描述研究对象的运动状态和规律。它为运用数理逻辑和电子计算机来解决复杂的系统问题开辟了道路，为认识、研究和探讨结构复杂的整体确立了必要的方法论原则。

在用系统方法考察研究对象时，一般应该遵循整体性、最优化的原则。整体性是系统方法的基本出发点。所谓整体性原则，就是把研究对象看作由各个构成要素形成的有机整体，从整体与部分相互依赖、相互制约的关系中揭示对象的特征和运动规律，研究对象整体性质。整体性质不等于形成它的各要素性质的机械之和，对象的整体性是由形成它的各要素（或子系统）的相互作用决定的。因此，它不要求人们事先把对象分成许多简单部分分别进行考察，然后再把它们机械地叠加起来，而要求把对象作为整体对待，从整体与要素的相互依赖、相互联系、相互制约的关系中指示系统的整体性质。例如，一个由人群、动植物、山川河流、树木花草、大气环境等组成的系统的性能和活动规律，只存在于组成系统的各要素之间相互作用、相互依存的关系中，单独研究其中任一部分都不能揭示出系统的规律性。最优化原则是指从许多可供选择的方案中选择出一种最优的方案，以便使系统运行于最优状态，达到最佳的效果。它可以根据需要和可能为系统确定最优目标，并运用最新技术手段和处理方法把整个系统分成不同的层次结构，在运动中协调整体与部分的关系，使部分的功能和目标服从系统总体的最优功效，从而达到整体最优的目的。

10.1.2 人本管理原理

一、人本管理概述

所谓人本管理，就是一切管理均应以调动人的积极性、做好人的工作为根本，即以人为本。

人本管理原理要求每个管理者必须从思想上明确，要做好整个管理工作，要想管好物、财、时间、空间和信息等，都必须紧紧抓住做好人的工作这个根本，使全体人员明确整体目标、自己的职责、工作的意义、相互关系等，从而能够主动地、积极地、创造性地完成自己的任务，这就是人本管理原理的基本思想。人本管理反对和防止见物不见人、见钱不见人、重技术不重人、靠权力不靠人等忽视人的错误认识和做法。管理者必须端正自身在企业中的位置，要依靠群众，依靠职工。多考虑如何能给下级以相应的自主权，把他们的积极性、聪明才智充分发挥出来，而不是满脑子的“管人”。

现代管理思想把人的因素放在第一位，注意处理人与人的关系，尽量发挥人的自我实现精神，充分发挥人们的创造才能。实践证明，一旦发挥和调动了人的主观能动性和积极性，就可以发挥人70%的才能；如果一个人被动地生产和工作，就只能发挥才能的20%～30%。因此，现代管理科学把人本管理的研究列为它的核心内容，强调以做人的工作为根本。无数实践证明，人的能动性发挥的程度越高，管理的效应就越大；反之，管理的效应就越小。

相关链接 10-2：人本管理法

从管理学的发展来看，对组织采取以人为中心的管理方法是在任务管理后提出来的。20世纪30年代以后，管理学家们发现，提高人的积极性，发挥人的主动性和创造性对提高组织的效率更为重要。组织活动成果的大小是由领导方式与工作人员的情绪决定的，由此管理学将研究的重点转向了管理中的人本身，这就是以行为科学为主要内容的人际关系理论。人际关系学家主张采取行为管理的方法，即通过分析影响行为的各种心理因素，采用一定的措施改善人际关系，以此提高工作人员的情绪和士气，从而自行产出最大的成果，达到提高组织效率的目的。

在人际关系理论的推动下，对于组织的管理和研究便从原来以“事”为中心发展到以“人”为中心，由原来对“纪律”的研究发展到对“行为”的分析，由原来的“监督”管理发展到“自主”管理，由原来的“独裁式”管理发展到“民主参与式”管理。管理者在管理中采取以工作人员为中心的领导方式，即实行民主领导，让职工参加决策会议，领导者经常考虑下属的处境、想法、要求和希望，与下属采取合作态度，管理中的问题通过集体讨论，由集体来做出决定，监督也采取职工互相监督的方式等。这样，职工在情感上容易和组织融为一体，对上司不是恐惧疏远而是亲切信任，他们的工作情绪也就可以保持较高的状态，从而使组织活动取得更大的成果。这种以人为中心的管理理论和方法也包含着一系列更为具体的管理方法，常用的主要有参与管理、民主管理、工作扩大化、提案制度和走动管理等。

科学管理以金钱为诱饵，人际关系理论则主张管理必须重视人的心理上的满足。古典组织理论强调合理的劳动分工和对组织的有效控制，人际关系理论则强调对人际行为的激励。因此，人际关系理论的出现给组织管理带来巨大的变化。从20世纪40年代开始，人际关系理论渐渐渗入组织管理实践中去，管理学家在这种管理思想中找到了缓和劳资关系、提高工人的士气，进而提高生产效率的方法。

人本管理法是作为对任务管理法的革新而提出的一种新的管理方法。这种管理法和任务管理法的重大区别在于：任务管理法要求工作人员的活动标准化，工作人员在工作中的自由度是很小的，但对完成组织规定的任务较有保证；而行为管理法则有较大的灵活性，工作人员在组织中有相当的自由度，较能发挥其自主性和创造性，但这样一来，组织内的变动也较大，组织规定的任务有时却无法完成。为了吸取两种方法的长处并克服两者的短处，一种新的管理方法被提出来了，这就是目标管理法。

据说有一组数字：第二次世界大战后，在世界 500 强企业里，美国西点军校培养出来的董事长有 1 000 多名，副董事长有 2 000 多名，总经理、董事一级的多达 5 000 多名，超过美国任何一所商学院。对于成功的领导者而言，并没有固定的领导模式，可以是张扬的、低调的、果敢的、谦逊的……但是，可信赖的领导力具有共同的标准，那就是道德原则、高尚品德和无私奉献。西点军校对领导力的培养就是首先从对德行的约束开始的：在美国所有的财富 500 强企业中，人们学到的都是行为准则；而在西点军校，人们学到的是品德。在西点军校，对新生进行品德约束的是荣誉法则，它要求军校学员“不说谎、不欺骗、不偷窃，也不容忍有此恶行的人”。对触犯荣誉法则的学员，军校有最严厉的处罚措施：”荣誉听证会更像是一场审判，指控触犯法则要求提供所有证据，辩护也同时展开。最后，由荣誉委员会做出结论。如果行为属实，犯错的学员将被军校开除。“除了以上四条以外，西点军校针对低年级和高年级学生对价值观认识的不同，设计了不同的道德教育内容。对新生的德育首先从“大义”的培养开始。而对高年级学生则加深了课程难度，主要通过个案研究和角色扮演法，锻炼学生在道德冲突的情境下的决策能力。

二、人本管理的基本原则

1. 能级原则

能是做功的本领，按其大小排列成阶梯状就是能级。这是物理学上的概念，在现代企业管理中也存在。能量有大有小，能量大的就是干事的本领大。能量可以分成能级，分级就是建立一定的秩序、一定的规范、一定的标准。企业的机构、法和人都是有一定能量的，要根据能量大小对应分级，使管理有一定秩序、标准和规范。

2. 动力原则

动力原则是指管理必须有强大的动力，而且要正确运用动力，才能使管理持续而有序地进行。动力原则在很大程度上决定了其他原则的效能。能级原则必须有充分的能源才能实现，没有强有力的动力制约因素，能级可能蜕变为封建等级制度。人才辈出，人尽其才，光靠良好的意愿是不能实现的，只有某种动力因素迫使人们非用人才不可，才能真正做到不拘一格选拔人才。否则，领导选用人才就可能是任人唯亲、任人唯诺：如果没有一定的动力来驱使领导反馈信息，他又何必自找麻烦呢？不如自己拍脑袋、想当然来得简单。

动力原则要求管理时注意几个问题：一是要加强教育培训，提高职工思想政治觉悟、文化技术水平，从而产生正确的动机和行为；二是物质动力、精神动力和信息动力要配合使用；三是要正确认识和处理个体与集体动力的辩证关系，因势利导，结合平衡；四是运用动力要重视“刺激量”，动力靠刺激产生，刺激有正有负，其量必须适当，要与承担的任务相适应，并逐步增大。

小资料：现代管理中动力的分类

现代管理中将动力分为三大类。

（1）物质动力。辩证唯物主义告诉人们，物质是第一性的，物质的存在决定人们的意识。物质动力是根本的动力，物质动力不仅是物质刺激，更重要的是经济效益。经济效益是检验管理实践的标准，是现代管理的灵魂。现代社会生产主要依靠科学技术推动，创造性的脑力劳动日益重要，并将成为社会的主要劳动方式。如果人们都不愿意做脑力劳动者，这个社会怎么能实现现代化呢？尊重知识、尊重人才将是现代管理日益重要的课题。脑力劳动具有创造性、连续性和复杂性的特点。不重视物质动力或者物质动力运用不当，就会受到恶化的物质后果的惩罚。当然，物质动力不是万能的，使用不当就会带来副作用。因此，除了用物质的办法来解决物质的问题外，还必须充分发挥其他两种动力的作用。

（2）精神动力。精神动力主要是指思想教育、日常的思想政治工作、精神奖励、信仰和理想等。

精神动力是客观存在的。管理是人的活动，人有思想、有精神，必有精神动力。精神动力不仅可以补偿物质动力的缺陷，而且具有巨大的威力。一个先进集体，为着共同的荣誉，团结战斗；一个劳动模范、先进工作者，为了赢得这种荣誉，忘我工作、劳动，为社会做出巨大贡献；无数科学家为了寻求科学真理，不怕迫害，不慕富贵，发明创造了科学定律，为后人所敬仰。在特定条件下，精神动力可以成为决定性的动力。

（3）信息动力。从管理角度看，信息作为一种动力，有超越物质和精神的相对独立性。信息是关于事物运动状态的表达。信息不是事物本身，而是人们对事物及其运动状态认识的反映和描述。信息向人们展示的是认识和智慧。人类进入现代社会，已远远不同于历史的“昨天”和“前天”。信息和效率已成为时代的特征。我们面临的新技术革命，其核心可以说是信息革命。信息给管理以不断发展的模式，使之日臻完善；信息给人以智慧，激发其创造力。可以说：信息+管理+人才=最大的创造力。

从这个公式可以看出，信息是促使发展的最优手段。

10.1.3 动态管理原理

一、动态管理概述

动态管理是指任何管理系统都受多种因素影响，处于不断发展变化中，因此要注意管理系统的动态特征，遵循在动态中进行管理的规律。管理对象是某个系统，管理目的是实现最佳效益。任何系统的正常运转，不但受到系统本身条件的限制和制约，还要受到有关系统的影响和制约，随着时间、地点和人们努力程度的不同，系统都在不断变化，必须遵循在动态中做好管理工作的理论。动态管理原理要求每个管理者必须从认识上明确：管理的对象和目标在发展、变化，不能一成不变地看待它，必须把握管理对象的复杂多变的特点，注意收集信息，进行调节，保持充分的弹性，以适应客观事物各种可能的变化，有效地实现动态管理。

管理系统的静止是相对的，运动是绝对的。首先，管理的客体是人，包括管理者、被管理者和顾客，都会受到各种因素的影响；第二，管理组织要受各要素、各部分结合方式及目的的影响和制约，是一种特殊的动态系统；第三，管理活动的劳动对象、劳动资料等要随社会化生产和科技发展而变化；第四，管理活动的场所和时间也具有动态性；第五，管理的信息在生产经营过程中不断产生、传递、反馈；第六，管理系统是开放系统，与外界环境联系紧密，企业外部环境是不断变化的；最后，管理过程本身也处于不断运动中。所以，企业管理是在运动中进行的。

管理的运动是振荡的运动，要求管理者预先采取措施，使振荡幅度尽可能小，从而产生更大的前进力；而且企业管理一定要造成竞争态势，推动企业发展。市场经济是竞争经济，不进则退，静止是没有生命力的。所以，要根据系统的开放性、不平衡性特征，在企业内部、外部主动积极地提倡、参与竞争，才能使企业在动态中生存和发展。

二、动态管理的基本原则

1. 弹性原则

动态管理必须留有余地，及时适应客观事物各种可能的变化，才能有效地实现动态管理。管理的弹性原则是管理系统的特性所要求的。

（1）管理所面临的问题，从来不是单因素或少因素的，而总是有许多因素的。这些因素之间存在千丝万缕的联系，如同蛛网交织。而管理决策总是合力的结果，任何一个领域或地域的社会、经济、科技、生态的管理，涉及成千上万个因素。然而，在现实的管理中，人们要完全掌握所有的因素是不可能的。一个卓越的管理者，决不能认为自已的决策完全正确，管理必须留有余地。

（2）对于科学的研究，特别是自然科学的研究，总要想方设法排除次要因素，力争抓住主要因素。做科学实验，总是把其他一些因素固定起来，而去探求主要因素之间的因果联系和变化规律。创造理论也往往都首先给出假定和边界限制，才能做出相应的结论。恩格斯在《自然辩证法》中说："为了了解单个的现象，我们必须把它们从普遍的联系中抽出来，孤立地考察它们，而且在这里不断更替的运动就显现出来，一个为原因，另一个为结果。"然而，管理却永远处在实际的和普遍的联系之中，各方面都要看到，要顾及"左邻右舍"。因此，在抓住主要因子的同时，不可忽视各种细节。科学管理必须考虑尽可能多（一切可能）的因素，综合平衡，以求得最佳技术经济效益。若忽视某一因素，也许就会造成全局的失败。然而，在实践中，真正做到明察秋毫也是很难的，要完全抓住每个细节也是不可能的，而且实际上也没有必要，聪明的管理者总是留有余地，而不是抓住所有的细节。

（3）世界上一切事物都在运动变化之中，管理更具有不确定性。这不仅因为管理的因素多，更主要在于管理是人的社会活动。某种管理办法在此时此地十分有效，但如果把它僵化起来，没有弹性，运用到彼时彼地，就会导致效益下降，甚至是一败涂地。

（4）管理是行为科学，它有后果问题。由于管理的因素多、变化大，对一个细节的忽视可能产生很大的影响。常言道"差之毫厘，失之千里"，因此，科学的管理必须留有余地，保持必要的可调节性。即使出现重大失误的情况，也能及时采取对策，避免重大损失的出现。

企业管理弹性有两种分类方法：一是按弹性作用范围分为局部弹性和整体弹性。局部弹性是指任何一类管理必须在一系列管理环节上保持可以调节的弹性，特别是在重要的关键环节上要保持足够的余地。整体弹性是指管理整体系统的可塑性和适应性。在管理中必须做到企业整体系统和各环节、各部门都有弹性。二是按弹性的作用性质分为消极弹性和积极弹性。企业管理的伸缩性，主要着眼于"积极弹性"。也就是说，现代管理中应用弹性原则，不仅要有"留一手"以防不测的消极弹性，更主要的是应有遇事能"多一手"的积极弹性，这样才可能灵活机动地应付瞬息万变的市场，从而达到企业管理的目的。

2. 反馈原则

反馈是控制论中的一个极其重要的概念。所谓反馈，就是由控制系统把各种信息输送出去，又把其作用结果返送回来，并对信息再输出发生影响，起到控制的作用，以达到预期的目标。原因产生结果，结果构成新的原因，反馈在原因和结果间架起了"反向"的桥梁，在因果性和目的性之间建立了紧密的联系，这种因果关系的相互作用，不是各自的目的，而是为完成一个共同的功能目的。同时，反馈使任何事物本身与其环境统一在动态之中，构成不停的新陈代谢活动。

反馈普遍存在于各种自然系统之中。在人体运动中，大脑把各种信息（受到外界环境的刺激，经过感觉感知的各种信息）输出指挥人体器官的多种活动，同时人体的耳、目、鼻、舌、身等感觉器官将各种刺激信息输送（反射）到大脑中，大脑通过不断调节，发出新的指令，产生新的运动，使之适应外界环境。如果没有信息反馈，人体运动就不能协调，将会成为一具僵尸。在生产系统中，从投入原料到产品制成，经历各种工序，每道工序在半成品制成后，都要经过检验，把检验数据与计划指标、技术参数做比较，找出误差数据，然后返回到有关工序，及时予以调整与修正，从而使次品消失在生产工艺过程中，杜绝废品出现。所以，反馈的本质特征就是根据工艺过程的各种操作情况去调整未来的行动（工艺流程），达到生产出合格的优质产品的目的。

应用反馈原则进行控制时，一般产生两种不同的效果：如果反馈使系统输入对输出的影响增大，导致系统的运动加剧，这种反馈称作正反馈；如果反馈使系统的输入对输出的影响减小，使系统偏离目标的运动收敛，趋向于稳定状态，则称作负反馈。在现代管理中，反馈的主要作用就是对所执行的前一个决策引起的客观变化及时做出有益的反应，并提出相应的新决策建议，面对大量、不断变化的客观现实，管理是否有效，其关键在于是否有灵敏、正确、有力的反馈。要灵敏就必须要有灵敏的感受器，以便及时发现管理与变化着的各种客观现象之间的矛盾所在；要正确就必须有现代分析系统，以过滤加工感受的各种信息，达到去粗取精、去伪存真、由此及彼、由表及里的结果；要有力就必须把分析了的信息及时转变为决策部门的有力行动，修正原来的管理行动，使之更符合客观实际，获得管理的更大效益。灵敏、正确和有力的程度、一个管理制度、一个管理部门是否有充足生命力的标志。

对管理系统进行控制时，情况是多种多样的，因此常采用简单控制、跟踪控制、自适控制和最佳控制等。在现代管理中，为使系统达到既定目标，无论哪一种控制，都必须贯彻反馈原则。而要使系统保持稳定有序，必须使系统结构具有不断自我调节的能力。在现实实践中，任何一种调整、改革，一开始都不一定十分完善，但只要系统具有良好的反馈机制，就可以不断地调节，不断地纠正偏差，逐步趋于完善，直至达到满意的管理效果。

随着社会经济的发展，现代社会组织的管理已是纵横交织、瞬息万变的动态网络，即使是天才的管理行家也无法洞察一切、包揽一切，无法靠自已掌握一切信息来构思政策、计划和措施。因此，在现代管理中，没有一个指挥中心可以不建立自已的反馈系统而能有效正确地进行指挥，管理者的本领只在于从反馈系统提供和可供选择的方案中做出正确的决策。

小生产的传统管理习惯于“平安无事”，“积小变为大变”，“不断完善”。事物发展无止境，人们对事物的认识在不断深化，始终存在改革（改进）的余地。有效的管理要善于捕捉各种信息及反馈，及时做出相应的变革，把各种矛盾解决在萌芽状态之中。决策、执行、反馈、修正，再决策、再执行、再反馈，由此无穷地螺旋上升，使管理不断地进步和完善。从此看来，反馈原则正是“一切从实际出发”“实践是检验真理的唯一标准”这一马克思主义基本原理在现代管理科学中的运用和体现。

相关链接 10-3：项目经理的烦恼

“不公平！”某工程建设公司的项目经理李先生愤愤不平地说，“目前我的基本工资和别的项目经理一样多，可我们这个项目难度这么大、项目周期这么长，而且业主要求很高、很难对付，业绩风险这么大，奖金收入也很难保障。还不如做个小项目，又容易完成，收入也高。我的下属也都有这样的抱怨，这让我怎么去管理、激励他们?从另一个角度说吧，公司有任务，我也不好挑肥拣瘦的，但这样的薪酬制度确实让人感觉不公平。”

李经理就职的工程建设公司有着悠久的发展历史和骄人的业绩，修建了许多知名的工程项目，在业内有着良好的口碑和声誉。随着公司战略的重新定位和明晰，企业步入了良性发展的轨道、进入二次创业成功后的高速发展期。

为更好地应对市场竞争，提高资源配置能力，公司人力资源总监 KING 先生根据公司业务特征，采取了项目矩阵式组织架构。同时，为了充分调动各个项目部员工的积极性、保留骨干员工，使薪酬具有激励性，KING 对公司的工资体系做了较大改革。首先，通过岗位评估确立了公司岗位的价值，根据外部市场数据设立了合理的有竞争性的薪酬水平和结构；其次，完善了绩效管理体系，所有员工的绩效工资与个人的当期业绩考核结果挂钩发放。项目经理部还得到充分授权，在对项目经理部总体考核基础上，可以自主进行项目部二次考核分配。

新的薪酬制度实施初期，极大地提高了各项目部的积极性，使业绩得到有效提升。但一段时间后，尽管公司业绩得到了较大提高，基本实现了效益与收入挂钩的目的，但是在项目部间却因为薪酬分配问题出现了不和谐的声音，就像李经理这样的抱怨和困惑不断传到 KING 的耳朵里。KING 立刻组织调研，原来，以往采用的矩阵式组织结构的一个很显著的特点就是项目团队是临时的，一旦完成项目目标，该项目团队就将解散，重新分派，组成新的不同的项目团队。新的工作岗位从名称上来看或许还是原岗位，也或许是一个全新的岗位；即便是名称相同的岗位，由于新的项目不同于原来做过的项目，这样的岗位也仅仅是名称相同，而实质上是不同的岗位。比如工程建设行业的项目经理部，由于项目经理部所承担的项目标的大小、工期松紧导致的完成难度、技术难度、与业主和地方政府的关系好坏以及项目管理模式的不同，导致不同的项目经理部给企业带来的价值回报是不同的，其所包含岗位的价值如果跨项目部横向对比的话也是不同的。

KING 根据调研结果，深刻思考后制定了“岗位价值调节系数法”，这是为矩阵式组织架构量身打造的薪酬动态管理解决方案。

第一，归纳提炼出不同项目部的共性职责要求，生成标准版的职位说明书。这份说明书可能无法完全适应于任何一个项目部的具体岗位，但它却是所有项目部同一名称的岗位的共性描述，代表了一个所谓的“标准岗位”。

第二，对“标准岗位”进行岗位价值评估，得到其职位等级以及基于此等级的薪酬水平。

第三，设计“项目评价体系”得到项目调节系数，对项目部的所有岗位价值做出总体调节，以体现项目部的差异性。

第四，不同项目部内同一类别的岗位，由于项目本身或者业主要求的侧重不同，其重要性也会有所不同。为体现差异，从简化操作的角度，可由公司和项目部领导班子共同确定调节系数（如 1.0~1.3），对项目的特定岗位的价值进行调节。

第五，将得到的各个调节系数乘以相应的“标准岗位”的薪酬水平，就得到实际可应用的个性化的动态薪酬体系。

经过实践的验证发现，这种方法不仅适用于矩阵式组织，也适用于按地域划分管理的组织，如在各地区设立的分支机构的薪酬体系设计。可见，薪酬管理作为人力资源管理的一个核心工作，其制度或者策略必须与企业的战略、组织结构、运营流程等结合，只有这样，才能更好地体现薪酬的内部公平性、激励性；否则，它将对企业人力资源管理带来巨大的不利影响。

10.1.4　效益管理原理

一、效益管理概述

1. 经济效益的概念

经济效益是人类活动的根本目的。任何社会实践都会产生某种效果，如经济效果、政治效果、军事效果和艺术效果等。人类从事生产活动，都是为了有用的物质效果，也就是要创造出具有使用价值和价值的产品或劳动。为了实现这一目的，人们在进行生产劳动时，必须有相应的投入。因此，经济效益就是在一定的既定目标条件下，劳动消耗量和劳动占有量与所取得的有用成果之比。在现实社会中，为了计算方便，劳动消耗量、生产资料消耗量和所取得的有用成果量，一般用货币计价的形式，用金额近似地表现出来。用数学公式表示为

经济效益（E）=有用成果（Y）/ 劳动消耗量和劳动占用（L）

经济效益的这一公式，既适用于宏观，又适用于微观；既可以全面反映劳动成果、劳动消耗和劳动占用，又可以比较准确地反映正效果、负效果和零效果。

管理的目的是创造更多、更好的社会经济效益和企业经济效益。社会经济效益是指从全社会角度出发，研究全社会的投入产出关系及各企业间合理配合的问题，追求的是全社会和整体的效益；企业经济效益是从企业角度出发，使人、财、物、信息、时间和科技等资源得到最充分有效的利用，产生最佳的投入产出效果。社会经济效益和企业经济效益是一致的。但有时也有矛盾：企业效果不能完全表现社会效益，社会效益也不能完全代表企业效益。

效益管理原理要求企业管理必须追求经济效益，它是企业生产经营活动的出发点和归宿。经济效益指标可分解为产量、产值、成本和利润等，生产经营过程中的不同时期、不同阶段，可根据生产任务、产品要求追求最大产量、产值或利润，也可追求最低成本。当企业经济效益与社会效益发生冲突时，企业要服从全局和整体，任何时候也不能用损害社会利益的手段获取企业经济效益。要认识到企业要获得长期、稳定的经济效益，就必须使自身的发展目标、经济效益指标与社会发展目标和效益指标相一致。

2. 提高经济效益的理论依据

提高经济效益是我国经济建设的核心，是企业生存和发展的基本要求，其理论依据如下。

（1）强调经济效果，提高经济效益，实质上是提高劳动生产率，增加产出扣除投入后的余额。根据马克思的扩大再生产理论，这一余额的大小和经济发展至关重要。积累是扩大再生产的唯一源泉，因此，提高经济效益是人类物质文明和精神文明提高的基础，是社会经济不断增长的根本保证。

（2）提高经济效益是经济规律的要求。在社会经济活动中，无论是必要产品的增长还是剩余产品的增长都是同等重要的。整个国民收入的实物量不断增多，经济效益才能提高，从而才能满足人们日益增长的物质和文化生活的需要。

（3）在物质资料生产过程中，能够投入的多种资源总是有限的，而人们的消费水平总是不断提高的，对物质产品和精神产品的需要则是无限的。这就要求我们正确处理好人力、物力、财力、信息的有限性与人们需要增长的无限性之间的矛盾。因此，必须强调经济效益的提高，以便能提供更多的剩余产品，为社会增加更多的新财富。

（4）提高经济效益是节约时间的要求。一切活动都要讲求节约人力、物力和财力。节约人力是直接劳动时间的节约，节约物力是节约生产资料的消耗和占用，节约财力是节约人力和物力的价值形式。所有这些，归根结底是劳动时间的节约。这样不仅可以以尽可能少的劳动时间生产出满足社会需求的产品，同时将节约下来的时间用于其他部门，具有合理分配劳动时间的作用，从而可以取得微观和宏观双重意义上的经济效益。

（5）提高经济效益是价值规律的要求。价值规律是市场经济条件下的重要经济规律，它要求商品的价值由生产商品的社会必要劳动时间决定，商品的交换按照商品的价值量来进行。因

此，价值规律必然要求计算商品的价值量，进而计算成本和利润等。这就决定了生产单位降低消耗，提高经济效益，就可以使单位产品的劳动消耗量低于社会平均必要劳动量，从而获得更多的盈利，这是在市场经济条件下任何一个物质生产部门进行扩大再生产和生产继续发展下去的前提和保证。

二、效益管理原理的基本原则

根据效益管理原理的要求，在企业管理中应遵循价值分析原则和可行性研究原则。

1. 价值分析原则

所谓价值分析，指的都是通过集体智慧和有组织的活动对产品或服务进行功能分析，使目标以最低的总成本（寿命周期成本），可靠地实现产品或服务的必要功能，从而提高产品或服务的价值。价值分析的主要思想是通过对选定研究对象的功能及费用分析，提高对象的价值。这里的价值，反映的是费用支出与获得之间的比例，用数学比例式表达如下：价值=功能/成本。提高价值的基本途径有 5 种，即：提高功能，降低成本，大幅度提高价值；功能不变，降低成本，提高价值；功能有所提高，成本不变，提高价值；功能略有下降，成本大幅度降低，提高价值；适当提高成本，大幅度提高功能，从而提高价值。

价值分析原则从企业管理角度讲，是指对产品或作业进行功能分析，以求得以最低成本可靠地实现产品或作业的必要功能。价值是一个特定的概念，表示其产品或工程项目的功能水平与成本水平的比值，即

$$价值=功能/成本（V=F/C）$$

现代企业管理中，价值分析的一般公式为：

$$价值=\frac{功能}{成本}=\frac{产出}{投入}=社会经济效益=\frac{符合社会需要的产品总量}{社会所耗劳动总量}$$

企业管理只有按价值分析的原则进行，才能实现社会效益和企业效益的统一。“必要功能”不是高功能或全功能。要提高产品价值，就必须改善功能或降低成本。改善功能等于提高产品价值，降低成本同样等于提高产品价值。所以，产品和作业分析的关键在于产品功能分析，改变了传统的产品结构分析方式，十分有利于新产品开发。例如，开发手表的新产品时，如果按传统的产品结构分析进行，就始终跳不出机械表的范围，最多改变形状、大小、厚薄等；而如果用价值分析原则进行开发，从产品的必要功能方面考虑，只要能显示时间，具有手表的必要功能即可，结果有了新的突破，出现了石英电子手表。

进行一项价值分析，首先需要选定价值分析的对象。一般来说，价值分析的对象要考虑社会生产经营的需要，以及对象价值本身被提高的潜力。例如，选择占成本比例大的原材料部分作为对象，如果能够通过价值分析降低费用、提高价值，那么这次价值分析对降低产品总成本的影响也会很大。当我们面临一个紧迫的境地，如生产经营中的产品功能、原材料成本都需要改进时，研究者一般采取经验分析法、ABC 分析法以及百分比分析法。选定分析对象后，需要收集对象的相关情报，包括用户需求、销售市场、科学技术进步状况、经济分析以及本企业的实际能力等。价值分析中能够确定的方案的多少以及实施成果的大小与情报的准确程度、及时程度、全面程度紧密相关。有了较为全面的情报之后就可以进入价值分析的核心阶段——功能分析了。在这一阶段要进行功能的定义、分类、整理、评价等步骤。经过分析和评价，分析人员可以提出多种方案，从中筛选出最优方案加以实施。在决定实施方案后，应该制订具体的实

施计划，提出工作的内容、进度、质量、标准、责任等方面的内容，确保方案的实施质量。为了掌握价值分析实施的成果，还要组织成果评价。成果的鉴定一般以实施的经济效益、社会效益为主。作为一项技术经济的分析方法，价值分析做到了将技术与经济的紧密结合。此外，价值分析的独到之处还在于它注重于提高产品的价值、注重在研制阶段开展工作，并且将功能分析作为自己独特的分析方法。

价值分析已发展成为一项比较完善的管理技术，在实践中已形成了一套科学的实施程序。这套实施程序实际上是发现矛盾、分析矛盾和解决矛盾的过程，通常是围绕以下7个合乎逻辑程序的问题展开的：①这是什么？②这是干什么用的？③它的成本多少？④它的价值多少？⑤有其他方法能实现这个功能吗？⑥新的方案成本多少？功能如何？⑦新的方案能满足要求吗？按顺序回答和解决这7个问题的过程，就是价值分析的工作程序和步骤，即选定对象、收集情报资料、进行功能分析、提出改进方案、分析和评价方案、实施方案、评价活动成果。

价值分析虽然起源于材料和代用品的研究，但这一原理很快就扩散到各个领域，有广泛的应用范围，大体可应用在两大方面：一是在工程建设和生产发展方面。大的可应用到对一项工程建设，或者一项成套技术项目的分析，小的可以应用于企业生产的每一件产品、每一部件或每一台设备，在原材料采用方面也可应用此法进行分析。具体做法有工程价值分析、产品价值分析、技术价值分析、设备价值分析、原材料价值分析、工艺价值分析、零件价值分析和工序价值分析等。二是在组织经营管理方面。价值分析不仅是一种提高工程和产品价值的技术方法，而且是一项指导决策、有效管理的科学方法，体现了现代经营的思想。在工程施工和产品生产中的经营管理也可采用这种科学思想和科学技术。例如，对经营品种的价值分析、施工方案的价值分析、质量价值分析、产品价值分析、管理方法价值分析、作业组织价值分析等。

2. 可行性研究原则

可行性研究原则是指对某方案或某事能够实现、行得通和成功的可能性进行分析论证，以求获得管理的最佳效果。可行性研究是决策的事前行为。通过可行性研究，告诉决策者，在一定的限制条件下有关的目标能否实现、是否可行以及何者为最优。决策是企业管理的重要职能，决策正确与否直接关系企业兴亡。而决策是否正确，取决于预测和经营信息的可靠程度。这一切均以可行性研究为根本。可行性研究的内容应根据项目的各自特点决定，一般要解决决策者主要关心的几个问题。

（1）各种条件是否具备了成功的可能性？

（2）项目采用的技术是否先进和适用？

（3）项目是否经济合算？

（4）项目的效益是否达到最佳？

可行性研究因为其对象的复杂程度不同，具体研究步骤也有差异。大型、复杂的项目要经过4个阶段，小型、简单的项目可简化为两三个阶段。一般可行性研究的步骤有机会研究、初步可行性研究、最终可行性研究、论证和审批。机会研究阶段主要判断该项目有无深入研究的价值和必要；初步可行性研究阶段主要提出较为系统的设想方案；最终可行性研究阶段主要为决策项目提供技术、经济和商业上的充分依据，在做全面准确的分析计算和论证的基础上提出完备的方案；论证主要指在可行性研究报告审批前交有关专家进行的论证；审批即是可行性研究报告完成后，经专家论证通过，按隶属关系由管理部门审批。

10.2　管理的基本方法

10.2.1　管理方法的含义与类型

一、管理方法的含义

同人类的一切知识一样，管理方法来源于人类的实践活动，是随着人类社会实践的发展和科学技术的进步而不断发展起来的。人们在协调群体的活动以实现一定目的的过程中，根据管理任务和管理对象的情况，制定出达到既定目标的活动方式。按照这种方式，如果达到了既定的目标，就说明它是有效的。这种行动方式在人们的活动中经过不断地重复，就逐渐在头脑中固定下来，变成了正确的管理方法。

管理方法是管理者行使管理职能和实现管理目的的手段、方式、途径和程序的总称。从行使管理职能来看，方法是执行有关职能的手段；从实现管理任务来看，方法是协调分工、协作劳动和各种措施的总和；如果从管理主体和管理客体的关系来看，管理方法则是管理主体作用于管理客体的方式。总之，无论是行使管理职能、实现管理任务或是维持管理主体和管理客体之间的联系，都必须借助于一定的管理方法。也可以说，没有方法就没有管理。

任何管理都要选择、运用相应的管理方法。但说起管理方法，人们很容易想起密密麻麻的数字和符号构成的数学模型、烦琐的逻辑运算和形形色色的计算机，这使一般人望而生畏，觉得管理方法高不可攀。其实，数学方法只是思维逻辑的一种形式，计算机是提供信息、进行运算的一个辅助性工具。数学手段和计算机运用只是管理方法的一个部分、一个方面或一种类型，并不是管理方法的全部。由于管理的任务、对象和环境是复杂多变的，因此，实践中运用的管理方法也是多种多样的。

二、管理方法的类型

管理方法多种多样，可按照不同的标准进行分类，主要有下列几种分类。

（1）按管理方法的适用范围不同，可分为专门管理方法和通用管理方法。管理某个领域或特定条件下使用的管理方法是专门管理方法；使用范围广泛，在任何管理中均可使用，具有共性的管理方法是通用管理方法。

（2）按管理方法的层次不同，可分为哲学方法、一般方法和具体方法。哲学方法是最高层次的管理方法，对低层次的具体方法起指导作用，即起方法论的作用，此种类型的方法适用于任何领域、任何过程，是整个管理方法体系中最基本的、有指导意义的、制约其他方法的方法，管理的定性分析问题均需使用这种方法。一般方法指常用的行政方法、经济方法、法律方法、教育方法、数学方法等。具体方法是管理活动中针对性极强、处理具体问题的方法。此类方法适用于管理的某一领域、某一过程中的局部，它是对某种活动过程、某个资源要素实施管理所特有的专业方法，其技术程度较高，是为解决具体管理问题服务的，如以物质资源为主要管理对象的具体管理方法有网络技术、全员设备管理等，以信息资源为主要管理对象的具体管理方法有预测技术、决策技术等。对具体管理活动的认识和控制有具体的、特殊的方法。此类方法是部门管理学的主要研究内容。

（3）按管理方法的性质不同，可分为定性分析法和定量分析法。在管理活动中需要深入剖析事物内在本质特性，从而采取相应手段、措施，这就是定性分析法；为提高管理和科学化程度，以准确的数据及数学方法揭示事物运动规律，从而找出管理手段、措施的方法是定量分析法。

（4）按管理方法的强制程度不同，可分为硬方法和软方法。硬方法是指管理者靠权威强制实施管理的方法，如行政方法、法律方法；软方法是指管理者充分运用社会学、心理学等知识，在管理中循循善诱，靠以理服人来实现其目的的方法，如教育方法、咨询方法等。

10.2.2 管理的几种基本方法

一、经济方法

经济方法是指依靠经济组织，按照客观经济规律的要求，运用经济手段来调整各种不同经济利益之间的关系，以获得较高的经济效益、社会效益和生态效益的管理方法。经济手段包括价格、工资、利润、利息、税收、信贷、奖金、罚款等经济杠杆和价值工具，以及经济合同、经济责任制等制度。由此可知，经济方法就是运用经济手段来调节人们之间的物质利益关系，促使经济组织和员工从物质利益上关心生产经营活动，提高经济效益的有效方法。目前在经济管理中，经济方法已越来越被人们所重视。

经济方法的核心在于正确贯彻物质利益原则，处理好国家、企业和个人等各方面的经济关系，使管理活动符合客观经济规律的要求。这样才能调动各方面的积极性，为实现管理的目标而共同努力。

1. 经济方法的特性

经济方法的主要特点是：经济组织对下属单位或个人不进行直接的强制，而是按照客观经济规律的要求，运用经济手段，使他们从自身的物质利益出发，自觉按经济规律办事，以保证经济发展目标的实现。一般来说，其具有以下特性。

（1）客观性和平等性。在经济管理中采用经济方法，是客观经济规律的要求，制定和实施经济方法时也必须符合客观经济规律，否则在实践中就不能为人们所接受，或者根本行不通。经济方法强调：各个企业在获取自身经济利益的权利上是平等的，社会按照统一的价值尺度计算和分配经营成果；各种经济杠杆和经济手段的运用对相同情况的企业起同样的作用，不允许有特殊；经济合同的签订，是在法人平等的前提下进行的。

（2）利益性和有偿性。利益性是经济方法最重要的特性，人们所制订出的具体经济方法必须符合物质利益原则，使经济组织或个人的物质利益与其工作成果紧密相连，做到责、权、利相结合，使承担的责任与应有的权力、应得到的利益相当，这样的办法才行之有效。企业是在平等的市场竞争中进行经济活动的。各企业之间所有经济往来都必须根据等价交换的原则，实行有偿交换，互相计价，讲求各自的经济利益，任何单位和部门都不能任意平调企业的财产。经济方法鼓励公平竞争，促使企业和职工发挥主观能动性，使企业具有生机与活力。

（3）间接性和灵活性。经济方法是通过对各个方面经济利益的调节来间接控制和干预企业行为的。也就是说，国家或企业根据客观经济规律，制定和采用符合物质利益原则的具体方法，使企业或个人的物质利益与工作成果挂钩，责、权、利一致，从而间接地制约企业或个人的生产经营活动，最终达到预定目标。经济方法的灵活性表现在两个方面：第一，经济方法针对不同的管理对象，如企业、职工个人，可以采取不同的手段；第二，对于同一管理对象，在不同情况下，可采取不同的方式进行管理，以适应形势发展需要。

（4）可制约性和可调整性。国家和各级经济组织，可以运用各种经济杠杆和各种经济手段来制约下级经济组织和个人的生产经营活动，使他们的经济活动方向、经济行为符合国家和有关组织的要求，而不致发生较大的矛盾。

（5）技术性和多样性。运用经济方法需要确定各种有关的经济指标，而各类经济指标的制定必然涉及较广泛的生产技术知识，有的甚至要经过测定、试验、分析、计算等，因而它具有一定的技术性。部门、地区、工种、时间不同，人们所从事的生产经营活动的具体内容不同，人员的素质不同甚至习惯不同等，都会使具体的经济方法千差万别、各有不同，因而具有多样性。

（6）公开性与竞争性。采用经济方法是为了充分调动经济组织和个人的积极性，以促进经济的发展。所以，只有将各项经济技术指标公开，开展竞争，鼓励经济组织或个人去竞争，才能取得预期的效果；同时，为了对比、激励，采用经济方法以后的执行结果也应是公开的。

2. 经济方法的局限性

用经济方法管理企业，有利于企业行使经营自主权，发挥主观能动性；有利于调动职工积极性，努力提高企业经济效益，提高管理效率。但是，经济方法发挥作用是有一定条件的。它要求企业必须是真正独立的经济实体，有独立的经营自主权。企业内部要有科学、严密的制度，企业外部要有健全的法制保证。在社会主义市场经济建设过程中，企业理所当然要采用经济方法，不过也要看到其局限性。经济方法的局限性主要有以下 3 个方面。

（1）容易助长本位主义和企业短期行为。经济方法采用物质刺激，往往容易导致人们急功近利，使人们只关注眼前、局部、个人利益，而忽视长远、全局、国家利益。过于强调经济手段，会产生个人主义、本位主义，与社会大生产条件下的企业生产经营不相适应。

（2）不能解决经营管理中需严格规定或需立即采取措施的问题。经济方法是一种软方法，间接地起作用。对于企业经营中需立即解决的问题，如生产过程中出现的需立刻解决的技术性问题，绝不能临时讨价还价再解决。市场竞争中，时间就是生命，时间就是效益，企业在采用经济方法的同时，还必须采用其他方法作为辅助。

（3）经济方法不是调动企业和职工积极性的唯一方法。经济方法是现阶段企业调动员工积极性的好方法，但强调过多，会助长一切向钱看，不利于培养企业的社会责任感，最终还会失去物质刺激的作用，达不到调动积极性的目的。

经济方法的局限性决定了企业在使用经济方法的同时，必须结合运用多种方法，扬长避短，这样才能产生一种系统合力，达到管理的目的。

二、行政方法

行政方法是依靠管理机构和管理者的权力，通过带有强制性的指令性计划、命令、指示、规定以及规章制度等方式，直接对管理对象发生影响和作用。行政方法是最古老的管理方法之一。当管理活动随着共同劳动出现后，行政管理方法就随之产生了。

1. 行政方法的特性

（1）权威性。运用行政方法进行管理，起主导作用的是权威性。管理是否有效，在很大程度上取决于管理者的权威。发出行政命令、指示的管理者的权威越高，被管理者的内心就越服从。因此，提高各级领导的权威，是运用行政方法进行管理的前提，也是提高行政方法有效性的基础。管理者必须努力以自己优良的品质、卓越的才能去增强管理权威，而不能仅仅依靠职位拥有的权力来强化权威。领导者的威信是搞好行政管理的重要一环。

（2）强制性。行政方法通过管理者或管理机构发出的命令指示、规定、指令性计划、规章制度等进行管理，对管理对象来说具有强制性，被管理对象必须认真贯彻执行相关指令。但这种强制性与法律的强制性有一定程度的不同。法律的强制性是通过国家机器和司法机构执行的，它明确人们可以做什么和不可以做什么；而行政方法的强制性是要求人们在思想上、行为上、纪律上服从统一的意志这种统一主要是原则上的统一，允许人们在具体方法上有所变通。从制约的范围来看，法律的强制性对任何人都是一致的，而行政方法的强制性一般只对特定的对象有效。

（3）无偿性。行政管理方法是以组织的权力为基础、以服从为天职的。因此，上级组织对下级组织发出的命令，如对人、财、物等的调动和使用不讲等价交换的原则等，下级在执行中不能以利益或者是其他方面的要求为代价，一切都要根据行政管理的需要，不考虑价值补偿问题。

（4）层次性。行政方法是按行政管理层次进行管理的，它是纵向的分层次的垂直管理。上级管下级、下一级只服从直属上级的管理，横向之间一般不发生管理关系而只存在协作关系。

（5）保密性。行政命令、指示、计划、规定等方式一般只适用于所属的管理范围。因此，与其他方法相比，其往往在某一阶段和在某种范围内具有保密性。管理者或管理机构，为了某种需要，可以对管理范围内的某些事情进行保密，限制信息外流，从而起到不受外部因素妨碍和干扰的作用。

（6）灵活性。由于行政方法是具体的，从行政命令发布的对象到命令的内容，都是针对某个组织、某些人或某件事做出的，有较强的针对性，因此，它能较好地处理特殊问题和管理活动中出现的新情况。它能通过针对性地发出行政命令，对特殊的、个别的问题采取强有力的措施予以处理。此外，行政方法在实施的具体方式上，是会因对象、目的、时间的变化而变化的。因此，它往往只对某一特定时间和对象有用，具有一定的时效性。行政方法的针对性和时效性，决定了它具有一定的弹性和灵活性，它可以在总的目标之下，再因时、因地、因事、因人采取比较灵活的手段。

行政方法的特点使其能保持管理系统的集中、统一，使企业生产经营活动协调一致。正确运用行政方法，既有利于管理职能的充分发挥，又是综合运用其他管理方法的重要手段和保证。

2. 行政方法的局限性

虽然行政方法有着诸多优点，但是行政方法是非经济手段，在企业的经济活动过程中，其也存在着局限性。行政方法的局限性主要有以下四个方面。

（1）受领导者管理水平的影响较大。由于行政方法是“人治”手段，因此，行政命令的执行效果、经营管理的好坏，在很大程度上取决于管理者的知识水平、业务能力、领导艺术和道德修养等。行政方法要求下级毫不含糊地贯彻执行，权力高度集中在最高领导者手中。领导者的才能、素质和水平直接关系企业的命运，可能造成决策失误。因此，运用行政方法要求上级领导者不但要有责、有权，还要有较高的政策水平、敏锐的眼光和较强的组织管理能力。

（2）不便于分权。因为分权容易削弱集中统一这个优点，出现各自为政、本位主义现象；而权力过分集中，又会因层次多影响管理效率，造成各层次领导主要听命于上层领导，使下属单位产生有职、少权、无责的现象，不利于发挥下级单位的主动性、积极性和创造性，容易贻误经济活动的有利时机。

（3）容易助长管理者的依赖思想。行政方法的特点要求管理高度集中统一，管理者只需按文件、按指令办事即可。企业管理面对激烈的竞争和瞬息万变的环境，不是某一个或某些最高层人物能应付的，因此必须充分调动和发挥每一个管理者的主观能动性。而行政方法却只要求按上级意图办事，使管理者产生“惰性”，不能开拓进取。

（4）由于行政方法是纵向的垂直的管理，管理系统内部各子系统之间联系较少，横向沟通困难，横传的命令基本无效，因而子系统之间的矛盾较多，协调任务重。此外，当行政机构庞大、管理层次较多时，会造成信息传递迟缓甚至严重失真的情况。

企业管理必须运用行政方法，这种方法带有一定的权威性，而没有权威和服从，经营管理的职能就无法实现；但由于其局限性，要特别注意正确运用，真正使它建立在客观规律基础上，反映员工利益，扬长避短地使用，更好发挥其作用，既不能单纯依靠、只用行政方法，也不能沿用陈旧的、过时的、不符合现代企业管理的行政法规。只有将行政方法控制在一定范围内，并与其他方法结合起来，使多种方法相辅相成，随时根据变化了的企业内外环境不断完善，才能更好地发挥行政方法的作用。

三、法律方法

法律方法就是把管理中比较成熟、比较稳定、带有规律性的原则、制度和方法，以经济法律、法令、条例等形式固定下来，作为调整国家、地方、企业和个人经济活动的法律规范，并由国家司法机关强制实施，以保证社会经济活动具有良好的经济秩序。因此，它也是现代管理中一种必不可少的方法。

1. 法律方法的特性

法律方法与行政方法相比有某些类似之处。所不同的是，法律方法比行政方法更为成熟，更为稳定，更具有权威性和强制性。某决定一经用法律条文固定下来便不能轻易变动，违法就要受到法律制裁，这是法律的严肃性。法律面前人人平等，这使法律方法具有无差别性。法律方法的具体特性可归纳为以下几点。

（1）概括性。法律方法的概括性就是无差别性。因为法律约束的对象是每个人，而不是某个具体的、特定的人，所以法律面前人人平等，法律方法对任何人的约束力是一致的，决不能因人而异。法律在同样的情况下，可以反复多次使用，而不是仅使用一次，因而它有高度概括性。

（2）规范性。统治阶级把自己的意志上升为法律，依靠国家机器的强制力量，要求社会成员遵守，成为社会成员的行为准则，这就称作法律规范。法律的规范性是在人类长期社会生产实践中逐步形成的。法律的规范性表现在，法律和法规是所有组织和个人行动的统一准则，都是用极严格的语言，准确阐明一定的含义，并且只允许对它做出一种意义的解释，明确规定在一定条件下可以做什么和不可以做什么，非常规范。

（3）强制性。法律和法规是国家权力机关或各级管理机构制定、颁布的，各个企业、每个公民要毫无例外地遵守，违法必究。法律规范同其他社会道德规范不同，它是由国家强制实施的，所以具有强制性，不论愿意不愿意都要执行。运用法律方法来进行管理，实际上就是运用强制性来进行管理。法律方法的强制性与行政方法的强制性有所不同，行政方法的强制性主要是要求人们服从统一意志和统一原则，允许方法上有一定灵活性，且只适用于一定的管理对象；法律方法的强制性则是人人都必须遵守既定的行为准则，具有普遍的约束力。

（4）稳定性。法律方法规定的行为准则，都是经过反复实践而总结出来的，一经确定，就比较稳定，可以较长时期反复应用，并严格按照法律规定的程序进行，更改也必须经过必要的立法程序。

（5）预见性。正是由于法律的稳定性，人们可以事先预料到国家对自己和他人的行为会抱什么态度。也就是说，人们可以事先估计到自己或他人的行为是合法的还是非法的，会产生什么样的后果等，因而它具有预见性。

2. 法律方法的局限性

（1）只能在有限范围内调整和控制经济活动。法律方法不能解决所有的经济、社会问题，只能在有限范围内起作用，法律范围外还有各种各样的经济关系、社会关系需要调整和控制。而且，从法律方法的特点可以看出，它是一种强硬的管理方法，而法律、法规、法令总是预先规定人们的行为准则，面对纷繁复杂的社会、经济现象，不可能做到十全十美，难以灵活适应。

（2）不能代替经济方法和其他上层建筑的力量影响经济发展。法律方法是一种上层建筑的力量，在社会生活、经济活动过程中十分有效，但是，它不能代替经济方法，深入、具体地调动人的积极性；也代替不了其他上层建筑的力量，它在意识形态方面是无力的，可以规定人们做什么，但不可能限制人们想什么。社会活动、经济活动是人的主观能动的结果，客观上存在许多法律方法无法解决的问题。

四、教育方法

教育方法是指运用社会学、心理学的知识，了解人们的心理活动特点以及在生产经营活动中的规律，根据企业需要，采用宣传、鼓动、教育、培训的方式管理企业的方法。人是经营要素中的决定因素，管理企业的关键在于调动人的积极性。教育方法正是基于这一点，根据行为科学理论的要求，从研究中掌握企业职工在生产经营活动中的心理活动规律，有的放矢地进行管理。宣传、教育使国家的政策、法令、制度、方针、措施深入人心，让职工正确理解、领会，调动其劳动热情，使之自觉遵守和认真执行。教育方法包含了企业管理基础工作培训的内容，主要针对职工的思想政治素质，目的是提高全员的基本素质水平和企业凝聚力，调动职工的主观能动性和积极性，使职工能在外力激励下，产生正确的动机和行为，以最终实现管理的目的。教育方法也要与技术培训、文化教育相结合，使整个企业的员工素质得到不断提高。

教育方法是一种软方法，是企业管理的软科学性所决定的，也是企业管理基础工作的必然要求，并且依据了现代企业管理的人本原理和动力原则的要求。没有正确的指导思想和对客观事物的正确认识，便没有正确的方向和行为，也就达不到理想的目的，教育方法完全是针对人们的思想意识和观念进行的方法。

1. 教育方法的特性

（1）启发性。教育方法集行为科学、社会学、心理学等为一体，采取以理服人、言传身教、防患于未然的方式。教育方法是启发人们自觉地指向共同的目标并采取行动，通过启发去培养和推动人们忠于职守、努力工作的动机，从而促使人们产生积极劳动、努力工作的行为。按照心理学的观点，在现代社会经济条件下，人们对个人工作的评价越来越注重社会职能的实现，注重对社会贡献的大小，而不仅仅着眼于物质利益，对强化人们的事业心、责任感，激励工作热情，调动主观能动性起着指导、启发、促进的作用。因而，恰当地运用教育方法，给予职工正确的启发，对搞好管理是必要的。

（2）利益性。采用教育方法，既要宣传实现共同目标以后人们可能得到的物质利益，也要宣传精神上的利益。在管理中，要着重宣传大系统的共同利益，也要兼顾小系统和个人的利益。如果忽视利益性，只进行空洞的说教，宣传就是无效的。

（3）灵活性。每个人都有复杂的行为动机，反映到管理中便表现为不同的思想、认识、观点。管理中存在着的许多矛盾就是人们的思想、认识、观点不一致的反映。教育方法要深入人的灵魂，绝不能采取简单的说教式、高压式强行灌输，而必须随人们认识角度、素质水平和所处环境等的不同而有所不同。因此，教育方法应因人而异，采取灵活多样的方式、方法去影响和改变人们的动机行为，使之符合管理目标的要求，把实现管理目标变成每个人的自觉行动。

（4）互动性。教育是一个互动过程。在教育的过程中，授教者和受教者都在提高，是一种相互学习、相互影响的活动。因此，教育不是教训、不是灌输。教育要想起作用，授教者必须以身作则、身体力行。否则，教育方法就是无效的，至少是低效的。

（5）更新性。由于社会经济的不断发展、进步，人们的需求层次也会相应的由低层次向较高层次变化；加之科学技术的进步，新工艺、新材料、新产品、新技术在不断出现，也要求人们的科技文化知识要不断更新。因此，教育方法要想起到应有的作用，就必须从内容到具体形式上都进行调整、更新。长期使用老一套办法，老生常谈，是收不到应有效果的。

（6）长期性。正确的世界观、人生观的确立，科学文化知识的积累都不是一朝一夕之功。此外，科学技术的发展、社会的进步都是无止境的。尤其作为企业管理的基础工作，更是长远、连续不断的，任何企图短期完成宣传教育或追求短暂的宣传教育效果的行为必是徒劳的。为此，宣传教育的方法必须长期坚持不懈。

2. 教育方法的局限性

（1）教育方法对企业生产经营活动只起间接的决定作用。教育方法解决的是企业经营主体要素人的最基本素质问题，是通过各种形式的宣传、教育，调动人的积极性，从而使其努力工作。它不能直接干预企业的经济活动、人的经济行为和经济利益的分配，只能间接地对企业生产经营起作用。

（2）教育方法不能解决人们所有的思想意识问题。这种方法虽然主要针对人的思想认识、世界观进行改造，但人的思想意识复杂多变，不可能药到病除。教育方法只能抓住主要的、关键的、行得通的问题有针对性地加以解决，而不能解决人们所有的认识问题。

教育方法的特征及局限性说明这一方法是现代企业管理中必须使用的重要方法之一，但仍需要与其他方法配套使用，才可能达到管理效果。

五、数量分析方法

随着电子计算机等现代科学技术的发展及其在管理中的运用，管理的技术和方法也在不断发展。数量分析方法与前几种一般方法不同，其是为了提高企业管理科学化程度、实现管理现代化而采用的重要手段，是现代化管理理论两大流派之一——管理科学理论的内容。

数量分析方法是指运用数据和数学知识，分析、揭示企业生产经营活动规律，为企业管理服务的定量方法。也就是说，这种方法是为企业管理服务的，是现代管理的科学依据。它在研究经济活动的数量表现、数据关系和数量变化规律的基础上，运用经济数学的方法，模拟实际社会经济活动，建立数学模型并通过对数学模型的计算、分析，实现为经济管理提供科学依据，服务于管理，使管理尽可能实现标准化、规范化、程序化、系统化。企业管理中常用的数学方法主要有盈亏平衡分析法、线性规划法、网络计划法、投入产出法、经济批量采购法、ABC 控制法、全面质量管理方法等。

1. 数量分析方法的特性

数量分析方法是为实现企业管理现代化，以便生产经营活动能准确反映出来，以利于科学地预测和正确决策以及有效控制而采用的科学方法，主要具有以下特征。

（1）准确性。数量分析方法使用的数据一定是生产经营活动中的客观数据，必须是准确、可靠的，选用的模型适用、合理，运算结果准确，才能作为企业管理的科学依据。

（2）模型化。模型化是指在假定的前提条件下，运用一定的数理逻辑，就需要解决的问题建立起一定的模型。

（3）客观性。在使用这些方法时，除了假定前提条件和选择分析的数量分析方法之外，在建立模型和进行推导过程中，基本上不受人为因素的影响，具有较强的客观性。

（4）科学性。数量分析方法的准确性决定其应具有科学性，能客观反映企业生产经营活动，适应生产经营客观实际规律，而不是主观臆断的结果。而且，数量分析方法必须与先进的现代科学手段共存，没有电子计算机、光纤通信等技术，无法计算准确数据，无法及时传递可靠信息，也无法建立符合客观现实的数学模型。

2. 数量分析方法的局限性

数量分析方法是为企业管理服务的一种方法，也是其他现代管理方法的科学手段与保证，主要是提供科学标准和依据。然而，在使用中同样存在局限性。

（1）对企业生产中大量无法量化的行为无力。数量分析方法是一种定量方法，必须以数学为基础，而企业管理中相当多的内容是无法用数据表示的，因而也无法使用数量分析方法。

（2）定量方法发挥作用必须与定性方法相结合。严格来讲，数量分析方法只是一种手段，要发挥管理的作用，就必须与定性方法相结合。因为一方面企业管理难以量化的内容较多，另一方面，只有定性分析才可能选择正确的数学模型和正确运用计算结果，才能使定量方法发挥作用。

综上所述，管理的经济方法、行政方法、法律方法、教育方法以及以现代科学技术为基础的数量分析方法，构成了一个完整的管理方法体系。在运用这些管理方法时，既要充分发挥各种管理方法各自的作用，又要重视整体上的协调配合。如果忽视综合运用，孤立地运用单一的管理方法，往往不能取得预期的效果。例如，单纯运用经济方法，容易助长个人主义、拜金主义思想；单纯依靠行政方法，容易助长官僚主义作风，不利于充分调动各方面的积极性；单纯实施教育方法，容易造成形式主义、教条主义的做法。企业管理中的现代管理方法多种多样，只要是符合现代企业管理要求的方法，都是现代管理方法。各种方法有各自的特点和局限性，在企业管理中必须结合运用。要实现企业管理现代化，就必须正确运用现代管理方法。

本章内容小结

本章主要讲述了管理的基本原理与基本方法。管理的基本原理有系统管理原理、人本管理原理、动态管理原理、效益管理原理等。管理方法是管理者行使管理职能和实现管理目的的手段、方式、途径和程序的总称，管理的方法有经济方法、行政方法、法律方法、教育方法和数量分析方法等。

案例思考

真功夫：中式快餐的标准化、流程化、精细化

真功夫餐饮连锁机构是从广东东莞起步的中餐连锁店。经过十几年的发展，已经逐渐成为全国性中餐连锁店，与麦当劳、肯德基等洋快餐形成了竞争之势。

1. 以“蒸”为主，实现正餐操作标准化

“真功夫”以经营蒸饭、蒸汤、甜品等蒸制食品为主。中餐菜系多种多样，煎炒烹炸手法多样，且个体差异太大。一个师傅就决定了一家餐馆的口味，所以标准化复制难度很大。在众多的中餐烹饪方法中，蒸属于稳定性较高的一类，蒸菜不会因师傅的手法不同而改变味道，所以相对于其他烹调方式，蒸的方法更容易实现标准化操作。这是“真功夫”在餐饮管理实践中的一个重大发现。

1995 年，公司开始完善从前线到后台各个操作流程的标准。首先遇到的难题是：传统的蒸饭与炖盅，只能用传统的高温炉、大锅和蒸笼。使用这些陈旧的厨具，一方面后台的员工高温难

挡；另一方面拿取产品十分不便，需要不断上搬下卸。另外，燃气灶火也忽大忽小，很难控制火候，对菜品质量的稳定性也存在一定影响。

为了解决这个问题，公司与华南理工大学合作，一起研发更专业实用的蒸饭设备。他们借鉴烘烤的工艺，开发了抽屉式的蒸锅设备，便于分层取用，时间也可以用计算机控制。这就保证了同一炖品蒸制时的同温、同压、同时，因而几乎是绝对的同一口味。从此，真功夫的餐厅里不再需要厨师，不需要任何一把菜刀，服务员只要将一盅盅饭菜半成品放进蒸汽柜里，设定好时间和温度，时间一到就能拿出饭菜，实现"千份快餐同一口味"。

2. 实践"泰罗制"，形成标准化作业体系

在开创之初，公司尝试做了很多种蒸品，虽然一直在向标准化努力，但中式点心种类繁多，实施标准化很不容易。开一家店相对容易，开第二家店品质就难以控制。

为了实现连锁复制，公司开始记录自己开店的每一道工序，从如何烹饪到如何扫地，每个动作都要求做到标准化，需要不断完善每个细节。如果把一位顾客从进门到离开的过程分解考察，就会发现很多方面的服务可以完善。为此，公司制作了客户服务分解流程图，针对每个环节都制定出最优服务标准和流程。

在真功夫的配料车间，展现的是泰罗描述的工作场景：工人穿着清洁制服，切肉、配菜、包包子。每个人只做一个工序，动作协调规范。员工的每个动作都是经过培训的，比如切肉的刀举多高，切下的肉块有多大，包子上有多少条褶，都有明确的规定。"切肉"动作的标准化也是反复实验、测试的结果，通过组织劳动比赛，发现"劳动能手"，组织专家观察劳动能手的操作流程并予以记录、细化、分析、优化，最后变成量化的书面流程和标准。

后台的标准化保证了前台服务的便捷。真功夫承诺 80 秒钟之内给顾客上菜。这个简单的承诺却包含了背后无数道工序的安排。公司进行了流程分析，而且是逆向推算，即前台服务需要怎样做、备料烹制怎样供应得上、后台原料如何来整理。

公司还编制了员工培训手册。随着店面的不断扩张，手册也从几页变成几十页，一直到厚厚的几大本。手册中的每一条指示都是最佳经验的总结，而手册本身是员工培训和考核的蓝本。

3. 连续提高——科学管理的核心

真功夫营运手册中的各种规范有几千条，每一条都要求员工反复练习，形成规范和习惯。营运手册强调"规范不应该停留在纸面，应该在实践中不断积累和改进"的理念。在后来，营运手册多次改版修订，每次修订都代表着企业管理规范水平的提高和服务内容的扩展。

连续提高可以说是科学管理的核心，泰罗制的发展就是从规范到提高的螺旋式提升过程。餐饮行业包含非常多的工作细节，持续的改进实际上是基础性的提高。

公司配有专人研究客户反馈信息，还聘请第三方核查公司不定期检查服务情况，发现问题，改进服务。一次，公司发现蒸排骨的销量不理想，但找不到问题的根源。经过查看客人用餐后的餐碟，发现里面有很多碎骨，进一步调查生猪排骨的配料情况，发现员工切骨的方法不科学，骨头的切口处有很多碎骨屑。经研究，配料部门拿出了新的切割方法，碎骨不见了。之后的销量调查显示，猪排的受欢迎程度显著提高。

讨论题

1. 真功夫运营手册中的几千条规范是不是看起来有点烦琐？
2. 你觉得真功夫的这种管理方法真能带来高效率吗？

3. 结合真功夫的实际，讨论科学管理的核心内容。

管理者价值点分享

1. 每天要回顾，急事须优先。
2. 不值得去做的事就派下属代劳。
3. 越常放手交办工作，就越善于放手交办工作。
4. 根据情况的变化和新信息的出现，不断变更工作的优先级。
5. 如果保持很高的期望值，人们会将努力付诸实践。
6. 听到和聆听是不同的，要学会聆听。
7. 奖励要慷慨，训斥要适度。
8. 要鼓励别人表达自己的意见，即使他们的观点与你的意见相反。
9. 随情况变化而相应调整变革计划，有必要的话就做大幅度变动。
10. 分析变革在试验中出现的不足，并找到所有的原因。

推荐阅读

李佳的工作调动

三年前，某计算机公司招聘录用两名计算机专业刚刚毕业的大学生张强和李佳。公司人事经理决定让他们从事市场营销工作。虽然两个人都愿意从事该项工作，但张强个性外向、热情、开朗，善于交际且主动；而李佳则与之相反。一年后，张强完全适应了销售工作，且成绩出色，被提升为部门副经理；而李佳表现一般，仅能完成上级交给的任务。过了一段时间后，李佳找人事主管谈话，说他对营销工作早已不感兴趣，准备辞职。人事主管经私下了解，得知李佳有极强的创新精神，高中时就获得过科技发明奖。人事主管和公司总经理找李佳做了一番长谈后，将李佳调到公司研究开发部工作。李佳到新的工作部门不到一年，两项发明就为公司创利20多万元。

练习与应用

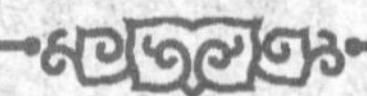

本章练习

一、单选题

1. 认为应将组织作为人造开放性系统来进行管理的是（　　）。

A. 系统原理　　B. 人本原理　　C. 责任原理　　D. 可持续发展原理

2.（　　）指单位时间所取得的效果的数量。

A. 效益　　B. 效果　　C. 效率　　D. 效用

3. 下列关于法律方法的说法正确的是（　　）。

A. 仲裁是一种司法活动，其判定可以强制执行

B. 法律方法只有积极作用，不存在消极影响

C. 就企业管理而言，只要掌握与企业生产经营活动直接相关的法律就可以了

D. 法律具有严肃性

4. 行政方法的运用，一般是（　　）的。

A. 自上而下　　B. 自下而上　　C. 横向　　D. 纵横结合

二、多选题

1. 管理系统的特征包括（　　）。

A. 客观性　　B. 集合性　　C. 层次性　　D. 相关性

E. 目的性

2. 行政方法的特性有（　　）。

A. 权威性　　B. 强制性　　C. 无偿性　　D. 保密性

E. 灵活性

3. 下面哪些不是人本管理的观点？（　　）

A. 职工是企业的主体

B. 人是“经纪人”，所以只要给予足够的物质激励，就能让其为企业卖力

C. 职工参与是有效管理的关键

D. 服务于人是管理的根本目的

E. 组织中存在非正式组织，对此管理者要给以压制

4. 管理的技术方法具有哪些特点？（　　）

A. 客观性　　B. 强制性　　C. 规律性　　D. 精确性

E. 动态性

三、思考题

1. 简要分析管理原理的主要特征。

2. 简述研究管理原理的意义。

3. 如何理解系统的整体性原理？

4. 人本管理有何主要观点？

5. 什么是管理方法？管理方法有哪些？这些方法各有哪些特征和局限性？

6. 简述实现有效管理的途径并比较其差别。

本章应用

厂长刘微的苦恼

最近一段时间，由于社会环境的变化，刘微的厂子发展进入瓶颈，转型发展迫在眉睫。向哪儿转？怎么转？这些问题一直困扰着刘微。为此，他专门请教了一些专家。

主张科学管理的张教授认为是刘微的工作方法不对。

他的解决方案是：科学地挑选员工进行培训和教育，真诚地与员工们合作，并且约谈这个厂的管理者和工作者，明确他们的工作和责任。

主张行为管理的李教授认为是管理者和员工的关系不好，生产量比原计划下降 15%是因为员工的工作态度消极。

他的解决方案是：要人际关系型的领导者来理解员工的各种行为，倾听员工的意见并和他们进行交流，借此来理解员工的感情。

主张权变管理的王教授认为是因为员工一直保持着对一个领导的管理的适应性，突然换了一个领导就不能适应。管理的模式不是一直不变的，所以员工对新环境一时适应不了。

他的解决方案是：督促员工适应不断变化的环境，要根据这个厂的实际情况来选择最适宜的管理模式。

主张系统管理的刘教授认为是这个厂的某个部分脱节了，管理时只看重了特殊的部分，而忘了对其他部分的管理。

他的解决方案是：把一个厂看成一个整体，仔细地研究这个厂各部分之间的关系，不放松任何一个地方，全面发展。

可是，听了这些专家的观点后，刘微觉得公说公有理、婆说婆有理，自己反倒更加困惑了。

案例思考讨论题

1. 你认为专家们的观点有什么不同之处？
2. 如果你是刘微，你将如何在实际中运用管理理论？

管理实务研讨

本章分组研讨主题：如何进行管理？

1. 员工管理应该从规范行为入手还是从提高认识入手？
2. 企业应顺应社会舆论还是主导社会舆论？
3. 上司是否一定要与下属保持距离才能树立权威？
4. 服务型企业的发展更依赖外部营销还是内部管理？
5. 情感管理与制度管理哪个更好？
6. 管理中的制度与人哪个更重要？